KB274012

자유주의와 공동체주의 윤리학

자유주의와 공동체주의 윤리학

자유주의와 공동체주의 윤리학

홍성우 지음

선학사

이 책은 대체로 윤리학적인 관점에서 서양의 현대 자유주의와 공동체주의를 대표하는 철학자들의 견해를 이해·정리해 보는 데 우선적인 목적을 두고 있다. 물론 여기에는 정치철학 및 사회철학적인 함의가 깔려 있음도 사실이다.

고전 공리주의자에 속하는 시즈위크는 도덕적 가치가 옳음의 개념과 좋음의 개념이라는 근본적으로 서로 다른 형식에 의존하고 있는 것으로 본다. 이로부터 그는 서양 윤리학을 역사적으로 구분함에 있어, 그리스 윤리학은 좋음의 우선성을 중심으로, 근대 윤리학은 옳음의 우선성을 채택하여 전개한 것으로 간주한다. 시즈위크의 이러한 구분법은 그 이후 서양 규범윤리학의 전개양상을 이해하는데 매우 중요한 척도로서의 역할을 하게 된다. 즉, 좋음과 옳음의 개념 중 어느 쪽에 우선성을 부여하고 있느냐에 따라 아리스토텔레스적 윤리학 또는 근대 낭만주의 계열의 윤리학인지 아니면 근대 계몽주의 계열의 윤리학인지를 가늠하는 구획기준이 되고 있는 것이다.

물론, 서양 윤리학 전체를 이해하는 데 시즈위크의 구분법만이 유일한 기준이 될 수는 없을 것이다. 그럼에도 불구하고, 적어도 현대 규범윤리학의 두 가지 중요한 축이 되는 자유주의 윤리학과 공동체주의 윤리학을 이해하고자 할 경우에 시즈위크의 구분법은 양자 간의 특징을 명확히 정리하는 데 매우 유용하다고 할 수 있다. 이 책은 이러한 구분법에 따라 각각의 입장에 서 있는 철학자들의 견해를 고찰하고 있다.

계몽주의적 계보에 그 연원을 두고 있는, 특히 의무론적인 자유주의 윤리학은 옳음 및 정의의 우선성을 근거로 하는 개인의 권리, 자유, 자기선택, 자기결정 그리고 개별적 정체성(나) 등을 중요한 가치로 내세운다. 반면에, 아리스토텔레스적 또는 낭만주의적 전통을 그 원류로 하는 공동체주의 윤리학은 좋음 및 공동선의 우월성을 기초로 하는 공생, 공익 등의 공동체적 가치와 궁극목적에 기여하는 여러 가지 공동체적 덕목, 그리고 유대감 및 집단적 정체성(우리)을 전제로 하는 공동체의 유지와 강화 등을 중요한 가치로 삼는다.

양자의 견해에서 보는 바와 같이, 이들의 입장은 우리가 어느 한 쪽을 취하고 어느 한 편을 버리기에는 모두가 거부하기 힘든 소중한 가치를 담지하고 있다. 그러나 양자의 입장 차이만을 강력히 주장할 경우에는, 이것들이 서로 화해하거나 융합하기 힘든, 상호 이질적·대립적인 견해로 그려질 수밖에 없을 것이다. 자유주의에 대한 공동체주의적 비판의 초기에는 대체로 이러한 대립적인 분위기가 우세했다고 할 수 있다.

이후 양자 간의 논쟁이 진행되면서, 그리고 상호 간의 답변을 제시하는 과정 속에서, 자유주의와 공동체주의 모두가 일정 부분 상대편의 견해를 이해 내지는 수용하려는 면모를 보여 준다. 그렇다고 해서 그 양자가 옳음과 좋음을 동격으로 여기면서 양자 간의 융합을 모색했다는 이야기는 아니다. 다만, 서로 확인한 것은 그들 각각이 옳음과 좋음 가운데 어느 한편을 너무나 지나치게 강조하고 중시했다는 점일 것이다. 이러한 반성으로부터 자유주의 윤리학과 공동체주의 윤리학 간의 논쟁은 각자의 입장에서 다른 한편의 입장을 수렴하는 것을 목표로 하는 새로운 국면으로 접어든다.

이러한 수렴적 논의가 1980~1990년대에 이르러 처음으로 개진된 것은 아니다. 이미 1950년대 말경 안스콤(G. E. M. Anscombe) 같은 경우, 윤리이론의 중심부에 덕의 이념을 자리매김하려는 시도를 하면서, 옳음을 자기자신을 위하여 우리가 마땅히 해야만 하는 것을 행하는 기질로 이해하는 방식을 취함으로써 네오-아리스토텔레스주의적인 입장에서 의무론적인 입장의 수렴을 꾀한 바 있다. 안스콤의 이러한 수렴방식은 다분히 환원론적이라고 할 수 있을 것이다. 마찬가지로 현대의 대표적인 공동체주의자인 매킨타이어 역시 정의를 수많은 덕 가운데의 하나로 환치시키는 방법으로 옳음에 대한 좋음의 우선성을 회복하려고 시도한 바 있다.

그런데 자유주의를 비판하고 나선 공동체주의의 입장을 평가함에 있어 그것을 대항이론 또는 대안이론이 아닌 보완이론으로 보는 시각이 있다. 필자 역시 이러한 평가에 동의한다. 특히, 공동체주의가 옳음이나 정의를 기질 또는 덕 가운데의 하나로 환원시켜 이해하는 방법으로써는 서양 근대사회의 초기로부터 현대사회까지 지속되고 있는 중요한 특징 가운데의 하나인 가치다원주의의 문제에 적절히 대처할 수 없다고 보기 때문이다.

이로부터 필자는 자유주의와 공동체주의 간의 상보적 관계를 가장 잘 보여 줄 수 있는 것은 좋음에 대한 옳음의 우선성을 유지하면서, 옳음과 좋음의 상보성을 인정하는 자유주의에, 그것이 소홀히 한 공동체주의적 가치를 수렴한 새로운 사회구성체로서의 '자유주의적 공동체' 모형이라고 생각한다. 그러나 아쉽게도 이 책에서는 그것에 관련된 문제를 별도의 주제로서 다루지 못했으며, 다만 결론에서 잠깐 언급했을 뿐이다. 이 문제는 차후 필자의 과제에 해당되는 셈이다.

이 책에서는 로버트 노직, 존 롤즈, 위르겐 하버마스 등을 중심으로 하는 자유주의 윤리학과 마이클 샌들, 알래스데어 매킨타이어, 찰스 테일러 등으로 대표되는 공동체주의 윤리학을 고찰한다. 이 밖에도 반드시 주목하지 않으면 안 되는 또 다른 대표적인 중요한 학자들이 있음에도 불구하고 여기에서는 전혀 언급하지 못했다. 필자의 부족함과 한계를 인정할 수밖에 없는 것 같다.

이 책의 2장에 속하는 「칸트 도덕철학에 관한 절차적 해석」과 「정의의 원칙과 경제체제론」은 필자의 박사학위 논문 가운데의 일부이며, 그

나머지는 필자가 틈틈이 써온 논문에 해당한다. 이러한 논문을 한 권의 책으로 엮는 과정에서 많은 부분을 수정하고 보완하였다.

감사드려야 할 분이 많이 계신다. 먼저 지도교수이신 김팔곤 선생님께 감사드린다. 그리고 원광대 김정현 교수님과 울산대 이상엽 교수님의 격려와 배려에 감사드리고, 출판을 흔쾌히 허락해 주신 선학사 이찬규 사장님, 아주 꼼꼼히 교정을 보아주신 편집부 여러분에게도 감사드린다. 나의 아내 상금에게도 고마움을 전한다. 임종을 못보고 돌아가신 아버님의 영전에 이 책을 바친다.

2005. 7. 4.

홍 성 우

[차 례]

▣ 책머리에 / 5
▣ 서론: 왜 오늘날 자유주의와 공동체주의가 문제인가 / 15

|제1부| **자유주의 윤리학**

제1장_ 노직의 윤리학 ──────────────── 35

1. 자연권 이론과 최소국가론 ── 35
  1) 자연상태이론의 정치철학적 함의 ── 35
  2) 로크의 자연권 이론 ── 39
  3) 자연권의 도덕적 정당화 ── 45
  4) 국가성립단계론 ── 53
  5) 국가성립의 정치적 합법성 ── 64
  6) 국가성립의 도덕적 정당성 ── 72
  7) 실패한 국가론 ── 82

2. 소유권적 정의론 ── 85
  1) 정의의 주제 ── 85
  2) 소유권리의 원칙들 ── 87
  3) 소유권리와 자유 ── 92
  4) 소유권리와 로크적 단서 ── 99
  5) 소유권리와 칸트적 원리 ── 105
  6) 누구의, 누구를 위한 소유권리인가 ── 110

제2장_ 롤즈의 윤리학──────────────────── 114

3. 칸트 도덕철학에 관한 절차적 해석 ── 114
  1) 절차적 해석의 배경 ── 114
  2) 정언명법의 구성절차 ── 116
  3) 선의 개념의 순차성 ── 134
  4) 합리적 직관주의와 도덕적 구성주의 ── 146
  5) 도덕법칙과 자유 ── 166
  6) 도덕적·정치적 구성주의 간의 연계적 전환 ── 180

4. 원초적 입장과 이상적 담화상황 ── 189
  1) 롤즈와 하버마스의 논쟁 ── 189
  2) 원초적 입장에 대한 하버마스의 비판 ── 191
  3) 이상적 담화상황에 대한 롤즈의 비판 ── 207
  4) 의무론적 자유주의의 내부적 논쟁 ── 229

5. 정의의 원칙과 경제체제론 ── 232
  1) 정의의 원칙의 변모과정 ── 232
  2) 평등한 자유의 원칙 ── 239
  3) 공정한 기회균등과 차등의 원칙 ── 249
  4) 자유와 평등의 조화 ── 255
  5) 사유재산제적 민주주의 ── 260
  6) 모두를 위한 자유와 평등 ── 270

|제2부| 공동체주의 윤리학

제3장_ 샌들의 윤리학 ——————————————— 275

6. 자유주의적 자아관과 그 한계 —— 275

1) 좋음에 대한 옳음의 우선성 —— 275
2) 선험적 주체와 무연고적 자아 —— 279
3) 차등의 원칙과 무연고적 자아의 논리 —— 284
4) 공적인 삶으로서의 절차적 공화국 —— 290
5) 정치적 낭만주의로의 회귀 —— 294

7. 정치적 자유주의와 그 한계 —— 299

1) 도덕적 인간관의 정치적 전회 —— 299
2) 정치적 자유주의와 정치적 인간관 —— 301
3) 도덕적·종교적 논쟁에 관한 중립성 —— 306
5) 자유주의적 공적 이성의 한계 —— 318
6) 도덕적 이상으로서의 정치적 자유주의 —— 322

제4장_ 매킨타이어의 윤리학 ——————————————— 329

8. 정서주의 비판과 서사적 덕론 —— 329

1) 도덕문화의 위기와 정서주의 —— 329
2) 정서주의적 자아와 계몽주의의 기획 —— 334
3) 아리스토텔레스의 덕론 —— 343

4) 합리적 도덕체계를 위한 서사적 덕론 —— 350
5) 네오-아리스토텔레스주의의 한계 —— 366

제5장_ 테일러의 윤리학 —————————————— 370

9. 자아의 정체성과 도덕적 선 —— 370
1) 근대 도덕의식의 특징 —— 370
2) 도덕존재론과 정체성 —— 372
3) 언어공동체적 자아와 서사적 삶 —— 381
4) 지상선과 실천적 추론, 그리고 좋음의 우선성 —— 389
5) 구성적 선과 인간 삶의 유신론적 조망 —— 400

■ 결론: 자유주의적 공동체를 향하여 / 405

■ 참고문헌 / 415
■ 찾아보기 / 425

ASU *Anarchy, State, And Utopia*

AV *After Virtue: A Study in Moral Theory*

DD *Democracy's Discontent: America in Search of a Public Philosophy*

LC *Liberals and Communitarians*

LL *Liberalism and the Limits of Justice*

NGSC *The Normative Grounds of Social Criticism: Kant, Rawls, Habermas*

PL *Political Liberalism*

PL "Political Liberalism"

PU "The Procedural Republic and the Unencumbered Self"

SS *Sources of the Self: The Making of the Modern Identity*

STG *The Second Treatise of Government*

TJ *A Theory of Justice*

TKMP "Themes in Kant's Moral Philosophy"

서론: 왜 오늘날 자유주의와 공동체주의가 문제인가

1. 자유주의와 공동체주의 간의 논쟁: 그 이유

1980년대 이후의 영미 도덕철학 및 정치철학에서 괄목할 만한 하나의 현상은 의무론적 자유주의에 대한 공동체주의(communitarianism)의 도전이 두드러지게 나타나고 있다는 점일 것이다.

1960년대의 비판가들이 대체로 마르크스의 정신에 따라 자유주의를 비판했다면, 최근의 공동체주의적 비판가들은 대체로 아리스토텔레스나 헤겔의 정신에 따라 자유주의를 비판하고 있다는 특징이 있다.[1] 이런 점에서, 자유주의 대 공동체주의 간의 논쟁은, 일면 철학사조상의 계몽주의 대 낭만주의 간의 논쟁을 현대적으로 재현하고 있는 것으로 간주할 수도 있을 것이다.

특히 롤즈(Rawls)의 『사회정의론』 이후 자유주의는 노직(Nozick), 드워킨(Dworkin), 거워스(Gewirth), 애커먼(Ackerman), 고티에(Gauthier)[2]

---

1) A. Gutmann, "Communitarian Critics of Liberalism", *Philosophy and Public Affairs*, vol. 14, no. 3 (Summer, 1985), 308쪽.

2) J. Rawls, *A Theory of Justice* (Cambridge: The Belknap Press of Harvard Univ. Press, 1971); J. Rawls, *Political Liberalism* (N. Y.: Columbia Univ. Press, 1993);. R. Nozick, *Anarchy, State, and Utopia* (N. Y.: Basic Books, 1975); R. Dworkin, *Taking Rights Seriously* (Cambridge: Harvard Univ. Press, 1977); A. Gewirth, *Reason and Morality* (Chicago: Univ. of Chicago Press, 1978); B. A. Ackerman, *Social Justice in the Liberal State* (New Haven: Yale Univ. Press, 1980); D. Gauthier, *Morals By Agreement* (Oxford: Clarendon

등을 통해 다양하게 발전해 왔으며, 이에 비해 매킨타이어(MacIntyre)의 『덕 이후』를 전후로 한 웅어(Unger), 샌들(Sandel), 왈처(Walzer), 바버(Barber), 테일러(Taylor)[3] 등의 공동체주의적 비판이 제기되면서, 양 진영 간의 논쟁이 뜨겁게 전개된다.

공동체주의자들의 자유주의에 대한 비판적 견해가 모두 동일하다고 할 수는 없지만, 그럼에도 불구하고 이들은 몇 가지 점에서 공통점을 지니고 있다. 그러한 비판적 공통점은 다음과 같이 정리될 수 있다.

① 자유주의는 공동체의 가치를 절하하거나, 무시·약화시킨다. 그러나 공동체는 인간존재에게 좋은 삶에 근본적이고도 대체불가능한 요인이다.

② 자유주의는 정치연합체를 단지 도구적 선으로 간주함으로써 정치적 삶을 과소평가한다. 그럼으로써 자유주의는 인간존재에게 좋은 삶을 위한 정치공동체에의 완전한 참여가 갖는 근본적인 중요성을 깨닫지 못하고 있다.

Press, 1986).

이 중에서 롤즈의 『사회정의론』은 20세기의 도덕철학과 정치철학 분야의 고전으로 평가되고 있으며, 또한 이것은 도덕철학과 정치철학 분야에 새로운 르네상스 시대의 문을 연 것으로 평가되기도 한다.

3) A. MacIntyre, *After Virtue* (Notre Dame: Univ. of Notre Dame Press, 1981); A. MacIntyre, *Whose Justice? Which Rationality?* (Notre Dame: Univ. of Notre Dame Press, 1988); R. M. Unger, *Knowledge and Politics* (N. Y.: The Free Press, 1975); M. Sandel, *Liberalism and the Limits of Justice* (Cambridge: Cambridge Univ. Press, 1982); M. Sandel, *Democracy's Discontent: America in Search of a Public Philosophy* (Cambridge: The Belknap Press of Harvard Univ. Press, 1996); M. Walzer, *Spheres of Justice: A Defense of Pluralism and Equality* (N. Y.: Basic Books, 1983); B. Barber, *Strong Democracy: Participatory Politics for a New Age* (Berkeley: Univ. of California Press, 1984); C. Taylor, *Hegel and Modern Society* (Cambridge: Cambridge Univ. Press, 1979); C. Taylor, *Sources of The Self: The Making of the Modern Identity* (Cambridge: Harvard Univ. Press, 1989).

③ 자유주의는 가족 간의 책무나 우리의 공동체 및 국가를 지지할 책무와 같은, 계약이나 약속을 통해 선택되지도 않으며, 또한 명시적으로 떠맡겨지는 것도 아닌, 어떤 유형의 책무와 헌신이 갖는 중요성을 설명하는 데 실패하거나 모순적으로 된다.

④ 자유주의는 결함이 있는 자아관을 전제함으로로써, 자아가 선택의 대상이 아니라 공동체적 관련이나 공동체적 가치에 뿌리를 내리고 있으며 부분적으로 그러한 것으로 구성된다는 점을 인식하지 못하고 있다.

⑤ 자유주의는 정의를 사회제도의 제일덕목으로 부당하게 중시함으로써, 정의는 기껏해야 보다 고차적인 공동체의 덕목이 무너진 상황에서만 요구되는 치료적 덕목일 뿐이라는 사실을 인식하지 못하고 있다.[4]

⑥ 자유주의적 개인주의 문화는 공동체적 귀속의 상실과 가치의 상대성으로 말미암아 삶의 지표와 근본과 사회적 통합성을 상실한다. 따라서 고립적·파편적 개인, 이기심의 만연, 이혼율의 증가, 정치적 무관심, 나르시시즘, 상업적·감각주의적 탐닉의 만연, 폭력적인 대중문화, 마약의 범람 등 다양한 도덕적 실패를 노정한다.[5]

이러한 공동체주의의 비판에 자유주의 또한 비판적으로 맞대응한다. 우리는 공동체주의에 대한 자유주의의 공통된 비판을 대략 다음의 네 가지 정도로 요약해 볼 수 있을 것이다.

① 공동체주의자들은 근대 자유주의적 철학과 관행이 공동체를 상실

---

4) A. E. Buchanan, "Assessing the Communitarian Critique of Liberalism", *Ethics*, vol.99, no.4(July, 1989), 852~853쪽. 또한 박정순, 「자유주의 대 공동체주의 논쟁의 방법론적 쟁점」, 『철학연구』 제33집(철학연구회, 1993 가을), 35~36쪽 참조.
5) 박정순, 「자유주의의 건재」, 『철학연구』 제45집(철학연구회, 1999 여름), 19쪽.

시킨 것으로 간주한다. 이런 판단하에, 그들은 상실된 공동체를 재건하고자 한다. 그러나 어떠한 공동체주의자도 그들 각각이 제시하고 있는 것으로 여겨지는 공동체와 현재 존재하는 공동체와의 관계, 그리고 그러한 공동체의 창출과 유지를 위한 조건과 방식에 관한 직접적인 설명을 제공하지 않고 있다. 또한 그들은 정치공동체와 일반공동체를 전혀 구분하지도 않는다. 그럼으로써 공동체주의는 공동체 개념의 모호성과 공동체 구성의 현실적 한계를 드러내고 있다.

② 공동체주의는 자아의 공동체적인 구성적 결부와 귀속, 개인의 사회적 역할의 강조, 가치에 대한 공유된 이해와 통합을 바탕으로 '공동선의 정치'를 주장한다. 이로부터 공동체주의는 그 안에 독재주의, 전체주의, 권위주의, 보수주의, 다수결 횡포 등을 야기할 수 있는 요인을 함축하게 된다. 즉, 공동체주의의 규범적 한계를 내포한다.

③ 자유주의적 개인주의의 만연이 공동체의 상실을 불러온 것으로 간주하면서도, 공동체주의는 공동체 재건의 가능성을 확보하기 위하여 자아의 구성적 결부와 함께 현대사회의 이면에 암묵적으로 공동체적 맥락이 존속한다고 주장한다. 이러한 입장은 자유주의에 대한 상호모순된 평가로부터 기인한다. 즉, 공동체의 상실이 자유주의로부터 결과한다면 그것은 자유주의가 현대사회에 대한 '정확한' 이론적 반영임을 의미하며, 반면에 공동체가 암묵적으로 존속한다면 그것은 자유주의가 현대사회에 대한 '부정확한' 이론적 반영에 불과할 뿐임을 뜻한다. 여기에서 이른바 공동체주의의 방법론상의 역리가 발생한다.

④ 만약 가치의 사회적 의미가 현재 공동체의 분배적 관행과 제도에 의거하고 있다면, 그러한 사회적 의미는 보수적인 것이기 때문에 그것은 비판적 원칙으로 작동할 수 없다. 아울러 만약 가치의 사회적 의미가 공동체의 현재 관행과 제도에 의거하지 않고 그러한 의미를 통해 관행

과 제도를 비판할 수 있다면, 그러한 가치가 정당하다는 것을 공동체주의적 가치론으로써는 알 수 없게 된다.[6]

이러한 자유주의 대 공동체주의 간의 논쟁에는, ① 도덕규범의 정당화에서 방법론적 개체주의와 방법론적 총체주의 간의 문제, ② 도덕적 영역의 구분(사적 영역과 공적 영역)과 통합문제, ③ 도덕적·종교적 논쟁의 정치적 중립성 문제, ④ 이성의 구분(공적 이성과 사적 이성)과 통합문제, ⑤ 옳음과 좋음 간의 우선성 문제, ⑥ 개인권과 공동선 간의 우선성 문제, ⑦ 무연고적 자아와 연고적 자아의 문제 (또는 '자아와 목적 간의 우선성 문제'), ⑧ 공동체의 가치와 역할 문제, ⑨ 정의와 다른 덕과의 관련성 문제 등, 수많은 쟁점이 포함되어 있다.

우리는 위에서 언급한 상호비판적 관점과 쟁점을 통하여 오늘날 자유주의와 공동체주의가 문제시되고 있는 일련의 이유를 미루어 짐작할 수 있게 되었다. 아울러, 자유주의와 공동체주의 간의 논쟁에 주목해야 하는 또 다른 중요한 이유 가운데 하나는 '세계적 보편질서로서 신자유주의적 개편이 강요되는'[7] 전지구적 상황―우리나라도 예외는 아니다―이 진행되고 있다는 점이다. 다시 말해, 우리는 강요된 신자유주의(neo-liberalism)에 대한 철학적 대응을 모색하는 방법 가운데 하나로서 자유주의와 공동체주의 간의 논쟁에 관심을 기울일 필요가 있는 것이다.

여기에서 말하는 신자유주의는 애덤 스미스(Adam Smith) 류의 고전적 자유주의의 전통을 이어받아 그것을 현대적으로 변용시킨 하이에크(Fredrick. A. v. Hayek), 프리드먼(Milton Friedrich) 등을 중심으로 하는

---

6) 박정순, 앞의 논문, 31~34쪽.
7) 황경식, 「왜 자유주의와 공동체주의인가?」『철학연구』제45집 (철학연구회, 1999 여름), 1쪽.

경제지상주의적 자유주의를 지칭한다.

이 신자유주의는 경제발전과 복지후생을 위해 정부가 자생적으로 형성되는 시장경제의 결과를 조종·통제하는 것은 인간의 지적 능력과 도덕적 역량을 초월하는 일이며, 그런 간섭 대신에 시민에게 자유를 보장해야 복지와 경제발전이 더욱 효과적으로 이루어질 수 있고, 실업문제와 빈곤문제가 좀더 효과적으로 해결될 수 있다고 본다.

이로부터 신자유주의자들은 "경제정책은 법적 제도의 개선에 초점을 맞추는 비판적 합리주의의 질서정책이어야 한다"는 주장을 제기한다. 이들의 주장 속에는, 재분배적 국가의 기능에서 보호국가의 기능으로의 회귀, (기업활동의 자유, 계약의 자유, 자본이동의 자유 등을 포함하는) 시장경제의 자유, (노동조합 파업권의 강력한 제한 및 고용보호제도 철폐를 통한 노동시장의 유연성 확보를 위해) 노동조합에 부여한 모든 특권의 폐지, 공기업의 민영화, 조세감면, 국가의 사회보장제도(연금제도, 의료보험 등)의 거부, (환경오염문제 해결을 위한) 환경의 개인소유권 확립, 무제한적 민주주의가 아닌 제한적 민주주의의 확립 등이 포함되어 있다.[8]

---

[8] 민경국, 「신자유주의란 무엇인가?」, 『철학과현실』(서울: 철학문화연구소, 1999 여름), 199~216쪽; 민경국, 「신자유주의: 모든 부문에서의 탈규제와 민영화가 핵심」, 『지성인으로 거듭나기 현대사상 키워드 60』(신동아, 2004년 신년호 특별부록), 107~113쪽 참조. 박정순은 신자유주의의 요체로서 자유시장 근본주의(경제적 측면), 자유방임적 최소국가론(정치적 측면), 자립적 개인주의(도덕적 측면) 등을 지적하고 이에 대한 비판을 제기한 바 있다, 박정순, 「세계시장과 인간 삶의 조건」, 『21세기를 향한 철학의 화두: 인간·사회·자연에 관한 새로운 성찰』, 제13회 한국철학자연합대회 2000 대회보 1(서울대학교, 2000.11. 24~25), 217~259쪽 참조.

2. 자유주의와 공동체주의 윤리학 개요

이 책은 많은 부분에서, 앞에서 언급했던 쟁점과의 연관성 속에서 자유주의와 공동체주의 윤리학에 관한 제반 논의를 고찰한다.

먼저 이 책 1장의 「1. 자연권 이론과 최소국가론」에서는 국가의 정치철학적 이론의 정초를 위한 도덕적·형이상학적 가정 가운데 하나인 자연상태론으로부터 자연권이 확보되는 과정을 우선적으로 고찰한다. 여기에서 노직은 특히 로크의 자연상태론을 검토함으로써 자연권, 즉 개인의 권리가 도덕적으로 정당화될 수 있음을 논증한다. 노직은 개인권리의 도덕적 기초를 '삶의 의미'와의 관련성에서 찾고 있으며, 의미 있는 삶을 살기 위한 능력을 보호·보증하기 위해 필수적인 개인의 권리는 개인 상호간의 '도덕적 측면 제약사항'을 결정한다고 주장한다.

이어서 개인의 권리보증과 보호를 위해 요구되는 공동사회, 즉 국가가 의도적인 노력이 없이도 성립될 수 있다는 노직의 견해를 살펴본다. 노직에 따르면 국가는 사회계약론이 주장하는 바와 같은 동의나 계약 없이 일련의 성립단계를 거쳐 출현하게 된다. 노직은 이러한 자신의 주장을 뒷받침하기 위하여 국가의 정치적 합법성을 애덤 스미스의 '보이지 않는 손'의 개념에 의거하여 논증한다. 그리고 노직은 국가의 성원이기를 거부하는 자립인의 문제를 해결하기 위하여, 국가의 도덕적 정당성을 담보하는 절차적 권리와 보상원리 및 힘의 독점의 합법화를 획득한 국가 내에서의 자연권의 보호를 위한 원리로서의 '경계교차의 인식적 원리'를 제시한다. 이상의 논의과정을 통해 성립된 국가는 그 역할이나 기능에서 최소한의 통치를 지향하게 되는데 바로 이것이 최소국가이다.

「2. 소유권적 정의론」은 포괄적인 국가로부터 시행되는 분배문제를 반대하는 노직의 입장을 고찰한다. 분배문제를 반대하는 노직의 입장은 이미 그의 최소국가론에 부분적으로 예시되어 있다고 할 수 있다. 노직은 정의의 주제는 분배문제가 아닌 소유권리의 문제라는 인식에서 소유권리의 원칙을 제시한다. 이어서 그는 소유권리와 자유는 양립 가능하며, 소유권리는 로크적 단서를 충족시키고 있으며, 또한 그것은 칸트적 원리를 준수하고 있다는 식으로 자신의 소유권리론의 정당화논증을 제시한다.

이상 로버트 노직의 자유지상주의적 견해9)는 이른바 신자유주의를 위한 철학적 정당화작업에 일조한 것으로 평가할 수 있을 것이다. 이런 점에서 노직의 이론은 신자유주의의 철학적 근거를 파악하는 데 많은 도움을 주리라고 본다.

2장의 「3. 칸트 도덕철학에 관한 절차적 해석」에서는 자유주의 윤리학의 원류 가운데 하나인 칸트 도덕철학의 주요한 주제를 롤즈의 입장에서 고찰한다. 롤즈는 자신의 공정으로서의 정의관이 칸트적이라는 점을 주장해 왔다. 그러나 이러한 주장에 비판이 제기되면서, 롤즈는 자신의 견해가 어떻게 해서 칸트적인가를 보이기 위하여 칸트 도덕철학에

---

9) 노직의 자유지상주의적 견해는 노직 자신의 의도와는 무관하게, 그를 미국 보수주의의 총아로 만들었으며, 또한 정치적으로는 미국 공화당의 정치이념과 흡사한 신념을 가지고 있는 것으로 간주되기도 했다. 그러나 그는 『성찰된 삶: 철학적 명상』에서 자신의 자유지상주의적 입장이 이제는 자신에게 매우 부적절한 것 같다고 고백한다. 자신이 견지했던 그 입장이 부적절한 이유 가운데 하나는, 인간적인 고려사항과 협동적인 공동활동을 잘 결합하여 그것을 구조적으로 보다 밀접하게 하기 위한 여지를 남겨 두지 않았기 때문이라고 말한다.
다시 말해, 문제의 중요성과 긴급성을 표시하는 방식으로서, 그리고 그것에 대한 우리의 사적인 행위와 관심을 표현·강화·전달·촉진·유효하게 하는 방식으로서, 여러 가지 문제를 포함하는 공식적인 정치적 관심의 상징적 중요성을 소홀히 했다는 점이다. 또한 그는 현실 정치형태의 언급에서, 극단적으로 명료하게 표현된 정치적 원칙이라는 특정한 내용을 지닌 어떤 집단 및 서로 다른 여러 입장이 번갈아 가며 정권교체를 통하여 정치를 이끌어 나가는 지그재그 형태의 민주적인 정치 과정 가운데 후자를 선택한다는 견해를 밝히고 있다. R. Nozick, *The Examined Life: Philosophical Meditations* (N. Y.: Simon and Schuster, 1989), 286~287쪽, 296쪽.

절차적 해석을 시도한다. 이를 위해 그는 먼저 칸트 도덕철학의 기본구조에 내재하고 있는 선험성을 제거한다.

롤즈가 칸트의 도덕철학을 절차적으로 재구성하는 이유는, 그렇게 할 경우에, 칸트의 도덕철학의 기본구조와 자신의 공정으로서의 정의관의 기본구조가 유사할 수 있음을 보여 줄 수 있기 때문이다. 롤즈는 후기10)에 칸트적 자유주의를 포괄적인 도덕적 자유주의라고 규정하면서 자신의 입장을 정치적 자유주의라고 선언한다. 그럼에도 불구하고 필자가 보기에는 롤즈가 정치적 정의의 원칙을 구성하는 기본방법은 여전히 칸트적임을 부인할 수는 없다고 본다. 또한 롤즈는 『만민법』11)에서 칸트 정치철학의 영향을 받은 바 있음을 밝히고 있는데, 이런 점에서 볼 때도 롤즈의 근본사상은 칸트에게 빚진 바가 많이 있음을 알 수 있다.

「4. 원초적 입장과 이상적 담화상황」은 원초적 입장에 관한 하버마스의 비판과 이에 대한 응답으로서의 이상적 담화상황에 대한 롤즈의 비판을 고찰한다. '하버마스와 롤즈 간의 논쟁'은 롤즈의 정치적 자유주의의 전반적인 체계에 하버마스가 비판을 가함으로써 시작되었다. 롤즈 또한 이에 대한 응수로서 자신의 입장에 대한 옹호와 아울러 하버마스의 이론체계에 반론을 제시한다. 그러나 여기에서는 롤즈의 정치적 정의의 원칙과 하버마스의 도덕적 보편화 원칙이 구성되는 절차를 살펴보고 이를 둘러싼 양자 간의 논쟁을 다루는 데 그치기로 한다. 양자 간의 차이점에도 불구하고 이들은 모두 철학적 방법론으로서의 절차주의(proceduralism)를 택하고 있다는 점에서 공통점을 지닌다. 여기에서 절차주의는 "절차의 옳음이 결과의 옳음을 담지한다"는 입장을 말한다.

---

10) 롤즈의 이론을 전기와 후기로 구분하는 이유는 서론의 일부인 '3. 롤즈 정의론의 변화과정'을 참조 바람.

11) J. Rawls, *The Law of Peoples* (Cambridge: Harvard Univ. Press, 1999).

「5. 정의의 원칙과 경제체제론」은 원초적 입장에서 선택된 원칙에 관한 롤즈의 논증을 고찰한다. 롤즈의 정의의 원칙은 『사회정의론』이후 부분적인 수정이 가해진다. 이로부터 롤즈는 정의의 원칙, 즉 '평등한 자유의 원칙', '공정한 기회균등의 원칙' 그리고 '차등의 원칙'의 재진술을 통해 자신의 견해를 보다 명료하게 하려는 작업에 착수한다. 정의의 원칙 가운데 롤즈는 특히 '평등한 자유의 원칙'의 재진술에 주력한다. 이러한 재진술을 통하여 그는 개인의 자유와 분배의 평등이 어떻게 조화될 수 있는지를 모색하며, 더 나아가 그는 자신의 정의의 원칙에 의거할 경우 선택가능한 경제체제를 명시한다.

3장의 「6. 자유주의적 자아관과 그 한계」에서는 전기 롤즈의 입장에 관한 샌들의 비판을 고찰한다. 샌들은 '좋음에 대한 옳음의 우선성'을 주장하는 롤즈의 자유주의를 칸트적 자유주의로 규정하고 이에 공동체주의적 비판을 제기한다. 롤즈는 원초적 입장에 칸트의 선험적 주체에서 그 선험성을 제거한 인간상을 전제하는 데 그것은 다름 아닌 무연고적 자아이다. 이 자아는 목적에 우선하는 것으로 간주된다. 샌들이 보기에 롤즈의 무연고적 자아에는 비록 칸트적인 선험성이 없다고 할지라도, 자아를 목적에 우선하는 것으로 설정하는 것은 롤즈의 자아가 경험에서 유리된 추상적 자아임을 드러낼 뿐이다. 그런데 문제는 이러한 롤즈의 자아관이 정의의 원칙 가운데 하나인 차등의 원칙에 그대로 반영되어 있다는 점이다. 샌들은 롤즈의 차등의 원칙을 공동분배의 원칙 또는 공동선을 위하여 개인의 자산을 효율적으로 활용하는 원칙임을 지적하고, 차등의 원칙과 롤즈의 개인주의적 인간관이 서로 상치된다고 주장한다.

「7. 정치적 자유주의와 그 한계」는 후기 롤즈의 견해에 관한 샌들의 비판을 고찰한다. 롤즈는 자신의 입장을 분명히 하기 위하여 정치적인 견해와 포괄적인 견해를 엄격히 구분한 바 있다. 그러나 샌들의 입장에서 보면 이러한 롤즈의 구분은 도덕적·종교적 논쟁에 관한 중립성을 표명하는 것에 불과하기 때문에 롤즈의 정치적 자유주의에는 한계가 있다고 지적한다. 롤즈의 정치적 자유주의는 정치적 목적상 포괄적인 도덕적·종교적 교의가 제기하는 요구를 무시하거나 괄호에 넣는다. 근대 민주주의 사회가 '좋음에 관한 합당한 다원주의라는 사실'이 특징이라면, 정의의 문제에 적용될 수 있는 '도덕과 종교에 관한 합당한 다원주의라는 사실' 역시 인정해야 함에 불구하고 롤즈는 그 존재를 부인한다. 공적 이성의 이상12)에 따라 시민은 정치적 영역(공적 영역)에서 도덕적·종교적 이상에 관한 정치적·입헌적인 문제를 논의할 수 없게 됨으로써, 정치적 담론은 피폐화되고 도덕적 공허를 가져온다고 샌들은 비판한다.

4장의 「8. 정서주의 비판과 서사적 덕론」에서는 현대 도덕문화에 대한 매킨타이어의 진단과 처방을 고찰한다. 매킨타이어는 현대의 도덕문화가 위기상황에 처한 것으로 판단하고, 그 위기의 원천을 정서주의(emotivism)에서 찾는다. 그에 의하면 정서주의는 그 자아관에서 무연고적 자아를 상정하고 있으며, 그 결과로서 도덕판단을 본질적으로 임의적·주관적인 것으로 만들어 버렸다고 한다. 그런데 현대의 자유주의는 바로 이러한 점을 정서주의와 공유한다. 이로부터 매킨타이어는 도덕적 위기를 극복하기 위한 공동체주의적 대안을 모색함에 아리스토텔레스의 덕론의 검토로부터 합리적 도덕체계를 위한 서사적 덕론을 제시한다.

5장의 「9. 자아의 정체성과 도덕적 선」에서는 근대적 정체성의 명료화를 통해 문화적·도덕적 위기를 분석·타개하고자 하는 테일러의 견해를 고찰한다. 이를 위하여 테일러는 자아정체성과 도덕적 선의 관련성

---

12) 이 책의 「정치적 자유주의와 그 한계」 각주 12) 참조.

문제를 우선적으로 탐구함으로써 근대성의 자기상을 바로잡고자 한다. 테일러에 따르면 어떤 선을 지향하는가에 의해 우리 삶의 의미와 삶의 방향성은 서로 다르게 정해진다. 때문에 선의 질적인 차별화가 중요하며, 이에 근거하여 최고선을 선별해야 한다. 이 최고선의 정향성이 바로 나의 정체성을 정의하기 때문이다. 그러나 자유주의 윤리학은 실천적 추론에서 실질적 입장보다는 절차적 입장을 택함으로써 '좋음에 대한 옳음의 우선성'을 주장하게 되었고, 그 결과로서 도덕적 선은 매몰되었다. 이것이 자아정체성에 근원적인 위기가 도래하게 된 까닭이라고 테일러는 비판하며, '옳음에 대한 좋음의 우선성'을 회복해야 한다고 주장한다.

이상이 이 책에서 다루게 될 내용의 전체적인 윤곽에 해당한다. 그러나 이 책에는 한계가 많다. 자유주의 윤리학 및 공동체주의 윤리학을 논의함에서 논의의 대상이 되고 있는 철학자 개개인의 이론 및 사상을 전체적으로 그려내지 못했다는 점이 그 중의 하나이다. 또한 신사회계약론적 자유주의로 지칭되는 데이비드 고티에, 평등주의적 자유주의자인 로널드 드워킨의 견해를 전혀 다루지 못했고, 마찬가지로 대표적인 공동체주의자 가운데 한 사람인 마이클 왈처의 입장도 언급하지 못했다.[13] 이러한 한계는 차후의 과제로 남겨두기로 한다.

---

13) 고티에의 신사회계약론적 자유주의에 관한 자세한 논의는 박정순, 「고티에의『합의도덕론』과 그 정치철학적 위상」, 『사회철학대계 2』(서울: 민음사, 1993), 346~418쪽 참조. 또한 고티에 이론의 핵심부분의 간략한 논의는 김형철, 『한국사회의 도덕개혁』(서울: 철학과 현실사, 1996), 195~202쪽 참조. 드워킨에 관한 논의는 염수균, 「드워킨의 자원의 평등론」, 『범한철학』, 제35집, (범한철학회, 2004 겨울), 99~132쪽 참조. 왈처의 공동체주의에 관한 논의는 박정순, 「마이클 왈처의 공동체주의」, 『철학과 현실』(서울: 철학과 현실사, 1999 여름), 175~197쪽 참조.

3. 롤즈 정의론의 변화과정

이 책에서 고찰하고 있는 자유주의와 공동체주의 윤리학의 대부분은 직·간접적으로 롤즈 정의론에 대한 비판적 견해에 해당한다. 그런데 롤즈의 정의론은 여러 측면에서의 비판과 그에 따른 문제변화로부터 그의 견해에 부분적인 변화가 있게 된다. 때문에 여기에서는 간략하게나마 롤즈 이론의 변화과정을 언급하려고 한다.

그간 공리주의적 자유주의의 세력에 밀려 거의 논외로 취급되던 사회계약의 이론을 고도로 추상화하여 일반화된 정의관을 제시하고자 했던 롤즈의 『사회정의론』(1971)이 출간된 이래 이를 둘러싼 수많은 논쟁 및 비판이 철학과 철학 외적인 영역에서 제기된 바 있다.

롤즈 정의론에 가해진 초기 비판은 크게 두 가지로 나누어 설명할 수 있다.

① 롤즈의 정의론은 보편적 정의론이라기보다는 오히려 몇 가지의 근대적 신념을 합리화하는 정의론이다.[14]

② 롤즈의 이론은 칸트의 도덕철학과 특별한 친연성(親緣性)을 지닌 계약이론으로서, 그것은 합리적 행위자의 단순한 분석으로부터 객관적이고, 책무로서 해야만 할 목적을 연역하고자 한 칸트의 헛된 시도를 많은 부분에서 그대로 따르고 있다.[15]

---

14) 예컨대, 루크스(Steven Lukes)는 롤즈의 원초적 입장의 당사자의 동기, 신념 그리고 개인의 합리성은 '근대적·서양적·자유주의적·개인주의적 인간(modern, western, liberal, individualistic men)'의 일부에 지나지 않는다고 지적하고 있다. 또한 이와 유사한 견해는 밀러(David Miller)에게서도 찾아진다. S. Lukes, *Essays in Social Theory* (N. Y.: Columbia Univ. Press, 1977), 189쪽. D. Miller, *Social Justice* (Oxford: Clarendon Press, 1979), 342쪽 참조.

15) C. Kukathas and P. Pettit, *Rawls: A Theory of Justice and its Critics* (Stanford: Stanford Univ. Press, 1990), 121쪽; R. P. Wolff, *Understanding Rawls* (N. J.: Princeton Univ.

롤즈는『사회정의론』이후에 발표된 자신의 논문을 통해 이상의 초기의 대표적인 비판에 답변을 제시하고, 그의『사회정의론』에서 오해의 여지가 있었던 부분들, 또는 명확성이 결여되었던 부분, 그리고 명백한 오류를 범했던 부분을 찾아내어『사회정의론』을 부분적으로 수정·보완하는 작업에 착수한다. 이로부터 롤즈는 자신의 정의의 원칙 가운데 제1원칙을 부분적으로 수정하게 된다. 또한 그는 자유롭고 평등한 도덕적 인간이라는 칸트적 인간관에 함축되어 있는 합당성(the reasonable)과 합리성(the rational)16)이라는 두 개념축에 의거하여, 원초적 입장은 합리적 선택이론만으로 이루어진 체계가 아님을 밝히고 있다.

이를 통하여 롤즈는 두 가지의 주요한 문제를 해결하게 되는 셈인데, ① 미국의 정치문화 속에서 야기되는 로크식의 자유와 루소식의 평등 간 갈등을 칸트적 정의관으로 해결하고 있으며, ② 칸트 도덕설의 추상성이라는 문제를 해결할 때, 롤즈는 원초적 입장의 이론을 합리적 숙고의 실질적 내용을 산출하는 합당성의 체계로 발전시켜 이 문제를 해결하고 있다.17) 롤즈의 이러한 해결방식은 그것이 공정으로서의 정의관에 입각한 칸트적 이해, 즉 도덕적 이해의 정초임을 보여 준다.

그러나 앞에서 언급했던 비판과는 또 다른 비판을 공동체주의자들이 제기하였다. 그들의 비판은 한 마디로, 롤즈의 주장은 본질적으로 인간의 본성과 정체성에 관한 특정한 형이상학에 의존하고 있으며, 보편적

Press, 1977) 111쪽 참조.

16) 롤즈는, reasonable이라는 말을 '분별력 있는', 또는 '이성에 귀 기울일 준비가 되어 있는'이라는 넓은 의미로 이해하고, rational이라는 말은 '효과적인 방식으로 자신의 이익을 증진하는'이라는 좁은 의미로 사용한다. 이로부터 the rational은 '합리성'으로, the reasonable은 '합당성'으로 번역해서 사용되고 있는 것이 일반적인 견해이다. 필자 또한 이런 일반적인 견해를 따른다.

17) Kukathas and Pettit, *Rawls: A Theory of Justice and its Critics*, 130~134쪽 참조.

진리에 관하여 어떤 철학적 주장을 하고 있다는 것이다.18) 이와 같은 비판으로부터 롤즈 정의론은 이제 새로운 국면으로 접어들게 된다.

이러한 비판에 롤즈는 자신의 입장이 형이상학적 입장이 아니라, 정치적 입장임을 분명히 하고 있다. 그리하여 롤즈는 앞서의 '공정으로서의 정의관에 관한 도덕적 이해'로부터 '공정으로서의 정의관에 관한 정치적 이해'로 자신의 입장을 바꾸게 된다. 이러한 입장의 변화를 분명히 하기 위하여, 롤즈는 그간의 성과물을 집대성한 『정치적 자유주의』(1993)라는 저서를 출간하게 된다.

그런데 롤즈 정의론의 변모된 모습을 정확히 파악하고자 하는 일단의 학자들은 롤즈의 이론을 전기와 후기로 구분해서 이해할 것을 제안한다.

롤즈의 이론을 전·후기로 구분하는 방법에는 대체로 두 가지의 견해를 들 수 있는데, 이 견해 간에는 상당한 차이점이 있다.

예컨대, 쿠카타스(Chandran Kukathas)는 롤즈의 이론을 시기적으로 구분할 때 그 전환시기를 3단계로 구분한다. 즉,『사회정의론』의 출판년도까지를 전기(1951~1971)로 간주하고, 그 이후의 논문을 후기로 간주하는데, 이 후기를 다시 제1단계(1971~1982), 제2단계(1982 이후) 등으로 구분한다. 쿠카타스는 후기 제1단계를 공정으로서의 정의관에 관한 칸트적 이해로의 전환단계로 규정하고, 후기 제2단계는 앞서의 칸트적 이해를 포기하고 정치적 이해로 전환한 단계로 규정한다.

그러나 다니엘스(Norman Daniels)의 견해에 따르면 많은 사람이 협의의 칸트적 이해를 롤즈 이론의 한 전환으로 믿고 있으나, 그것은 기존의 『사회정의론』에 포함된 이상을 심화시키고 있는 것이므로 칸트적

---

18) 이러한 주장은 특히 샌들이 강력하게 제기하였다. M. J. Sandel, *Liberalism and the Limits of Justice* 참조.

이해란 롤즈 이론의 한 전환으로 간주될 수 없다고 한다.[19] 다니엘스의 견지에서 바라볼 때 쿠카타스가 구분한 후기 제1단계는 전기의 연장이며, 후기 제2단계만이 후기 롤즈에 해당되는 셈이다. 다니엘스의 주장은 롤즈가 직접 밝힌 그의 이론의 세 가지 변화를 통해 뒷받침될 수 있다.

롤즈는 『공정으로서의 정의: 안내지침』(1989)의 서문에서 『사회정의론』 이후에 변모된 세 가지 종류의 주요한 변화를 다음과 같이 정리한다. ① 평등한 기본적 자유와 그 자유의 우선성의 새로운 진술, 그리고 사회적 기본가치의 수정된 설명. ② 원초적 입장의 논증방식의 변화. ③ 공정으로서의 정의관의 이해변화, 즉 정치적 이해로의 변화 등이 그것이다.[20] 여기서 앞의 두 변화는 시기적으로 칸트적 이해(즉, 도덕적 이해)에서 이루어진 변화들로서 세 번째의 변화와는 구별되는 변화이다.

그런데 여기서 주목할 것은 롤즈가 세 번째의 변화에는 공정으로서의 정의관의 이해변화라고 분명하게 명기하고 있는 반면에, 앞의 두 변화는 그렇게 말하지 않고 있다는 점이다. 이것은 앞에서 다니엘스가 지적한 바와 같이, 『사회정의론』 그 자체가 처음부터 칸트적 견해에 바탕한 이론이므로, 롤즈도 칸트적 이해를 공정으로서의 정의관을 새로운 이해방식으로 취급하지 않는다는 것을 의미하고 있는 것이다.

그리하여 필자는 이상의 다니엘스와 롤즈의 견해를 기초로 롤즈의 이론을 전기(1951~1971~1982)와 후기(1982~2002)로 구분하는 2단계적 구분법을 따르고자 한다.

공정으로서의 정의관의 도덕적 이해와 정치적 이해는 외형상 분명히 구별되는 이해방식임에 분명하다. 때문에 '정치적 이해'를 놓고 칸트적

---

19) N. Daniels, "Preface", in *Reading Rawls*, ed. by N. Daniels, (Standford: Standford Univ. Press, 1989), xv쪽 참조.

20) J. Rawls, *Justice as Fairness: A Guided Tour* (Cambridge: Harvard Univ., 1989), i~ii쪽.

이해의 제거라거나, 그것과의 단절적인 전환으로 받아들여지고 있다.[21] 그럼에도 불구하고 정치적 이해에는, 도덕적 이해에서 이루어진 '합리성에 대한 합당성의 우선성', '좋음에 대한 옳음의 우선성', '가치(선)의 개념' 그리고 '인간관' 등의 중요한 기본개념이 그대로 원용되거나 응용되고 있다는 사실을 간과할 수는 없을 것이다. 왜냐하면 이것은 롤즈 이론이 칸트적 견해와 강력한 이론적 연관관계를 맺고 있다는 하나의 증표가 될 것이기 때문이다.

마지막으로 특기할 것은 롤즈가 칸트의 『영구평화론』으로부터 시사받은 점이 많다고 언급한 『만민법』(1999)을 발표하였다는 점이다. 이 저작은 롤즈가 그의 정치적 자유주의를 만민의 사회(즉, 국제사회)에 확대적용하고자 하는 노력의 일환으로 간주된다. 그러므로 이것은 롤즈의 이론적 틀의 변화가 아닌 적용영역상의 문제에 해당되기 때문에 이 역시 후기 롤즈의 견해로 간주해도 무방할 것이다.[22]

---

21) 롤즈의 후기 이론에 대해서 전환이라는 말을 붙이고 있는 견해의 소개는, 박정순, 「자유주의 정의론의 철학적 오딧세이」, 『현대의 윤리적 상황과 철학적 대응』, 제5회 한국 철학자연합대회 대회보(원광대학교, 1992.10.23~24), 593쪽 참조.

22) 장동진의 경우는 롤즈 이론의 변화를 당면문제의 성격변화와 관련지어 3단계로 구분한다. 1단계는 『사회정의론』이 출간된 시기로서 미국 사회에서 가장 문제가 되는 갈등인 사회·경제적인 불평등을 해결하기 위하여 원초적 입장으로부터 정의의 두 원칙을 제시한 시기, 2단계는 『정치적 자유주의』의 출간을 전후한 시기로서 가치 및 신념체계 간의 갈등이 정치적 문제해결에 영향을 미치므로 이를 공적인 영역에서 해소하려면 공적 이성의 사용을 통한 중첩적 합의에 의해 정치적 정의의 원칙이 도출되어야 하고, 이것이 도출될 수 있음을 논증한 시기, 3단계는 『만민법』의 출간을 전후한 시기로서 자신의 자유주의적인 정치적 정의관을 국제사회의 정의 문제해결에 적용하려는 시기 등이다. 존 롤즈 지음, 『만민법』, 장동진 외 옮김, (서울: 이끌리오, 2000), 285~287쪽(역자후기) 참조.

자유주의 윤리학

제1장 **노직의 윤리학**

1. 자연권 이론과 최소국가론 / 2. 소유권적 정의론

제2장 **롤즈의 윤리학**

3. 칸트 도덕철학에 관한 절차적 해석 / 4. 원초적 입장과 이상적 담화상황 /
5. 정의의 원칙과 경제체제론

제1장

노직의 윤리학

1. 자연권 이론과 최소국가론

1) 자연상태이론의 정치철학적 함의

　로버트 노직은 그의 저서 『아나키, 국가 그리고 유토피아』[23]에서, 보통 도덕적·형이상학적 가정으로 간주될 수 있는 근거 위에서 아무도 어떤 개인의 권리를 침해하지 않는, 법률상 합법적인 국가가 단계적으로 성립될 수 있다는 논증에 착수한다.[24] 다시 말해, 노직은 의도적인 노력

---

23) R. Nozick, *Anarchy, State, And Utopia* (N. Y.: Basic Books, 1974). 이하 *ASU*로 약기하고 본문에 쪽을 부기함.

24) R. P. Wolff, "Robert Nozick's Derivation of the Minimal State", in *Reading Nozick*, ed. by J. Paul (New Jersey: Rowman and Littlefield, 1981), 77쪽.

없이 어떻게 국가가 성립될 수 있는가 하는 이론을 제시하고자 한다.

국가문제는 수많은 정치철학적 문제와 분리되어서는 그 논의가 불가능한 문제영역이다. 때문에 이러한 논의를 개진함에는 당연히 여러 가지 복잡하고, 까다로운 논변이 요구되게 마련이다.

노직이 국가이론을 전개함에 근거로 삼고 있는 여러 가지 도덕적·형이상학적 가정 가운데, 최우선적으로 제시하고 있는 가정은 하나의 착수된 도덕적·형이상학적 출발점으로서의 자연상태이론이다. 이 자연상태론으로부터, 노직은 개인이 권리를 소유하고 행사할 수 있다는 신념을 정당화시키려고 노력한다. 바꿔 말해서, 그는 개인권리의 유래를 자연상태로부터 찾고 있는 것이다.

노직에 의하면, 자연상태이론은, 첫째 정치철학적 중요성, 둘째 설명적인 목적, 다시 말해 설명적인 정치이론을 위하여 요구된다고 한다. 자연상태의 정치철학적 중요성은 그 성격상 정치철학의 근본문제와 깊은 관련을 맺고 있다. 국가가 어떻게 조직되어야 하는가 하는 문제에 앞서는 정치철학의 근본문제는 대체 국가가 있어야 하느냐는 것이다(*ASU*, 4).

아나키스트에 의하면, 국가는 권력사용의 독점을 유지하고 영토 내의 모든 사람을 보호하는 과정에서 개인의 권리를 침해하고 따라서 본래적으로 부도덕하다고 한다(*ASU*, xi). 또한 국가는 여러 가지 불편한 점을 초래한다. 프루동(Proudhon)은 국가가 초래하는 불편한 점을 아래와 같이 기술한다.

통치를 받는다는 것은 감지·검열·정탐·지도되며, 법에 구속되며, 수량화·통제·등록대상이 되며, 사상주입의 대상이 되며, 설교의 대상이 되며, 지배받으며, 억류·평가·사정·비판받으며, 명령받음을, 이런 행위를 수행할 권리도 지혜도 덕도 없는 자들에 의해서 그런 수동적 상태에 처함을 의미한다. …… (*ASU*, 11에서 재인용)

이상과 같은 프루동의 입장에서 보면 국가상태에서 살기보다는 차라리 무국가상태에서 사는 것이 더 좋을지도 모른다. 때문에 국가란 필요하지 않다고까지 할 수도 있다. 이러한 무정부론은 정치철학의 전주제를 무의미하게 하므로 정치철학론은 이의 주요 이론적 대안을 검토함으로써 시작하는 것이 합당하다고 노직은 생각한다.

자연상태의 상황은 우리가 바랄 수 있는 최선의 무정부적 상황이다. 그러므로 이 상황의 성격과 결점의 탐구는 무정부상태보다 국가가 더 좋은가의 여부를 결정함에 결정적인 중요성을 갖는다(*ASU*, 5). 다시 말해, 자연상태의 상황을 탐구한 결과 무정부상태보다 국가상태가 더 바람직하다는 결론을 도출해 낼 수 있다면, 자연상태는 국가존재를 위한 이론적 근거를 제공할 것이며, 나아가 국가를 정당화할 것이기 때문에 자연상태는 마땅히 탐구되어야 한다는 것이 노직의 입장이다.

자연상태론은 정치철학적 중요성 이외에도 설명적인 정치이론을 위하여 이용된다. 정치적 상황이 어떻게 비정치적인 것으로부터 생겨났는가를 보이는 방법을 노직은 근본적인 설명(fundamental explanation)이라고 한다. 즉, 정치영역에 가장 바람직하고 완전한 종류의 설명을 그 영역의 근본적인 설명이라고 한다(*ASU*, 6). 근본적인 설명을 하기 위하여 노직은 자연상태 이론으로부터 출발한다. 그러나 현실적인 모든 국가가 자연상태로부터 발생했으리라는 근거는 없다. 그러므로 자연상태 이론에 의존하는 설명은 근본적인 설명이 될 수 없다.

따라서 노직은 헴펠(Hempel)의 이른바 잠재적 설명(potential explanation)을 도입한다. 잠재적 설명이란, 개략적으로 말하자면, 그 안에서 언급된 모든 것이 참이고, 작동되었다면 옳은 것일 그런 설명을 말한다. 정치적 상황이 비정치적인 것으로부터 발생했다는 사실을 설명하는 데 가장 적합한 것은 자연상태이론에 의거하는 것이기는 하나, 앞에서 말한 바와 같이 그것이 또한 현실에 완전히 부합되는 이론은 아니기 때문에 노직은 자연상태에 기초한 설명을 '근본적 잠재적 설명'이라고 한다(*ASU*, 7~8). 이는 비록 올바른 설명은 아닐지라도 중요한 설명적 조명역할을 한다.

노직에 의하면, 어떻게 한 국가가 자연상태로부터 발생하는가를 기술해 나가는 자연상태 이론은 만약 국가가 자연상태에서 발생하지 않았더라도 우리는 왜 그렇지 않았는가를 조사함으로써, 즉 실재 세계 중 자연상태의 모델로부터 벗어나는 특정의 한 국면이 왜 현재의 모습을 갖고 있는가를 설명하려 함으로써 많은 것을 배울 수 있다고 한다(*ASU*, 9).

이상에서 노직이 자연상태이론을 요구하는 이유를 살펴보았다. 이러한 논의에서는 아직은 잘 드러나지 않았지만, 노직이 자연상태이론을 필요로 하는 까닭은 정치적 자유주의의 입장에서 도덕국가의 규모, 기능, 가능한 기원에 관한 탐구[25]를 위한 출발점으로 자연상태이론을 받아들이고 있다는 점이다. 그가 도덕국가를 위한 정당화 논변을 함에 국가의 규모나 국가기능에 보다 많은 노력을 기울이는 까닭은 복지 프로그램을 자극하는 복지국가의 유입과 분배적 정의의 계획에 반대[26]하기 위한 이론적 접근이라는 데에 그 본의가 있다. 즉 정치적·경제적 자유주의를 정당화하기 위하여 자연상태이론이 이용되고 있는 것이다.

---

25) L. Davis, "Comment on Nozick's entitlement theory", *The Journal of Philosophy*, vol. LXXⅢ, no. 21(1976), 836쪽.
26) C. C. Ryan, "Yours, Mind, and Ours: Property Right and Individual Liberty", *Ethics*, vol. 87(1977), 127쪽.

그러나 자연상태이론을 절실히 필요로 하는 노직의 입장과는 달리, 하이에크(Hayek)와 포퍼(Popper) 같은 자유주의자들은 자유주의가 과거에 어떤 특별히 감탄할 만한 사건의 결과로부터 유래되었거나 유래된 근거에서보다는, 오히려 하나의 착수된 출발점에 관계없이, 자유주의는 미래에 도덕적 진보와 물질적 진보에로 이끈다는 근거에서 자유주의를 정당화한다27)는 점에서 노직의 입장과는 사뭇 대조적이다.

노직은 자신이 말한 자연상태이론이 요구되는 두 가지 이유를 만족시켜 주는 자연상태이론은 특히 로크의 자연상태이론이라고 주장한다. 따라서 그는 로크의 자연상태로부터 자신의 국가의 논변에 관계있는 부분을 섭취하여 논의를 전개한다.

이 글에서는 노직의 논지에 따라, 로크의 자연상태이론, 특히 그의 자연권 이론을 먼저 고찰한 후, 자연권에 대한 노직의 도덕적 정당화를 고찰한다. 이어서 자연권이 보장되는 것으로 간주되는 이상적인 국가로서의 최소국가가 성립되는 단계를 살펴보고, 국가성립의 정치적 합법성을 위해 사회계약 대신에 노직이 제안하고 있는 대안적 개념이 무엇이고, 또한 그가 국가성립의 도덕적 정당성을 획득하기 위해 제시하고 있는 논거가 무엇인지 그것들에 대한 비판적 검토를 중심으로 하여 논의를 전개하고자 한다.

2) 로크의 자연권 이론

로크의 자연상태이론에서 노직이 주목하고 있는 것은 자연상태에서의 개인권리, 즉 자연권 문제이다. 이러한 문제에 주목하여 노직은 개인

---

27) G. Sampson, "Liberalism and Nozick's Minimal State", *Mind*, vol. LXXXVⅡ, no. 345(1978), 97쪽.

권리의 도덕적 정당화를 위한 논변을 제시하고자 한다.

로크는 그의 『시민 정부론』28)의 제2장인 「자연상태에 관하여」에서, 정치권력을 올바르게 이해하고, 정치권력의 기원으로부터 정치권력을 이끌어내기 위해서, 우리는 모든 사람이 자연적으로는 어떤 상태에 놓여 있는가를 고찰해 보지 않으면 안 된다고 주장한다(STG, §4). 로크의 주장을 분석적으로 재구성해 보면, 자연상태에서의 개인의 상태는 정치권력을 지닌 도덕국가의 기원을 논의하기 위한 선결조건이 된다. 노직 또한 이러한 로크의 입장을 따르고 있다.

로크에 의하면, 첫째 자연상태는 완전히 자유로운 상태이다. 즉, 자연상태는 다른 사람의 의지에 의존하거나, 허가없이, 자연법의 경계 내에서, 그가 적당하다고 생각하는 것처럼, 자신의 행동을 규율하며, 자기의 소유물과 신체를 처분할 수 있는 완전히 자유로운 상태이다(STG, §4).

둘째, 또한 자연상태는 평등한 상태이다. 그 곳에서는 모든 권력과 권한은 상호적인 것이며, 아무도 다른 사람보다 더 많은 것을 갖지 않는다(STG, §4). 즉, 모든 사람은 태어날 때부터 평등하다. 그러나 그것이 모든 종류의 평등을 가리키는 것은 아니다. 연령, 덕행, 뛰어난 재능, 공적, 출생 등으로 말미암아 사람 사이에 우월성이 생기는 것은 당연하다. 이와 같은 평등이 자연상태에 고유한 것으로서 말한 바 있는 평등이다. 결국 자연상태의 평등이란, 모든 사람이 다른 어떤 사람의 의지 또는 권위에 복종하지 않고 자기의 자연적 자유를 갖게 되는 평등의 권리이다(STG, §54).

셋째, 이러한 자연상태는 자유의 상태이기는 하지만, 방종의 상태는 아니다(STG, §6). 이 방종의 상태는 홉즈의 자연상태를 상기시킨다. 홉

---

28) J. Locke, *The Second Treatise of Government*, ed. by J. W. Gough (Oxford: Basil Blackwell, 1976), 이하 *STG*로 약기하고 본문에 §(절)을 부기함.

즈에게 자연상태는 '만인의 만인에 대한 투쟁'이다. 거기에서는 도덕규칙을 지켜야 할 이유가 없고, 삶은 외롭고, 불쌍하고, 불쾌하고, 야만적이고, 결핍된 것으로서 묘사된다.[29] 반면에 로크의 자연상태는 방종의 상태가 아니다. 자연상태는 그것을 지배하는 하나의 자연법이 있는데, 누구나 자연법에 따르지 않으면 안 된다. 자연법인 이성은 그것을 염두에 두는 모든 사람에게, 즉 평등하고 독립적인 존재에게 아무도 다른 사람의 생명, 건강, 자유, 또는 소유물을 손상시켜서는 안 된다고 가르친다(*STG*, §6).

이상의 로크의 자연상태는, 첫째 완전히 자유로운 상태, 둘째 평등한 상태, 셋째 자유의 상태이기는 하나 방종의 상태가 아니라는 특징을 갖고 있다. 요컨대, 이 자연상태 안에서의 자유란 자기가 따라야할 법이 허용하는 범위 내에서 자기의 신체, 행위, 소유물 그리고 전체의 재산을 자기가 바라는 바대로 처분할 수 있고, 거기에는 다른 사람의 자의적인 의지에는 복종하지 않고, 자유롭게 자기자신의 의지에 따라가는 것을 말하는 것이다(*STG*, §57). 자연상태의 로크적 특징으로부터 우리는 로크적 자유가 소극적인 권리만을 거의 전적으로 강조하는 입장[30]임을 쉽사리 간파할 수 있다.

달리 말해, 개인적 자유에의 소극적인 권리의 목록만을 로크는 제시하고 있다. 이러한 소극적 권리는 타인에게 권리소유자가 보호받는 영역을 간섭하지 말 것을 의무로서 부과[31]할 뿐이다. 로크적 전통을 따르는 노직 역시 개인적 자유에의 소극적인 권리만을 주장한다. 이러한 점

---

29) N. E. Bowie and R. L. Simon, *The Individual and the Political Order* (New Jersey: Prentice Hall, 1977), 65쪽.

30) 앞의 책, 64쪽.

31) 앞의 책, 63쪽.

은 그의 '소유권리론(entitlement theory)'[32]에서도 명백히 드러난다. 그렇기 때문에 노직은 현대의 자연권 옹호자들에 의해 주장되는 적극적인 권리에 대해서 냉담한 반응을 보인다. 여기에서 적극적인 권리란, 최소한의 인간다운 생활수준을 확보하기 위해 필요한 재화와 용역을 제공하라는(또는 적어도 그것을 제공하는 제도를 지원하라는) 의무를 부과[33]하는 것을 말한다.

앞에서 말한 바와 같이, 이성이라는 자연법이 자연상태를 지배한다. 이 자연상태 안에 살고 있는 자연인은 그들이 이 세상에 태어날 때부터 신성불가침의 자연권을 가지고 태어난다. 그러므로 이 신성불가침의 권리는 마땅히 지켜져야 한다. 그러나 일부 사람은 자연법의 경계를 넘어 타인의 자연권을 침해하는 경우가 있다. 그럼으로써 서로 위해를 가하는 일이 발생된다. 이런 일이 없도록, 그리고 모든 인류의 평화와 보존을 목적으로 하는 자연법이 준수되도록, 자연법의 집행은 자연상태 안에 있는 모든 사람의 손에 위임된다. 그것에 의하여 각자는 이 자연법의 위반자가 이 법의 위반을 방지할 수 있는 정도에서 처벌할 수 있는 권리를 갖는다(*STG*, §10).

그러므로 자연상태란, 사람이 그들 사이를 재판할 수 있는 권한을 가진 하나의 공통적인 우월자를 이 땅위에서 갖지 못하고, 이성에 따라서 함께 생활해 가는 상태(*STG*, §19)이다.

자연상태에 있는 자연인이 각자의 자연법을 집행할 수 있는 권한을 갖고 있기 때문에, 상호이해된 자연법은 매번의 우발적인 사건에 적합한 방책을 제시해 주지 못하며, 자기자신의 사건에 재판관이 된 사람은 항상 미심쩍은 점은 스스로에게 유리하게 해석하며 자신은 옳다고 가정

---

32) *ASU*, 149~182쪽; 이 책의 「소유권적 정의론」 참조.
33) Bowie and Simon, *The Individual and the Political Order*, 63쪽.

한다(*ASU*, 11). 바로 이러한 점에서 자연상태의 불편한 점, 즉 결함이 나타난다. 이러한 불편한 점이 나타나는 이유를 로크는 다음과 같이 말한다.

첫째, 자연상태에는 옳고 그름에 대한 기준과 자연인 사이의 모든 분쟁을 해결해 주어야 할 공통적인 척도로서 일반적인 동의에 의해 확립·정초·받아들여지고, 인정된 잘 알려진 법률이 없다. 왜냐하면, 자연법은 모든 이성적인 동물에게는 명백하고 알기 쉬운 것이지만, 사람은 그것의 연구부족 때문에 무지할 뿐만 아니라, 그의 이해관계로 인하여 편견을 갖게 되므로, 그것을 자기의 특수한 경우에 적용함에 그 법이 그들을 구속하는 것으로 인정하지 않으려는 경향이 있기 때문이다(*STG*, §124).

둘째, 자연상태에는 확립된 법률에 따라 모든 다툼을 판결할 수 있는 권위를 지닌, 잘 알려진 공평한 재판관이 존재하지 않는다. 왜냐하면 자연상태에서의 모든 사람은 자연법의 재판관인 동시에 집행관이며, 사람은 편파적이라서 자기자신의 일에는 격정과 복수심이 너무 지나치거나, 너무 열중하는 경향이 있지만, 다른 사람의 일에는 태만하고 무관심하여 매우 부주의하게 대하는 경향이 있기 때문이다(*STG*, §125).

셋째, 자연상태에서는 올바른 판결이 내려지는 경우가 있을지라도 그것을 뒷받침하여 올바르게 집행시켜 주는 권력이 결여되는 경우가 자주 있다. 무엇인가 부정을 저지른 사람은 가능한 한 폭력으로라도 그의 부정을 정당화하려 한다. 처벌하려 해도 저항이 있기 때문에 자주 위험이 따르며, 처벌을 하려는 사람이 번번이 피해를 입게 된다(*STG*, §126).

이상과 같이 인간이 자기자신의 사건을 심판하는 재판관이 되는 데서 필연적으로 뒤따르는 폐해의 대책으로서 통치가 있어야 하며, 그러므로 자연상태는 지속되어서는 안 되는 것(*STG*, §13)이다. 특히 생명,

자유와 자산을 상호간에 보전해 가기 위하여 이미 결합하고 있는 사람이거나 결합할 의향을 갖고 있는 다른 사람과 더불어 사회를 결성할 것을 추구하며, 기꺼이 그러한 사회에 가입하려 하는 것은 당연한 일이다(*STG*, §123).

자연상태의 폐해로부터 벗어나기 위해서 고안된 시민정부는 일정한 정치권력을 갖는다. 로크에 의하면, 정치권력이란, 재산(생명, 자유, 자산)을 규제·보유하기 위하여 사형 및 그 이하의 형벌을 가하기 위한 법률을 만들 수 있는 권리이며, 그러한 법률을 시행함에, 그리고 외적의 침해로부터 국가를 방어함에 공동체의 힘을 사용할 수 있는 권리이며, 이 모든 것은 오로지 공공선을 위하여 행사하게 되는 권리이다(*STG*, §3).

이상을 정리하면, 로크의 자연상태에서의 개인은 자연권을 소유한다. 이 자연권은 역할소유자의 제도적 역할이나 자기가 속한 사회의 성격과는 다른 근거 위에서 소유되는 권리, 즉 독립적인 권리이며, 다른 권리주장을 정당화하려면 궁극적으로 자연권에 호소해야 한다는 점에서 도덕적으로 근본적인 권리, 다시 말해 메타권리(metaright)이다. 또한 자연권은 사회적·정치적 제도에 논리적으로 선행할 뿐만 아니라, 사람 간의 합의에도 선행하여 존재하기 때문에 일반적인 권리[34]라고 할 수 있다. 이와 같이 자연상태에서의 자연인은 모두 자연권을 소유하고 있지만, 자연상태의 폐해 때문에 불가피하게 국가가 요청될 수밖에 없다. 이 때의 국가란, 개인의 권리, 즉 자연권의 보호자로서의 국가이며, 바로 이러한 점이 로크의 국가역할이라는 사실에 주목할 필요가 있다.

노직은 이러한 점에 주목하여 로크의 자연권의 개념과 국가개념을 현대적인 의미로 전개한다. 즉, 로크의 자연상태론을 그 출발점으로 삼아

---

34) 앞의 책, 61~62쪽 참조.

노직은 의도적인 노력 없이 어떻게 국가가 성립될 수 있는가에 관한 자신의 이론을 제시하고자 한다. 이로부터 노직을 네오-로크주의자(neo-Lockean)라고도 한다.

3) 자연권의 도덕적 정당화

로크가 자신의 자연권 이론에 기초하여 '시민정부론'을 전개하고 있는 것과 마찬가지로, 노직 또한 그의 '최소국가론'을 자연권에 바탕 하여 전개한다. 그러므로 우리는 노직의 권리의 개념, 그리고 이것의 도덕적 기초가 무엇인지를 보다 면밀하게 살펴보아야 할 필요가 있다.

노직에 의하면, 각 개인은 강압, 사기, 폭력으로부터 자유로울 권리를 갖는다. 게다가 노직은 각 개인이 자신의 권리를 침해하는 누군가로부터 보상을 강요할 권리를 갖는다[35]고 주장한다. 이러한 노직의 주장은 앞에서 언급한 로크의 자연권과 흡사함을 알 수 있다.

노직적 권리는 대체로 로크적 권리들이다. 노직은 로크적 전통을 따른다. 그러나 로크적 취약점, 즉 『시민정부론』에서 로크는 자연권의 위치와 기초에 대해서 만족할만한 설명 비슷한 것도 제공하지 않았다고 노직은 지적한다. 그런데 노직 또한 동일한 취약점을 지니고 있다.

자연권적 전통의 범위 안에서 연구하기를 선택한 현대의 철학자들은 자연권이라는 전문용어에 대한 그들의 용법을 해명해야 할 필요가 있다.[36] 즉,

첫째, 사람이 자연권을 갖고 있다는 것을 우리는 어떻게 아는가?

---

35) S. Scheffler, "Natural Rights, Equality, and the Minimal State", in *Reading Nozick*, 150쪽.
36) 앞의 논문, 151쪽 참조.

둘째, 다른 사람이 갖지 않은 어떤 다른 권리를 어떤 사람은 갖고 있다는 것을 정당화할 수 있는 증거는 무엇인가?

셋째, 자연권의 원천은 무엇인가?

넷째, 사람들에게 자연권을 부여함에 의해 의미하고자 하는 것은 무엇인가?

그러나 노직은 곤란하게도 이 문제들의 대부분에 대해서 거의 아무 말도 하지 않는다.37) 노직은 그의 책에서, 개인의 권리의 도덕적 기초에 대한 정확한 이론을 제시하지 않았다고 시인한다(ASU, xiv). 그러나 노직은 만족스럽지는 않지만, 위의 세 번째와 네 번째에 대한 답변을 제시하려고 노력한다.

노직은 개인의 권리의 도덕적 기초를 '존재하는 어떤 것'이라고 가정한다. 그래서 그는 이 도덕적 기초를 제시하기 위하여 인간의 자연적 특성들과 도덕적 기초 사이에 어떤 관련이 있음에 틀림없다고 보고 도덕적인 견해의 근거에 관한 근본적인 문제들을 고려한다.38) 즉, 정확히 인간의 무슨 특성에 의해 인간은 서로를 어떻게 대접하고 대접받아야 하는가에 관한 도덕적 제약이 있게 되는가? 우리는 또한 이 특성이 이 제약과 연결되는 이유를 이해하기 바란다. 타인이 그를 대접함에 제약받는 바의 한 인간의 특성은 그 자체로서 가치 있는 특성임에 틀림없다. 그렇지 않고서야 어떻게 그와 같이 가치 있는 것이 그들로부터 나타나는가를 이해할 수 있겠는가?(ASU, 48) 등의 문제로부터 노직은 권리의 도덕적 기초를 추론해 내고자 한다.

노직에 의하면, 개인권리의 도덕적 기초란 무엇인가 하는 대답은 그 알 수 없고 어려운 개념, 즉 삶의 의미(the meaning of life)란 개념과

---

37) 앞의 논문, 152쪽.
38) 앞의 논문, 157~158쪽 참조.

연결되어 있다. 한 사람이 자신의 어느 정도의 전면적인 계획에 따라 자신의 삶을 형성해 나가는 것은 그가 그의 삶에 의미를 주는 방식이다. 오직 그와 같이 그의 삶을 형성할 능력이 있는 존재만이 의미 있는 삶(meaningful life)을 가지거나 추구할 수 있다.

그러나 우리가 이 개념을 더할 나위 없이 잘 다듬고 분명하게 할 수 있다고 가정해도, 우리는 많은 어려운 문제에 직면할 것이다. 삶을 그렇게 형성할 수 있는 능력은 그 자체 의미 있는 삶을 가질 수 있는 (또는 추구할 수 있는?) 능력인가, 그렇지 않으면 그와 같이 하기 위해서 그 밖의 어떤 것을 요구하게 되는 것인가? 우리가 그 자신의 삶을 형성하는 존재를 어떻게 대접해야 할 것인가에 제약사항이 있는 까닭은 무엇인가? 삶의 유의미성이라는 개념은 다른 방식으로 윤리학에 도입되는가? 하는 문제에 우리는 직면하게 되고, 때문에 이러한 문제를 우리는 묻지 않을 수 없게 된다고 노직은 말한다. 특히 노직은 삶의 유의미성이라는 개념을 지적하여, 삶의 유의미성이라는 개념은 '이다-해야 한다(is-ought)'의 간격을 메우는 데 도움을 줄 만한 어떤 것이라는 '느낌'을 주며, 이 개념은 사실과 당위 사이를 다리 놓을 수 있는 것으로 여겨진다고 주장한다(*ASU*, 50).

그러나 이 답변에는 난점이 있으며, '삶의 의미'란 개념은 보다 충분한 설명이 요구된다는 점을 노직은 인정한다. 이러한 이유로, 우리는 새로운 대안적 개념을 모색해 볼 필요가 있다고 본다. 이러한 대안적 개념을 모색함에 롤즈의 경우를 들어 제시해 보기로 하자.

롤즈는 우리의 자연적 속성으로서 '도덕적 인격이 될 능력(the capacity for moral personality)'을 제안한다. 그에 의하면, 도덕적 인격이란, 첫째 그것은 자신의 선의 입장을 가질 수 있는 능력이 있어야 하며, 둘째 그것은 정의감, 즉 정의의 원칙[39]을 적용하고 그것에 따라 행위하고자 하는 정상적인 효력이 있는 욕구를 가질 수 있는 능력이 있음을 의미한다. 따라서 평등한 정의의 보장을 받을 만한 자는 바로 도덕적 인격인 것으로 생각한다고 롤즈는 덧붙인다.[40]

롤즈에 의하면, 이러한 사실은 자연권을 해석하는 데 이용될 수 있다고 한다. 그러한 권리는 그 존재가 상식적인 탐구방도를 따르는 자연적 이성에 의해 확인될 수 있는 그러한 어떤 자연적 속성에만 의거하고 있다. 그러한 속성이 존재한다는 것과 그것에 기초한 권리는 사회적 관행과 법규로부터 무관하게 정초된다. '자연적'이라는 용어의 적합성은 정의론에 의해 확인되는 권리, 법과 관습에 의해 규정되는 권리 간의 대조를 나타내고 있기 때문이다. 그러나 이보다도 자연권이라는 개념은 이 권리들이 일차적으로 인간에게 부여되며, 게다가 그것들에는 어떤 특수한 비중이 주어진다는 생각을 내포하고 있다. 다른 가치를 위하여 쉽사리 침해될 수 있는 권리는 자연권이 아니다.[41]

이상에 의해, 롤즈의 도덕적 인격이 될 능력이라는 우리의 자연적 속성은 자연권의 소유를 위한 충분조건이 된다. 따라서 이러한 속성에 바탕을 두고 자연권의 새로운 해석을 시도해 봄으로써, 노직에게서 볼 수 있는 난점을 어느 정도 보완할 수 있으리라고 본다.

아무튼, 우리의 목적상 중요한 것은 노직이 권리의 도덕적 기초는 '의미 있는 삶을 살기 위한 능력'으로 취급되어야만 한다고 믿는다는 것이다. 다시 말해, 권리는 의미 있는 삶을 살기 위한 귀중한 능력을 보호·보증하기 위해 필수적이라는 것이 노직의 주장이다.[42]

---

39) J. Rawls, *A Theory of Justice* (Cambridge: The Belknap Press of Harvard Univ. Press, 1973), 60쪽, 302쪽 참조.

40) 앞의 책, 505쪽 참조.

41) 앞의 책, 505~506쪽.

42) Scheffler, "Natural Rights, Equality, and the Minimal State", 158~159쪽.

노직에 의하면, 개인의 권리는 그 사람을 둘러싼 도덕적 경계(moral boundary)를 규정짓는다. 이를 다소 보다 추상적으로 말하면, 도덕적 공간에서의 개인의 권리는 위상적으로 그 공간에 포함된 경계인 빽빽하게 밀폐된 공간을 구성한다. 비록 이것이 무엇을 의미하든지 간에, 개인의 권리의 공간이 다른 사람의 권리의 공간에 의해 완전히 에워싸일 수 있을는지 모르겠지만, 개인의 권리의 공간 내에서의 어떤 점은 다른 사람의 권리의 공간 내의 어떤 점에 의해 완전히 에워싸일 수 없다[43]는 것을 의미한다. 그러므로 이 도덕적 경계는 모든 행위자에게 허용가능한 행동을 제약한다. 다시 말해 다른 사람의 권리는 각 개인의 활동에 관한 '도덕적 측면제약사항(moral side constraints)'을 결정한다.[44]

측면제약사항이라는 표현의 선택은, 어떤 사람이 행동할 때, 다른 사람의 권리의 비침해(非侵害)는 어떤 목표, 즉 사회 안에서 침해된 권리의 총량을 최소화하기 위한 목표일지라도, 그 목표추구를 넘어선 우선권이 주어져야만 한다는 점을 강조하기 위해 구성되었다.[45]

그래서 노직에 의하면, 이 견해는 측면제약사항 C를 목표 G의 일부로 구성하려는 시도와는 다르다. 측면제약적 견해는 그대의 목표추구에서 이 도덕적 측면제약사항을 그대가 위반하는 것을 금지한다. 반면에 이 권리의 침해를 최소화함을 그 목표로 하는 견해는 그대에게 사회 안에서의 권리침해의 총량을 감소시키기 위해서라면, 그 권리(제약사항)의 침해를 허용한다(ASU, 29).

타인의 행동에 가해지는 특정의 측면제약사항은 측면제약사항이 제외하는 특정방식으로는 타인을 이용해서는 안 된다는 사실을 표현한다.

---

43) Wolff, "Robert Nozick's Derivation of the Minimal State", 84~85쪽 참조.
44) Scheffler, "Natural Rights, Equality, and the Minimal State", 150쪽.
45) 위의 논문, 150쪽.

즉, 이 행위에 가해지는 측면제약사항은, 그 근저에서, 개인은 목적이지 단순한 수단이 아니라는 칸트적 원리(Kantian Principle)를 반영한다. 개인은 그의 동의 없이는 다른 목적을 성취하기 위하여 희생되어서도, 이용되어서도 안 된다. 개인은 신성불가침의 존재이기 때문이다.

그러므로 측면제약사항은 타인의 불가침성을 표현한다. 이와 같이 서로 다른 개인이 상호불가침성을 갖고 있다는 사실은 이 개인이 단지 자신의 개인적 삶을 영위하는 서로 다른 개인일 뿐이라는 사실을 입증한다. 칸트적 원리에 근거해서 볼 때도, 이 가운데 하나를 타인의 이익을 위해, 비록 그것이 전체적인 사회적 선(overall social good)을 도모한다는 목적 아래서일지라도, 이 개인을 이용함도 그를 수단으로써 이용하는 것이며, 타인을 이롭게 하는 것일 뿐, 더 이상의 아무것도 아니다. 한 인격을 이런 식으로 이용하는 것은 그가 독립된 인격이라는 사실을 충분히 존중하지도, 고려하지도 않은 처사라고 노직은 주장한다(*ASU*, 30~33).

이상에 의해서, 우리는 노직의 도덕적 측면제약사항이 도덕적 금지사항들을 구성하고, 그리고 어떤 목적의 추구는 이 도덕적 금지사항들을 어기지 않는 방식으로 수행되어야만 합법적이라고 주장할 수 있게 된다. 이런 점에서 노직의 도덕적 측면제약사항은 의무론적 이론이 된다.[46]

결국 노직은 칸트적인 원리를 도덕적 형식으로 삼고, 로크적인 권리 개념을 도덕적 내용으로 삼고 있다. 다시 말해, 도덕성의 형식은 F(도덕적 측면제약사항)를 포함하며, 도덕성이 F임에 대한 최선의 설명은 P(개인의 개별성의 강력한 언명)이다. 그리고 P로부터 특정한 도덕의 내용,

---

46) R. L. Holmes, "Nozick on Anarchism", in *Reading Nozick*, 57~58쪽 참조.

즉 자유주의적 제약사항이 뒤따른다(ASU, 34).

그러므로 우리의 삶보다 타인의 삶을 도덕적으로 보다 중요한 것으로 간주하여, 보다 큰 전반적인 사회적 선을 도모하려 할 수는 없다. 우리 가운데의 일부가 타인을 위해 희생되는 것은 정당화될 여지가 없다. 이 근원적인 생각, 즉 존재하는 것은 서로 독립된 삶을 영위하는 서로 다른 개인이며, 누구도 타인을 위해 희생되어서는 안 된다는 생각은 도덕적 측면제약사항의 기초를 이루며, 그것은 또한 타인의 공격을 금지하는 자유주의적 측면제약사항에 귀결된다(*ASU*, 33).

이러한 노직의 견해는 공리주의에 대한 하나의 비판적 시각에서 주장되는 것이라고 할 수 있다. 일반적으로 비공리주의자(non-Utilitarians)가 제기하는 보다 핵심적인 문제제기로서 다음의 두 가지를 들 수 있다.

첫째, '최대다수의 최대선'을 성취하려 시도하는 것이 항상 옳은가?

둘째, 공리주의는 때때로 결국에는 소수자에게 어느 정도 나쁜 결과를 수반하는, 다수자를 위한 최대선으로 되지 않을까?

비공리주의자의 이러한 문제제기는 공리주의로부터 도덕의 '비용효과 분석적 접근(cost-benefit analysis approach)'이 이루어짐으로써 산출될 수 있는 위험의 한 경고적 물음이라고 할 수 있다. 왜냐하면, 공리주의는 공리계산에 의해서만, 어떤 행위나 제도가 얼마 만큼의 최대선을 산출했는지의 여부를 확인할 수 있기 때문에, 어떤 행위를 실행하거나, 어떤 제도를 편성하기에 앞서 비용효과 분석적 방법을 도입하게 되기 때문이다.

비용효과 분석적 방법이란, 얼마 만큼의 노력과 비용이 최대이익을 산출할 것인가를 미리 계산해 보는 방법을 말한다. 이러한 비용효과 분석적 방법을 도덕이론에 적용시킨다는 것은 상당한 위험부담이 예상된다. 이러한 위험부담의 경우를 다음의 예를 통해 예증할 수 있다.

예컨대, 어떤 사람이 보다 더 사회에 가치 있는 사람인가라는 문제에 공리주의의 입장에 서 있는 사람의 경우에 다음과 같은 답변이 가능할 것이다. 즉, 전문인이 비전문인보다 더 가치 있는 사람이다. 왜냐하면 전문인은 사회적으로 가치 없는 사람보다 더 많은 이익(예컨대, 의술, …)을 제공하기 때문에 한 사회에서 개인의 사회적 가치를 결정할 경우 이러한 방식으로 결정한다는 것은 그 속에 이미 비용효과 분석적 방법이 포함되어 있다. 아무튼, 일반적으로 정상적인 상황에서 비용효과 분석적 접근을 적용한다면, 마치 인간은 돈을 최대한으로 벌려고 하는 사업에서처럼 생명이 없는 일종의 '산물(product)'이며, 그리고 열등한 제품이 버려지는 것과 똑같은 것으로 취급될 수 있다. 그러므로 비용효과 분석적 접근은 인간에게 용납되지 않는 부도덕한 견해이며, 따라서 이러한 입장을 합리적인 '도덕적 의사결정이론(moral decision-making theory)'으로 받아들이기에는 난점이 있다.[47]

노직 또한 공리주의 이론의 난점을 지적한다. 노직에 의하면, 공리주의적 이론은 어떤 타인의 희생으로부터 이 타인이 잃어버린 유용성의 양보다 훨씬 더 큰 양의 유용성을 얻는 유용성의 괴물(utility monster)이 있을 수 있는 가능성 때문에 곤란에 빠지게 된다. 왜냐하면 공리주의적 이론은 전체의 유용성을 증가시키기 위하여, 우리 모두가 괴물의 입 속에서 희생되기를 요구하는, 받아들일 수 없는 이론으로 생각되기 때문이다(*ASU*, 41). 이러한 노직의 입장은 그의 도덕적 측면제약사항에 그대로 반영되고 있다.

우리는 노직이 주장하는 바의 도덕적 측면제약사항을 얼마든지 받아들일 수 있는 여지가 있다. 그러나 그가 그의 이론에서 강조하고 있는

---

47) J. P. Thiroux, *Ethics: theory and practice* (California: Glencoe Publishing Co., 1980), 45~46쪽 참조.

개인의 독립성의 지나칠 정도의 강조는, 결과적으로 진정한 의미에서의 개인주의에 함축된 고도의 사회성을 파괴[48]할 수도 있다는 가능성을 배제할 수는 없다고 본다.

다시 말해, 노직이 아무리 도덕적 측면제약사항에 의해, 합리적인 행동방식을 제시하려고 노력한다고 할지라도, 그의 기본적인 신념이 이타성이 배제된 메말라 버린 개인주의에 머무르는 한, 그의 개인주의적 입장은 개인주의에 내재되어 있는 부정적인 최악의 가능성인 이기주의의 조장에 그칠 뿐이다.

4) 국가성립단계론

(1) 공동사회의 필요성

로크적인 자연상태의 탐구와 그 자연상태 속에서 살고 있는 개인의 권리에 대한 노직의 신념은 '사람이 다른 사람을 이용해서는 안 된다'(*ASU*, 32)는 신념으로 귀결된다. 서로 이용하지 않고 이용당하지 않기 위해서는, 개인은 스스로 자신의 권리를 행사하고, 자신을 방어하며, 보상을 받아내고, 그리고 처벌할 수 있다(*ASU*, 12). 그러므로 자연상태에는 개인이 소유한 절대적·불가침적인 권리와 각자가 다른 사람에게 빚지고 있는 의무를 결정하는 명백하고, 객관적·이성적으로 알 수 있는 도덕법이 있다[49]고 가정할 수 있다.

그러나 개인은 그가 항상 도덕법의 명령처럼 행동할 것이라 보장할 만큼 정당하지는 않으며, 그들은 충분히 권리를 침해하고도 남음이 있다.[50] 바로 이러한 점 때문에 로크가 시민정부를 필요로 했던 것과 마찬

---

48) D. L. Norton "Individualism and Productive Justice", *Ethics*, vol. 87(1977), 118쪽.
49) Wolff, "Robert Nozick's Derivation of the Minimal State", 78쪽.

가지로, 노직 또한 최소국가(minimal state)를 필요로 했던 자연상태의 한계점이라고 할 수 있다.

로크는 자연상태의 결함을 해결하기 위해서는, 공동사회의 결성이 필요하다고 믿는다. 또한 이 공동사회에는 당연히 정치적 책무가 뒤따른다. 로크에 의하면, 그 공동사회의 목적 달성을 위해서는 일체의 권력을 양도해야 되는데, 이러한 권력의 양도는 하나의 정치적 사회 속에서 결합할 것에 동의함으로서 가까스로 이루어진다. 그런데 이러한 동의는 국가에 가입하거나 국가를 형성하는 개인 사이에서 맺어지는, 또는 맺어지지 않으면 안 되는 계약의 전부이다(§99).

그러므로 자연권적 골격 내에서의 정치적 책무를 제대로 수행하기 위한 공동사회의 충분조건이란, 첫째 시민사회는 피치자의 만장일치의 합의에 의해 형성되어야 하고, 둘째 그 공식기구는 자연권을 보호하는 실질적인 권력만을 부여받아 형성되어야 할 것이라는 조건을 들 수 있다.

그러나 노직은 사회 계약론에 기초한 동의에 의해 형성된 시민사회가 정치적 합법성을 인정받기에는 불충분한 것으로 간주한다.[51] 왜냐하면, 여기에는 로크적 자연권에 대한 침해가 불가피하기 때문이다. 따라서 그는 로크적 자연권을 박탈함이 없이, 즉 동의나 계약에 의거하지 않고, 의도적인 노력 없이 어떻게 국가가 성립될 수 있는가에 그 논의의 초점을 맞춘다.

(2) 상호보호협회와 지배적 보호협회

노직에 의하면, 자연상태에서 국가가 성립하기 위해서는 4단계를 거쳐야 비로소 국가가 형성된다고 한다. 물론, 이 때의 국가란 최소국가를

---

50) 위의 논문, 78쪽.

51) J. Paul, "The Withering of Nozick's Minimal State", in *Reading Nozick*, 68쪽.

의미한다. 국가가 성립하는 4단계 과정이란, 자연상태에서 상호보호협회로, 상호보호협회에서 지배적 보호협회로, 지배적 보호협회에서 극소국가로, 그리고 마지막으로 극소국가에서 최소국가에로의 이행과정을 말한다.

먼저 국가의 성립단계과정가운데 제1단계인 자연상태에서 상호보호협회(mutual-protection association)로의 이행과정을 살펴보자.

자연상태, 즉 무정부상태 아래서, 일단의 개인은 그의 자연권을 상호 행사하고 그들을 침해한 사람을 처벌하기 위하여 보호협회 속에서 단결한다.[52] 이를 달리 표현하면, 도덕적으로 행위하는 자연상태로부터, 만일 일부의 사람이 도덕적으로 행위하지 않고 타인의 권리를 침해한다면, 개인이 시장통제적인 경제적 상품처럼 타인에 대항하기 위한 보호를 구입하는 상호보호협회를 발전시킨다.[53] 이렇게 함으로써 모든 사람은 자신의 권리를 보호하거나 행사하기 위해 도움을 요청하면 응하게 만들 수 있다(*ASU*, 12). 여기에서 최초로 협동을 통한 힘의 발휘를 자연스럽게 행사하는 능력을 습득하게 된다.

그런데 이 상호보호협회에는 두 가지 불편한 점이 있다고 노직은 말한다(*ASU*, 12~13).

첫째, 모든 사람은 항상 보호기능을 제공하기 위해 대기상태에 있어야 한다. (그리고 모든 성원의 도움을 필요로 하지 않는 그런 보호기능은 누가 봉사할 것인가를 어떻게 결정해야 하는가?)

둘째, 어떤 성원일지라도 자신의 권리가 침해되고 있거나, 침해되었다고 주장함으로써 그의 동료를 소집할 수 있다. 보호협회는 심술궂고

---

52) G. Sampson, "Liberalism and Nozick's Minimal State", *Mind*, vol. LXXXVII, no. 345 (1978), 94쪽.

53) Holmes, "Nozick on Anarchism", 58쪽.

편집병적인 성원이 시키는 대로 하기를 바라지 않는다. 더군다나 자기 방어를 구실로 하여, 그 협회를 이용해 다른 사람의 권리를 침해하려는 성원의 경우는 언급할 필요도 없다. 동일한 협회의 다른 두 성원이 각각 자신의 동료성원에게 도움을 요청하면서 다투고 있다면, 마찬가지로 불편한 점이 발생할 것이다.

이러한 난점을 제거하기 위한 노직의 논변을 살펴보자. 첫째의 불편함을 제거하기는 쉽다. 즉, 노동의 분배와 교환을 통한 통상적인 방법으로 처리될 수 있으며, 나아가 일부의 사람이 보호기능을 수행하도록 고용될 것이고, 어떤 기업가는 보호서비스를 파는 사업에 참여할 것이다. 다양한 종류의 보호보험증권(protective policies)이 보다 포괄적이거나 정성스러운 보호를 바라는 사람에게 다양한 가격으로 제공될 것이다.

두 번째의 난점을 제거하는 데는 다소의 어려움이 뒤따른다. 그래서 상호보호협회는 그 성원 사이의 갈등을 불간섭의 정책에 의해 다루려고 시도할 수 있다. 그러나 이 정책은 협회 내부에 알력을 가져오고, 서로 싸우는 하위집단의 형성을 유도하여, 그럼으로써 협회를 해체시키는 원인이 될 것이다. 또한 이 정책은 잠재적 가해자가 많은 상호보호협회에 가입하도록 조장하여, 보복적 또는 방어적 행위로부터 면제받게 함으로써 협회의 첫 적격심사절차의 적합성에 문제를 던져 준다. 그러므로 보호협회는 불간섭의 정책에 따르지 않을 것이다. 그들은 어떤 성원이 다른 성원으로부터 그의 권리를 침해받았다고 주장할 때, 어떻게 행동할 것인가를 결정할 어떤 절차를 이용할 것이다. 또한 협회의 한 성원이 비성원과 분쟁을 일으킬 경우에도, 협회는 어떤 방식으로든 누가 옳은 가를 결정하기를 바랄 것이다(*ASU*, 13).

이상의 상호보호협회의 불편한 점을 제거하기 위한 노직의 제안은 결국 두 가지로 압축된다. 첫째는 보다 발전적인 형태의 보호협회의 등장, 즉 전문적으로 보호라는 상품을 파는 하나의 기업으로서의 보호협회의 출현, 둘째는 보호협회의 적합한 절차의 채용이 그것이다.

그러나 여기에도 문제점은 있다. 즉 자신을 침해한 사람을 보복하거나 처벌할 자연권을 모든 사람이 가지고 있는데, 보호협회에 가입한다는 것은 사적으로 보복할 수 있는 권리를 포기한다는 사실이 전제되기 때문이다. 만일에 어떤 보호협회에 가입한 사람이 자신을 침해한 다른 보호협회에 가입한 사람에게 사적인 보복권리를 행사했을 경우, 다른 보호협회나 개인에 의한 역보복의 가능성이 발생할 수도 있다. 이러한 경우에 사적인 보복권리를 행사한 사람이 속한 보호협회는 그의 고객을 역보복으로부터 보호해야 한다는 책임 때문에 원하지 않지만 뒤늦게 그 분쟁에 휘말려 들 수 있다. 이런 이유 때문에 보호대행업소(protective agencies)는 그가 먼저 보복하는 것이 허용되지 않는 한, 역보복으로부터 보호해 주지 않을 것이다(*ASU*, 15).

따라서 보호대행업소가 고객을 대신해 보복할 권한을 부여받기 위해서는, 한 고객이 자신의 다른 고객에게 또는 비고객에 '사적인 정의 집행의 권리(right of private enforcement of justice)'를 포기하도록 계약을 통해 요구할 필요 없이 앞의 방식을 취하면 된다고 노직은 주장한다.

다시 말해, 그 업소는 단지 한 고객 C가 다른 고객에게 또는 비고객에게 자신의 권리를 사적으로 행사할 때, 이 다른 고객 또는 비고객에 의한 역보복으로부터 C를 보호해 주는 것을 거절하기만 하면 된다. 이런 방식으로 대행업소 내부에서의 권리의 사적인 행사를 최소한의 수준으로 줄인다(*ASU*, 15).

이제 제2단계, 즉 상호보호협회에서 지배적 보호협회(dominant protective association)가 출현하는 과정을 살펴보자.

처음에는 여러 상이한 보호협회나 회사가 동일한 지역에서 그의 서비스를 제공할 것이다. 그런데 상이한 대행업소의 고객 사이에 분쟁이 발생될 경우, 업소가 어떤 합일점에 도달하게 되면 문제는 비교적 간단하겠지만, 서로 다른 결론에 이르게 되면 한 업소는 그의 고객을 보호하려 하고, 다른 업소는 그를 처벌하거나 보상을 하게 하려는 경우가 있을 수 있다. 이런 경우에는 세 가지의 고려대상이 될 만한 가능성이 있다고 노직은 말한다(*ASU*, 16).

첫째, 그런 상황에서 두 대행업소는 힘으로 싸운다. 그리고 대행업소 가운데 하나가 그 싸움에서 항상 승리한다. 패배한 업소의 고객은 승리한 업소의 고객과의 분쟁에서 잘 보호받지 못하므로, 승자의 고객이 되기 위해 그의 업소를 떠난다.

둘째, 한 대행업소는 그의 지배력을 한 지역에 집중하고, 다른 업소는 다른 곳에 그의 지배력을 집중한다. 각자는 각자 지배력의 중심에 가까운 곳에서 벌인 싸움에서 승리한다.

셋째, 두 대행업소가 대등하게 자주 싸운다. 그들은 비슷하게 이기고 지고 한다. 두 업소는 이러한 싸움이 소모적인 전투라는 사실을 인식하고 평화적인 방법을 모색하여, 각각의 결정이 다른 경우에는 제3의 재판관이나 법정을 마련하고, 그의 결정에 따르기로 합의한다. 이렇게 함으로써 비록 여러 상이한 대행업소가 영업을 할지라도, 하나의 통일된 연방사법조직이 존재하며 그 업소들은 모두 이것의 구성요소이다.

이상의 고려대상이 될 만한 가능성을 통해 우리는 한 지역 내에 있는 거의 모든 사람이 그들의 경쟁적 권리주장 사이에 판결을 내리고, 그들의 권리를 대행해 줄 어떤 공통조직 아래에 있음(*ASU*, 16)을 알 수 있다. 다시 말해, 하나의 통일된 연방사법조직 아래에 거의 모든 사람이 있으며; 이것이 다름 아닌 지배적 보호협회이다. 이러한 지배적 보호협회는 어느 정도 우리가 상상할 수 있는 국가의 모습에 접근하기는 하나 아직은 국가라고까지는 할 수 없고, 단지 유사 국가적(state-like)단계에 머무르고 있을 뿐이다.

노직에 의하면, 하나의 통일된 연방사법조직, 그러나 아직은 사적인 보호협회에 불과한 지배적 보호협회는 앞에서 언급한 바와 같이 국가의 최소개념을 충족시키지 못하고 있다. 즉, 국가이기 위한 필요조건이 결핍되어 있다. 노직은 막스 베버(Max Weber)적 전통에 따라 국가의 최소개념을 다음과 같이 정리한다.[54)

첫째, 국가는 그 자신만이 누가, 그리고 어떤 조건에서 권력(force)을 사용해도 좋을지 결정할 수 있어야 한다. 때문에 국가는 자신의 경계 내에서의 여하한 권력사용에 대한 합법성과 허용가능성에 판단을 내리기 위한 독점권을 그 자체에 유보해야 하며, 더 나아가 국가는 주장된 독점권을 침해하는 모든 사람을 처벌할 권리를 요구할 수 있어야 한다. 요컨대, 국가의 최선의 능력을 발휘하여 국가의 명백한 허락 없이 권력을 사용한 사람이 발견되면 누구든지 처벌하겠다고 공언할 수 있어야만 한다.

둘째, 국가는 국가의 지리적 경계 안에 사는 모든 사람을 보호할 수 있어야 한다(*ASU*, 23~25).

국가이기 위한 이상의 필수조건이 지배적 보호협회에 결여된 이유를 다음과 같이 제시할 수 있다(*ASU*, 24).

먼저, 지배적 보호협회가 권력의 독점권을 주장할 수 없는 이유를 살펴보면, 지배적 보호협회라고 하는 사적인 보호대행업소의 체계 내에 살면서도 어떤 보호협회에 가입하기를 거부하고, 그의 권리를 침해한 사람을 처벌하거나 그들에게 보상을 강요함으로써 그의 권리를 개인적

---

54) 김우영, 「노직의 정의론 연구: 권리자격론을 중심으로」, (고려대학교 대학원 철학과, 박사학위 논문, 1991), 35쪽; M. Weber, *Theory of Social and Economic Organization* (N. Y.: Free Press, 1947), 156쪽 참조.

으로 행사하려는 자립인(independents)이 존재하고 있다는 사실을 들 수 있다.

둘째, 지배적 보호협회가 그 협회의 지역 내에 사는 모든 사람에게 보호서비스를 제공하지 않는 이유를 살펴보면, 지배적 보호협회가 보호하는 사람이란 보호를 위해 수수료를 내는 사람만이 보호를 받을 권리가 있다고 생각하며, 아울러 지배적 보호협회는 차등보호(differing degrees of protection)라는 상품을 고객에게 등급별로 판매하고 있다는 점이다. 때문에 지배적 보호협회의 고객의 태도 또한 외적 경제적 요인을 제외하면 아무도 그가 선택하기 전에는 타인의 보호를 위해 수수료를 지불하려고 하지도 않으며, 음식이나 옷과 같은 중요한 재화가 그러하듯이 사람의 권리보호나 권리행사를 마치 시장에 의해 제공되는 경제적 상품으로 취급하는 경향을 가지고 있다. 이러한 이유로 지배적 보호협회는 그 지역 내의 모든 사람에게 보호 서비스를 제공할 수 없게 된다.

이상에서 볼 때 지배적 보호협회가 ① 그 지역 내에서 권력사용에 필요한 바의 독점권을 소유하고 있으며, ② 그것은 그 지역 내의 모든 사람의 권리를 보호한다(ASU, 113)는 두 가지 조건을 충족시켜야만 비로소 하나의 국가로서의 성립이 가능함을 알 수 있다. 그렇다면 왜 지배적 보호협회가 국가로서의 필수조건을 충족시키지 못하고 있는가? 이는 단적으로 자립인이 존재한다는 사실로부터 기인한다.

자립인의 존재가능성은 로크의 『시민정부론』 가운데 제8장인 「정치사회의 기원에 관하여」의 모두(冒頭)에서도 찾아볼 수 있다.

본래 인간은 모두가 자유롭고, 평등하며 그리고 독립되어 있으므로, 아무도 그의 동의가 없이는 이러한 자유에서 내쫓겨 다른 사람의 정치적 권력에 복종될 수는 없다. 누가되었든 한 사람의 자연적 자유를 벗어 버리고 시민사회의 속박을 받게 하는 유일한 방법은 그의 재산의 안전한 향유와 그 공동사회에 속하지 않는 누군가에 대항해서 보다 더 많은 안정성 속에서 다른 사람사이의 한 사람으로서 안락·안전하고, 평화롭게 살기 위해 다른 사람과 결합하고 결속하여 하나의 공동사회가 되도록 동의함에 의해서이다. 이러한 동의는 사람수가 얼마이든지 간에 가능하다. 왜냐하면 이러한 동의는 나머지 사람의 자유를 손상시키지 않기 때문이다. 즉 나머지 사람은 그가 자연상태의 자유 속에 있었던 대로 남아 있기 때문이다(*STG*, §95).

요컨대, 로크는 누구도 시민사회에 가입하도록 강제되어서는 안 되고, 비록 대부분의 사람이 시민사회에 가입하는 것을 선택했을지라도, 일부는 그것을 그만두고 자연상태의 자유 속에 머무를 수 있다고 주장했다(*ASU*, 54). 이러한 로크적 견해를 받아들이는 노직의 입장 역시 자립인의 존재가능성을 인정하고 있다.

다시 말해, 노직은 개인주의적 무정부주의자를 인정하고 있다. 이들을 인정하지 않는다는 것은 명백히 로크적 권리의 침해이기 때문이다. 그러므로 자립인과 지배적 보호대행업소 간의 관계를 어떻게 정립할 것인가라는 문제가 자연스럽게 대두된다. 즉, 자립인의 어떤 행위의 금지 또는 자립인에게 어떤 불이익이 돌아갔을 경우의 보상문제 등에 충분한 논의가 이루어져야 한다는 것이 노직의 생각이다. 이런 문제가 해결되어야만 비로소 국가를 정당화할 수 있는 근거가 마련되겠기 때문이다.

(3) 극소국가와 최소국가

노직에게 국가의 기능이란 강압, 절도, 사기로부터의 보호, 계약시행 등의 좁은 기능에 제한된 최소국가에 지나지 않는다. 최소국가는 이른바 고전적 자유주의 이론의 야경국가(night-watchman-state)에 해당된다

(*ASU*, 26). 때문에 지배적 보호협회에 결여된 국가로서의 성립을 위한 필수조건이란, 이 야경국가의 성립을 위한 필수조건에 다름아닌 것이다.

노직은 지배적 보호협회와 최소국가 사이에 하나의 중간적 사회조직을 가정한다. 이것을 그는 극소국가(ultraminimal state)라고 한다. 극소국가는 직접적인 자기방어에 필요한 것을 제외한 모든 권력의 사용에 독점권을 보유하며, 그리하여 불의의 사적인(또는 대리) 보복과 보상의 강요를 배척한다. 그러나 극소국가는 극소국가의 보호와 집행보험증권을 구입하는 사람에게만 보호와 집행의 서비스를 제공한다. 그로부터 보호계약을 구입하지 않은 사람은 보호받지 못한다(ASU, 26).

결국, 극소국가는 국가성립의 필수조건 가운데 하나인 권력사용에 필요한 바의 독점권을 소유하지만, 여전히 모든 사람에게 보호를 제공하지 않는다는 특성을 갖고 있다. 그러나 최소국가는 이러한 극소국가에 결핍된 점을 보강함으로써 발생된다. 즉, 조세수입으로 재정지원을 받는 명백히 재분배적인 특징을 갖고 출현한다. 이 최소국가가 재분배적인 이유는, 특히 일부의 사람에게 타인(특히 보호보험증권을 구입할 수 없는 사람)의 보호를 위해 세금을 납부하라고 강요하는 만큼 재분배적(ASU, 27)이라고 노직은 주장한다. 그렇다고 해서 노직의 입장이 국가에 의한 재분배를 옹호하는 것은 아니다. 오히려 그의 의도는 최소국가가 전혀 재분배적이지 않다는 사실을 입증하려고 노력한다.

아무튼 최소국가의 재분배적 기능을 극소국가론자의 입장에서 볼 때, 그것은 명백한 권리침해일 수도 있다. 왜냐하면, 극소국가론자는 권리의 침해에 대항해서 그 권리를 보호하는 데 깊은 관심을 갖고 있기 때문에, 이를 국가의 유일한 합법적 기능이라고 생각한다. 그러나 이것은 어디까지나 보호보험증권을 구입하는 사람에게만 적용되어야 할 기능이지, 보호증권을 구입하지 않은 자에게도 이러한 기능을 발휘하기 위해서 보다 더 많은 보험료를 국가가 지불하라고 강요할 까닭이 없다는 것이다. 때문에 극소국가론자는 전술한 국가의 기능 이외의 모든 기능은 그들 자체가 권리의 침해를 포함하므로 불법이라고 주장한다 (*ASU*, 27).

자연상태로부터 최소국가가 성립하는 단계를 개인의 권리와 권리의 변이를 중심으로 정리해 보면 다음과 같다.55)

첫째, 자연상태에서의 개인은 상호보호를 위한 계약적 합의를 통해 단결할 권리를 갖는다.

둘째, 자연상태의 개인은 그가 개별적으로 소유한, 그리고 계약상으로 합의된 자기방어 등의 권리를 공동으로 고용인이나 대리인에게 양도할 권리를 갖는다.

셋째, 시장세력, 전략적 계산 등은 한 지역 내에서의 지배적 보호협회의 출현을 유도할 것이다. 그런 협회는 전체적으로 허용가능한 일련의 행위에 의해 획득된 물리적인 힘을 사실상 독점할 것이다.

넷째, 독점적 보호협회, 또는 극소국가는 비고객에게는 매우 강력한 보호협회에 의해 후원되는 고객에게만 관계하기 때문에 비고객이 받은 불이익에 관해서, 만일 불이익의 소지가 조금이라도 있다면, 비고객에게 보상해야 할 책무를 지니게 될 것이다. 그러므로 극소국가는 실제로 불이익을 받은 비고객을 위한 어떤 종류의 보호를 구입하기 위하여 고객에게 대금을 청구할 권리와 의무를 갖게 될 것이다. 이러한 명백한 재분배는 전통적인 의미에서의 야경국가를 구성한다.

노직의 국가성립단계에 관한 이상의 고찰을 통해 우리가 특히 확인해야 할 두 가지 문제점이 그 안에 있음을 알 수 있다.

---

55) Wolff, "Robert Nozick's Derivation of the Minimal State", 79쪽.

첫째, 국가성립이 외관상으로는 자연인(자립인)의 자발적인 참여와 합의, 그리고 계약에 의한, 즉 사회계약에 의한 국가의 형성임에도 불구하고, 노직은 사회계약에 의해서는 국가의 정치적 합법성을 인정받기에는 불충분하다고 주장하고 있다는 점이다. 그러므로 우리는 노직이 국가성립을 사회계약이 아닌 어떤 대안적 개념을 사용하여 국가의 정치적 합법성을 정당화하고 있는지를 살펴보아야 할 것이다.

둘째, 국가의 성립과정에서 발생된 자립인의 독자적인 위치와 처우 문제가 제기된다. 국가가 그 도덕적 정당성을 인정받기 위해서는 국가가 성립되는 과정에서 국가에 소속되기를 거부하거나 꺼리는 자립인의 심사숙고가 요구된다. 그런 심사숙고 속에서 자립인을 어떻게 대우하고, 그들에게 불가피한 불이익이 돌아갔을 경우 어떻게 보상할 것이며, 또한 공식적인 기관에 의해 보호받는 비자립인에게 자립인이 어떤 행위를 함으로써 불이익 또는 피해를 가져왔을 경우에는 그의 행위를 어떻게 금지시켜야 할 것인가에 대한 숙고가 필요할 것이다. 그리고 이런 자립인이 비록 피해를 가져오는 행동을 하지 않았다고 할지라도, 비자립인이 위험하다고 느낄 경우, 자립인에게 어떤 조치가 필요할 것이다. 이런 문제에 노직이 어떤 해결책을 제안하고 있는가를 살펴볼 필요가 있다.

5) 국가성립의 정치적 합법성

(1) 보이지 않는 손에 의한 설명

로크는 국가의 성립이나 교환문제, 특히 '돈의 발명'(§46~§50)을 성취하기 위해 계약이나 상호승인이 필요하다고 생각한다. 반면에 노직은 이러한 로크의 생각을 그릇된 것이라고 주장한다. 비록 노직이 로크적 전통을 계승하고 있다고는 하지만, 그는 국가성립이 동의나 계약이 없어도 가능하다고 주장함으로써 로크적 전통에서 벗어나고자 한다. 그러므로 이제 우리는 로크에 대한 노직의 반론, 즉 동의나 계약이 없이도 국가가 성립될 수 있다고 하는 노직의 주장을 검토해 보기로 하자.

노직은 물물교환제도에 관한 언급으로부터 국가성립의 정치적 합법성을 위한 설명을 제시한다.

> 물물교환제도의 범위 안에서, 모든 사람의 명백한 동의에 의해 거기서 거래될 필요가 없다는 것에 주목해야만 하는 시장에서조차도, 당신이 원하는 것을 소유한 어떤 사람과 당신이 소유한 것을 원하는 어떤 사람을 찾기 위해서는 많은 불편함이 있고 비싼 대가를 치러야 한다. 사람은 그가 알기에 그가 소유한 것보다 더 일반적으로 원할 것이라고 여겨지는 것과 자신의 상품을 교환할 것이다. … 그래서 사람들은 보다 시장성이 높은 상품의 교환과정에서 의견이 한데 모아질 것이며, 자신을 위하여 자신의 상품을 기꺼이 교환하려고 할 것이다. … 명백한 이유로 그들의 개별적인 결정에 의해 그들의 의견이 한데 모아진 상품은 어떤 속성을 갖게 될 것이다. … 교환수단을 정하기 위한 명백한 동의나 사회계약이 필요하지 않다(*ASU*, 18).

요컨대, 물물교환제도나 시장이 처음에는 상당한 불편을 주고 우리에게 어떤 대가를 치르게 하지만, 앞서의 난점은 해소될 것이고, 교환과정 그 자체는 의도하지 않아도 자연스럽게 교환이 이루어질 것이기 때문에 따로 어떤 동의나 사회계약이 필요하지 않다는 것이 이상의 설명의 요점이다. 이 설명에서 노직이 말하고자 하는 것은 국가의 성립 또한 시장에서의 교환과정과 동일하게 아무런 의도 없이 나타날 수 있다는 것이다.

이상의 설명을 노직은 '보이지 않는 손에 의한 설명(invisible-hand explanation)'이라고 한다. 보이지 않는 손에 의한 설명이란, 애덤 스미스를 좇아 노직이 차용한 용어로서 이는 마치 개인 또는 집단의 노력으로 이룬 것처럼 보이는 실제로는 아무런 의도나 합의 없이 요구된, 어떤 전체의 패턴 또는 디자인을 어떻게 제시할 것인가 하는 설명56)을 의미한다. 다시 말해, 보이지 않는 손에 의한 설명은 어떤 사람의 의도적인 디자인의 산물로 보이는 것을 그 누군가의 의도로 일어난 것이 아닌 것으로서 설명하는 것을 말한다.

그리고 이러한 종류의 설명에 반대된 설명을 노직은 '감추어진 손에 의한 설명(hidden-hand explanation)'이라고 한다. 이 감추어진 손에 의한 설명이란, 분명히 의도적인 디자인의 산물이 아닌 다만 일련의 연관 없는 사실로 보이는 것을 한 개인 또는 집단의 의도적인 디자인의 산물로서 설명하는 것을 말한다(*ASU*, 19).

이상과 같이 노직은 국가성립의 정치적 합법성을 보이지 않는 손에 의한 설명에 의해 제시하려고 한다. 그러나 우리는 여기서 노직이 말하는 '보이지 않는 손에 의한 설명'과 스미스의 '보이지 않는 손'이 그 용법상 동일한 의미로 사용되고 있는지의 여부를 고찰해 볼 필요가 있다.

(2) 스미스의 '보이지 않는 손'

스미스는 사회발전단계를 수렵, 목축, 농업 그리고 상업 단계로 구분한다.57) 이 단계는 한 마디로 경제발달의 4단계라고 할 수 있다.

스미스에 의하면, 제1단계인 수렵단계는 최하의, 그리고 가장 야만적

---

56) B. Jordan, *The State: Authority and Autonomy* (Oxford: Basil Blackwell, 1985), 54쪽.
57) A. Smith, *The Wealth of Nations*, ed. by A. Skinner, (Harmondsworth: Penguin Books, 1976), 31쪽. 이하 *WN2*로 약기함.

인 사회상태58)라고 한다. 수렵단계의 공동체는 가족 또는 확대가족단위에 기초한 규모가 작은 공동체이다. 이 수렵시대의 사람은 지상의 자연적인 농작물을 그러모으거나, 사냥을 함으로써 생산수단을 획득하는 데 그칠 뿐이기 때문이다.

제2단계인 목축단계는 보다 진보한 사회상태라고 할 수 있다. 이 시대에는 동물을 길들여 가축화함으로써 생존수단을 획득하게 된다. 이 목축시대는 수렵시대보다 더 큰 집단으로 구성되며, 필수적으로 유목민을 포함한다.59) 목축시대의 국가는 일반적으로 정착민이 없으며 이리저리 쉽사리 운반되는 텐트나 포장마차에서 산다.60) 이 목축시대가 수렵시대와 근본적으로 다른 점은 축적할 수 있는 명백한 재산(가축)형태를 찾아볼 수 있다61)는 점이다. 그러므로 목축시대에서 사회적 긴장의 새로운 근원으로 이끌어 가는 불평등은 최초의 의미가 있게 된다. 이런 상황에서 시민정부는 특히 필요하게 된다.

요컨대, 수렵민족 사이에서는 재산이 거의 없으며, 기껏해야 2~3일간의 노동가치를 초과하는 것은 아무것도 없다. 그래서 공인 치안판사도 또는 정기적인 사법집행도 좀처럼 없다고 한다. 때문에 수렵시대에는 시민정부가 전혀 필요하지 않다고 할 수 있다. 그러나 그 반면에 가치 있고 광범위한 재산취득은 반드시 시민정부의 확립을 필요로 한다.62)

국가의 기원에 관한 이러한 스미스의 입장은 재산의 유무, 더 나아가

---

58) A. Smith, *The Wealth of Nations* (N. Y.: Random House, 1937), 653쪽. 이하 *WN1*으로 약기함.
59) *WN2*, 32쪽 참조.
60) *WN1*, 653쪽.
61) 앞의 책, 670쪽.
62) 앞의 책, 669~670쪽.

재산보호를 위하여 국가가 성립된다는 견해이다. 즉, 재산보호를 위하여 시민정부가 성립되는 한, 시민정부는 실제로 가난한 자로부터 부자의 방어 또는 전혀 아무것도 소유하지 않은 사람으로부터 약간의 재산을 소유한 사람의 방어를 위하여 설립되었다.[63]

결국, 스미스에서의 국가출현은 경제발달단계 중 제2단계인 목축시대에 그 모습을 드러낸다. 이러한 점에서 정치사회 출현 이전의 단계, 즉 제1단계인 수렵시대는 전통적인 정치철학적 개념을 사용하여 표현하면 자연상태에 해당된다고 할 수 있다.

자연상태에는 정부가 없으며, 모든 사람은 스스로 방어한다. 그러나 목축시대에 들어서면 필연적으로 재산축적이 가능하게 된다. 때문에 이 시기에는 소유물에 대한 엄청난 불평등을 받아들이지 않으면 안 되는 시기라는 특성을 갖게 된다. 또한 이 시기는 재산분배에서 불평등과 더불어 정부의 필요성뿐만 아니라, 사회 내에서의 어떤 권위와 종속관계[64], 즉 보다 완곡히 표현하면, 폭력적·독재적인 권위와 복종에 관한 매우 강력한 필요성[65]이 대두되는 시기이기도 하다.

스미스에 의하면, 시민정부는 어느 정도의 복종을 전제로 하며, 이 시민정부에 복종이 자연스럽게 도입되는 원인에는 네 가지가 있다고 한다. 즉, 일부의 사람에게 다수의 동포를 능가하는 우월성을 부여하는 원인 또는 여건에는 네 가지가 있다.[66]

첫째, 개인적 능력의 우월성이다. 이 능력에는 육체의 힘, 아름다움, 민첩성과 같은 육체상의 능력과 정신의 지혜, 덕, 신중, 정의, 용기 그리

---

63) 앞의 책, 674쪽.

64) *WN2*, 33쪽.

65) Jordan, *The State: Authority and Autonomy*, 54쪽.

66) *WN1*, 670~673쪽 참조.

고 절제 등의 정신적 능력이 있다.

둘째, 연령의 우월성이다. 연령이 많다는 것이 우월시되는 이유는 노인이 망령을 부릴 정도로 나이가 많지 않는 한, 같은 계급, 같은 재산 및 같은 능력의 젊은이보다 더 존경을 받기 때문이다.

셋째, 재산의 우월성이다. 이는 재산이 많다는 것을 의미한다. 재산이 많다는 것은 다수의 동포보다 우월한 지위를 부여받게 되는데, 이는 목축시대로부터 시작된다. 왜냐하면, 최초시대의 사회, 즉 수렵민족의 사회는 불평등을 허용하지 않기 때문이다. 거기에서는 보편적인 결핍이 보편적인 평등을 확립하고 있으며, 연령 또는 개인적 자질의 우월성이 미약하기는 하지만, 권위와 복종의 유일한 원천이다. 그러므로 이 시기의 사회에는 권위나 복종이라고 할 만한 것은 없다. 그러나 목축민의 사회는 재산에 심한 불평등이 허용되었다. 따라서 재산의 우월이 그것을 소유한 사람에게 그렇게도 큰 위력을 주었던 시대는 이 시대 외에는 없었다.

넷째, 가문의 우월성이다. 가문이 우월하다는 것은 그것을 주장하는 사람의 가족이 옛날부터 재산에서 우월했다는 것을 가정한다. 때문에 가문의 우월성, 즉 가문이 좋다는 것은 부(富)에 수반되는 고귀함이 오래되었다는 것을 뜻한다. 이러한 가문의 차별은 재산의 불평등에 뒤따라 생긴 것으로 수렵민족에는 있을 수 없다. 왜냐하면 수렵민족은 재산상 평등하므로 그 가문 역시 거의 동등하다.

이상의 네 가지 원인에 의하여 계급과 복종의 우선순위가 정해진다. 때문에 재산의 불평등에 기초하고 있는 계급질서를 유지하거나 적당한 권위를 유지하기 위해서는 반드시 시민사회의 도입이 이루어질 수밖에 없다. 그러나 계급질서 및 권위와 복종의 형성이 시민정부가 도입되고 난 후에 이루어진 것이 아니라, 어떠한 시민적 제도가 생기기 이전부터 이미 자연스럽게 존재하고 있었다[67]고 스미스는 주장한다. 이런 점에서 볼 때 시민정부의 성립은 동의에 의해서나 사회계약을 통해 일어나는 것이 아니라, 엄청난 재산상의 불평등의 발생과 더불어 자연스럽게 일어난다. 그것은 재산보존을 위하여 필요하다. 그러나 그 필요성의 숙고에 관계없이 일어난다.[68]

보다 구체적으로 스미스의 '보이지 않는 손'의 용례를 살펴보기로 하자. 이를 통해 우리는 보이지 않는 손에 의한 국가성립의 설명방식을 찾아볼 수 있기 때문이다.

스미스에 의하면, 국내산업의 유지에 자기자본을 사용하는 모든 개인은 반드시 자본의 산출액이 가능한 한 최대가치를 산출할 수 있는 방법으로 그 산업을 돌리려고 노력한다.[69] 때문에 모든 개인은 반드시 그 사회의 세입을 가능한 한 최대로 하기 위하여 일한다. 실로 그는 일반적으로 공공의 이익을 촉진하려고 의도하지도 않으며, 그가 공공의 이익을 얼마나 많이 촉진시키고 있는가도 알지 못한다. 외국사업의 유지보다는 국내산업의 유지를 택함으로써 그는 자기자신의 안전만을 의도하며, 자본의 산출액이 최대가치를 산출할 수 있는 방식으로 그 산업을 돌림으로써 그는 자기자신의 이익만을 의도한다. 그리고 그는 이런 경우에 다른 많은 경우와 마찬가지로 보이지 않는 손에 의해 그가 의도하지 않았던 목적을 촉진하도록 인도된다. 그가 의도하지 않았던 목적을 촉진시킨 것이 항상 그 사회를 위해 나쁜 것만은 아니다. 자기자신의 이익을 추구함으로써 그는 빈번히 그가 실제로 그것을 촉진하려고 의도할 때보다 더 효과적으로 사회이익을 촉진시킨다.[70]

---

67) 앞의 책, 670쪽 참조.
68) Jordan, *The State: Authority and Autonomy*, 54~55쪽 참조.
69) *WN1*, 422~423쪽.

　이상 스미스의 말을 통해 그가 의미하고자 하는 '보이지 않는 손'이란, 의도하지 않은 결과, 즉 뜻하지 않은 결과를 가져오게 하는 그 무엇이라고 할 수 있다. 이러한 보이지 않는 손을 현대의 경제학적 관점에서 말하면, 그것은 완전히 합리적인 경쟁자에 의한 미니맥스전략(minimax strategy)의 추구라는 은유[71]라고 할 수 있다. 따라서 보이지 않는 손에 의한 국가성립이나 기타 시장경제는 스미스의 이론에 충실하여 살펴볼 때 모두 상호적인 합리성에 그 근거를 두고 있다고 할 수 있다.

　그러나 문제는 스미스의 보이지 않는 손을 차용하여 국가발생의 원인을 설명하고자 하는 노직의 입장이 과연 이와 같은가 하는 점이다.

　앞에서 스미스의 보이지 않는 손을 '미니맥스전략의 추구라는 은유'라고 정의한 바 있는데, 이를 통해 우리는 한 가지 중요한 사실을 이끌어 낼 수 있다. 즉, 미니맥스전략을 추구한다는 것은 순전히 의도적이라는 사실이다. 물론, 보이지 않는 손의 역할이란 의도치 않은 결과를 가져오게 하는 것임에는 틀림없지만, 처음부터 의도하지 않은 결과를 가져오도록 그 역할이 주어져 있는 것이 아니라, 어떤 의도를 가지고 그 의도를 실행한 후에 뒤따르는 전혀 예측하지 않았던 결과, 즉 부산물을 가져오는 것임을 간과해서는 안 될 것이다.

　다시 말해, 보이지 않는 손이란 어떤 의도 뒤에 나타나는 전혀 뜻밖의 자연스러운 결과를 가져오게 하는 것을 의미한다. 때문에 보이지 않는 손이란, 어떤 의도 속에 이미 그 싹이 들어 있는 것으로 보아야 할 것이다. 비록 우리가 의도하지 않은 결과가 나타났다고 해서 그것의 인과관계를 부정할 수는 없기 때문이다. 따라서 스미스의 보이지 않는 손에 의한 국가발생을 어떤 의도와는 전혀 무관한, 즉 노직처럼 아무런

---

70) 앞의 책, 423쪽.
71) 찰스 다이크, 『經濟哲學』, 오광우 옮김 (서울: 종로서적, 1986), 129쪽.

인과관계 없이 국가가 발생할 수 있다는 식으로 해석하는 것에는 무리가 있다고 본다. 그러므로 국가의 기원에 대한 스미스의 설명은 노직의 보이지 않는 손에 의한 설명에 근거한 국가의 기원과는 대조된다.[72]

6) 국가성립의 도덕적 정당성

(1) 절차적 권리와 보상원리

노직의 국가발생단계론에서 보는 바와 같이, 자연상태에서 최소국가로 이행하는 과정에서 어떤 보호를 원하는 비자립인과 보호를 원하지 않는 자립인의 구분이 생겨나게 된다. 특히 국가의 도덕적 정당성을 인정받기 위해서는 국가에 소속되기를 거부하거나 꺼리는 자립인의 심사숙고가 요청된다고 할 수 있다. 그렇게 함으로써 비자립인과 자립인 사이를 국가가 적절하게 조정·통제하여 한 지역 내에서의 사실상의 힘의 독점권을 국가가 소유·행사할 수 있는 논리적·도덕적 근거가 확보될 수 있기 때문이다. 이러한 이유로 자립인의 독자적인 위치와 처우문제가 노직의 논리전개상 제기되는 것이다.

자립인의 문제를 해소하기 위하여, 노직은 그 범위를 크게 금지, 보상과 위험이라는 세 가지 측면으로 나누어 고찰한다. 물론, 이 삼자가 서로 불가분리의 관계성 속에서 파악되고 있음은 두말할 나위가 없다.

자연상태에서 상호보호협회가 출현함으로써 비로소 자립인과 비자립인의 구분이 생겨나게 된다. 그런데 이 때의 상호보호협회의 단계에서는 자립인의 문제가 그렇게 심각한 문제로 떠오르지는 않는다. 그러나 지배적 보호대행업소가 출현하면서부터는 자립인의 문제가 상당히

---

72) Jordan, *The State: Authority and Autonomy*, 55쪽.

중요한 문제로 부각된다. 지배적 보호협회는 아직 국가라고는 할 수 없지만, 어떤 일정한 지역 내에서 어느 정도의 힘을 발휘하고 있으며, 이 보호협회에 가입한 사람, 즉 비자립인에 한해서만 보호서비스를 제공한다. 이 보호서비스의 제한적 공급은 극소국가 또한 지배적 보호협회와 동일한 형식을 취한다. 그러나 지배적 보호협회와 극소국가가 다른 점은 권력사용에 필요한 바의 독점권을 소유했느냐, 하지 않았느냐에 따라 그 차이점이 드러나게 된다.

아무튼, 국가가 성립되기 위한 필수조건은 앞에서 밝힌 바와 같이 힘(권력)사용의 독점권과 어떤 한 지역 내의 모든 사람에게 보호 서비스를 제공한다는 두 가지 조건인데, 이를 충족시켜야만 비로소 우리는 국가라고 할 수 있다. 그런데 이 두 가지 조건이 충족되지 않는 이유는 바로 자립인이 엄연히 존재하고 있다는 사실로부터 기인한다. 로크의 논증에 의해 충분히 드러난 바와 같이 자연상태에 남아 있기를 원하는 자립인의 권리는 마땅히 존중·보호되어야 한다. 때문에 보호협회와 그의 회원은 이 상황을 적절히 처리하지 않으면 안 된다. 지배적 보호대행업소가 자립인에게 어떻게 행위해도 좋은가를 결정하기 위해, 우리는 절차적 권리(procedural rights)와 위험행위금지가 자연상태 내에서 갖는 도덕적 지위를 탐구하고, 또한 특히 다른 권리를 행사하기 위한 권리를 탐구해야만 한다(ASU, 56). 이 탐구과정 속에서 지배적 보호대행업소가 자립인에게 행위하는 방식은 저절로 드러날 것이다.

때문에 우리는 당연히 지배적 보호협회로부터 극소국가로의 추이에 초점을 맞춰야 할 것이다. 이 경우에 노직에게는 이중의 부담이 있다고 할 수 있다. 첫째, 힘의 독점이 실제로 지배적 보호협회 내에서 일어나리라는 가정이 참인지, 둘째 그렇게 하는 것이 도덕적으로 정당한지를 보여 주어야 한다는 점이다.[73]

앞의 부담을 해소하기 위하여 보다 직접적으로 노직이 직면하고 있는 논증상의 주된 문제는 다음과 같다고 할 수 있다. 즉, 만일 고객이 실제로 자립인의 권리를 침해한 범죄를 저질렀다면, 자립인은 모든 사람이 범죄를 처벌하기 위해 가지고 있는 권리를 소유할 뿐만 아니라, 고객 자신은 그 대신에 중재할 권리를 국가에 양도할 수 있는 권리가 없다. 그렇다면 노직 논증의 난점은 자립인의 자기방어와 비례적인 처벌권을 행사하는 것으로부터 고객에 의한 범죄의 무고한 희생자에 대한 지배적 보호협회의 금지(그 사실 전에)를 정당화시키는 것과 고객에 대항하여 권리를 행사하기 위한(그 사실 후에) 자립인의 처벌권을 정당화시키는 것이다.74)

다시 말해, 자립인 스스로의 처벌권과 지배적 보호협회의 금지권을 동시에 정당화시켜야 할 부담을 노직은 안고 있다고 할 수 있다. 또 한편 이러한 문제를 해결함에 노직이 염두에 두어야 할 점은 아나키스트들의 반대는 지배적 보호협회가 힘의 독점권을 획득하리라는 것에 있는 것이 아니라, 일부의 개인의 권리를 침해하리라는 것에 있다75)는 점이다.

노직은 이상에서 제기된 문제를 해결하기 위하여 자신의 논증을 두 가지의 방향에서 전개해 나간다. 첫째, 절차적 권리의 촉진적 가정(facilitating assumption)에서의 전개이고, 둘째 절차적 권리의 촉진적 가정 없이 나아가는 방향이다. 그러나 논증방향이야 어떻든 주요 테마는 힘의 독점을 위한 보상과 금지라는 데 있음에는 두말할 나위가 없다.

절차적 권리의 개념이 노직에 의해서는 정확히 설명되지는 않았다. 그러나 다음에 말하는 것은 아마도 절차적 권리를 구성할 것이다.76) 즉,

---

73) Holmes, "Nozick on Anarchism", 59쪽 참조.
74) 앞의 논문, 61쪽.
75) 앞의 논문, 59~60쪽.

만일 다른 사람이 그에게 신뢰할 수 없는 또는 공정하지 않은 정의의 절차를 적용하려고 시도한다면, 자기방어를 위하여 저항할 수 있다. 이 원리를 적용함에 한 개인은 모든 양심적인 숙고 후에 그가 공정하지 못하거나 신뢰할 수 없으리라고 생각한 그런 제도에 저항할 것이다. 한 개인은 자신의 보호대행업소에 자신의 권리를 자신을 위하여 행사하도록 권한을 위임하여 신빙성과 공정성이 알려지지 않은 어떤 절차의 부과에 저항하게 하고, 실제로 공정하지 않거나 신뢰할 수 없는 어떤 절차에 저항하게 할 수 있다(*ASU*, 102).

자기방어를 위한 저항권은 적당한 보호보험증권을 구입함으로써 누구든 지배적 보호협회에 양도할 수 있다. 이로부터 지배적 보호협회는 자립인이 자신의 고객에 대항하여 사적으로 집행하는 정의를 금지하거나 중재할 권리를 획득할 수 있다. 그리고 만일에 사람이 실제로 그렇게 한다면, 지배적 보호협회에게 권력을 주며, 그 때에 지배적 보호협회는 이 권리를 갖게 되며, 그래서 독점적인 힘을 합법적으로 행사하며, 이 과정에서 국소국가를 형성하는 데 이르게 된다.[77]

그러나 이와 같이 너무 간단히 지배적 보호협회가 힘의 독점을 획득한다는 것은 아무런 보호를 받지 못하는 자립인의 권리를 철저히 박탈해 버렸다는 결과 이외에는 아무것도 아닐 것이다. 따라서 주어진 영토 내에서 자립인은 그 자신을 방어하거나 범죄를 처벌하기 위한 그의 권리집행이 금지됨으로써 자립인은 해로부터 자신을 보호할 수 없게 된다. 그러므로 그의 일상적 활동과 생활에서 자립인은 상당히 불리한 입장에 처하게 되리라는 것이 명백하다(*ASU*, 110).

이러한 사실은 자립인들의 정의의 절차가 추정상 신뢰할 수 없기 때

---

76) 앞의 논문, 60쪽.
77) 앞의 논문, 60쪽.

문에, 누구든 위험한 행동을 수행하려는 것으로부터 금지됨으로써 불이익을 받게 될 때, 그는 그 불이익이 보상받아야 한다는 요구를 하는 도덕적 원리를 작용케 한다. 그리고 우리가 무시해도 좋은 돈을 지불하기 위한 능력에 관한 몇 가지 자격과 더불어, 노직은 자립인이 이러한 불이익에 관해 돈이나 물품으로 보상받는다는 것은 도덕적으로 요구된다고 결론짓는다.[78]

　여기에서 우리는 노직의 보상문제에 좀더 관심을 기울여 볼 필요가 있다. 한 사람에게 어떤 행위를 금지함으로써 그에게 초래된 불이익에 대해 그는 보상을 받아야만 한다는 주장을 하나의 예로 들어 고찰해 보자.

　　어떤 유형의 행위는 일반적으로 사람의 생활에 있어서 중요한 역할을 하거나 맡으며, 어떤 한 사람에게 심각한 불이익이 초래됨이 없이는 금지되지 않는다. 예컨대, 어떤 간질병 환자는 누군가를 해치지 않고 평생 동안 운전을 할 수도 있다. 그가 운전하는 것을 금지한다고 해서 실제로 다른 사람의 해가 줄지 않을 수도 있다. 그러나 다른 사람의 위험을 줄이기 위해 자동차에 의존하는 사회에서 누군가가 운전하는 것을 금지함은 그 사람을 심각하게 불리한 처지에 놓이게 한다(*ASU*, 78~81).

　이러한 예로부터 노직은 하나의 원리를 이끌어낸다. 즉, 한 행위가 다른 사람에게 해를 끼치는 원인이 될 수도 있고, 특히 그가 그 행위를 할 때에는 위험할지도 모르기 때문에 이런 유형의 행위가 금지될 때, 그 자신을 위해 증가된 안전성을 얻기 위해 그 행위를 금지한 사람은

---

78) 앞의 논문, 60쪽.

금지당한 사람에게 초래된 불이익을 보상해야만 한다(*ASU*, 81).

이상의 원리로부터 노직은 보상원리(principle of compensation)를 정형화한다. 그는 특히, 이를 위하여 '불이익의 한 이론(a theory of disadvantage)'을 사용한다.

> 단지 다른 사람을 해칠지도 모를 행위를 금지당함으로써 불리한 처지에 놓인 사람은 다른 사람을 위하여 안전을 제공하기 위하여 그들에게 떠맡겨진 이러한 불이익에 관한 보상을 마땅히 받아야만 한다(*ASU*, 82~83).

이러한 보상원리를 뒤집어 생각하면, 이는 일부에 의해 다른 일부에게 보호서비스를 공여하는 것이라고 할 수 있다. 그러므로 이것은 보호보험증권을 구입할 수 없는 사람, 또는 자립인의 보호를 위하여 조세를 고객에게 지불하라고 강요하는 형식이 되므로 재분배적이라고 할 수 있다. 그러나 노직은 국가의 재분배적 기능을 옹호하지도 않으며, 설사 재분배적 기능을 국가가 수행하고 있다손 치더라도 그것을 이차적인 것으로 돌려 버린다. 이러한 입장에서 노직은 보호서비스의 공여가 전혀 재분배적이지 않다는 사실을 보호대행업소의 두 가지 유형의 보호보험증권의 제공사례를 통해 논증하고 있다.

첫째 유형은 위험한 사적인 정의 집행에 대항해 자신의 고객을 보호하는 보호보험증권이며, 둘째 유형은 단지 절도, 폭력 등에 대항해서 보호하는 것 이외에는 보호해 주지 않는 보호보험증권이다. 첫째 유형의 보험증권을 소유한 사람에게만 다른 사람의 사적인 정의 집행이 금지되므로, 이 보험증권을 소유한 사람만이 사적인 집행이 금지된 사람에게 강제된 불이익을 보상하도록 요구될 것이다. 둘째 유형의 보험증권만을 소유한 자는 다른 사람의 보호를 위해 지불해야 할 필요가 없다. 그가 다른 사람을 위해 보상해야 할 것이 아무것도 없기 때문이다. 사적인 정의 집행에 대항해 보호받기를 원하는 이유는 강력하므로, 보호를 구입하는 거의 모든 사람은 추가요금에도 불구하고 이러한 유형의 보호를 구입할 것이며, 그래서 자립인을 위한 보호제공에 참여할 것이다(*ASU*, 114).

이상의 논증을 통해 볼 때, 보호보험증권을 구입하는 이유가 두려움, 피해의식 등의 외적 요인에서 오는 바가 크기 때문에 순수한 도덕적 동기에서 보호서비스의 공여에 참여한다고 보기는 어렵다. 따라서 여기에 보다 더 많은 강제적인 분배요소가 함축되어 있는 것으로 여겨지며, 이러한 노직의 설명은 보호서비스의 공여가 재분배적이지 않다는 점을 논증하기에는 상당히 미흡하다고 여겨진다.

(2) 경계교차의 인식적 원리

이제 둘째 논증방향인 절차적 권리의 촉진적인 가정 없이 힘의 독점화논증을 구성하는, 즉 극소국가에 이르도록 힘의 독점을 합법화하여 국가성립의 도덕적 정당화를 꾀하는 노직의 논지를 살펴보자.

노직에 의하면, 한 선(또는 평면)이 한 개인을 둘러싼 도덕적 공간의 범위경계를 정한다. 로크는 이 선이 다른 사람의 행동을 제한하는 어떤 한 개인의 자연권에 의해 결정된다고 주장한다. 이런 제한사항으로부터 다음의 질문이 제기된다. 다른 사람이 경계를 넘거나 제한된 범위를 침입하는 행위를 수행하는 것이 금지되어 있는가? 또는 그가 경계가 교차된 사람에게 보상을 제공하는 그런 행위를 수행하는 것이 허용되었는가?(ASU, 57)

노직은 이 문제를 논증하기에 앞서 우선적으로 금지의 충분조건을 제시한다. 그에 의하면, 만일 한 체계가 그 행위의 희생자를 위하여 한 개인에게 보상을 강요하는 것에 덧붙여, 그 행위를 한 것에 관하여 그 개인에게 어떤 처벌을 부과한다면, 한 체계는 한 개인에게 어떤 행위를 금지한다(*ASU*, 57). 이러한 금지의 충분조건으로부터 우리는 다음과 같은 노직의 가정을 추론해 낼 수 있다. 즉, 한 체계라고 할 수 있는 특별한 중개자, 그 중개자 안에는 그 행위에 대한 합법적인 반응양식, 위험범주가 있다[79]는 사실이다. 다시 말해, 한 체계 내에는 금지, 보상, 처벌 등의 합법적인 반응방식과 위험범주가 있으며, 이는 한 체계 내에서의 개인의 도덕적 위치로부터 말미암아 한 체계가 소유하게 되는 이양된 권리에 다름아니다. 이런 점에서 볼 때, 결국 한 체계가 소유하고 있는 금지, 보상, 처벌 등의 반응양식과 위험범주는 그 자체 내에 이미 자립인에 대한 권리침해를 전제로 하고 있음이 여실히 드러난다.

도덕적으로 허용가능한 또는 도덕적으로 필수적인 단계에 의해 발생된 유사국가적 존재는 노직 자신의 말처럼, 힘의 유일한 권위자는 아니다. 때문에 노직의 유사국가적 존재는 그들 손수 다른 비고객을 다룸에 있어 그가 선택한 도덕법으로 비고객을 막을 권리를 갖지 않는다.[80] 그러나 만일 지배적 보호협회가 이를 무시하고 비고객에게도 자신의 권리를 행사한다면, 이는 명백히 로크적 권리침해가 된다. 그러므로 지배적 보호협회가 자립인에게 권리를 행사하려면, 거기에는 합당한 이유가 있어야 한다. 여러 가지 이유를 제시할 수 있지만, 지배적 보호협회에 의해 보호 서비스를 받고 있는 고객, 즉 도덕적 경계선이 있는 고객에게 비고객이 그 경계선을 침범하게 됨으로써 발생될 수 있는 피해를 사전에 예방한다는 측면을 노직은 강조하고자 한다. 그러므로 어떤 행위의 희생자가 보상

---

79) E. Mack, "Nozick on Unproductivity: The Unintended Consequences", in *Reading Nozick*, 170쪽.

80) Wolff, "Robert Nozick's Derivation of the Minimal State", 80~81쪽.

받는다는 조건이 있다고 할지라도, 그 행위는 금지되어야 하고, 또한 침범당한 쪽이 미리 동의하지 않은 도덕적 경계의 모든 교차는 금지된다(*ASU*, 59). 이런 금지를 어기는 행위는 범죄에 해당된다. 충분한 보상이 지불된다고 해도 도덕적 경계의 교차를 허락하지 않는 추가적인 논거를 살펴보자.

노직에 의하면, 희생자가 나중에 보상을 받는다는 조건으로 일어난 폭력을 허용하는 체계는 폭력, 갑작스러운 공격과 해를 사람들이 두려워하고 걱정하게 하는 원인이 되게 할 것이다. 때문에 희생자에게 보상한다는 조건으로 두려움을 낳게 하는 행위를 허용하는 체계 자체는 실제적인 희생자가 아닌 잠재적인 희생자의 두려움에 보상하지 않음으로써 손실을 입게 된다고 할 수 있다. 또 하나의 추가적인 논거는, 보상이 지불된다는 조건으로 경계교차를 허용하는 체계는 사람을 수단으로서 사용한다는 점 등을 들 수 있다(*ASU*, 66~71). 이런 이유로 인하여 보상이 이루어진다는 것이 알려진다 해도 두려움을 야기하거나, 사람을 수단으로써 사용하게 하는 경계교차적 행위를 인정하는 체계는 마땅히 금지되어야 한다는 것이 노직의 논지이다.

노직은 자연권을 침해하는 이상과 같은 체계가 아닌 자연권을 보호하는 체계를 제시하기 위한 금지의 기준을 제시한다. 그는 이러한 금지의 기준의 원리가 되는 것을 '경계교차의 인식적 원리(epistemic principle of border crossing)'라고 한다. 경계교차의 인식적 원리는 다음과 같다.

만일 어떤 사람이 조건 C를 획득하지 않은 한 행위 A를 하는 것이 Q의 권리를 침해하게 됨을 알고 있다면, 만일 그가 조건 C를 확인하기 위해 가능한 한 최선의 입장에서 이를 획득하려고 확인하지 않았다면 그는 A를 할 수 없다(*ASU*, 106~107).

이러한 원리에 근거해서 볼 때, 어느 누구라도 이 금지위반자를 처벌할 수 있다. 보다 정확히 말해, 어느 누구든지 위반자를 그렇게 처벌할 권리를 갖는다고 노직은 주장한다(*ASU*, 107).

이상 노직의 경계교차의 인식적 원리로부터 우리는 다음 사항을 가정해 볼 수 있다. 가정상 우리의 희생된 자립인은 입증되지 않은 확실성의 절차에 의해 자신의 권리를 수행하려 하므로, 이것은 경계교차의 인식적 원리에서 조건 C(입증된 확실성과 공정성이라는 절차에 의한 고객의 유죄결정)는 충족되지 않는다. 그래서 자립인은 그 원리의 침해 속에 있음을 의미한다. 그러므로 지배적 보호협회는 비록 고객이 유죄이고 희생자는 그를 처벌할 권리를 가졌다고 할지라도, 그의 행위를 금지하거나 그 사실의 수행 후에 그를 처벌함에 있어 충분히 정당화된다[81]는 결론이 도출된다.

만일 모든 사람이 경계교차의 인식적 원리 침해를 처벌할 권리를 갖는다면, 권리를 가진 사람은 누구든 권리를 가진 다른 사람에 의해 침해받는다. 결국 이는 모두가 불합리한 정의의 절차에 반대하여 저항하는 권리를 모두가 갖고 있다는 절차적 권리로의 환원을 의미한다. 따라서 경계교차의 인식적 원리는 자연스럽게 다시 지배적 보호협회의 기준만이 입증된 확실성과 공정성이라는 절차를 포함하기 때문에 모든 것의 판단기준이 되고, 그럼으로써 자립인의 위치는 다시 불안정하게 되고 만다는 결과를 가져올 뿐이다. 이러한 비판을 노직은 사전에 예견한 듯, 자립인의 위치를 정초하려는 노력을 보여 주려고 한다. 즉, 노직에 의하

---

81) Holmes, "Nozick on Anarchism", 63쪽.

면, 자조적 집행(self-help enforcement)을 포함한 자립인의 활동이 누군가의 권리를 침해하지 않고 시행될 수 있음은 전적으로 가능하다고 한다(ASU, 110). 그러나 여기에는 '절차적 권리문제는 제외하고'라는 단서가 붙는다. 이것은 결국 자립인의 자조적 집행권리가 절차적 권리에 의해 제한된다는 사실의 은폐에 불과하다.

7) 실패한 국가론

노직은 로크의 자연상태론으로부터 자연권을 이끌어 내어, 그것에 대한 도덕적 정당화작업을 거친 후, 개인의 권리를 최선으로 보장해 주리라고 기대해 마지않는 최선의 국가로서의 최소국가를 정초한다. 이러한 노직의 작업은, 일반적으로 "자유주의적 디자인은 개인적 인권의 개념으로부터 출발 한다"[82]는 공식에서 한 치도 벗어나지 않는다.

이와 같이 개인적 인권문제로부터 자유주의적 디자인이 출발하는 이유는 개인이 어떤 권리를 소유하지 않는 한, 그들 스스로에게 목적으로 취급되기보다는 오히려 목적을 위한 수단으로서 이용될 위험에 처할 확률이 크다는 자각에서 기인한다고 할 수 있다. 때문에 개인은 그의 동의 없이는 어떤 방식으로든 이용되지 않을 권리를 갖게 되며, 더 나아가 그들은 다른 사람의 선을 위해 희생되지 않을 권리와 다른 사람을 위해 일을 해야만 한다는 식의 강요를 받지 않을 권리를 소유하게 되는 것이다.

개인이 소유하는 이런 권리는 자신의 삶의 계획과 설계에 각자의 개인적 선택을 부여하고, 외부로부터의 보증 없는 강요에 보호를 부여하기 위해 필요하다는 것이 노직의 권리개념이다. 그러나 노직의 권리개

---

82) Jordan, *The State: Authority and Autonomy*, 286쪽.

넘은 그 무엇으로부터도 이용되거나 손해 보지 않을 권리를 구성하고, 강제적인 방해 없이 인생의 계획과 설계를 추구하기 위한 자원을 갖지 않은 개인에게는 쓸모가 없다[83]는 점을 지적하지 않을 수 없다.

또한 국가의 성립단계와 이에 따른 국가성립의 정치적 합법성과 도덕적 정당성에 관한 노직의 논변을 비판적으로 검토해 본 결과, 그의 치밀한 논증에도 불구하고, 노직의 이론에는 상당히 많은 중요한 결함이 있음을 보았다.

그의 이론적 결함은 국가성립단계의 설정 그 자체에서부터 찾아 볼 수 있을 것이다. 노직을 비판하는 사람 가운데 한 사람인 조르단(Bill Jordan)은, 노직이 우아하게 보호협회라고 한 것은 보다 솔직히 말하면 보호장사(protective racket)이며, 보호를 제공함에 있어 지배적 보호협회의 우선권과 방법은 다소 마피아단(Mafia mob)을 생각나게 한다[84]는 혹평을 가하기도 한다.

노직은 국가성립의 정치적 합법성을 논증하기 위하여 스미스의 '보이지 않는 손'의 개념을 차용하여 계약이나 동의 없이도 국가가 발생할 수 있다는 사실을 보여 주려고 했다. 그러나 그것은 스미스의 '보이지 않는 손'의 해석상 오해로부터 기인한 논증에 불과할 뿐이다. 왜냐하면 스미스의 경우는 어떤 의도와의 인과관계 속에서 보이지 않는 손에 의해 국가가 발생한다는 입장을 견지하고 있으나, 노직은 이것을 어떤 의도와는 전혀 무관한, 즉 아무런 인과관계 없이 보이지 않는 손에 의하여 국가가 발생하는 것으로 해석하고 있기 때문이다. 이런 점에서 국가기원에 대한 스미스의 설명과 노직의 견해는 서로 대조된다.

때문에 노직이 스미스의 '보이지 않는 손'을 차용하여, 사회계약에

---

83) 앞의 책, 286쪽.
84) 앞의 책, 330쪽.

의해서는 획득하기 어려운 국가성립의 정치적 합법성을 정당화할 수 있는 새로운 대안적 개념을 모색하겠다는 그의 의도는 사실상 실패했다고 볼 수 있으며, 결국 그는 로크적인 길에서 벗어나지 못했다고 할 수 있을 것이다.

그러나 롤즈는 노직의 이론이 사회계약이론으로서도 실패한 것으로 간주한다. 롤즈에 따르면 노직의 견해에서 주목할 만한 한 가지 특징은, 마치 국가가 다른 어떤 사적인 협회와 같다는 점이다. 국가와 개인의 관계는 그가 합의한 어떤 사적인 협회가 갖는 개인의 관계와도 같다. 따라서 정치적 충성은 성공적인 독점회사가 갖는, 즉 한 지역 내에서의 지배적 보호대행업소가 갖는 사적인 계약적 책무로 해석된다. 여기에는 모든 사람에게 적용되는 일관된 공법(public law)은 존재하지 않으며, 오히려 사적인 합의의 네트워크만이 존재할 뿐이다. 노직적인 자유지상주의적 견해가 합의의 개념을 중요하게 사용하고 있기는 하지만, 그것은 전혀 사회계약론이 아니다. 왜냐하면 사회계약론은 정치적 권위를 정의·규제해 주며, 시민으로서의 모든 사람에게 적용되는 일반적인 공법체계를 확립시켜 주는 것이 원초적 계약이라고 생각하기 때문이다. 정치적 권위와 시민권은 모두 사회계약 자체의 개념을 통해 이해되어야 한다. 자유지상주의적 이론은 국가를 사적인 협회로 간주한 결과 계약론의 근본적인 관념을 거부하고 있다.85)

한편, 노직은 국가성립의 도덕적 정당성의 논거로서 절차적 권리와 보상원리, 그리고 경계교차의 인식적 원리를 도입한 바 있었다. 그러나 노직이 절차적 권리와 보상원리에 입각해서 힘의 독점화를 정당화하고자 하는 과정은 도덕적으로 허용할 수 없는 단계를 전제하고 있으며,

---

85) J. Rawls, *Political Liberalism* (N. Y.: Columbia Univ. Press, 1993), 264~265쪽.

국가의 합법성은 노직 자신의 기준을 충족시키는 데에도 부분적으로 실패했다는 사실을 지적할 수 있을 것이다.

또한 자립인이 지닌 자조적 집행의 권리나 경계교차의 침해를 금지하거나 그것의 위반에 따른 처벌이 사실상 지배적 보호협회가 결정한 확실성과 공정성에 의해 제한된다면, 이것은 당연히 논점을 교묘히 회피하려는 것에 불과하며, 더 나아가 이것은 "힘이 정의이다"라는 이론을 산출할 위험성을 다분히 안고 있다고 할 수 있을 것이다.[86]

2. 소유권적 정의론

1) 정의의 주제

롤즈에 의해 본격적으로 분배적 정의에 관한 논의가 활발히 진행된 이후로, 노직은 분배이론에 대한 하나의 강력한 반론으로서 자신의 소유권적 정의론을 제시한다.

노직에 의하면, 분배적 정의란 용어는 중립적인 용어가 아니다. 왜냐하면 분배라는 용어를 사용함에 있어 적어도 우리는 어떤 것 또는 어떤 기관이 물건의 분배를 위해 어떤 원칙 또는 기준을 사용한다는 사실을 감지할 수 있기 때문이다.[87] 이런 사실로부터 우리는 직관적으로 분배적 정의의 실현을 위해서는 보다 강력한 국가가 요청될 수 있다는 점을

---

86) Holmes, "Nozick on Anarchism", 64쪽.
87) R. Nozick, *Anarchy, State, And Utopia* (N. Y.: Basic Books, Inc., 1974), 149쪽. 이하 *ASU*로 약기하고 본문에 쪽을 부기함.

추정할 수 있다.

그러나 노직의 국가기능이란 강압, 절도, 사기로부터의 보호, 계약의 시행 같은 좁은 기능에 제한된 최소국가, 즉 고전적 자유주의 이론의 야경국가에 지나지 않는다. 이러한 야경국가는 노직이 제안한 무정부상태의 최초상황으로부터 계약적인 과정에 의해 발전된 상황과의 대조에 의해 조건부로 재분배적이다.88) 특히 폭넓은 보호를 제공하기 위하여 야경국가는 어떤 사람에게 타인의 보호를 위해 돈을 지불하라고 강요하는 한에서 재분배적이라고 할 수 있다(*ASU*, 27). 따라서 노직이 구태여 분배적 정의라는 용어사용을 회피하는 이유는 최소국가 내에서 보장되는 개인권리 및 자유가 분배라는 명목하에 침해받을 가능성이 있으며, 아울러 최소국가 이상의 국가, 즉 보다 포괄적인 국가(extensive state)를 불가피하게 정당화하기 때문이라는 이유에서이다.

그러므로 최소국가 내에는 중앙분배가 존재하지 않으며, 모든 자산을 관리하는 자격을 지닌 개인이나, 이 자산이 어떻게 분배될 것인가를 합동으로 결정하는 집단도 존재하지 않는다. 각 개인이 획득하는 것은, 그가 다른 사람과 교환하여 또는 선물로서 그 다른 사람으로부터 획득하며, 자유로운 사회에서는 다양한 사람이 서로 다른 자원을 관리하며, 새로운 소유물은 자발적인 교환과 개인의 행위로부터 발생할 뿐이다. 따라서 몫의 분배행위 또는 분배란 있을 수 없다. 이러한 이유에서 노직은 '분배'란 용어 대신에 보다 중립적인 용어인 '개인의 소유물(people's holdings)'이라는 용어를 선택한다(*ASU*, 149~150).

그러므로 노직의 정의는 개인의 불가침의 소유권리(entitlements)를 할당89)하는 문제로부터 발생된다고 할 수 있다. 다시 말해 정당한 소유

---

88) G. Sampson, "Liberalism and Nozick's Minimal State", *Mind*, vol. LXXXVII, no. 345(1978), 93쪽.

물에 대한 개인의 소유권리의 정초가 노직의 정의론의 주제가 된다.

소유권리만을 사회정의의 주제로 간주하는 노직의 입장은 이른바 신자유주의로 표명되는 하이에크의 사회정의에 대한 인식과 유사성을 갖는다. 하이에크는 사회정의라는 낱말은 자유인의 사회에서는 아무런 의미도 없는 말이고, 사회정의는 하나의 신기루에 불과한 것이라고 한다. 자유경쟁은 공덕이니(궁핍을 돌봐 주는) 필요니 기타 유사한 것에 대한 일체의 배려를 배제하건만 사회정의는 그러한 것의 배려를 바탕에 두고 있다는 것이다.[90]

이 글은 노직의 소유권적 정의론에 관한 비판적 분석에 그 논의의 초점을 둔다. 때문에 노직이 분배적 정의문제를 다룸에 있어 상당히 비중을 둔 롤즈이론에 대한 반론들(*ASU*, 183~231)을 논외로 한다는 사실을 밝혀둔다.

2) 소유권리의 원칙들

노직은 소유물에서의 정의의 주제를 보다 기초적인 세 가지 이론으로 구성된 복합체로서의 소유권리론을 제시한다. 즉, 취득원칙(principle of acquisition), 양도원칙(principle of transfer), 시정원칙(principle of rectification) 등이 바로 그것이다.[91]

---

89) H. Steiner, "Justice and Entitlement", *Ethics*, vol. 87(1977), 150쪽.

90) 이러한 하이에크의 입장에 노명식은 다음과 같이 비판한다. "권리우선론의 오늘의 자유주의 경제이론이 도덕적 공덕이나 공죄는 객관적으로 평가될 수 없는 가치들이기 때문에 자유시장의 수입과 보수의 결정에서 — 즉 개인들의 소유권의 행사에서 — 배제되어야 한다는 주장은 마다할 수 없다 하더라도, 궁핍한 자들에 대한 보살핌마저도 자유시장원리에 따라 배제되어야 한다는 것은 지난 한 세기의 선진자본주의사회가 이룩한 사회보장제도와 복지국가의 가치와 업적을 깡그리 무시하는 것이라고 아니할 수 없다.", 노명식, 『자유주의의 원리와 역사: 그 비판적 연구』(서울: 민음사, 1991), 271~272쪽.

첫째, 취득원칙은 한 개인이 다른 사람에 의해 사전에 소유되지 않은 소유물의 도덕적 권리를 획득하는 방식을 확인한다. 즉, 소유물의 최초 취득의 원칙으로서, 소유되지 않은 것의 사유화과정과 이 과정을 통해 점유될 수 있는 물건, 또는 어떤 특정한 과정을 통해 점유될 수 있는 것의 범위 같은 문제를 포함한다. 이러한 최초취득의 원칙을 '취득에서의 정의의 원칙'이라고 한다.

둘째, 양도원칙은 개인이 다른 사람에 의해 사전에 소유된 소유물을 어떻게 취득할 수 있는가를 설명한다. 즉, 한 사람으로부터 다른 사람에로의 소유물 양도의 원칙으로서, 어떤 과정을 통해 자신의 소유물을 다른 사람에게 이전할 수 있고, 또한 어떻게 하여 물건들을 이의 소유자로부터 취득할 수 있는가 하는 문제를 취급한다. 예컨대, 이 이론에 의하면, 소유물의 정당한 시장거래, 자선, 물물교환 등은 허용됨에 반하여, 정당하지 못한 절도, 강탈, 사취, 과세 등은 허용되지 않는다.92) 이러한 소유물양도의 원칙을 '양도에서의 정의의 원칙'이라고 한다.

셋째, 시정원칙은 역사적 불공정이 조정되기를 요구한다. 즉, 소유물에서의 부정의의 시정원칙으로서, 과거의 부정의로 인하여 발생된 현재의 소유상태가 여러 방식으로 형성되었다면, 이 부정의의 상태를 시정하기 위해 우리는 무엇을 해야만 하고, 부정의의 행사자는 어떤 채무를 지고 있으며, 부정의로 점철된 과거역사를 청산하기 위해 어느 정도나 소급해야 하는가? 그리고 부정의의 희생자가 자신에 대한 부정의한 행위를 시정하기 위해, 그들에게 허용될 수 있는 행위는 무엇인가? 하는

---

91) J. Exdell, "Distributive Justice: Nozick on property rights", *Ethics*, vol. 87(1977), 143~145쪽; *ASU*, 150~152쪽 참조.
92) L. Davis, "Comments on Nozick's entitlement theory", *The Journal of Philosophy*, vol. LXXIII, no. 21(1976), 836쪽 참조.

문제가 주어진다.

노직은 이상에서 자신이 제시한 소유물에서의 정의의 세 원칙에 세부적인 규정을 더 이상 가하지는 않는다. 단지 취득에서의 정의의 원칙에서만은 로크와의 관계 속에서 좀더 논의를 계속한다.

로렌스 데이비스는 노직의 소유권리론 그 자체가 두 부분으로 구성된다고 한다.[93]

첫째, 한 개인이 소유물에 대해 소유권리가 있다는 조건을 명시하는 소유물에서의 정의론, 둘째 전자로부터 도출되는 분배적 정의의 원칙이다.

소유물에서의 정의론은 다음의 귀납적 정의로 기술된다.[94]

① 취득에서의 정의의 원칙에 따라 소유물을 취득한 사람은 그 소유물의 소유권리가 있다.

② 그 소유물의 소유권리가 있는 사람으로부터, 양도에서의 정의의 원칙에 따라 소유물을 취득한 사람은 그 소유물의 소유권리가 있다.

③ 소유물의 시정원칙에 따라 소유물을 취득한 사람은 그 소유물의 소유권리가 있다.

④ ①과 ② 그리고 ③의 반복된 적용에 의한 것을 제외하고는 어느 누구도 소유물의 소유권리가 없다.

이상에서 제시된 귀납적 정의 가운데서 ③시정원칙에 관한 정의는 노직이 제시한 소유권리론의 일반적 개요에 따라 데이비스가 하나의 귀납적 정의로 추가한 것이다.

소유물에서의 정의론으로부터 도출된 분배적 정의의 완결된 원칙을

---

93) 앞의 논문, 837쪽.
94) 앞의 논문, 837쪽, *ASU*, 151쪽 참조.

노직은 다음과 같이 제시한다.

> 분배는 만일 모든 사람이 그 분배하에서 그들이 소유하고 있는 소유물들의 소유권리가 있다면 정당하다(*ASU*, 151).

이어서 노직은 소유물에서의 정의론과 완결된 분배적 정의의 원칙과의 관계를 보다 더 명확히 드러내 주는 설명을 제공한다.

> 분배는 이것이 다른 정당한 분배로부터 합법적인 수단에 의해 발생했다면 정당하다. 한 분배상태에서 다른 분배상태로 이행하는 합법적인 수단은 양도에서의 정의의 원칙에 의해 규정된다. 최초의 합법적인 이행은 취득에서의 정의의 원칙에 의해 규정된다. 정당한 상황으로부터 정당한 단계를 거쳐 발생하는 것은 무엇이나 그 자체도 정당하다. 양도에서의 정의의 원칙에 의해 규정된 변화의 수단은 정의를 보전한다(*ASU*, 151).

노직이 이상의 소유물에서의 정의론과 완결된 분배적 정의의 원칙과의 관계를 통해 드러내고자 하는 것은 다름아닌 그의 반복적인 정의(definition) 아래서의 정의의 이행성(transitivity of justice)이다.[95]

결국 하나의 분배상태가 정의롭기 위해서는 소유물에 대한 최초의 취득 그 자체가 정당해야 하며, 이러한 정당한 소유물의 취득에 의해서만 소유물의 정당한 양도가 성립되는 근거를 확보하게 되는 것이다.

그러므로 소유물의 취득이나 양도에 의한 사회적 분배가 정의롭기 위해서는, 즉 합법적이려면, 재산의 최초취득이 다른 사람의 권리를 침

---

95) 앞의 논문, 838쪽.

해하지 않아야 되고, 그에 따라 양도는 자발적이어야 한다.96) 그러나 사회적 분배에서의 현실이 언제나 정의롭거나 합법적인 상황만으로 전개되는 것은 아니다.

즉, 모든 현실적 상황이 소유물에서의 정의의 두 원칙인 취득에서의 정의의 원칙과 양도에서의 정의의 원칙에 의해 생성되는 것은 아니다. 어떤 사람은 다른 사람의 물건을 훔치거나, 사취하거나 그들을 노예화하거나, 그의 생산물을 수탈하거나 그가 선택한 바대로 살지 못하게 방해하거나 교환에서의 자유경쟁을 강제로 배척한다. 이런 행위의 그 어느 것도 한 상황으로부터 다른 상황에로의 허용될 수 없는 양태의 이행이다(*ASU*, 152). 이러한 현실적·역사적 부정의에 대한 척결을 위하여, 즉 사회적 분배에서의 정의 보전적 상황으로 되돌아가기 위해서는 '시정원칙'이 필연적으로 요청된다.

그러므로 이 시정원칙은 이전 상황과 그 상황에서 저질러진 부정의에 관한 역사적 지식과 현재에 이르기까지 이 부정의로부터 나온 사태들의 실제적 과정의 지식을 사용하여 그 사회 내에서의 소유물을 기술한다. 시정원칙은 또한 만일 부정의가 일어나지 않았다면 어떠했을까에 관한 최대한의 정확한 가언적 지식을 사용할 것이다. 만일 소유물의 기술이 그 원칙에 따른 기술 가운데 하나가 아닌 것으로 판명된다면, 그 원칙에 따른 기술 가운데 하나는 실현되어야 한다(*ASU*, 152~153).

이상의 노직이 제시한 시정원칙의 이론적으로 정교한 논리는 그 자신이 전제한 바와 같이 상당히 이상적이다.

노직은 소유물에서의 정의론과 분배적 정의의 원칙으로부터 소유권리론의 일반적인 개요를 다음과 같이 제시한다.

---

96) A. H. Goldman, "The entitlement theory of distributive", *The Journal of Philosophy*, vol. LXXIII, no. 21(1976), 823쪽 참조.

한 개인의 소유물은, 취득과 양도에서의 정의의 원칙 또는 부정의에 대한 시정원칙에 의해, 그가 그 소유물의 소유권리를 부여받았으면 정당한 것이다. 만일 각 개인의 소유물이 정당하다면, 소유물의 전체집합(분배)은 정당하다(ASU, 153).

이상 소유권리의 제 조건의 고찰을 통해 노직이 주장하는 소유권리론의 특징을 다음과 같이 간추려 볼 수 있다.

첫째, 소유권리론에서는 개인의 소유물에서의 취득과 양도의 자격조건을 규정하며, 이 규정에 의해 정당한 취득과 양도의 절차가 이루어진다. 이러한 절차를 거치지 않고 취득한 소유물은 그 누구도 소유권리를 인정받을 수 없다.

둘째, 소유권리의 제 조건은 상호유기적이다. 즉, 세계가 전적으로 정의로울 경우에는 소유물의 정당한 취득이나 양도에는 별문제가 따르지 않을 것이다. 그러나 현실적·역사적 상황에서는 늘 부정의가 뒤따르고 있다. 그래서 여기에 시정원칙이 추가되어 상호유기적인 관련 속에서 작동하지 않는다면, 소유권리의 제 원칙은 정의 보전적이고 정의 이행적인 원칙으로서 존립하기 어려울 것이다.

3) 소유권리와 자유

노직은 자신의 소유권리론과 자유의 관계성을 명확히 드러내기 위하여 분배적 정의의 원리를 구분한다.

첫째의 구분은 역사적 정의의 원리와 비역사적 정의의 원리의 구분이다.

노직에 의하면, 어떤 분배상태가 정의로운가의 기준은 분배가 어떻게 이루어졌는가에 달려 있다(*ASU*, 153). 즉, 분배가 정당한 절차적 과정에 의해 이루어졌느냐가 그 관건이 된다. 이러한 절차적 과정을 통해서만 과거상황이나 개인의 과거행위는 사물의 차별적인 소유권리나 차별적인 응분의 자격을 창조할 수 있다(*ASU*, 155).

노직의 논지에 따르면, 이 자격을 발생시키는 것은 소유권리에 입각한 정의의 원칙에 의해서만 가능하므로 분배에서의 정의의 소유권리론은 역사적인 것이라고 주장한다. 그러나 반면에 정의의 현재시점 단면원리(current time-slice principles)[97]는 분배적 정의가 정당한 분배에 대한 어떤 구조적 원리에 의해 판단될 때 사물이 어떻게 분배되어 있는가에 의해 결정된다(*ASU*, 153 참조).

즉, 현재시점 단면원리는 분배결과에만 그 초점을 둘 뿐 윤리적으로 관련이 있는 역사적 상황을 등한시하기 때문에[98] 비역사적이다. 노직은 이러한 비역사적 원리를 종국결과원리(end-result principles) 또는 종국상태원리(end-state principles)(*ASU*, 155)라고 한다.

둘째의 구분은 정형적 정의의 원리와 비정형적 정의의 원리의 구분이다.

노직에 의하면, 한 분배의 원리가 어떤 자연적 차원, 자연적 차원의 종합, 또는 자연적 차원의 축차적인(lexicographic) 서열에 따라 분배상태가 변화해야 한다고 규정할 경우 그것을 정형적 분배원리(*ASU*, 156)라고 한다. 정형적 원리는 분배가 어떻게 이루어져야 하는가를 규정하는 어떤 특성 또는 일련의 특성을 선택한다. "각자에게 ~에 따라"[99]의 빈

---

97) 현재시점 단면원리란, 현재시각에 이 사람이 무엇을 소유하고 있고, 저 사람이 무엇을 소유하고 있는지의 결과만을 중시하는 분배원리를 말한다. 노직에 의하면 공리주의나 복지경제학 등이 이 원리를 채용하고 있다고 한다.

98) N. E. Bowie and R. L. Simon, *The Individual and the Political Oder* (New Jersey: Prentice Hall, Inc., 1977), 105쪽.

칸을 메우는 모든 공식은 정형적인 공식이다.[100]

역사적 정의의 원리가 어떤 분배에 고정된 목적이나 목표를 부과하는 이론[101], 즉 비역사적 정의의 원리와 대조되는 것처럼, "각자에게 ~에 따라"라는 정형적 정의의 원리와 개인몫의 분배를 규정하지 않는 비정형적 정의의 원리는 서로 대조적이다. 그런데 종국결과원리는, 예컨대 공리주의 이론이 '최대다수의 최대행복'이라는 고정된 목표를 설정하고 있기는 하지만, 개인적 몫의 분배를 규정하고 있지 않은 점에서 정형적 원리와는 다르다. 그러나 종국결과원리가 분배결과에 초점을 둔다는 사실은 결과적으로 개인몫의 분배상태에 관심을 둔다는 말이 되므로 '정형적(patterned)'이라고 할 수 있다. 그래서 노직은 종국상태 원리의 조합에 의해 산출된 전반적인 구도를 포함하도록 '정형'의 용법을 확대한다(*ASU*, 156).

이상의 구분법에 의해 노직의 소유권리론은 우리에게 분배의 어떤 고정된 목표를 설정하지도 않고, 개인몫의 분배를 규정하지도 않는 역사적·비정형적 정의원리로서 제시된다. 이러한 원리는 개인의 경제적 자유에 대한 수호자로서의 기능을 담당한다고 노직은 믿어 의심하지 않는다.

정당한 분배란 무엇을 분배하든지 간에 자유교환의 과정에 의해 일어난다.[102] 그러므로 정형에 따라 분배하려는 시도는 자유의 침해이기

---

99) 빈칸을 메울 수 있는 기준은 ① 역사적이지만 정형적 특성을 갖는 도덕적 공과, 사회에 대한 기여도, 유용도 등, ② 비역사적이지만 정형적 특성을 갖는 IQ, 출신성분, 종족 등을 들 수 있다.

100) Bowie and Simon, *The Individual and the Political Oder*, 105쪽.

101) 앞의 책, 105쪽.

102) C. C. Ryan, "Yours, Mine, and Ours: Property Rights and Individual Liberty", *Ethics*, vol. 87(1977), 128쪽.

때문에 노직은 모든 정형적 원리에 반대한다.[103] 노직은 분배적 정의의 다른 견해에 대한 지지자가 어떻게 소유물에서의 정의에 관한 소유권리의 입장을 거부할 수 있는지가 명백하지 않다(ASU, 160)고 언급한다. 왜냐하면 (최소국가 이상의 국가에 의해) 그런 정형을 유지하려는 시도는 항상 개인의 자유를 제한[104]할 것이기 때문이다. 이러한 근거에서 분배적 정형의 원리는 개인의 일상생활에 끊임없는 간섭 없이는 실현될 수 없다(ASU, 163)고 노직은 주장한다.

정형적 접근법에 대한 노직의 반대와 조직이 과정적 기준을 채택한 근본적인 이유는 자유의 참뜻이 과정(process)을 요구[105]하기 때문이다.

소유권리론이 절차를 중시하며, 그럼으로써 개인의 자유와 소유권리론의 양립 가능성의 근거를 보여 주기 위해 노직은 정형적 분배원리의 비판적 논의를 진행한다.

먼저, 그는 자유가 정형을 전복시킬 수 있음을 보여 준다. 소유물의 분배를 결정하는 최초의 정형적 원리가 실현되었다고 가정하자. 이것이 여러분이 선호하는 분배상태라고 가정하고, 이 분배상태를 D_1이라고 하자. 이 분배상태에서는 모든 사람이 균등한 몫을 가질 수도 있을 것이며, 분배의 몫은 여러분이 귀하게 여기는 어떤 차원에 따라 변할 수도 있다(*ASU*, 160~161). 이러한 최초의 입장이 주어진다면, 개인이 그 사이에서 자신의 소유물을 양도하거나 소유물을 다른 사람과 교환하거나 소유물을 정당하게 증여하는 것에 동의할 것이며, 그렇게 함으로써 선호된 정형을 전복시킬 수 있는 여건을 쉽게 가정할 수 있다. 예컨대, 월트 체임벌린이 인기 선수이기 때문에 어떤 팀에서 그를 스카우트하기 위하

---

103) Bowie and Simmon, *The Individual and the Political Oder*, 105쪽.
104) Ryan, "Yours, Mine, and Ours: Property Rights and Individual Liberty", 128쪽.
105) 앞의 논문, 128쪽.

여 게임이 있을 때마다 입장권 한 매당 25센트를 그의 몫으로 주기로 하고 계약을 체결했다고 하자. 따라서 농구팬은 농구선수인 체임벌린의 경기를 보기 위해 기꺼이 그의 몫으로 25센트를 지불할 것이다. 그 결과 체임벌린은 최초로 결정된 몫보다 훨씬 더 많은 수입을 제공받게 된다. 이와 같이 하여 개인적 수입의 새로운 분배(D_2)에로의 이행이 일어난다.[106]

만일 D_1이 정당한 분배였다면, 그리고 개인이 D_1에서 그에게 주어진 몫의 일부를 양도함으로써 D_1으로부터 D_2로 자발적으로 이행했다면, D_2 역시 정당하다(*ASU*, 161)고 노직은 주장한다. 그러나 최초의 분배상태 D_1과 새로운 분배상태 D_2는 서로 그 양상이 다르다. 즉, D_1은 모든 사람이 선호한 정형적 분배상태이며, D_2는 자유교환에 의해 발생된 비정형적 분배상태이기 때문이다. 그러므로 개인의 자유는—서로에게 자신의 소유물을 양도하기 위한 그들의 욕구 속에서 구체화될 때—분배적 정형의 유지에 반대한다.[107] 다시 말해 자유와 정형은 양립할 수 없다.

이런 사실에도 불구하고 분배적 정의의 정형을 옹호한다는 것은 사람이 그가 원하는 바대로 그의 재산을 양도하는 행위를 금지하기 위해 끊임없이 간섭해야만 하든가, 또는 어떤 사람이 여하한 이유에 의해 다른 사람에게 양도하기를 선택한 바의 재산을 압류하기 위해 끊임없이(또는 주기적으로) 간섭해야만 한다(ASU, 163)는 것을 의미한다고 노직은 주장한다. 이상 노직의 논지에 따르면, 분배적 정의의 정형을 옹호하는 입장은 결국 국가에 의해 사람의 생활이 계속적으로 간섭받는 결과를 야기시킬 가능성이 있으며, 이는 공권력에 의한 개인적 자유의 침해를 정당화시킬 수 있는 근거를 제시하는 것으로 볼 수 있다. 따라서 개

---

106) 앞의 논문, 129쪽.
107) 앞의 논문, 129쪽.

인적 자유의 보장을 위해서는 최후로 소유권리론이 도출될 것임에 틀림없다는 것이 노직의 의도하는 바라고 할 수 있다.108) 이상에 의해 소유권리와 자유의 양립가능성은 그 근거를 확보한다.

그러나 과연 사적 소유권의 확대만이 개인적 자유를 보장해 줄 수 있는가 하는 의문이 제기될 수 있다.

전통적으로 최소국가 이상의 (복지)국가에 대한 비평가는 자원의 보다 공정한 분배를 가져오거나 유지하기 위하여 정부에 의해 간섭을 받는 것은 사유재산권을 간섭하는 것을 수반하게 된다고 비난했다. 그러나 공정한 분배를 위한 정부의 간섭이 사유재산권의 간섭이라고만 단죄할 수 있을까? 더욱이 노직의 경우에 사유재산권의 침해는 결국 개인적 자유의 침해라는 등식이 성립되는데, 이 경우에 신성불가침의 자유와 마찬가지로 사유재산권도 신성불가침이라는 최고의 가치로 볼 수 있을까? 경제적 평등을 요구하는 현대의 시대적 상황에서 볼 때 사유재산권이 신성불가침의 권리라고 주장될 수만은 없다. 사유재산권이 신성불가침이라고 주장되던 시기는 과거에 지나지 않는다.109)

역사적인 맥락에서 살펴볼 때 사적 소유권의 절대적인 보호나 확대는 오히려 다수에 대한 자유의 침해를 가져왔다. 자본주의 이전의 재산 형태에서 대부분의 공동체는 양을 치고, 농작물을 재배하고, 거주를 위해 모두가 이용할 수 있는 아주 넓은 공유지를 가지고 있었다. 그것은 이 땅을 이용하기 위한 모든 시민의 권리이며, 그것은 시민의 기본적 자유 가운데 하나인 출입의 자유였다. 공유지의 사유지화로의 움직임은 계속하여 이 땅을 공유권의 권위로부터 사적 소유권의 권위로 이전되었다. 즉, 그것은 그 땅에 적용될 수 있는 권리의 변화를 수반한다. 이상에

---

108) 앞의 논문, 129쪽 참조.
109) 앞의 논문, 129~130쪽.

서 보는 바와 같이 사적 소유권의 확대는 모두가 이전에 향유했던 권리의 변화를 가져온다. 즉, 그 땅에 대한 그들의 출입의 자유, 땅, 물 등을 이용하기 위한 자유의 심각한 감소를 의미한다.110)

사적 소유권의 확대는 다수의 자유권은 물론 그 생존권마저도 위협할 수 있다는 사실을 영국의 인클로저(Enclosure)111)시대에 살았던 노퍼크(Norfolk)의 한 노동자의 육성을 통하여 보다 생생하게 확인할 수 있다.

> 여러분은 여러분이 좋을 대로 했다. 여러분은 가난한 사람에게서 공유권을 빼앗았고, 가난한 사람이 암소, 돼지, 말 또는 당나귀를 먹일 수 있도록 신이 자라나게 해 준 목초지의 풀을 갈아 젖혔다. … 교구의 전체 토지 모두는 여러분 가운데 오륙 명의 손아귀에 있다. 여러분은 부자가 되기를 바라면서 모든 가난한 사람이 굶주리기를 바랄 것이다.112)

이상의 논거에 의해, 다수가 소유한 권리와 자유로부터 비교적 소수가 점유하는 사적 권리에로의 변화113)는 분명히 자유의 침해라는 결과를 가져온다는 것을 쉽사리 인지할 수 있다. 그러므로 노직의 소유권리론에 의해 옹호되는 사적 소유권은 분명히 완전한 자유를 보장하기에는 무리한 감이 있다. 오히려 경제적 평등을 위해서는 불가피하게 적절한 수준에서의 자유의 제한이 요청된다는 자유의 역설이 성립된다.

롤즈 역시 자유의 제한을 인정한다. 그러나 롤즈는 자유란 자유 그

---

110) 앞의 논문, 137~138쪽.
111) 16~18세기에 영국에서 영주나 대지주가 미개간지, 공동방목지, 개방경지 등을 돌담, 벽, 울타리 그 밖의 경계표지로 둘러막아 사유지를 표시한 것을 말한다. 이로 인하여 많은 농민이 토지를 잃고 도시로 가서 노동자가 되었다.
112) Ryan, "Yours, Mine, and Ours: Property Rights and Individual Liberty", 138쪽.
113) 앞의 논문, 138쪽.

자체만을 위해서 제한될 수 있다114)는 단서를 붙인다. 이 자유가 제한되는 경우로 롤즈는 두 가지를 제시한다. 즉, ① 덜 광범위한 자유는 모든 이가 공유하는 자유의 전체계를 강화할 경우에, ② 덜 평등한 자유는 자유를 적게 가진 자에게 용납될 수 있을 경우에 허용될 수 있다.115) 결국 이러한 조건이 충족되어야만 경제적 자유 또한 그 형평을 유지할 수 있다. 이러한 점에서 볼 때 분배적 정의를 실현하기 위해서는 노직이 정형적이라고 비판했던 정형적 원리가 보다 효과적일 수 있다는 사실을 미루어 짐작할 수 있다.

그러나 노직의 입장, 즉 정형에 반대하는 노직의 주장이 재산처분의 자유에만 관계한다면, 그의 입장 역시 정당한 위치를 고수할 수 있을 것이다. 요컨대, 우리의 관심이 전체로서의 자유에 있다면, 소유물에 대한 모든 자유는 숙고되어야만 한다.116)

4) 소유권리와 로크적 단서

노직이 제시한 소유권리의 세 원칙은 하나의 원칙으로 환원될 수 있다. 즉, 양도의 원칙은 결국 수취자에게는 새로운 취득의 시작이며, 시정의 원칙 또한 수취자에게는 부정의의 시정에 따른 새로운 취득의 시작이라고 할 수 있다. 그러므로 노직의 소유권리론은 한 마디로 '취득이론'이라고 할 수 있다. 따라서 재산의 최초취득이 어떻게 해서 일어났는가하는 절차적 과정이 분배의 합법성을 평가하는 기준이 된다.

---

114) J. Rawls, *A Theory of Justice* (Cambridge: The Belknap Press of Harvard Univ. Press, 1973), 244쪽.

115) 앞의 책, 302쪽.

116) Ryan, "Yours, Mine, and Ours: Property Rights and Individual Liberty", 138쪽.

노직은 개인이 그의 자연상태에서 발견한 것으로서의 '지상의 농작물(the fruits of the earth)'에서 어떻게 재산을 취득할 수 있는가를 로크의 재산권이론에서 찾는다.

홉즈와는 달리 로크는 인간의 자연적 성향 특히, 자아보존을 위한 욕구로부터 대신하여 일어나는 정치적 질서의 정초에 논리적으로 선행하는 사유재산의 권리와 자유교환을 믿는다.117) 그래서 로크는 인간이 어떠한 자연상태에 있는가를 고찰한다. 그에 의하면, 인간의 자연상태란 다른 사람의 허가없이 또는 다른 사람의 의지에 의존하지 않고 자연법의 범위 내에서, 그가 적당하다고 생각하는 대로, 그의 행동을 규제하고, 그의 소유물과 신체를 처리할 수 있는 '완전한 자유상태(state of perfect freedom)'이다.118) 근본적으로 상이한 철학적 견지이기는 하지만 헤겔 또한 사유재산에서 로크와 유사한 생각을 보여 준다. 즉, 자유의 관점으로부터 재산은 제일의 구체화이며, 그래서 본질적으로 실질적인 목적119)이라고 언급하고 있다.

자연상태에서의 최초의 취득은 한 개인이 그가 사물에 자신의 노동을 첨가했을 경우 그런 사물을 소유하게 된다. 즉,

> 모든 사람은 자기자신의 신체소유권을 갖고 있다. 이 소유권에는 그 자신 이외에는 누구도 아무런 권리를 갖지 못한다. 그의 육체의 노동과 그의 손이 하는 일은 당연히 그의 것이라고 할 수 있다. … 적어도 다른 사람을 위하여 공유로 충분하게, 그리고 풍부하게 남겨 있는 경우에, 일단 노동이

---

117) 앞의 논문, 126쪽.

118) J. Locke, *The Second Treatise of Government*, ed. by J. W. Gough, (Oxford: Basil Blackwell, 1976), §4.

119) Ryan, "Yours, Mine, and Ours: Property Rights and Individual Liberty", 126쪽.

가해진 것에는 그 이외의 누구도 권리를 가질 수 없다. … 그러므로 어떤 사람이 공유로 되어 있는 것의 일부를 손에 넣어, 그것을 자연이 방치해 놓은 그대로의 상태로부터 끄집어내게 될 때 비로소 소유권이 발생된다.[120]

어떤 것의 소유권을 갖는다는 것은 그것을 처분하도록 결정할 권리를 갖는다는 것을 의미한다.[121] 그런데 어떤 것을 '소유'한다는 것과 어떤 것의 '소유권'을 갖는다는 것 사이에는 개념상의 차이가 있다. 즉, 이익의 소유(possession)는 물리적 관계이며, 반면에 소유권(ownership)은 사물의 소유권리를 포함하는 규범적 관계이다. 이익이 누군가의 사유재산이라고 하는 것은 단지 그가 그것을 소유했다고 하는 것이 아니고, 그가 그것의 소유권을 지니고 있다는 것이다.[122] 그래서 노직은 다음과 같이 언급한다. 재산의 개념을 이렇게 이해할 때, 우리는 왜 초기의 이론가가 사람은 그 자신과 자신의 노동에 대한 재산권을 갖는다고 했는지를 이해할 수 있다. 그들은 각 개인이 그 자신과 그 자신이 해야 할 활동을 어떻게 할 것인가를 결정할 권리를 소유하는 것으로, 그리고 그가 했던 것의 이익을 거두어들일 권리를 소유하는 것으로 보았다(*ASU*, 171).

자기자신에 대해서 소유권을 갖고 있다는 로크의 언급은 칸트적 명법[123], 즉 개인은 그 자신의 목적을 추구할 권리를 갖는다는 것을 로크가 승인했음을 의미한다. 그러므로 그들은 행동에서나, 노동에서나, 다

---

120) Locke, *The Second Treatise of Government*, §27~§28.
121) Exdell, "Distributive Justice: Nozick on property rights", 144쪽.
122) Ryan, "Yours, Mine, and Ours: Property Rights and Individual Liberty", 134쪽.
123) 여기서는 칸트의 정언명법 가운데 제2명법을 지칭한다. 제2명법은 다음과 같이 표현된다. "네 인격 및 모든 타인의 인격 속의 인간성을 언제나 동시에 목적으로서 대하고 결코 다만 수단으로써만 대하지 않도록 행위하라."

른 사람의 이익을 위해 강요받지 않을 것이다. 그러나 앞에서 로크가 자연상태에서의 최초취득을 위한 노동의 원칙에 조건을 덧붙였다는 사실에 주목할 필요가 있다.124)

노동은 다음의 조건을 만족시킬 때에만 재산권을 준다. 즉, "다른 사람을 위하여 공유로 충분하게, 그리고 풍부하게 남겨져 있는 경우에."

이러한 조건을 노직은, 특히 로크적 단서(Lockean Proviso)라고 한다. 이것은 수요가 공급을 초과할 때에는 언제든지 개인에 의해 사유화될 수 있는 전체 자원에 엄격한 제한을 두기 위한 것으로 여겨진다.125) 그러나 꼭 자원이 결핍한 경우에만 이 조건이 적용되는 것은 아니다. 노동을 통한 사유화는 결핍되지 않은 상황에서조차도 제한된다. 로크의 비결핍의 단서는 두 가지의 측면을 갖는다. 적극적으로, 그것은 누구도 해침이 없는 어느 정도의 이익이 되는 얼마쯤의 행위는 바람직하고 허용될 수 있다는 그럴 듯한 원칙에 의거한다. 소극적으로, 그것은 사용자(appropriator)에게 발생되는 이익이 무엇이든지 간에 누구라도 해치는 사유화의 행위를 금지한다.126)

이상의 로크적 단서는 자연상태에서의 자원의 '결핍'과 '비결핍'의 양면에서 고려되어야 마땅하다. 그러나 노직은 '결핍'에서 오는 복잡성을 일단 회피한다. 그런 후에 그는 오로지 자신의 논지를 전개하기 위하여 자원의 비결핍상태의 단서 중에서도 소극적 측면에만 그 초점을 둔다. 즉, 노직에 의하면, 자연상태에서의 최초취득이 그 정당성을 인정받기 위한 결정적인 요점은 소유되지 않은 대상의 사유화가 다른 사람의

---

124) Exdell, "Distributive Justice: Nozick on property rights", 144쪽 참조.
125) 앞의 논문, 144쪽.
126) W. A. Galston, *Justice and the Human Good* (Chicago: The Univ. of Chicago Press, 1980), 228쪽~229쪽.

상황을 악화시키는가의 여부에 달려 있다고 한다(*ASU*, 222).

그래서 노직은 만일 누군가의 소유권이 다른 사람을 해친다면, 누구도 어떤 것에 대한 소유권을 취득할 수 없다는 것만을 의미하기 위하여 로크적 단서를 택한다[127]고 단정할 수 있다. 그렇다고 해서 노직이 자원의 결핍상태를 전혀 도외시하는 것만은 아니다. 이의 대안은 뒤에서 고찰하기로 한다. 어쨌든 노직의 논지에 따르면, 로크적 단서는 다른 사람의 상황이 악화되지 않을 것을 보증하기 위한 것이라고 규정할 수 있다. 이러한 규정 아래서만이 무엇에 노동을 가함이 그 무엇을 개선시키며, 이를 보다 가치 있는 것으로 만든다. 그리고 자신이 그 가치를 창출한 바의 것은 누구나 그것을 소유할 권리가 있다고 노직은 주장한다.

앞서 언급한 바와 같이 재화와 자원의 결핍이 노직의 설명을 더 복잡하게 만든다. 결국, 누군가 무엇을 소유할 때에는 언제든지 그는 항상 누군가 그 밖의 것을 소유할 기회를 감소시킨다.[128] 그러므로 재화와 자원의 결핍으로 인해 사유화를 할 수 없는 개인의 상황은 사유화나 항구적인 재산권을 허용하는 체계에 의해 악화되었는가라는 문제에 직면하게 된다. 이에 노직은 사유재산제를 옹호하고, 로크적 단서를 충족시킬 수 있는 다양한 사회적 고려사항을 제시한다(*ASU*, 177).

① 생산수단을 가장 효과적으로 이용할 수 있는 사람의 손에 제공해 줌으로써 사회적 생산물을 증대시킨다.

② 자원을 분리된 개인이 관리하기 때문에 새로운 아이디어를 가진 누군가가 그것을 시험해 보도록 설득시켜야만 할 개인이나 소수집단도 없으므로, 실험이 권장된다.

③ 사유재산제는 사람이 어떤 정형이나 유형의 위험에 관하여 그가

---

127) Exdell, "Distributive Justice: Nozick on Property Rights", 144쪽.
128) Bowie and Simon, *The Individual and the Political Oder*, 106쪽.

원하는 대로 결정할 수 있게 하여, 위험부담의 전문화가 이룩된다.

④ 사유재산제는 일부 사람이 앞으로의 시장을 위하여 자원의 현재 소비를 삼가게 함으로써 앞으로의 개인을 보호한다.

⑤ 사유재산제는 자신을 고용하도록 어떤 개인이나 소수집단을 설득하지 않아도 되는 인기 없는 개인에게 대체적 고용기회를 제공한다.

이상의 고려사항이 로크적 단서를 충족시키려면 여기에는 또한 '비교를 위한 적합한 기준선'이 있어야 할 것이다. 이를 위하여, 노직은 원초적인 사유화의 일반적인 경제적 중요성의 평가를 요구한다. 그에 의하면, 이 중요성은 변형되지 않은 원료와 주어진 자원, 주로 개선되지 않은 땅의 가치를 나타내는 지대수입과 본래의 장소에 있는 원료가격에 기초한 모든 수입의 백분율에 의해, 그리고 과거의 그러한 수입을 나타내는 현재의 부(wealth)의 백분율에 의해 측정된다(*ASU*, 177).

노직은 이상의 논거에 기초하여, 설사 어떤 사람의 사유화로부터 다른 사람의 상황이 악화되었다고 할지라도, 그로부터 발생된 손해를 보상해 줄 경우에는 사유화가 가능한 것으로 간주한다. 즉,

> 누군가의 사유화는 다른 경우라면 로크적 단서를 위반할 것이나, 그로부터 발생된 손해를 다른 사람에게 보상함으로써 그 "다른 사람의 상황이 악화되지 않는다면" 그는 사유화할 수 있다. 그러나 그가 이 다른 사람에게 보상해 주지 않는다면, 그의 사유화는 취득에서의 정의의 원칙이라는 단서를 위반하는 것이 되며, 비합법적인 것이 될 것이다(*ASU*, 178).

노직에 의하면, 최초취득에는 로크적 단서의 위반이 거의 발생되지 않으나, 로크적 단서를 위반하는 것은 원초적인 사유화 플러스 이후의 양도와 행동의 조합이라고 한다(*ASU*, 180).

이상에 의해 로크적 단서를 만족시키는 노직의 원리를 다음과 같이 정리할 수 있겠다. 즉, "다른 사람의 상황을 악화시키지 않고 소유물을 취득한 사람으로부터 양도받은 소유물에 대해서 사람들은 소유권리를 갖는다."[129]

그러나 정의에 대한 노직의 설명은 그 범위가 엄격히 제한되었다. '다른 사람의 상황이 악화되지 않는다면'을 너무 좁게 해석함으로써 그는 거의 모든 취득이나 양도를 정당한 것으로 허용한다. 취득수단에 어떤 규제를 가하지 못했고, 누군가 어떤 것을 소유한다는 것이 무엇인가를 규정하지 못했기 때문에 중요한 문제가 많이 간과되었다.[130]

5) 소유권리와 칸트적 원리

개인은 그의 동의 없이는 다른 목적을 성취하기 위해 희생될 수도, 사용되어서도 안 된다. 왜냐하면 개인은 신성불가침의 존재이기 때문이다. 이러한 근저에는 개인은 목적이지 단순한 수단이 아니라는 칸트적 원리가 놓여 있다(*ASU*, 30~31). 그러므로 보다 큰 전반적인 사회적 선(good)을 도출하기 위하여, 우리의 삶보다 타인의 삶을 도덕적으로 보다 중요한 것으로 간주할 수 없다. 우리 가운데 일부가 타인을 위해 희생되는 것은 정당화되지 않는다. 이러한 이유로 해서, 타인을 위한 수단이 아닌 타자와 구별되는 개인의 존재는 보다 진지하게 고려되어야 한다(*ASU*, 33). 그런데 개인의 존엄성을 확인할 수 있는 가장 일반적인 정의(definition)를 충족시키기 위해서는, 개인주의는 단지 수자상의 개별적 존재가 아닌 질적인 개별적 존재관에 의존해야 한다.[131]

---

129) 앞의 책, 107쪽 참조.
130) 앞의 책, 109쪽.

노직에 의하면, '우리가 독립된 존재라는 사실'(*ASU*, 33)로부터 우리의 개인성은 보다 명백해진다. 그러나 여기서 노직이 의미하는 바의 개인성은 수자상의 개별적 존재에만 충족되는 것이고, 진정한 개인주의의 필요조건은 결핍되었다.[132]

그러나 노직은 개인성의 질적인 차이를 개인의 자부심 내지는 자존심과의 관계 속에서 어느 정도 그 해결의 실마리를 보여 주고자 한다. 그에 의하면, 사람은 일반적으로 자신이 다른 사람과 차이를 갖는 가장 중요한 차원에서 자신이 어떤 위치에 있는가에 따라 스스로를 평가한다. 사람은 스스로를 동물에 견주면서 이들이 갖지 못한 인간공통의 능력을 이유로 하여 자존심을 갖는 것이 아니다. 사람은 자신이 정치지도자를 뽑을 권리를 가졌다는 사실 때문에 자존심을 갖거나 이를 견지하는 것도 아니다. 모든 사람이 또는 거의 모든 사람이 어떤 것 또는 어떤 속성을 갖고 있을 때, 그것은 자부심 또는 자존심이 차별적인 특성에 기초하고 있으며, 이런 이유로 자부심이 자부심인 것이다(*ASU*, 243). 요컨대, 개인의 자부심은 각자가 존경받을 만하다는 점에서 출발했을 때, 다른 사람에 의해 각자의 존경을 받을 수 있는 근거[133]가 제공된다.

그런데 인간의 도덕적 존경심이 중요하다는 것은 더 이상 언급할 필요가 없지만, 실질적으로 인간으로서 산다는 것은 일을 한다는 것이다. 그것은 자아실현의 기초적 작업이라고 할 수 있다. 그러므로 개인은 태어나면서부터 그가 자신의 인격성에 의해 자아실현의 책무아래에 있다는 점에서 유일무이한 잠재적 가치를 지닌다. 뿐만 아니라, 개인은 그가 필요한 것의 소유권리를 부여받을 수 있으며, 자아실현의 활동에 효과

---

131) D. L. Norton, "Individualism and Productive Justice", *Ethics*, vol. 87(1977), 115쪽.
132) 앞의 논문, 115쪽.
133) 앞의 논문, 116쪽.

적으로 사용할 수 있다. 이 소유권리는 인격의 본질을 잠재성과 현실성으로 구분함으로써 두 가지의 범주에서 고찰할 수 있다.134)

첫째, 모든 개인은 엄밀한 잠재적 가치에 의해 존재적 소유권리(subsistence entitlement)를 가지며, 잠재성은 생명과 동시에 일어나기 때문에 이 소유권리는 종신적이며, 살아 있는 사람이 스스로에게 포기하도록 할 권리를 갖지 않으며, 우리는 다른 사람에게 포기하도록 할 권리를 전혀 갖지 않는다.

둘째, 자아실현의 계획착수로, 모든 개인은 자신이 필요한 것의 소유권리를 부여받으며, 그 계획에 최대한 활용할 수 있다. 존재적 소유권리와 대조적으로 현상적 소유권리(actualization entitlement) 아래서 개인은 재화의 종류와 재화의 양에 차별적인 소유권리를 갖게 된다.

그러므로 존재적 소유권리와는 달리 현상적 소유권리는 성취기준이 된다. 따라서 모든 개인은 개인에게 실제로 존재하는 잠재적 가치를 최대한 나타낼 수 있는 재화의 양과 종류의 소유권리를 갖는다.

노직의 논지에 따르면, 자아실현에 의한 소유권리가 발생할 수 있는 조건은 앞에서 기술한 바와 같이 '우리가 독립된 존재'라는 사실로부터 기인한다. 이러한 사실이 노직이 칸트적 원리를 도입하는 도덕적 근거가 된다. 노직이 개인을 취급함에 있어 그를 어떤 권리도 침해받지 않는 인격으로서 다룬다는 점에서는 칸트적이라고 할 수 있다.135)

노직은 종국상태 지향적인 입장에서도 인간을 수단이 아닌 목적으로 다룬다는 점을 어느 정도 인정한다. 그러나 그들은 타인의 불가침성의 표현을 "사람을 특정의 방식으로는 이용하지 말라"는 금지명령 대신에 "인간성을 단지 수단으로 사용하는 경우를 최소화하도록 행위하라"고

---

134) 앞의 논문, 119쪽 참조.
135) Goldman, "The entitlement theory of distributive", 825쪽.

표현한다고 비난한다. 왜냐하면 이 명령의 준수 자체가, 특정의 한 방식으로 사람을 수단으로 사용함을 허락할 수 있기 때문이다(*ASU*, 32).

존재하는 것은 개인, 그 자신의 개인적 삶을 영위하는 서로 다른 개인뿐이다. 이 중 하나를 다른 사람의 이익을 위해 이용함은 그를 이용하는 것이며, 타인을 이롭게 하는 것일 뿐, 더 이상의 아무것도 아니다. 그러므로 한 인격을 이런 식으로 이용하는 것은 그가 독립된 인격이라는 사실을 충분히 존중하지도, 고려하지도 않는 것이다. 따라서 전체적인 사회적 선을 위한다는 명목하에서도 누구도 희생을 강요할 수 없으며, 국가나 정부는 더 말할 것도 없다고 노직은 주장한다(*ASU*, 33). 그러므로 이러한 노직의 견해에 반대하는 입장은 모두가 칸트적 명법의 정신을 어기는 것으로 이해될 수 있다.

우리는 필요에 의해 다른 사람을 도와야 한다는 요구를 할 경우가 있다. 노직은 이러한 요구도 또한 칸트적 명법을 어기는 것이라고 주장할 것이다. 왜냐하면, 그것이 필요에 의해 남을 돕는 것은 도덕적인 까닭에 아무도 도움을 주어야 할 권리를 주장할 수 없으며, 사람은 그의 재산에 대한 권리를 주장할 수 있기 때문에 우리는 정의의 이름 아래서 도와야 할 요구를 실행할 수 없다. 실제로 그렇게 한다는 것은 다른 사람의 복지수단으로서 그들을 취급하게 되어 재산소유주의 권리를 침해하게 될 것136)이기 때문이다.

노직이 제시한 소유권리론은 칸트적 명법이 지시하는 원리에 따라서 아래와 같이 정의될 수 있다.137)

① 사람이 사회상의 생산적인 노력을 통해 취득한 것에 소유권리가

---

136) 앞의 논문, 829쪽.
137) 앞의 논문, 826쪽 참조.

있다.

② 그들이 바라는 바대로 그들 자신의 소득을 소비할 소유권리가 있다.

③ 그들이 그들의 소득을 양도하기를 원한다면, 그들이 양도한 사람에게 소유권리가 있다.

②는 ①에 뒤따르는 것이며, ③은 ②로부터 뒤따른다. 그러므로 노직의 소유권리론은 개인 그가 노력을 통해서 취득한 것에 도덕적 권리를 가지며, 그가 좋을 대로 그의 소득을 이용할 당연한 권리를 갖는다는 사실로부터 출발한다.

이러한 견지에서 소유권리의 원칙 특히, 취득과 양도의 원칙은 그것들만이 개인의 자율성을 인지하고, 다른 사람의 복지수단으로서 조금이라도 이용되지 않는다는 칸트의 명법에 일치한다는 노직의 무언의 주장에 의존한다[138]고 결론지을 수 있다.

그러나 과연 칸트 자신이 그의 명법에서 구현하고자 하는 의도를 노직이 정확히 파악했는지 하는 의구심을 떨쳐 버리기는 어렵다. 칸트적 명법에서 주장되는 개인주의의 칸트적 정신은 모든 사람은 그 자체로 목적이며 이러한 개인의 목적가치를 실현하기 위한 우리의 의무는 모든 개인이 자신의 본유적이고 유일무이한 목적을 실현하기 위해 일을 할 때 최상으로 성취된다[139]는 것을 의미하는 측면을 함축하고 있는 것으로 생각된다. 이러한 측면에서 볼 때 노직이 주장하는 칸트적 원리의 도입점인 '우리가 상호독립적인 존재라는 사실' 속의 개인으로서는 사실상, 우리의 목적가치를 실현하기 위한 일은 이루어질 수 없을 것이다.

---

138) 앞의 논문, 835쪽.

139) Norton, "Individualism and Productive Justice", 118쪽 참조.

설사 노직이 칸트적 명법을 원용하는 것을 허용할 수 있다손 치더라도, 그가 타자와 구별되는 개인의 존재에만 초점을 두는 것은 결과적으로 진정한 의미에서의 개인주의에 함축된 고도의 사회성을 파괴했다는 비난을 면할 수는 없을 것이다.[140]

6) 누구의, 누구를 위한 소유권리인가

'정의의 주제'에서 밝힌 바와 같이 노직은 소유권리의 할당문제만을 정의의 주제로 간주하며, 분배적 정의문제를 이차적인 것으로 간주한다. 그 이유로서 노직은 최소국가 내에서 보장되는 개인의 권리 및 자유가 분배라는 명목하에서 침해받을 가능성이 있으며, 아울러 최소국가 이상의 국가, 즉 보다 포괄적인 국가를 불가피하게 정당화하기 때문이라는 이유를 든다.

또한 노직은, 각 개인이 획득하는 것은 그가 다른 사람과 교환하여 또는 선물로서 그 다른 사람으로부터 획득하며, 자유로운 사회에서는 다양한 사람이 서로 다른 자원을 관리하고, 새로운 소유물은 자발적인 교환과 개인의 행위로부터 발생할 뿐이므로 몫의 분배행위 또는 분배란 있을 수 없다고 주장한 바 있다.

그러나 노직이 비판의 표적으로 삼았던 롤즈는 사회의 기본구조,[141] 즉 사회의 주요 제도가 하나의 체계로 결합되는 방식과 이 제도가 기본적 권리와 의무를 할당하고 사회적 협동을 통해 발생하는 이득의 분배

---

140) 앞의 논문, 125쪽 참조.
141) 롤즈에 따르면 정치체제나 경제적·사회적 체제 등의 사회제도만이 사회의 기본구조에 포함된다고 한다. 그리하여 사상의 자유와 양심의 자유, 경쟁적 시장, 생산수단의 사유 등에 대한 법적인 보호, 그리고 일부일처제(一夫一妻制) 등은 주요한 사회제도의 예가 된다.

를 정하는 방식을 정의의 일차적 주제로 상정한다.142) 롤즈는 사회의 기본구조가 정의의 일차적 주제가 될 수 있는 몇 가지 논거를 다음과 같이 제시한다.143)

① 사회의 기본구조가 적절히 규제·조정되지 않는 한, 최초의 정의로운 사회적 과정은 개별적인 거래가 그 자체로 보아 아무리 자유롭고 공정한 개별적인 거래라고 할지라도 결국에는 정의롭지 않게 될 것이라는 점이다. 개별적이고, 표면상으로 공정한 합의의 누적된 결과는 사회적 추세나 역사적 우연성과 더불어 시간의 경과에 따라 시민의 관계와 기회를 변화시킬 수도 있다. 그러므로 사회의 기본구조에 속하는 제도에 주목하여 개인과 연합체의 행동이 일어나는 정의로운 배경적 조건을 확고히 할 필요성이 있게 되는 것이다.

② 사회의 기본구조는 그 성원에게 영향을 주고 그가 어떤 종류의 사람인가를 대부분 결정할 뿐만 아니라, 그가 되고자 원하는 사람의 종류를 결정해 준다는 점이다. 또한 사회의 기본구조는 여러 가지 다른 방식으로 사람의 포부와 희망을 제한하기도 한다. 왜냐하면 사람은 어느 정도 사회 내의 그의 지위에 따라 자신을 바라볼 것이며, 그가 현실적으로 기대할 수 있는 수단과 기회를 합리적으로 고려할 것이기 때문이다. 그래서 경제체제는 말하자면 현존하는 욕구와 열망을 만족시켜 주는 제도적 장치일 뿐만 아니라, 미래의 욕구와 열망을 형성하는 방식이기도 하다.

③ 개인의 재능과 능력은 고정된 자연의 선물로 간주할 수 없다는

---

142) Rawls, *A Theory of Justice*, 7쪽; J. Rawls, *Political Liberalism* (N. Y.: Columbia Univ. Press, 1993), 258쪽.
143) Rawls, *Political Liberalism*, 265~270쪽.

점이다. 왜냐하면 이 재능과 능력은 사회적 조건을 떠나서는 결실을 맺을 수 없으며, 그것이 현실화될 경우에는 언제나 여러 가능한 형태 가운데 하나의 형태를 취할 것이기 때문이다. 자연적 능력의 실현에 영향을 주는 요인에는 그것을 고무시키고 지원해 주는 사회적 태도와 그것을 훈련시키고 활용하는 제도가 있다. 그래서 우리의 최종적인 목적과 우리 자신의 희망뿐만이 아니라, 우리의 실현된 능력과 재능은 개인적인 역사와 기회 및 사회적 위치를 반영한다.

분배문제와 관련하여, 여기에서 특히 강조되어야 할 사항은 사회의 기본구조 속에 여러 가지 사회적 지위가 포함된다는 점일 것이다. 그럴 경우 서로 다른 지위에서 태어난 사람은 정치체제뿐만 아니라 경제적·사회적 여건에 의해 이미 어느 정도 정해진 인생의 상이한 기대치를 갖게 될 것이다. 이런 식으로 사회제도는 어떤 출발점을 다른 출발점보다 유리하게 해 준다. 이것이 바로 뿌리깊은 불평등이다. 이러한 불평등은 사회제도에 만연되어 있으며, 이로 인해 인간적 삶의 최초기회는 이와 같은 불평등의 영향권 아래 있게 되는 것이다.144)

그러나 노직의 소유권리론은 사회제도에 만연되어 있는 불평등의 해소를 도외시하고 국가의 개입을 전혀 허용하지 않는 개인적 자유의 절대적 우선성을 되살려 경제적 자유인 소유권리만을 신성불가침한 권리로 정초하려는 시도를 한다. 그러나 자유가 하나의 목적가치라는 사실은 널리 알려진 사실이다. 그럼에도도 불구하고, 노직은 그 자유를 개인의 소유권리를 위한 물질적 행복에만 중심을 둔 나머지, 개인의 행복을 성취하기 위한 수단으로 전도시켰다는 이율배반적인 결과를 초래했다.

또한 노직은 소유 및 재산의 개념을 탈사회제도적인 입장에서 정당

---

144) Rawls, *A Theory of Justice*, 7쪽.

화시킴으로써 재산의 사회적 토대를 등한시하고 있다. 그러므로 로크적 단서에 관한 노직의 해석 또한 '다른 사람의 상황을 악화시키지 않는다면'이라는 식의 소극적·미온적인 태도표명에 머무를 수밖에 없는 것이다. 그리고 소유권리에 대한 칸트적 원리를 끌어들임에 있어 '우리가 독립된 존재라는 사실'과 결부시켜, 칸트의 의도와는 달리 고립된 개인으로서의 인격만을 중시하고 그의 권리주장을 너무 강조함으로써, 오히려 인간의 이기심을 부채질하는 역극화현상을 가져왔다고 할 수 있다.

이러한 점에서 노직의 이론은 경제적 불평등 및 격차의 해소문제와는 거리가 먼, 오히려 부익부 빈익빈이라는 계층적 갈등을 당연시하는 극우적·보수적인 성격을 여실히 드러냄으로써 세계화라는 미명하에 전파되는 신자유주의의 입지만을 강화시켜 주는 철학적 정당화작업에 머문 것으로 평가할 수 있을 것이다.

제2장

롤즈의 윤리학

3. 칸트 도덕철학에 관한 절차적 해석

1) 절차적 해석의 배경

롤즈는 자신의 정의론의 도덕적 정당화의 근거를 확보하기 위하여 『사회정의론』 및 그 이후에 발표된 논문을 통해, 끊임없이 자신의 정의론이 칸트적임을 주장해 왔다.

롤즈 정의론의 도덕적 정당화의 노력은 롤즈의 『사회정의론』 가운데, 특히 「공정으로서의 정의관에 관한 칸트적 해석」[1]에서 제일 먼저

---

1) J. Rawls, *A Theory of Justice* (Cambridge: The Belknap Press of Harvard Univ. Press, 1971), 40절.

나타난다. 여기에서 롤즈가 문제로 삼고 있는 것은 칸트 윤리학에서의 자율성과 정언명법, 그리고 실천이성 등의 개념이다. 이러한 개념들에 관한 롤즈의 이해는 이른바 '칸트적 구성주의(kantian constructivism)', 또는 '도덕적 구성주의(moral constructivism)'의 핵심적인 내용에 해당된다.

칸트적 구성주의란, 롤즈가 그의 정의론을 하나의 구성주의적 입장으로 규정할 때 칸트의 인식론적 구성주의에 대응해서 붙인 이름이다. 롤즈가 자신의 '도덕적 구성주의'를 '칸트적'이라고 할 때의 '칸트적'이라는 형용사는 동일성이 아닌 유사성을 표현한다. 즉, 여타의 전통적인 도덕관에 비해 칸트 윤리학과 자신의 윤리학이 그 기본적인 관점에서 유사한 공통점이 있다는 것을 의미한다.[2]

롤즈가 자신의 이론을 칸트적으로 이해할 때 전제하는 중요한 입각점은 칸트 학설의 기본구조로부터 그 형이상학적 배경을 격리하고 절차적 해석을 하자는 데 있다.[3] 즉, 칸트 윤리학의 형이상학적 요소를 제거할 경우 자신의 윤리학과 칸트 윤리학의 유사성을 찾아볼 수 있다는 것이다.

이러한 롤즈의 주장으로부터 과연 그의 정의론이 '칸트적'인가, 아니면 '비칸트적'인가라는 문제를 놓고 찬반양론이 활발하게 전개되었다. 이와 같은 논쟁의 불씨는 롤즈가 자신의 정의론을 칸트적이라고 주장하고 있음에도 불구하고, 그가 보다 직접적으로 칸트 도덕철학에 자신의 견해를 제시하지 않았다는 점으로부터 기인한다.

그리하여 롤즈는 이러한 논쟁의 불씨를 끄기 위하여 종래와는 달리,

---

2) J. Rawls, "Kantian Constructivism in Moral Theory", *The Journal of Philosophy*, vol. LXXVII, no. 9, (September, 1980), 517쪽 참조.
3) J. Rawls, *A Theory of Justice*, 264쪽.

즉 형식적이 아닌, 실질적인 의미에서 칸트 도덕철학을 이해하고자 하는 작업에 착수한다. 이러한 작업의 성과는 그의 일련의 강의[4]와 「도덕이론에서의 칸트적 구성주의」(1980)라는 논문을 통하여 제시된 바 있다. 그 후 롤즈는 또 한 차례의 강의를 거쳐 이 일련의 강의와 논문의 성과를 반영하고 발전시킨 것으로 여겨지는 논문인 「칸트 도덕철학의 주제」(1989)라는 논문을 발표하게 된다. 이 논문에서 롤즈는 보다 직접적·구체적으로 칸트 도덕철학에 관한 자신의 이해를 제시한다.

여기에서는 앞에서 말한 롤즈의 「칸트 도덕철학의 주제」라는 논문을 중심으로 하여, 칸트의 정언명법, 선[5]의 개념, 도덕적 구성주의 그리고 도덕법칙과 자유 등에 관한 롤즈의 논의를 보다 면밀하게 살펴 볼 것이다.

2) 정언명법의 구성절차

(1) 정언명법적 절차

롤즈에 따르면 칸트의 정언명법은 정언명법적 절차(categorical imperative procedure)에 의해 인간 삶의 통상적인 조건에 적용될 수 있다고 한다. 더 나아가 정언명법적 절차는 양심과 도덕적 감수성을 타고난, 그

---

4) J. Rawls,"Remarks on Kant's Ethics", *Two Lectures given at Oxford* (May, 1978) I. "Structure of Desire", *Howison Lecture given at Berkeley* (May, 1979) V 등의 강의에서 칸트 도덕철학의 실질적 해석이 제시되고 있다. 이러한 사실은 황경식의 논문인 「롤즈에 전해진 칸트의 유산」이라는 논문을 통해 확인된다. 황경식, 『사회정의의 철학적 기초』(서울: 문학과 지성사, 1986), 424~441쪽 참조.

5) 롤즈가 사용하고 있는 the good이라는 개념은 그 문맥에 따라 우리말의 '좋음', '선', '가치' 등으로 번역될 수 있다. 롤즈는 칸트 윤리학과 관련해서도 the good이라는 개념을 사용하고 있는데, 이런 경우에 필자는 일반적인 방식에 따라 이것을 '선'으로 번역해 사용할 것이다. 또한 idea라는 용어는, 그것이 칸트와 관련될 경우에는 대체로 '이념'으로 번역해 사용하고, 여타의 경우에는 그것을 '개념', 또는 '관념'으로 번역해 사용할 것이다.

리고 자연적 욕구와 경향성에 의해 영향받는, 합당하고 합리적인 인간
으로서의 우리에게 적용되는 도덕법칙의 내용을 결정하는 데 도움이 된
다고 한다. 그러나 여기서 한 가지 주의해야 할 사항은, 우리의 자연적
욕구와 경향성에 의해서는 도덕법칙의 내용이 결정되지 않는다는 사실
이다. 이 자연적 욕구와 경향성은 자연의 질서 속에서 특수한 지위를
갖고 있는 유한한 존재로서의 인간욕구를 반영할 뿐이다.6)

　이상 롤즈의 견해를 통해 우리는 도덕법칙, 정언명법 그리고 정언명
법적 절차 등의 세 가지 개념의 일별을 필요로 하게 된다.

　칸트에 따르면 도덕법칙은 사실상 완전한 존재의 의지는 신성함의
법칙이며, 모든 유한한 이성적 존재의 의지는 의무의 법칙이며, 도덕적
강제의 법칙이요, 이러한 법칙의 존중과 자기의무의 존경에 의해 자기
의 행위를 결정하는 법칙이다.7) 이와 같이 도덕법칙이 인간에게 의무인
까닭은 우리의 이성이 경향성을 완전히 제어하지 못하기 때문에 적어도
인간적 조건 아래에 있는 우리에게는 명령이나 명법으로서 나타난다.8)

　이러한 칸트의 도덕법칙의 개념을 롤즈는 다음과 같이 풀이한다. 즉,
도덕법칙은 우리가 욕구를 지닌 유한한 존재이든 아니든 간에 거기에
관계없이 모든 합당하고 합리적인 존재에게 적용되는 원칙을 규정하는
것이기 때문에 그것은 이성의 이념이다(TKMP, 82).

　정언명법이란, 칸트에 따르면 실천적 법칙이며 나머지 모든 명법은

---

6) J. Rawls, "Themes in Kant's Moral Philosophy", in *Kant's Transcendental Deductions*, ed. by E. Förster (California: Stanford Univ. Press,1989), 82쪽. 이하 TKMP로 약기하고 본문에 쪽을 부기함.

7) I. Kant, *Kritik der praktischen Vernunft*, Kant Werke, Band 6 (Wiesbaden: Insel Verlag, 1983), 204쪽.

8) H. J. Paton, *The Categorical Imperative* (Philadelphia: Univ. of Pennsylvania Press, 1971), 70쪽.

의지의 원리이기는 하지만 법칙은 아니라고 한다. 왜냐하면 자의적인 어떤 목적을 성취하기 위해 필요한 어떤 행위는 그 자체가 우연적인 것으로 간주될 수 있기 때문이며, 만일 우리가 그 목적을 포기한다면 우리는 언제라도 그 지침(Vorschrift)으로부터 벗어날 수 있다. 그러나 이에 반하여 무조건적 명령은 의지가 자의적으로 무조건적 명령에 반대하도록 의지에 대하여 열려져 있는 것이 아니므로, 무조건적 명령만이 우리가 하나의 법칙으로부터 요구하는 필연성을 수반한다.9) 이것이 우리가 정언명법을 무조건적·절대적·정언적이라고 하는 이유이다. 정언명법은 단순히 그리고 무조건적으로 "모든 이성적 행위자는 이러이러하게 의욕해야만 한다"라고 한다.10)

이상 칸트의 정언명법을 롤즈는 다음과 같이 주장한다. 즉, 정언명법은 하나의 명법이며, 우리는 욕구를 지닌 유한한 존재이기 때문에 정언명법 그 자체는 하나의 강제로서의 도덕법칙을 경험한 합당하고 합리적인 존재에게만 명령된다. 이와 같이 우리는 욕구를 지닌 유한한 존재이기 때문에 이러한 방식으로 도덕법칙을 경험하게 되며, 그리하여 정언명법은 우리에게 적용된다. 그리고 정언명법적 절차란, 인간 삶의 통상적인 조건을 고려함으로써 우리의 여건에, 그리고 자연의 질서 속에서 욕구를 지닌 유한한 존재로서의 우리 상황에 정언명법을 적용하는 것을 말한다(TKMP, 82).

도덕법칙, 정언명법 그리고 정언명법적 절차에 관한 이상의 개괄적인 이해를 통해서 우리는 삼자가 서로 구분되는 것임을 알 수 있다.11)

---

9) I. Kant, *Grundlegung zur Metaphysik der Sitten*, Kant Werke, Band 6 (Wiesbaden: Insel Verlag, 1983), 50쪽.

10) Paton, *The Categorical Imperative*, 127쪽.

11) 본문에서 말한 바와 같이 롤즈는 도덕법칙과 정언명법을 분명히 구분해서 이해한다. 그러나 우리가 일반적으로 도덕법칙과 정언명법을 동일한 것으로 이해하고 있듯이, 롤즈 또한

그러면서도 또한 삼자의 관계는 상호 불가분리의 관계에 있음을 알 수 있다. 특히 적용의 관점에서 바라볼 때 도덕법칙은 정언명법으로 우리에게 나타나고, 정언명법은 정언명법적 절차에 의해 우리에게 적용되는 것이므로 정언명법적 절차에 관한 보다 자세한 해명이 요구된다.

롤즈는 정언명법적 절차를 완전히 합당하고 합리적인, 그리고 성실한 행위자들이 그의 도덕적 사고에 있어서 암묵적으로 사용하고 있는 숙고의 체계를 특징짓는 하나의 틀임을 지적하고 이 정언명법적 절차를 4단계로 제시한다. 롤즈는 이 4단계의 절차를 통해서 칸트의 정언명법이 실질적이고 실제적이며, 경험적인 내용을 확보할 수 있다고 믿는다. 다시 말해 이 4단계 과정을 통해서 정언명법은 비로소 구체적인 윤리적 지침을 제시할 수 있게 되는 것이다.

이제 롤즈가 제시한 정언명법적 절차의 4단계 과정을 살펴보기로 하자. 제1단계에서 우리는 가정상 행위자의 관점으로부터 합리적인 행위자의 준칙을 갖게 되는데, 이 준칙은 행위자의 상황과 여건상 합리적인 것으로 여겨지는 행위자들의 욕구, 능력 그리고 신념과 더불어 이용 가능한 대안을 제시하는 합리적인 것이다. 또한 이 준칙은 의도된 행위에 관한 행위자의 실제적인 이유를 반영하는 진지한 것이기도 하다. 그러므로 정언명법적 절차는 합리적 행위자들이 자신의 여건상의 적절한 특징으로 간주되는 관점에 도달된 준칙에 적용되는 것이다. 여기에 덧붙여서 이러한 절차는 합리적이고, 진지한 행위자가 인간 삶의 통상적인 여건에 비추어 도달될 수 있는 준칙에도 똑같이 적용된다. 요컨대, 제1단계에서의 행위자의 준칙은 합리적이고 진지한 것이며, 이 준칙은 가언명법과는 구분되는 의미에서 '특정한 가언명법'의 형태를 띠게 된다.

도덕법칙과 정언명법을 동일한 개념으로 사용하기도 한다. 이것은 마치 롤즈가 '옳음'과 '정의'를 구별하면서도 때로는 양자를 동일한 개념으로 사용하는 것과도 같다.

① 특정한 가언명법: 나는 Y가 일어나도록 여건 C에서 X를 해야한다(여기서 Y는 사태이며, X는 행위이다).

제2단계의 정언명법적 절차는 제1단계에서 도달된 준칙을 보편화시키는 절차적 단계이다.

② 특정한 정언명법(보편적 지침): 모든 사람은 Y가 일어나도록 여건 C에서 X를 해야 한다.

제3단계의 절차에서 우리는 보편적 지침인 ②를 하나의 자연법칙으로 변형시켜 다음과 같은 진술에 도달하게 된다.

③ 보편적인 자연법칙: 모든 사람은 (마치 자연법칙에 의한 것처럼) Y가 일어나도록 여건 C에서 언제나 X를 해야 한다.

제4단계의 정언명법적 절차는 가장 복잡한 문제를 제기하는 단계로서, 이 제4단계는 다음과 같이 진술된다.

④ 새로운 자연의 질서: 제3단계의 자연법칙을 우리에게 이미 알려진 것으로서의 기존의 자연법칙 속에 도입한 연후에, 일단 새로 도입된 자연법칙의 결과가 성공할 기회를 가질 수 있는 자연의 질서가 무엇인지를 우리가 할 수 있는 한 최선을 다하여 추정해야 한다(TKMP, 83).

롤즈가 제4단계의 절차적 해석을 통해 보여 주고자 하는 것은 기존의 자연법칙에 새로운 자연법칙이 부가될 때 평형상태를 이루고 있던 기존의 자연의 질서에는 교란이 있게 될 것이지만, 그 부가된 자연법칙에 의해 하나의 새로운 자연질서가 결과하게 될 것이고, 이 새로운 자연질서도 평형상태에 도달할 수 있으리라는 것이다.

그러나 이 새로운 자연질서는 또다시 어떤 새로운 자연질서에 의해 그 평형상태가 교란될 가능성이 있기 때문에, 롤즈는 이 새로운 자연질서를 '교란될 가능성이 있는 사회세계(perturbed social world)'[12]라고 하며, 이러한 사회세계는 제1단계의 준칙과 관련되어 있다고 생각한다

(TKMP, 83~84). 즉, 새로 도달된 질서를 새로운 사회체제(교란될 가능성이 있는 사회세계)라고 할 때, 각 준칙은 그에 상응하는 하나의 사회체제가 있게 되는 셈이다.13)

이상 정언명법의 4단계적인 절차적 해석을 통하여 칸트의 정언명법은 다음과 같이 진술될 수 있다. 즉, 우선적으로 우리가 우리 자신을 제1단계의 준칙과 관련된 교란될 가능성이 있는 사회세계의 한 성원으로 간주한다면, 진지하며, 합당하고 합리적인 행위자로서의 우리는 이러한 준칙으로부터 행위할 것을 의도할 수 있어야 한다는 조건과 다음으로는 우리가 이러한 교란될 가능성이 있는 사회세계 그 자체를 의욕하고 우리가 그 사회세계에 속하리라는 것을 확인할 수 있어야만 한다는 조건 등을 만족시킬 수 있는 경우에 한해서만, 우리는 우리의 합리적이고 진지한 제1단계의 준칙으로부터 행위하는 것이 허용된다.

그렇기 때문에 우리가 동시에 이러한 교란될 가능성이 있는 사회세계를 의욕하거나 그 사회세계의 한 성원으로서 이러한 준칙으로부터 행위 할 것을 의도할 수 없다면, 가정상 그것이 비록 우리의 현재 여건에서 합리적이고 진지한 준칙이라고 할지라도, 우리는 그러한 준칙에 따라 행위할 수 없는 것이다(TKMP, 84). 바꿔 말하면, 우리의 어떤 준칙이 정언명법적 절차 가운데 마지막 단계인 제4단계의 시험을 통과할 수 없는 한, 우리가 그 준칙에 따라 행위한다는 것은 부도덕한 행위임에 틀림없는 것이다.

정언명법적 절차를 이용하여 칸트의 정언명법을 절차적으로 해석하

---

12) 이 '교란될 가능성이 있는 사회세계'란, 칸트식으로 말하면 아직 안정성을 확보하지 못한 '목적의 왕국'에 해당되며, 롤즈식으로는 아직 안정성을 확보하지 못한 '질서정연한 사회'라고 할 수 있다.
13) 황경식, 『사회정의의 철학적 기초』, 428쪽.

고자 시도하는 롤즈는 칸트의 '의무의 보편적 명법(또는 자연법칙의 정식)'의 네 번째 예증을 정언명법적 절차에 의해 검증되어야 할 하나의 구체적인 사례로 제시한다. 이를 위해 롤즈는 정언명법적 절차의 제4단계에 초점을 맞추고, 어떤 준칙과 관련된 교란될 가능성이 있는 사회세계를 우리가 의욕할 수 있는지의 여부를 그 검증의 목적으로 삼는다.

칸트의 의무의 보편적 명법의 네 번째 예증에는 다음과 같은 말이 나온다. 즉, 생활이 풍족한 어떤 사람이 역경과 싸우는 다른 사람들을 보고, "그것이 나하고 무슨 상관이 있는가? 모든 사람은 저마다 하늘이 뜻한 만큼 행복할 것이고, 아니면 자신이 힘쓴 만큼 행복할 것이다. 나는 그에게서 아무것도 빼앗아 가지 않을 것이고, 그를 시기하지도 않을 것이다. 단지 나는 그의 복지를 위해서나 그의 가난을 구제하기 위해 어떠한 공헌도 할 생각이 없다"라고 생각할 수 있다.[14]

이상의 생활이 풍족한 어떤 사람의 준칙을 롤즈는 다음과 같이 정식화한다. 즉, "남을 돕거나 그들을 가난에서 구제하는 것이 그 당시에 합리적이지 않는 한, 즉 나 자신에게 이익을 주지 않는 한, 나는 남을 돕거나 그들을 가난에서 구제하기 위하여 어떠한 것도 해서는 안 된다"(TKMP, 84).

롤즈에 따르면 앞의 준칙과 관련된 교란될 가능성이 있는 사회세계는 타인의 복지를 위하여 아무도 남을 돕기 위하여 결코 어떠한 것도 하지 않는 사회세계이다. 이러한 사회세계는 과거, 현재 그리고 미래의 모든 사람에게 참일 것이며, 이것이 바로 적절한 평형상태(the relevant equilibrium state)이다(TKMP, 84).

그런데 칸트에 따르면 가능한 한 타인을 속이고, 타인의 권리를 팔거

---

14) Kant, *Grundlegung zur Metaphysik der Sitten*, 54쪽.

나 아니면 타인의 권리를 침해하는 경우보다도 모든 사람이 앞의 준칙을 따라서 행위하는 것이 훨씬 더 잘 사는 길이라고 한다.15) 이러한 칸트의 견해에 암묵적으로 함축되어 있는 의미를 롤즈식으로 표현하면 다음과 같이 말할 수 있겠다. 즉, 교란될 가능성이 있는 사회세계에 있는 모든 사람은 보편화된 준칙으로부터 나타나는 인간행위의 법칙을 알고 있으며, 또한 모든 사람은 적절한 평형상태를 산출할 수 있다. 더욱이, 모든 사람이 이렇게 할 수 있다는 것 자체가 공공지식이다. 롤즈는 칸트도 이러한 것을 당연한 것으로 받아들이고 있다고 생각한다(TKMP, 84). 따라서 우리는 제2단계의 보편적인 지침을 공인된 (인간의) 자연법칙으로 변형시키는 제3단계로 나아갈 수 있게 되는 것이다. 칸트도 네 번째 예증의 준칙이 보편적 자연법칙으로 될 수 있음을 인정한다.

그러나 비록 보편적인 자연법칙이 이러한 준칙과 조화를 이루어 존속할 수 있는 가능성이 있다고 할지라도, 그러한 원리가 자연법칙으로서 어디에서나 타당하게 되기를 의욕한다는 것은 불가능하다고 칸트는 말한다. 이런 방식으로 결정된 의지는 자기모순일 것이다. 왜냐하면 그 사람이 타인으로부터 사랑과 동정을 필요로 하는 경우가 있게 될 것이고, 그 자신의 의지로부터 나온 그러한 자연법칙에 의해 그가 원하는 도움에 대한 모든 희망을 스스로 앗아가 버리는 경우도 있을 것이기 때문이다.16)

요컨대, 우리가 살고 있는 세계 속에서는 타인의 사랑과 동정을 필요로 하는 많은 상황이 있기 때문에, 우리는 타인의 복지에 무관심하라는 준칙과 관련된 교란될 가능성이 있는 사회세계를 의욕할 수 없는 것이다. 그렇다면 우리는 타인의 복지에 무관심하라는 준칙 대신에 상호협

---

15) 앞의 책, 54쪽.
16) 앞의 책, 54쪽.

조의 지침(또는 의무)에 관한 준칙을 지지해야 할까? 여기에서 롤즈는 다음과 같이 말한다. 즉, 칸트가 무관심의 준칙을 의지상의 자기모순이라는 이유로 배격한 것과 마찬가지로 상호협조의 준칙도 의지상의 자기모순을 가져오기 때문에 칸트에 의해서는 지지되지 않으리라는 것이다. 롤즈는 칸트가 다음과 같은 이유로 상호협조의 준칙을 배제하리라고 생각한다. 즉, 상호협조의 지침은 필요에 따라 타인을 돕도록 우리에게 명령한다. 그러나 필요에 따라 타인을 도우라는 지침과 관련된 교란될 가능성이 있는 사회세계에서는 우리가 타인을 돕는 것을 전혀 원하지 않을 수 있는 상황이 있을 수 있다. 다시 말해 타인을 도울 경우 오히려 자신의 계획이 심각하게 방해받을 수 있는 여건이 있을 수 있다. 따라서 상호협조의 지침도 우리 자신의 의지로부터 기인하는 법칙에 의해 우리가 진정으로 원하는 것을 성취할 기회를 스스로 방해하는 꼴이 될 것이다. 적어도 롤즈가 보기에는 칸트가 이해하고 있는 정언명법적 절차의 시험은 너무나 어렵다. 그렇기 때문에 칸트적인 정언명법적 절차의 시험은 마치 도덕적 지침(또는 의무)에로 이끄는 모든 준칙을 거부하는 것처럼 보인다고 롤즈는 말한다(TKMP, 85).

그렇다고 해서 칸트가 실제로 상호협조의 의무를 거부한 것은 아니고, 오히려 그것이 보편법칙이 되어야 한다고 믿는다. 롤즈도 『사회정의론』에서 칸트의 상호협조의 의무를 받아들인다. 롤즈는 칸트의 상호협조의 의무가 채택될 수 있는 충분한 논거로서 다음과 같은 이유를 제시한다. 즉, 우리가 어려운 여건에서 다른 사람에 의지해 도움을 받을 수 있는 사회에 살고 있다는 것이 공공적으로 알려지는 것은 그 자체가 대단히 가치 있는 일이다.17) 그러므로 여기서 롤즈가 말하고자 하는 것은

---

17) Rawls, *A Theory of Justice*, 339쪽; I. Kant, *Die Metaphysik der Sitten*, Kant Werke, Band 7 (Wiesbaden: Insel Verlag,1983), 588~595쪽 참조.

어디까지나 칸트적인 정언명법적 절차에 따를 경우 칸트의 상호협조의
의무는 채택되기 어렵다는 점을 강조하고자 하는 것이다.

　롤즈에 따르면 칸트적 시험은 너무 완고하기 때문에 이를 완화시키기
위해, 다시 말해 칸트적 의미의 의지상의 자기모순을 완화시키는 모순기
준으로서, 칸트가 사용한 '진정한 인간적 욕구(true human needs)'[18]라는
개념이 필요하다고 본다. 이러한 진정한 인간적 욕구라는 개념에 기초해
서 보다 완화된 의지상의 모순은 다음과 같이 정식화된 준칙에 의해 검
증될 수 있다. 즉, "나는 상호협조의 지침, 즉 필요에 따라서 타인을 도우
라고 나에게 명령하는 준칙과 관련된 교란될 가능성이 있는 사회세계보
다는 오히려 무관심의 지침과 관련된 교란될 가능성이 있는 사회세계를
의욕할 수 있을까? 이러한 문제에 답함에 나는 (가정상, 정언명법적 절차
의 일부로서, 나 자신이 필요로 하고 모든 사람 역시 필요로 하리라 여겨
지는) 나의 진정한 인간적 욕구만을 참작해야 한다"(TKMP, 85).

　이상의 준칙을 통해서 볼 때 롤즈는 진정한 인간적 욕구를 도덕적
동기로 간주하고 있음을 알 수 있다. 이러한 사실은 그가 『사회정의론』
에서 원초적 입장의 당사자는 사회적 기본가치에 관한 욕구(즉, 진정한
인간적 욕구)에 의해 그의 동기를 부여받아 행위하게 되고, 그렇게 동기
를 부여받은 당사자에 의해 선택된 정의의 원칙은 칸트가 의미하는 정

---

18) Kant는 '진정한 인간적 욕구'라는 개념을 자세히 언급하지 않고 있다. 그러나 『도덕형이상
　　학』의 제2부인 『덕론』(Tugendlehre)에서 이 개념의 용례를 보여 주고 있다. 이러한 용례를
　　제시하면 다음과 같다. 즉, "왜냐하면 나 자신의 행복, 즉 나의 진정한 욕구를 희생하여
　　타인의 행복을 촉진하라는 준칙이 보편 법칙으로 된다면 그 자체로 모순일 것이기 때문이다."
　　("Denn mit Aufopferung seiner eigenen Glueckseligkeit(seiner wahren Beduerfnisse) an-
　　derer ihre zu befoerdern, wuerde an sich selbst widerstreitende Maxime sein, wenn man
　　sie zum allgemeinen Gesetz machte.)", "(우리의 진정한 욕구를 넘어서서 잘 살려는 수단을
　　획득하려는) 게걸스런 탐욕." ("habsuechtigen Geiz (der Erweiterung seines Erwerbs der
　　Mittel zum Wohlleben, ueber die Schranken des wahren Beduerfnisses))" Kant, *Die
　　Metaphysik der Sitten*, 524쪽, 565쪽 참조.

언명법이라는 주장에서도 잘 드러난다.[19] 따라서 우리는 도덕적 동기인 진정한 인간적 욕구를 여타의 특정한 욕구나 욕망 그리고 경향성과 구분하는 의미에서 '원칙의존적 욕구(principle-dependent desire)'[20]라고 할 수 있겠다. 이와 같이 규정된 진정한 인간적 욕구는 이제 정언명법적 절차의 최종단계에 적용되어 어떤 보편적인 지침이 우리의 욕구나 경향성에 의해 촉진된 우리의 행위를 제약하게 하고, 더 나아가 어떤 특정한 준칙과 관련된 교란될 가능성이 있는 사회세계를 비교·평가하는 기능을 수행하게 된다(TKMP, 85~86).

---

19) Rawls, *A Theory of Justice*, 253쪽 참조.

20) 한편, 롤즈는 그의 후기 저작인 『정치적 자유주의』에서 욕구를 세 가지로 구분해서 설명한다. 첫째, 대상의존적 욕구(object-dependent desires), 둘째, 원칙의존적 욕구(principle-dependent desires), 셋째, 입장의존적 욕구(conception-dependent desires) 등이 그것이다.
　먼저 '대상의존적 욕구'에서의 욕구의 대상, 또는 그 욕구가 충족되는 사태는 어떤 도덕적 개념이나 합당하고 합리적인 원칙을 사용하지 않고서도 규정될 수 있는데, 여기에 속하는 욕구로는 먹고 마시고 잠자는 것과 같은 육체적 욕구, 지위, 권력, 명예 그리고 재산이나 부 등과 같은 사회생활에 의존하는 욕구 등이 있다.
　'원칙의존적 욕구'란, 합당하고 합리적인 원칙을 이해할 수 있고 적용할 수 있는, 또는 그렇게 하기를 합당하게 희망할 수 있는 합당하고 합리적인 존재만이 가질 수 있는 욕구를 말한다. 이 원칙의존적 욕구는 합리적인 원칙(rational principles)에 관련된 욕구와 합당한 원칙(reasonable principles)에 관련된 욕구로 구분해서 말할 수 있다. 전자에 속하는 욕구로는, 우리의 목적을 실현하기 위한 가장 효과적인 수단을 채택하려는 욕구, 여러 대안 중에서 보다 개연성 있는 대안을 선택하려는 욕구, 보다 큰 선(가치)을 선호하고자 하는 욕구, 우리의 목적 간에 충돌이 일어날 경우 우선권에 의해 이들을 정돈하고자 하는 욕구 등이 있다. 그리고 후자에 속하는 욕구로는 행위자의 다원성을 규제하는 합당한 원칙에 따라 그 스스로가 서로 간의 관계 속에서 행위하고자 하는 욕구가 있다.
　마지막으로 '입장의존적 욕구'는, 어떤 합리적이거나 합당한 입장, 또는 정치적 이상에 속하는, 그리고 이것을 분명히 드러내 주는 것으로 간주되는 원칙에 따라 행위하는 것을 욕구한다는 진술을 통해 규정될 수 있는 욕구를 말한다. 그럴 경우 원칙의존적 욕구를 규정하는 이 원칙은 합당하거나 합리적인 입장과 반드시 적절한 관계를 맺어야만 한다. 예컨대, 사회기본제도에 관한 정의의 원칙은 자유롭고 평등한 것으로 간주되는 합당하고 합리적인 시민의 입장에 속하며, 이러한 시민의 입장을 분명히 드러내 준다. 이로부터 우리는 그러한 인간으로서의 시민이라는 이상을 지니게 된다. 그러므로 이러한 이상을 실현하고자 하는 욕구는 바로 입장의존적 욕구 가운데 하나가 되는 것이다. J. Rawls, Political Liberalism (N. Y.: Columbia Univ. Press, 1993), 82~84쪽.

그런데 롤즈에 의하면 제4단계의 교란될 가능성이 있는 사회세계를 평가함에 정보에 관한 두 가지의 제한사항이 있으며, 칸트도 이것을 가정하고 있는 것으로 여긴다. ① 첫째의 제한사항은 우리의 최종적인 목적과 욕구 그리고 이것의 특수한 내용뿐만 아니라, 우리 자신을 포함하여 사람의 보다 특정한 특징을 무시해야 한다는 것이다.[21] ② 둘째의 제한사항은 우리가 우리의 준칙과 관련된 교란될 가능성이 있는 사회세계를 의욕할 수 있는가의 여부를 우리 자신에게 물을 때, 우리는 마치 그 세계에서 우리가 차지할 수 있는 지위가 무엇인지를 알지 못하는 것처럼 추론해야 한다는 것이다.[22]

때문에 우리가 정언명법적 절차의 제4단계에서 추론할 때는 특정한 정보에 관한 이 두 가지 제한사항[23]을 만족시키는 진정한 인간적 욕구의 기초 위에서뿐만 아니라, 적절한 보편적 관점으로부터 추론해야만 한다. 이렇게 할 경우 우리는 우리 자신을 지속적으로 진행하는 사회세계에 공공적인 도덕법칙을 제시하는 도덕적 입법가로 간주할 수 있는 것이다(TKMP, 86).[24]

---

21) Kant는『도덕형이상학의 기초』에서 충동(Triebfeder) 또는 자기애(Selbstliebe)로서의 관심(Interesse)을 배제할 것을 요구한다. Kant, *Grundlegung zur Metaphysik der Sitten*, 64쪽 참조.

22) Kant는『실천이성비판』에서 "만일 네가 계획하는 행위가 너 자신도 그 일부인 자연의 법칙에 의해 일어난다면, 네가 너 자신의 의지에 의해 가능하리라고 간주할 수 있는지를 너 자신에게 물어보라" ("Frage dich selbst, ob die Handlung, die du vorhast, wenn sie nach einem Gesetze der Natur, von der du selbst ein Teil waerest, geschehen sollte, sie du wohl, als durch deinen Willen moeglich, ansehen koenntest")는 '실천적 판단력의 규칙'을 제시한다. 이 규칙은『도덕형이상학의 기초』에서는 "너의 행위의 준칙이 너의 의지에 의해 마치 보편적 자연법칙이 되는 것처럼 행위하라"는 '자연법칙의 정식'으로 제시된 바 있다. Kant, *Kritik der praktischen Vernunft*, 188쪽; *Grundlegung zur Metaphysik der Sitten*, 51쪽.

23) 이것은 롤즈가 정의의 원칙을 선택할 때 원초적 입장에 무지의 베일을 도입하는 것과 동일한 의미를 갖는다.

한편, 롤즈에 따르면 '순수실천이성(pure practical reason)'은 '경험적 실천이성(empirical practical reason)'을 제약하며, 그것을 절대적으로 종속시킨다고 한다. 이것이 칸트가 의미하는 (실천)'이성의 통일(the unity of reason)'이다(TKMP, 87). 그렇다면, 실천이성의 통일은 어떻게 표현되는가? 그러나 이 물음에 앞서 순수실천이성과 경험적 실천이성간의 구획기준이 무엇인가를 우선적으로 물어야 할 것이다.

롤즈는 양자의 실천이성 간의 구획기준을 칸트의 '이성적(vernuenftig)'이라는 개념의 의미분석으로부터 도출한다. 롤즈는 칸트의 '이성적'이라는 개념 속에는 좁은 의미의 '합리적(rational)'이라는 의미와 넓은 의미의 '합당한(reasonable)'이라는 의미가 함축되어 있다고 생각한다.

예컨대, 영어에서 어떤 사람이 "그의 여건상, 그의 제안은 합리적이기는 하나, 그럼에도 불구하고 합당하지 않다"라고 말했다고 할 경우에, 합리적이라는 말의 의미는 대체로 어떤 제안을 한 사람이 자신에게 이익이 되리라는 것을 알고 추진하는 빈틈없고 불공정한 흥정이라는 좁은 의미로 이해될 수 있는 반면에, 합당한이라는 말의 의미는 '분별력 있는' 또는 '이성에 귀 기울일 준비가 되어 있는'이라는 넓은 의미로 이해될 수 있다. 이와 마찬가지로 독일어의 이성적이라는 말 속에는 대체로 가장 효과적인 방식으로 자신의 이익을 증진하는 것을 의미하는 좁은 의미의 '합리적'이라는 말과 넓은 의미의 '합당한'이라는 말을 포함하고 있다. 때문에 롤즈는 합당성(the reasonable)은 칸트의 순수실천이성에 상응하고, 합리성(the rational)은 칸트의 경험적 실천이성에 상응하는 것으로 해석한다. 이와 같이 순수실천이성과 경험적 실천이성은 합당성과 합리성에 의해 구분된다.

---

24) 이런 의미에서 정언명법적 절차를 롤즈의 용어로 표현하면, 그것은 결국 원초적 입장과 반성적 평형상태가 결합되어 있는 것이라고 할 수 있다.

이상의 구분에 의해 각기의 실천이성은 자기를 표현하는 방식을 갖게 되는데, 순수실천이성은 정언명법으로 그리고 경험적 실천이성은 가언명법으로 자신을 표현한다. 그런데 순수실천이성과 경험적 실천이성은 특정한 여건에서 그에 상응하는 실천이성의 요구를 만족시키는 특정한 정언명법과 특정한 가언명법으로부터 명백히 구분된다는 점에 주의할 필요가 있다(TKMP, 87~88).

이상의 롤즈의 설명을 근거로 하여, 이제 실천이성의 통일이 어떻게 표현되는가라는 물음에 답할 수 있게 되었다. 롤즈에 따르면 실천이성의 통일을 표현하는 방식은 정언명법적 절차에 의한 명법형식으로 표현된다고 한다. 즉, 정언명법적 절차는 인간 삶의 조건에서 적절한 방식으로 순수이성의 요구를 표현한다. 그런데 경험적 실천이성이란 특정한 가언명법이 어느 때 합리적인가를 규정하는 합리적 숙고의 원리이다. 그렇기 때문에 정언명법적 절차는 순수실천이성의 요구에 따라 행위하는 행위자의 합리적이고 진지한 숙고를 요구하여 경험적 실천이성을 제약한다(TKMP, 87).

요컨대, 칸트의 용어에서, 경험적 실천이성은 당사자의 합리적 숙고에 의해 표현되고, 순수실천이성은 이러한 숙고가 일어나는 범주 내의 제약에 의해 표현된다.25) 이렇게 하여 실천이성의 통일이 이루어지게 되고, 실천이성의 통일을 표현하는 정언명법적 절차에 의한 명법은 그 결과에서 최종성을 확보하게 되는 것이다. 그렇기 때문에 어떠한 준칙일지라도 이러한 정언명법적 절차의 시험을 통과하지 못하는 한, 우리가 그러한 준칙에 따라 행위하는 것은 금지된다(TKMP, 87).

---

25) Rawls, "Kantian Constructivism in Moral Theory", 532쪽.

(2) 정언명법의 정식 간의 관계

이제 롤즈가 칸트의 정언명법의 정식 간의 관계를 어떻게 이해하고 있는지 살펴보기로 하자.

칸트에 따르면, "너의 준칙이 보편법칙이 되도록 네가 동시에 의욕할 수 있는 그러한 준칙에 따라서만 행위하라"는 보편법칙의 정식만이 유일한 정언명법이라고 한다.[26] 그러면서도 그는 정언명법이 세 가지인 것처럼 말하기도 한다. 여기서 칸트가 말하는 세 가지의 정언명법을 제시하면 다음과 같다.[27]

① 보편법칙의 정식: 너의 준칙이 보편법칙이 되도록 네가 동시에 의욕할 수 있는 그러한 준칙에 따라서만 행위하라.

② 목적 자체의 정식: 너는 너 자신의 인격에서나 다른 모든 사람의 인격에서 인간성을 결코 단순히 수단으로서 대우하지 말고 항상 동시에 목적으로서 대우하는 그런 방식으로 행위하라.

③ 목적의 왕국의 정식: 자신의 준칙에 의해 마치 자신이 항상 보편적인 목적의 왕국의 입법적인 성원인 것처럼 행위하라.

이상의 세 가지 정언명법에서, 칸트는 도덕성의 원리를 표현하는 전술한 세 가지 방식은 그 근본에서는 동일한 법칙의 정식이며, 그 중 한

---

26) Kant, *Grundlegung zur Metaphysik der Sitten*, 51쪽 참조.

27) "Handle nur nach derjenigen Maxime, durch die du zugleich wollen kannst, dass sie ein allgemeines Gesetz werde."

"Handle so, dass du die Menschheit, sowohl in deiner Person, als in der Person eines jeden andern, jederzeit zugleich als Zweck, niemals bloss als Mittel brauchest."

"Handle, als ob es durch seine Maximen jederzeit ein gesetzgebendes Glied im allgemeinen Reiche der Zwecke waere."

Kant, *Grundlegung zur Metaphysik der Sitten*, 51쪽, 61쪽, 72쪽.

정식은 다른 두 가지의 정식을 스스로 자기 속에 결합하고 있다고 한다. 그럼에도 불구하고 이 정식 사이에는 차이가 있는데, 그 차이는 객관적으로 실천적이라기보다는 오히려 주관적으로 실천적이라는 점에서 차이가 난다. 즉, 어떤 유비에 따라 이성의 이념(도덕법칙)을 직관에 보다 더 가깝게 하고, 또 그렇게 함으로써 감정에도 보다 더 가깝게 하려는 데에 세 가지의 정식을 갖는 목적이 있다고 칸트는 말한다. 이어서 칸트는 우리가 만일 도덕법칙을 확실히 받아들이기를 원한다면 위에서 언급한 세 가지의 개념 아래서 하나의 그리고 동일한 행위를 하도록 하고, 우리가 할 수 있는 한, 그 행위를 직관에 보다 더 가깝도록 하는 것이 유용하다고 말한다. 또한 우리가 도덕적 판단에서 항상 엄격한 방법에 따라 나아가고, 정언명법의 보편적 정식을 기초로써 선택하는 것이 보다 낫다고 말한다.28)

롤즈는 위에서 언급한 칸트의 견해에는 어떤 모호한 점이 있기는 하나, 세 가지 점에서 칸트의 견해를 수용할 수 있다고 본다.

① 우리의 준칙이 정언명법에 의해 허용될 것인지의 여부를 검증할 때에는 언제든지 제4단계의 정언명법적 절차를 이용해야 한다. 그런데, 이 때의 정언명법은 칸트가 유일한 정언명법이라고 말한 첫째 정식에만 국한되는 것이므로, 나머지 정식은 우리에게 적용되는 것으로서의 도덕법칙의 내용일 수가 없게 된다. 따라서 둘째나 셋째의 정식은 정언명법적 절차에 의해 설명되지 않은 필요조건을 조금도 산출할 수 없게 되는 것이다(TKMP, 88~89).

이와 관련하여 특히 "인간성을 결코 단순히 수단으로서 대우하지 말고 항상 동시에 목적으로서 대우하라"는 두 번째 정식을 검토해 보기로

---

28) 앞의 책, 69~70쪽.

하자. 이 때 인간성이라는 개념 때문에 둘째의 정식이 첫째의 정식이나 셋째의 정식과 엄격히 구분되는 것으로 생각할 수 있으나, 이것은 오해에 불과하다.

왜냐하면 칸트가 의미하는 인간성이란, 우리를 자연의 질서에 속하는 합당하고 합리적인 존재로서 특징짓는 능력이다. 그렇기 때문에 우리의 인간성은 우리의 도덕적 감수성(도덕감에 관한 우리 능력)과 더불어 우리의 순수실천이성이 된다. 이러한 두 가지 능력은 도덕적 인격성을 구성하고, 목적을 설정하는 능력을 포함한다.

그런데 우리는 우리의 인간성을 가치 있게 하기 위해 우리의 자연적 능력을 계발할 의무를 지닌다. 따라서 "우리 자신의 인격에서나 다른 사람의 인격에서 인간성을 항상 목적으로서 대우하지 결코 단순히 수단으로서 대우하지 말라"는 의무는, 우리 자신의 인격과 다른 사람의 인격에서 도덕적 능력을 존중할 의무와 이러한 능력을 가치 있게 할 수 있는 우리의 자연적 능력을 계발하라는 의무에 다름아닌 것이다(TKMP, 89).

칸트에 따르면 책무(Verbindlichkeit)란, 이성의 정언명법 아래서의 자유로운 행위의 필연성이며, 의무(Pflicht)란 한 개인이 하지 않을 수 없는 행위를 말한다. 그러므로 의무는 책무의 내용이다.29) 때문에 모든 의무는 법칙에 의해 필연성(Noetigung) ─ 또는 강제 ─ 의 개념을 포함하게 되는데, 이는 비록 우리가 법칙의 내용(Materie)으로서의 모든 목적(Zweck)으로부터 추상한다고 할지라도, 의무의 개념이 법칙의 직접적인 관계 속에 있게 될 때 가능한 것이다.30) 따라서 의무의 형식적 원리는 "너의 행위의 준칙이 보편법칙이 될 수 있도록 그렇게 행위하라"("Handle so, dass die Maxime deiner Handlung ein allgemeines Gesetz

---

29) Kant, *Die Metaphysik der Sitten*, 327~328쪽.
30) 앞의 책, 519쪽, 525쪽.

werden koenne")는 정언명법으로 표현된다.

그런데 칸트에 따르면 모든 '의무의 특수한 제1원리'는 목적으로부터 추상된다고 한다. 칸트의 정의에 따르면, 목적이란 이성적 존재의 선택의지의 대상, 즉 자유로운 선택의지의 대상이다. 인간행위에는 본질적으로 목적이 있다. 따라서 목적 없이는 인간행위는 있을 수 없다. 그러므로 우리는 이제 의무의 형식적 원리로부터 "모든 사람이 보편법칙으로 가지고 있으리라고 여겨지는 목적의 준칙에 따라 행위하라"("Handle nach einer Maxime der Zwecke, die zu haben fuer jedermann ein allgemeines Gesetz sein kann")는 윤리적 의무의 특수한 제1원리, 즉 '덕론의 제1원리'에로 나아갈 수 있게 된다.31) 결국 덕론의 제1원리는 첫째 정식의 특수한 사례에 지나지 않는다(TKMP, 89). 때문에 둘째 정식은 첫째 정식에 그 근본을 두고 있으며, 첫째 정식을 떠나서는 생각될 수 없는 것이다.

② 관점의 측면에서, 세 가지 정식의 관계를 살펴보면, 각기의 정식은 서로 다른 관점에서 정언명법적 절차를 바라보고 있음을 알 수 있다. 첫째 정식에서, 우리는 우리의 관점으로부터 우리의 준칙을 바라본다. 그러나 이 때의 관점에는 단서가 붙는다. 즉, 우리는 우리 자신을 도덕법칙에 종속하는 것으로 간주해야 하며, 우리는 도덕법칙이 우리에게 무엇을 요구하는지 알기를 원한다. 둘째 정식에서, 우리는 우리의 존중을 요구하는 우리의 인격에서 근본적인 요소로서의 우리의 인간성의 관점으로부터나 우리의 행위에 의해 영향받으리라 여겨지는 다른 사람의 관점으로부터 우리의 준칙을 고려해야 한다. 이 때 우리의 또는 다른 사람의 인격에서의 인간성은 수동적인 것으로 간주된다. 요컨대, 영향받는

---

31) 앞의 책, 510쪽, 514쪽, 519쪽, 526쪽.

모든 사람이 동일한 준칙을 받아들이거나 거부할 경우 동일한 방식으로 정언명법적 절차를 적용해야만 한다. 이것이 셋째 정식의 방식을 입안하는 보편적 합의를 보장해 준다.

셋째 정식에서, 우리는 다시 행위자의 관점으로 되돌아간다. 그러나 이 때의 관점은 더 이상 우리 자신을 도덕법칙에 종속하는 어떤 사람으로서 간주하지 않고 우리 자신을 입법가로서 간주한다는 점에서 차이가 난다. 그런데 여기서 입법가란 가능한 도덕공동체의 보편적인 공공법칙을 입안하는 사람을 말한다. 그리고 도덕공동체란 이성의 이념인 목적의 공화국 – 목적의 왕국이 아닌 – 을 말한다(TKMP, 89~90).

③ 세 가지 도덕법칙의 정식을 모두 사용한다면 그것은 두 가지 방식에서 주관적으로 실천적이다. ⓐ 이 정식을 갖는다면, 행위가 서로 다른 관점으로부터 어떻게 간주되고 있는가를 보여 줌으로써 도덕법칙에 대한 우리의 이해를 심화시켜 준다. ⓑ 도덕법칙에 대한 우리의 심화된 이해는 도덕법칙으로부터 행위하도록 우리의 욕구를 강화시켜 준다. 바로 이것이 칸트가 도덕법칙을 확실히 받아들임이라는 말에 의해 의미하고자 한 것이다(*TKMP*, 90).

3) 선의 개념의 순차성

칸트는 선(Gut)을 이성의 원리에 따라 필연적으로 욕구된 대상을 의미하는 것으로 본다.[32] 이러한 정의로부터 그는 세 가지 종류의 선을 제시한다. 이 세 가지의 선은 명법이 개연적 명법(숙달의 명법 또는 기술적 명법), 실용적 명법(실연적 명법 또는 사려의 명법), 도덕적 명법(필연

---

32) Kant, *Kritik der Praktischen Vernunft*, 174~175쪽.

적 명법) 등으로 구분되듯이 각기의 명법에 상응하는 선으로 구분될 수 있다고 한다.

첫째는 개연적 선(Bonitas Problematica)으로서, 이는 어떤 자의적인 목적을 위한 수단으로서의 선을 말한다. 둘째는 실용적 선(Bonitas Pragmatica)으로서, 이는 조건적이기는 하나 절대적이고 보편타당하다고 규정된 수단으로서의 행위의 자연적 필연성에 의해 추구되는 행복 등과 같은 선을 말한다. 셋째는 도덕적 선(Bonitas Moralis)으로서, 이는 무조건적이며, 그 자체에서, 그 자체를 위한, 그리고 자유로운 행위의 절대적 선함에 의해 있는 그대로 정언적으로 구성되는 도덕적 필연성에 의해 추구되는 선을 말한다.[33]

그런데 명법의 형식에서 개연적 명법이나 실용적 명법이 엄밀히 말해 명법이 아니듯이 개연적 선이나 실용적 선은 선이라고 할 수 없다. 왜냐하면 칸트가 "이 세계 안에서나 이 세계 밖에서 우리가 무조건적으로 선하다고 할 수 있는 것은 선의지(ein guter Wille)뿐이다"[34]라고 주장했을 때의 선은 결국 위에서 말한 도덕적 선만을 지칭하는 것에 다름 아니기 때문이다. 그럼에도 불구하고, 칸트는 여전히 여타의 실천적 목적(practical ends)을 언급하고 있다. 이러한 칸트의 언급에 일부의 주석가는 그것은 칸트의 실수라고 지적한다.[35]

그러나 칸트에게는 여타의 '도덕적 책무로서 해야만 할 목적(morally obligatory ends)'을 언급할 수 있는 두 가지의 충분한 이유가 있다. 설리번(Sullivan)은 칸트가 ① 자연적 존재로서 우리 모두는 필연적으로 행복

---

33) I. Kant, *Lectures on Ethics*, trans. by L. Infield (Whitstable: Methuen and Co. Ltd, 1979), 15쪽; *Grundlegung zur Metaphysik der Sitten*, 43~50쪽 참조.

34) Kant, *Grundlegung zur Metaphysik der Sitten*, 18쪽.

35) R. J. Sullivan, *Immanuel Kant's Moral Theory* (Cambridge: Cambridge Univ. Press, 1989), 323쪽 주석.

해지기를 바란다. ② 도덕적 행위자로서 우리 모두는 도덕적으로 훌륭한 품성을 계발해야 한다는 등의 목적과 관련하여 두 가지 종류의 일반적인 실천적 선을 언급하고 있는 것으로 본다.[36] 이 실천적 선에 관한 설리번의 도식적인 분류를 살펴봄으로써 칸트의 실천적 선을 보다 명확히 이해할 수 있다고 본다. 설리번이 제시하는 도식적 분류는 다음과 같다.

① 우리가 촉진하거나, 가능한 한 달성되리라 여겨지는 자연적·조건적으로 바람직한(사려적인) 선

    ⓐ 행복은 자연적 존재로서의 우리에게 내재적으로 선이다. 행복의 추구는 도덕법칙에 반하지 않는 한, 도덕적으로 허용가능하다. 행복의 달성은 우리가 덕스러운 한, 우리의 권리이다.

    ⓑ 자연적 완전성, 즉 정신적·육체적 계발과 어떤 외적이고 사회적인 선일지라도 그것이 우리가 행복을 달성하도록 돕기 위한 필수적인 조건이거나 돕는 필수적인 도구라는 의미에서 외재적으로 선이다.

② 무조건적인(도덕적인) 선

    ⓐ 우리가 촉진하거나 가능한 한, 달성되리라 여겨지는 내재적으로 바람직한 목적

        ㉠ 도덕적 덕은 도덕적 존재로서의 우리의 목적이다.

        ㉡ 도덕적 덕의 요소인 한에서의 자연적 완전성은 도덕적-육체적 존재로서의 우리의 목적이다.

        ㉢ 형식상 정의로운 정치적 국가인 국제연맹의 범주 내에서의

---

36) 앞의 책, 68~69쪽.

영구적인 정치적 평화로서, 윤리적 사회로서, 그리고 마지막
으로 형식상 완전한 영생하는 신의 왕국으로서의 목적의 왕
국은 사회적 존재로서의 우리의 목적이다.
　ⓑ 모든 인격 또는 보다 정확히 모든 인간 이성에 동등하게 부여된
　도덕법칙을 인지하고, 그에 반하여 행위하지 않으리라고 여겨
　지는 내재적으로 바람직한 자기-존재적 목적[37]

이상 칸트의 선의지와 여타의 실천적 선의 개괄적인 이해를 통해,
우리는 반드시 선의지만이 유일한 선이라고 주장할 수 없다는 사실을
발견하게 된다.[38] 이러한 칸트의 선의 개념의 개괄적인 이해로부터, 이
제 롤즈의 입장으로 넘어가 보자.

롤즈에 따르면 칸트의 선의 개념은 여섯 가지로 구분되며, 이 개념은
순차적으로 구성된다고 한다. 각기의 개념은 정언명법적 절차의 특정한
단계와 관계가 있기 때문에, 선의 개념의 순차성(the sequence)은 4단계
의 정언명법적 절차에 의해 드러나게 된다. 이와 같이 드러난 선의 개념
의 순차성은 선의 개념을 서열화하는 유용한 방법을 제시하고, 이 개념
사이의 관계를 분명히 해 준다. 또한 선의 개념의 순차성은 칸트가 도덕
법칙에 의해 규정된 의지의 필연적 대상을 목적의 공화국이라고 부름으
로써 의미하고자 한 것뿐만 아니라, 그런 순수의지에 선천적(a priori)으
로 주어진 대상인 목적의 공화국을 말함으로써 의미하고자 하는 것을
해명하는 데 도움이 된다(TKMP, 90). 이러한 롤즈의 주장에 따라 칸트
의 여섯 가지 선의 개념이 무엇이고, 또한 선의 개념의 순차성에 의해
도출되는 결과가 무엇인지를 살펴보기로 하자.

---

37) 앞의 책, 69쪽.
38) Kant, *Grundlegung zur Metaphysik der Sitten*, 22쪽 참조.

① 롤즈는 여섯 가지 선의 개념 가운데 첫째의 선의 개념이 무제약적인 경험적 실천이성에 의해 제시되는 것으로 본다. 이 첫째 선의 개념은 특정한 가언명법과 대비되는 것으로서의 가언명법에 의해 체계화되는 '행복(happiness)'의 개념이다.

칸트에 따르면 인간은 이성에 의해 대단히 존경스러운 것으로 제시되는 의무의 모든 명령을 강력하게 상쇄시키는 욕구와 경향성을 자신의 안에서 느끼며, 바로 이러한 욕구와 경향성의 총체적인 만족을 행복으로 파악한다.[39] 이러한 이유로 롤즈는 행복의 개념이 정언명법적 절차의 제1단계와 관련될 수 있다고 본다. 왜냐하면 제1단계의 준칙은 주어진 그 개념을 합리적이고 진지한 것으로 가정할 것이기 때문이다. 이런 식으로 그 준칙은 가언명법을 특징짓는 또는 합리성이라고 할 수 있는 합리적 숙고의 원리를 만족시킨다. 이 경우에 행복의 개념을 구성하거나 특정한 준칙을 형성하는 진지하고 합리적인 행위자는 그의 욕구, 능력 그리고 상황에 관련된 모든 정보에 제약을 받지 않는다(TKMP, 90~91).

② 두 번째의 선의 개념은 '진정한 인간적 욕구'의 개념이다. 앞서 말한 바와 같이 이 개념은 정언명법적 절차의 제4단계에서 필요로 했던 개념이었다. 반복해서 말하면, 이 개념은 절차를 통해 추론해 나가는 행위자가 다른 준칙과 관련된 교란될 가능성이 있는 사회세계를 비교할 수 있도록 하기 위하여 요구된 것이다(TKMP, 91). 언뜻 생각하면, 이러한 비교가 행복이라는 개념의 기초 위에서 이루어질 수 있으리라고 생각할 수도 있다. 그러나 여기에는 심각한 어려움이 있다. 왜냐하면 서로 다른 행위자가 서로 다른 행복의 개념을 가질 수 있기 때문이다.

---

39) 앞의 책, 32쪽.

그런데 칸트에 따르면 행복은 이성의 이상(ein Ideal)이 아니라 단지 경험적 근거에 의존하는 상상력의 이상일 뿐이다.[40] 그러므로 행복의 개념은 우리 인생의 우연성, 특정한 사고와 양식에 의존하는 것에 불과한 것이다. 그럼에도 불구하고, 어떤 준칙이 정언명법적 절차를 통과할 수 있는지의 여부를 결정할 때 행복의 개념을 판단기준으로 사용한다면, 그것을 적용하는 사람에게 전적으로 의존할 수밖에 없다는 결론이 도출된다. 이러한 의존성은 행위자의 특수한 정보의 무제약적 사용으로부터 그 내용상 객관적 내용이 결여된 법칙의 산출에 그치게 될 뿐이다. 그런데 여기서의 객관적 내용이란, 합당하고 진지한 모든 행위자에게 정당한 것으로서, 또는 충분한 근거에 기초한 것으로서, 그리고 대체로 동일한 것으로서 공공적으로 인정된 내용을 의미한다. 그러므로 각 행위자의 특수한 정보를 제약하여 산출된 객관적인 내용으로서의 진정한 인간적 욕구는, 도덕법칙은 충분한 객관적 내용을 가져야 한다는 이성의 요구에 부합된다고 할 수 있다(TKMP, 91~92).

③ 셋째의 선의 개념은 '허용가능한 목적(permissible ends)'의 개념이다. 칸트는 책무로서 해야만 할 목적을 허용가능한 목적이라고 말한다.[41] 롤즈에 따르면 이 때의 목적이란, 도덕법칙에 의한 제약사항을 존중하는 목적이다. 허용가능한 목적이라는 개념을 통해 의미하고자 하는 것은, 정언명법적 절차에 의해 거부될 수 있는 제1단계의 준칙을 세우도록 우리에게 영향력을 행사하는 우리의 욕구와 경향성을 수정하거나, 포기하게 하고, 또는 억제시키려는 것이라고 할 수 있다. 다시 말해 허용가능한 목적으로서의 선이라는 개념에는 도덕법칙과 순수실천이성의 원리가 전제되어 있으므로, 우리가 세운 첫째의 준칙이 이의 요구를

---

40) 앞의 책, 48쪽.
41) Kant, *Die Metaphysik der Sitten*, 518쪽.

만족시키지 못할 경우 정언명법적 절차에 의해 당연히 거부될 것이다. 그러므로 우리는 우리의 의도된 행위과정을 재고하지 않을 수 없게 되는 것이다. 결국 허용가능한 목적은 정언명법적 절차에 의해 규정되는 것에 다름 아니다(TKMP, 92).

④ 넷째의 선의 개념은 '선의지'의 개념이다. 롤즈에 의하면 완전한 선의지는 합당하고 합리적인 존재로서의 인간과 인간의 성격에 대해서 최상선(the Supreme Good)[42] ─ 완전선이 아닌 ─ 이라는 의미에서 도덕적 가치(moral worth)이다(TKMP, 92).

칸트는 선의지가 도덕적 가치로서 최상일 수 있는 이유를 다음과 같이 제시한다. 즉, 선의지는 그것이 실행하거나 성취하는 것 때문에, 즉 어떤 계획된 목적을 달성하는 데 적합하기 때문에 선인 것이 아니고, 단지 의욕하는 것만으로도 선인 그 자체에서의 선이기 때문에, 선의지는 늘 어떤 경향성만을 선호하도록 하기 위하여 의지가 일으킬 수 있는 일체의 것보다도 비교가 안 될 만큼 월등히 높은 것으로 평가되는 것이다. 때문에 선의지의 개념은 우리의 행위의 전체적인 가치를 평가함에 항상 최상의 위치(최상선)를 주장할 수 있으며, 모든 나머지 가치의 조건을 구성한다. 그런데 칸트에 의하면 선의지는 이미 우리의 건전한 자연적 오성에 부여되어 있는 것으로 본다.[43]

때문에 우리는 이미 우리에게 부여되어 있는 것으로서의 선의지가

---

42) 칸트는 선의지를 최고선이라고 말한다. 그러나 『실천이성비판』의 변증론 제2장에서 최고(summum)라는 말은 최상(supremum)과 완전(consummatum)을 의미한다고 한다. 여기에서 '최상'이란 그 자체가 무조건적인 조건, 즉 어떤 다른 조건에도 종속되지 않는 조건(originarium)을 말하며, '완전'은 같은 종류의 보다 더 큰 전체의 일부가 아닌 전체(perfectissimum)를 말한다. 그리고 『도덕 형이상학의 기초』에서는 선의지가 완전선이 아니라고 말한다. 때문에 칸트가 선의지를 최고선이라고 말한 것은 사실상 '최상선'을 의미하는 것이다. Kant, *Kritik der praktischen Vernunft*, 238쪽. Kant, *Grundlegung zur Metaphysik der Sitten*, 22쪽.

43) Kant, *Grundlegung zur Metaphysik der Sitten*, 19쪽, 22쪽.

무엇에 의해 구성되었는가를 물을 수 있다. 여기에서 롤즈는 다음과 같이 말한다. 선의지, 즉 선의지로서의 선은 그 자체를 위하여 도덕법칙으로부터 행위하도록 하는 관심을 선택하도록 우리를 지도하는, 또는 실제로 도덕법칙에 도달하게 하거나, 더 나아가 도덕법칙이 요구하는 것으로서의 목적의 공화국에 도달하게 하는 확고하고 안정된 최고차적 욕구(highest-order desire)에 의해 구성된다고 본다(TKMP, 92). 롤즈가 말하는 최고차적 욕구는, 말을 바꿔 표현하면, 도덕적 능력을 발휘하고 실현하기 위한 관심인 최고차적 관심(highest-order interests)을 선택하게 하는 능력이라고 할 수 있다.[44] 그렇기 때문에 완전한 선의지가 우리의 자연적 욕구와 경향성에 의해 아무리 강력한 반대에 부딪치게 된다고 할지라도, 최고차적 욕구는 우리가 (단지 도덕법칙에 일치해서가 아닌) 도덕법칙으로부터 행위하는 것을 언제나 아주 강력히 그 자체적으로 보장해 주는 것이다(TKMP, 92).

⑤ 다섯째의 선의 개념은 도덕법칙의 대상으로서의 선, 즉 목적의 공화국의 개념이다. 칸트는 목적의 공화국에서 '공화국'이란 말을 공통의 법칙 아래서 서로 다른 이성적 존재의 체계적인 결합을 의미하는 것으로 사용한다. 때문에 목적의 공화국은 체계적으로 결합된 모든 목적의 전체라고 할 수 있다.[45] 또한 칸트가 『덕론』에서 목적을 자유로운 선택의지의 대상이라고 정의한 바에 따라, 우리는 목적의 공화국을 도덕법칙에 의해 규정된 의지의 필연적 대상, 또는 말을 바꿔 도덕법칙에 의해 규정된 의지에 선천적으로 부여된 대상이라고 할 수 있다. 롤즈는 목적의 공화국을 단지 모든 사람이 정언명법적 절차의 올바른 적용으로부터 결과하는 지침의 총체에 따른다면 (적어도 합당하게 유리한 조건

---

44) Rawls, "Kantian Constructivism in Moral Theory", 525쪽.
45) Kant, *Grundlegung zur Metaphysik der Sitten*, 66쪽.

아래서) 생길 수 있는 사회세계로 간주한다. 그렇기 때문에 롤즈는 목적의 공화국이라는 말을 정언명법적 절차의 검증을 충족시킨 지침의 총체에 의해 규정된 도덕적 헌법과 규칙을 갖춘 사회세계로 이해한다. 다시 말해, 목적의 공화국은 목적이 적용될 실천이성의 개념과 원리 그리고 정언명법적 절차에 앞서거나 독립적인 것으로 기술될 수 있는 사회세계가 아니다. 목적의 공화국은 도덕법칙의 내용을 규정하는 성질을 지닌, 이미 주어진 기술가능한 대상이 아닌 것이다(TKMP, 93).

예컨대, 만일 도덕법칙과는 별도로 이미 규정된 성질과 제도를 갖춘 어떤 바람직한 사회(good society)가 생길 수 있도록 하기 위하여 우리가 해야만 하는 것의 출발점으로서 도덕법칙을 이해한다면, 그것은 칸트의 도덕론과는 거리가 먼 목적론적 관점에서의 이해에 해당되는 것이다. 칸트에 따르면 선의 개념은 도덕법칙에 앞서 규정되어서는 안 되고, 오직 도덕법칙 이후에, 그리고 도덕법칙에 의해 규정되어야 하는 것이다.46)

도덕법칙과 선의 개념의 관계에서, '좋음(선)에 대한 옳음(도덕법칙)의 우선성'을 주장하는 칸트의 견해를 롤즈는 '칸트 도덕철학에서의 코페르니쿠스적 혁명(Copernican Revolution)'이라고 한다(TKMP, 93).

이상에서와 같이 옳음은 좋음에 우선하는 것이기 때문에, 우리는 옳음의 개념을 그 출발점으로 하여, 옳음의 개념의 견지에서 허용가능한 목적이 무엇이고 어떤 사회체제가 올바르고 정의로운가를 규정해야 하는 것이다. 때문에 도덕적 개념이란 독립적인 대상으로서의 좋음(선)의 주위를 선회하는 것이 아니라, 우리의 순수실천이성에 의해 구성된 것으로서의 옳음(도덕법칙)의 개념 주위를 선회하는 것이라고 할 수 있는 것이다(TKMP, 93).

---

46) Kant, *Kritik der praktischen Vernunft,* 180쪽.

⑥ 여섯째의 선의 개념은 완전선(the complete good)의 개념이다. 롤즈에 의하면 완전선은 목적의 공화국이 존재하고 목적의 공화국의 각기의 성원이 완전한 선의지를 갖고 있을 뿐만 아니라, 인간 삶의 통상적인 조건이 허용하는 한 완전히 행복하다면 달성되는 선이다. 그런데 여기서의 행복이란 도덕법칙의 요구를 존중하는 목적의 만족에 의해 규정되는 것으로서의 행복을 말한다. 그러므로 이 때의 행복이란, 셋째의 선의 개념인 허용가능한 목적에 해당한다(TKMP, 93~94).

완전선을 롤즈의 해석에서 바라볼 때, 완전선은 최상선인 선의지에 행복이 합해져서 구성되는 것임을 알 수 있다. 그런데 칸트에 따르면 이성적인 유한한 존재의 욕구대상으로서의 완전선에 관한 최상선인 덕에 행복이 합해져서 구성된다고 한다.[47] 그렇기 때문에 완전선에 관한 롤즈의 이해가 타당하려면, 선의지와 덕의 관계가 우선적으로 해명되어야 할 것이다.

칸트에 따르면 덕이란, 자신의 의무를 수행하는 인간의 준칙의 강도(Staerke)이다. 그리고 인간준칙의 강도는 자연적 경향성이라고 할 수 있는 장애물을 극복할 경우 우리에게 알려지는 것이다. 때문에 덕이란, 자신의 의무를 수행하는 인간의지의 도덕적 강도이며, 도덕적인 자기구속 능력이다.[48] 한편, 칸트에 따르면 선의지는 의무의 개념 속에 포함되어 있다고 한다.[49] 이러한 선의지와 의무의 관계로부터 우리는 '자신의 의무를 수행하는 인간의 의지'를 '선의지'로 이해할 수 있다. 이로부터 덕이란, '선의지의 도덕적 강도 또는 도덕적 자기구속능력'이라고 재진술

---

47) 앞의 책, 238쪽.

48) Kant, *Die Metaphysik der Sitten*, 525쪽, 537쪽.

49) Kant, *Kritik der praktischen Vernunft*, 180쪽 주석 48; Kant, *Grundlegung zur Metaphysik der Sitten*, 22쪽.

하는 것이 가능하리라고 본다. 결국 덕의 개념은 선의지와의 관계 속에서만 그 정의가 가능한 것이다.

또 한편으로 칸트는, 덕이란 우리가 행복할 만한 값어치를 갖기 위한 최상의 조건이며, 선의지란 우리가 행복할 만한 값어치를 갖기 위한 절대필요조건이라고 주장하기도 한다.[50] 이로부터 우리는 우리가 행복할 만한 값어치를 갖기 위한 절대필요조건으로서의 선의지에 기초하여 최상의 조건으로서의 덕이 성립한다고 할 수 있다.

그런데 칸트에 따르면 선의지는 가르쳐지는 것이 아닌, 단지 드러내 보일 수 있는 것이고, 반면에 덕은 가르쳐질 수 있는 것이라고 한다.[51] 여기에서 우리는 앞에서 말한 선의지와 덕의 관계로부터 다음과 같이 추론할 수 있다. 즉, 선의지는 덕을 통해 드러나게 되는 것이며, 덕의 습득은 선의지에 기초해야만이 가능한 것이다. 한 마디로 덕은 선의지의 산물이다. 선의지와 덕에 관한 이상의 논거에서 완전선의 구성요소를 '덕과 행복'으로 보는 칸트의 견해와 '선의지와 행복'을 완전선의 구성요소로 보는 롤즈의 입장을 다음과 같이 정리해 볼 수 있겠다.

즉, 칸트가 말하는 완전선의 구성요소 중 하나인 덕과 롤즈가 주장하는 완전선의 구성요소 중 하나인 선의지는 서로 정확히 일치하는 개념이 아니다. 그럼에도 불구하고, 선의지와 덕의 관계에서 밝힌 바와 같이 덕은 선의지가 있음으로써 가능한 것이기 때문에 롤즈가 덕 대신에 선의지를 완전선의 구성요소로 대치한 것은 타당하다고 생각된다.

칸트는 완전선을 종종 최고선이라고도 한다. 칸트에 따르면 최고선

---

50) Kant, *Kritik der praktischen Vernunft*, 238쪽; Kant, *Grundlegung zur Metaphysik der Sitten*, 18쪽.

51) Kant, *Grundlegung zur Metaphysik der Sitten*, 22쪽; Kant, *Die Metaphysik der Sitten*, 544쪽, 617~625쪽 참조.

은 순수실천이성의 대상의 무조건적 전체이다. 그렇기 때문에 최고선은 최상선과 완전선의 양자로 구성되는 것이다. 그렇다면 완전선은 어떻게 해서 최고선이 될 수 있는가? 다소 애매한 표현이기는 하지만 여기에서 칸트는, 덕(롤즈식으로는 선의지)과 행복이 한 인격에서의 최고선의 소유를 구성하고, (인격의 가치와 행복할 만한 그 인격의 값어치인) 도덕성 (즉, 선의지)에 정비례하여 행복이 분배되었다면 이러한 행복이 가능한 세계의 최고선을 구성하며, 이러한 이유로 최고선은 전체, 즉 완전선을 표현한다고 주장한다.[52]

또한 칸트는 최고선이 실천적으로 가능하기 위해서는 '영혼의 불멸성'과 '신의 존재'가 전제되어야 한다고 말한다. 이를 칸트는 '순수실천이성의 요청(ein Postulat der reinen praktischen Vernunft)'이라고 한다.[53] 이와 같이 최고선에 순수실천이성의 요청인 '영혼의 불멸'과 '신의 존재'가 전제되어 최고선이 실현가능하게 되는데, 이 실현 가능한 최고선을 칸트는 '신의 나라(Reichs Gottes)'라고 한다. 이 신의 나라에서 성스러운 창조자에 의하여 서로 이질적이고, 서로 견제적인 역할을 하던 덕과 행복이 조화를 이루게 된다.[54] 이로부터 우리는 칸트가 말하는 최고선의 개념은 실천적인 개념이라기보다는 오히려 변증적인 이성의 이상에 해당된다는 것을 알 수 있다.[55]

롤즈는 완전선을 최고선이라고 말하는 칸트의 견해에 근거해서, 칸트의 최고선의 개념에 붙어다니는 종교성을 제거하여 완전선과 최고선을 동일한 개념으로 이해하고자 한다. 그래서 롤즈는 칸트가 말하는 '신

---

52) Kant, *Kritik der praktischen Vernunft*, 235쪽, 238~239쪽.
53) 앞의 책, 252쪽, 255쪽.
54) 앞의 책, 241쪽, 259~260쪽.
55) L. W. Beck, *A Commentary on Kant's Critique of Practical Reason* (Chicago: The Univ. of Chicago Press, 1984), 245쪽.

의 나라(최고선 또는 완전선)'를 비종교적인 개념으로 '실현된 목적의 공화국(realized realm of ends)'이라고 지칭하고, 이러한 완전선(또는 최고선)은 적어도 합당하게 유리한 조건 아래서 자연계(the natural world)에 접근할 수 있다고 본다. 이런 의미에서 롤즈는 완전선이 자연계의 질서 내에서 비록 결코 완전히 실현될 수는 없다고 할지라도, 접근가능한 자연적 선(natural good)으로 간주한다(TKMP, 94).

이제까지 우리는 칸트의 선의 개념에 관한 롤즈의 이해를 통하여 칸트의 선의 개념이 그 순차성에 따라 어떻게 구성되었는가를 살펴보았다. 이를 정리하자면 다음과 같다.

즉, 첫째 선의 개념인 행복으로서의 선은 도덕법칙에 전적으로 독립적이기 때문에 무제약적으로 합리적이며, 둘째의 선의 개념으로부터 여섯째의 선의 개념까지는 모두 도덕법칙에 의한 제약사항을 존중하는 선의 개념이다. 그렇기 때문에 이 선의 개념은 도덕법칙(옳음)을 미리 전제하고 있는 것이다. 이 선의 개념이 옳음의 개념을 전제하고 있다는 것은 순수실천이성의 적용으로서의 정언명법적 절차에 의해 드러난다. 그러므로 첫째의 선의 개념을 제외한 둘째의 선의 개념으로부터 시작하는 선의 개념의 순차성은 경험적 실천이성(합리성)에 대한 순수실천이성(합당성)의 우선성을 예증하는 것이고, 의무론적(법칙론적)·구성적인 칸트 윤리학의 구조를 여실히 보여 주고 있는 것이다(TKMP, 94).

4) 합리적 직관주의와 도덕적 구성주의

(1) 시즈위크·무어의 합리적 직관주의

롤즈에 따르면 칸트의 도덕이론은 구성주의적이라고 한다. 이러한 롤즈의 견해에 따라 칸트의 도덕이론이 구성주의적이라는 것이 무엇을

의미하고, 또한 구성주의적이라는 말이 칸트의 도덕이론에 적합한 이유
를 살펴보기로 하자.

칸트의 도덕적 구성주의의 특징을 보다 분명히 드러내는 방법 가운
데 하나는 이를 합리적 직관주의(rational intuitionism)와 대조시켜 보는
방법일 것이다. 합리적 직관주의는 여러 가지 방식으로 표현될 수 있으
나, 대체로 플라톤이나 아리스토텔레스로부터 시작되는데 홉즈, 흄 그
리고 이들과는 아주 다른 방식으로 칸트가 도전하기 전까지는 서양의
도덕철학을 전반적으로 지배했던 윤리학적 전통을 말한다. 롤즈는 논의
의 편의상, 클라크(Samuel Clarke), 프라이스(Richard Price), 시즈위크
(Henry Sidgwick), 무어(G. E. Moore), 로스(W.D.Ross) 등으로 이어지는
영국적 전통과 조건부이기는 하나 완전설(perfectionism)이라는 이름 아
래서의 라이프니츠(Leibniz)와 볼프(Christian Wolff) 등의 독일적 전통에
서 합리적 직관주의의 모델을 찾는다.56)

롤즈에 따르면 합리적 직관주의의 입론은 세 가지로 요약된다. ①
옳음(the right)과 좋음(the good)이라는 기본적인 도덕적 개념과 인격의
도덕적 가치는 비도덕적 개념에 의해서는 분석될 수 없다. ② 도덕의
제1원칙은, 우리가 어떤 종류의 숙고를 옳음과 좋음 그리고 인격의 도덕
적 가치 등의 기본적인 도덕적 개념에 적용할 때 그러한 숙고가 정당근
거를 갖고 있는지의 여부를 직관적으로 판별해 주는 자명한 명제이다.
③ 정당근거의 명제로서의 도덕의 제1원칙은 우리의 인간관과 사회관,
또는 도덕이론의 공공적인 사회적 역할에 독립적으로 선행하는 가치의
도덕적 질서에 의해 참이거나 거짓으로 간주된다. 그리고 이 때의 선행
하는 도덕적 질서는 사물의 본성에 이미 주어져 있으며 이는 감각이 아

---

56) Rawls, TKMP, 95쪽; Rawls, "Kantian Constructivism in Moral Theory", 557쪽.

닌, 합리적 직관에 의해 알려진다(TKMP, 95~96).

합리적 직관주의에 대한 롤즈의 요약을 통해 우리가 가장 중요한 것으로 지적할 수 있는 점은 도덕의 제1원칙은 자명하다는 주장일 것이다. 이로부터 우리는 합리적 직관주의에서 자명한 도덕의 제1원칙이라고 여기는 원칙을 시즈위크와 무어의 견해를 중심으로 간략히 살펴보기로 한다.

시즈위크는 『윤리학의 방법론』에서 다음과 같이 세 가지의 자명한 원칙을 제시한다.57)

① 형평의 원칙: 단지 A와 B가 서로 다른 개인이라는 근거에서, 그리고 차별대우의 합당한 근거라고 할 수 있는 그의 성질 또는 조건의 차이가 없는 한, A를 대우하기 위하여 B를 그릇된 방식으로 취급하거나 B를 대우하기 위하여 A를 그릇된 방식으로 취급하는 것은 옳지 않다.

② 합리적 사려의 원칙: 시간적으로 우선한다거나 나중이라는 차이만으로 한 시기의 의식(consciousness)을 다른 시기의 의식보다 더 중시할 합당한 근거는 없다.

③ 합리적 인애의 원칙: 전인류의 관점에서 볼 때, 어떤 한 개인의 선은 다른 개인의 선보다 더 중요하지 않다.

시즈위크는 이상의 세 가지 직관적으로 자명한 원칙에 관한 형식적 규정으로부터 직관의 내용적 규정으로 나아간다. 시즈위크의 형식적 원칙에는 이미 직관의 내용을 규정할 개념이 들어 있는 것으로 여겨지는데,

---

57) H. Sidgwick, *The Methods of Ethics* (Indianapolis: Hackett Publishing Co., 1981), 380~382 쪽, Rawls, "Kantian Constructivism in Moral Theory", 558쪽. 롤즈는 시즈위크의 '합리적 사려의 원칙'을 다음과 같이 표현하기도 한다. 즉, "시간상의 위치의 차이만으로 한 시기의 복지(well-being)를 다른 시기의 복지보다 더 중시할 합당한 근거는 없다."

의식과 선의 개념 등이 바로 그것이다. 이 때의 의식과 선이란 시즈위크의 용어로 표현하면 '바람직한 의식'과 '궁극적 선'을 말한다.

그에 의하면 인간의 삶은 행복의 균형을 요구하므로, 삶의 보존은 선이며, 삶의 파괴는 악이다. 그렇다고 해서 인간유기체의 단순한 존속만을 바람직한 것이라고 할 수는 없다. 그것이 바람직하기 위해서는 전체적으로 바람직한 의식이 수반되어야 한다. 우리가 유덕한 행위를 궁극적 선의 일부로 판단하는 한, 그 유덕한 행위를 수반하는 의식은 유덕한 행위자에게 그 자체로 바람직한 것으로 판단된다. 그러므로 우리는 바람직한 의식을 궁극적 선으로 간주한다.[58]

그런데, 궁극적 선이 덕의 의식을 포함하는 바람직한 의식으로 간주될 때, 우리는 과연 이 바람직한 의식을 행복 또는 쾌락과 동일시할 수 있을까? 여기에 시즈위크는 바람직한 감정 이외에 바람직한 것은 아무 것도 없다고 한다.[59] 그렇다면 시즈위크가 말하는 바람직한 감정이란 또 무엇인가? 이에 시즈위크는 스펜서(Spencer)의 말을 인용하여 답변한다. 즉, 바람직한 감정이란 우리가 의식적으로 추구하고 거기서 머무르고자 하는 감정인 쾌락이다.[60] 이러한 이유로 시즈위크는 궁극적 선이 바람직한 의식, 즉 쾌락이며 또한 이 쾌락을 행복과 동일시한다. 그러나 이것은 아직까지는 개인의 행복에 불과하다.[61] 그래서 시즈위크는, 만일 나의 행복이 바람직하고 선이라면, 이성은 어떤 다른 사람의 동등한 행복도 마찬가지로 바람직할 것임에 틀림없다는 것을 나에게 보여 준다고 말함으로써 개인의 행복이 아닌, 보편적 행복이 궁극적 선임을 천명

---

58) Sidgwick, *The Methods of Ethics*, 397쪽.

59) 앞의 책, 398쪽.

60) 앞의 책, 125쪽.

61) 신광철, 「H. Sidgwick의 직관론적 공리주의에 관한 연구」(전북대학교 대학원 철학과 박사학위논문, 1983), 78쪽.

한다.62) 바로 여기에서 시즈위크의 입장이 공리주의로 이행하고 있음을 볼 수 있다.

요컨대, 시즈위크는 세 가지의 자명한 원칙이 "합당한 존재인 우리가 어떤 특정한 선이 아닌 일반적인 선을 목표로 삼아야 한다"는 원칙과 결합할 때, '행복의 순수한 균형의 최대화'라는 공리의 원칙이 산출되며, 이 공리의 원칙 또한 자명한 것으로 여긴다.63) 이와 같이 합리적 직관주의로부터 출발하여 자명한 공리의 원칙을 도출해 내는 시즈위크의 입장을 '직관적 공리주의'라고 한다.

자명성에 호소하는 다른 하나의 합리적 직관주의의 전형은, 무어의 『윤리학 원리』에서 찾아볼 수 있을 것이다. 무어에 의하면, 윤리학에서 가장 근본적인 문제는 선의 정의문제이다.64) 무어는 많은 윤리학자가 선의 정의를 내림에 '선'과 '선한 것'을 구별하지 못하고 혼동함으로써 체계적인 지식으로서의 윤리학의 학적 성립의 가능근거를 설정하지 못한 것으로 본다.

이로부터 무어는 선의 의미분석을 통하여 선은 분석될 수 없는 '선 그 자체'임을 밝힌 바 있다. 그렇다면 무어는 여기에서 한 걸음 더 나아가 과연 어떠한 사물이 그 자체에서 선인가를 물어 보아야 할 것이다. 바꿔 말해 어떠한 사물이 본래적 가치(선)를 지니고 있느냐는 물음을 던져 보아야 할 것이다.

무어에 의하면, 사물의 부류에는 각기 본래적 가치를 지닌 서로 다른 무수한 사물(본래적으로 선인 사물)도 있으며, 또한 정말로 악한 사물(본래적으로 악인 사물)도 많이 있고, 무차별적인 사물(본래적으로 무차별

---

62) Sidgwick, *The Methods of Ethics*, 403쪽.

63) Rawls, "Kantian Constructivism in Moral Theory", 558쪽.

64) G. E. Moore, *Principia Ethica* (Cambridge: Cambridge Univ. Press, 1980), 5쪽.

적인 사물)도 많이 있다고 한다. 본래적으로 선인 사물의 부류는 문제의 사물이 더 이상의 어떤 부수물이나 결과 없이도 오직 단독으로 존재할 수 있는 선한 사물이거나 선이라는 것을 의미하며, 본래적으로 악인 사물의 부류는 그 사물이 더 이상의 어떤 부수물이나 결과 없이도 오직 단독으로 존재할 수 있는 악한 사물임을 의미하고, 본래적으로 무차별적인 사물의 부류는 그 사물이 오직 단독으로 존재할 수 있다고 하더라도 그 사물의 존재는 선도 아니고 악도 아님을 의미한다.[65]

그런데, 무어에 의하면 본래적인 선과 마찬가지로 오직 단독으로 존재할 수 있는 선한 사물이나 선 가운데는 궁극적인 선[66]이 있다고 한다. 때문에 우리는 본래적인 선과 궁극적인 선을 구별할 필요가 있게 된다. 무어에 의하면, 양자의 공통점에도 불구하고 본래적으로 선인 하나의 전체는 본래적으로 선이 아닌 부분, 즉 오직 단독으로 존재할 수 있다고 할지라도 선이 아닌 부분들을 포함하는 데 반해, 궁극적으로 선인 어떤 것은 그런 부분을 포함할 수 없다.

요컨대, 본래적인 선은 다음의 두 가지 사항을 포함한다. 즉, ① 그것이 본래적인 선임에도 불구하고 본래적인 선이 아닌 어떤 부분을 포함한다. ② 부분을 전혀 갖지 않았거나 설사 어떤 부분을 가졌다고 할지라도 부분 그 자체가 본래적인 선이 아니라면 부분을 가질 수 없다. 궁극적인 선의 경우는 둘째의 사항에 속한다고 할 수 있다.[67] 그런데 우리가

---

65) Moore, *Principia Ethica*, 27쪽; G. E. Moore, *Ethics* (Oxford: Oxford Univ. Press, 1977), 27쪽.

66) 여기서 무어가 말하는 궁극적인 선이란, 특히 밀(Mill)의 경우 "행복은 바람직한 것이며, 목적으로서 바람직한 유일한 것이다"라고 했을 때의 '바람직한 것(the desirable)'이라는 언사와 시즈위크의 용어인 '궁극적 선'을 지칭한다. Moore, *Ethics*, 30쪽; J. S. Mill, *Utilitarianism* (N. Y.: The Bobbs-Merrill Co., Inc., 1957), ed. by Oskar Piest, 44쪽.

67) Moore, *Ethics*, 31쪽.

여기서 한 가지 해명해야 할 것은 위에서 언급한 바 있는 사물의 '전체의 가치'와 '부분의 가치' 문제이다.

무어에 의하면, 전체의 존재는 부분의 존재를 포함한다. 또한 이 부분의 존재는 전체가 형성하는 선의 존재를 위한 필수조건이기도 하다. 그러나 전체의 존재가 본래적 가치를 지니고 있다고 해서 거기에 포함된 부분까지도 반드시 본래적 가치를 갖게 된다는 추론이 성립되는 것은 아니다. 전체의 가치가 부분적 가치의 총량과 동일하지 않은 이유는, 그 전체를 구성하는 부분의 총합에다 다른 분량의 본래적 가치가 결합됨으로써 비로소 그 전체의 총량이 성립되기 때문이다. 따라서 무어의 전체란 단순한 산술적 총합의 결과에 의한 전체가 아니라, 이와는 다른 유기적 전체에 다름아니다.[68]

이상의 유기적 관점으로부터의 전체 해석에서 우리는 하나의 자명한 원칙을 도출해 낼 수 있다. 즉, "전체의 본래적 가치는 그 부분들과의 총량과 동일하지도 않으며 또한 이에 비례하지도 않는다." 이러한 원칙을 무어는 '유기적 통일체의 원칙(principle of organic unities)'이라고 한다.[69] 그런데 무어에 의하면 본래적으로 선인 사물이나, 본래적으로 악인 사물, 그리고 본래적으로 무차별적인 사물은 각기 한 전체의 일부분으로서 나타난다고 한다.[70] 이 때의 전체란 본래적인 선, 본래적인 악, 본래적인 무차별 등을 지칭하므로, 결국 무어는 이것을 각기 유기적 전체, 즉 유기적 통일체로 파악하고 있다는 점이다.[71]

이제까지의 무어의 입론을 통해 볼 때, 선이나 도덕적 개념은 우리의

---

[68] Moore, *Principia Ethica*, 27~36쪽.
[69] 앞의 책, 27쪽, 184쪽.
[70] 앞의 책, 27쪽.
[71] 앞의 책, 223쪽.

마음에 의해 파악된 존재적·독립적인 실재라고 할 수 있는데, 이는 결국 무어의 견해 자체가 일종의 '플라톤적 원자론'을 주장하고 있음을 스스로 드러내는 것이라고 할 수 있다. 또한 그의 '유기적 통일체의 원칙'의 결과가 극단적으로 다원적일 것임은 너무나 명백한 사실이므로, 결국 무어에게서는 어떤 유용한 도덕의 제1원칙은 사실상 없다고 해도 과언이 아닐 것이다. 때문에 어떤 별개의 사건 하나하나는 그것이 발생한 것처럼 각기 직관에 의해 결정될 수밖에 없다.[72]

(2) 칸트의 도덕적 구성주의

롤즈에 따르면 시즈위크와 무어가 주장하는 합리적 직관주의는 칸트적 의미에서 볼 때 타율적(heteronomous)이라고 한다. 그런데 합리적 직관주의에서는 그 근본적인 도덕적 개념이 자연적 개념에 개념적으로 독립적이며, 또한 합리적 직관으로 파악된 도덕의 제1원칙은 선천적으로 종합적인 것으로 간주되므로, 즉 어떤 특정한 자연의 질서에 독립적이기 때문에 이를 타율적이라고 하기는 어렵다. 그러나 합리적 직관주의는 실천이성의 능력을 소유하고 있는 우리 자신을 합당하고 합리적인 인간으로 간주하는 인간관에 의해, 그리고 그런 인간으로 이루어진 사회에서의 도덕적 원칙의 공공적 역할개념에 의해 전혀 영향을 받지 않거나 결정되지 않는 성질을 지닌 대상 간의 관계에 의거하여 도덕의 제1원칙을 획득한다는 점에서 타율적이다(TKMP, 96~97). 칸트의 입장에서 볼 때 타율적인 윤리이론으로는 합리적 직관주의 이외에도 윤리적 주관주의(ethical subjectivism)와 직관적 완전설(intuitional perfectionism) 등을 들 수 있다.

---

72) Rawls, "Kantian Constructivism in Moral Theory", 558쪽.

윤리적 주관주의는 도덕적 진리를 감정, 정서, 개인적(주관적) 의견 그리고 개인적 또는 사회적 시인(개인의 감정에 바탕을 둔 것이건 또는 집단적 감정이나 사회적 감정의 합의에 바탕을 둔 것이건) 등과 같은 주관적인 상태로 환원시키는 견해를 일컫는다. 한 마디로 윤리적 주관주의의 도덕성 기준은 이성이 아니라 감정과 같은 주관적 상태이다.[73] 이와 같이 도덕원칙의 실천적인 실질적 규정원리를 도덕적 감정(moral feeling)에서 찾는 근대의 윤리적 주관주의자로는 허치슨(Hutcheson), 흄, 스미스 등을 들 수 있다. 칸트는 이 중에서 특히 허치슨의 경우를 지목하고 내적으로 주관적인 원리(도덕적 감정)를 기초로 하여 도덕원칙을 설정한다는 것은 명백히 경험적이므로, 이는 보편적인 도덕성의 원리가 될 수 없다고 주장한다.[74] 또한 칸트는 흄의 견해도 두말할 나위 없이 타율적인 윤리이론으로 간주한다.

그리고 직관주의적 형태의 완전설(즉, 보다 완화된 형태의 완전설)에 따르면, 완전성의 원리는 직관주의의 여러 기준 중의 하나에 속한다. 때문에 완전성의 원리는 직관에 의해 다른 여러 원리와 균형을 이루어야 한다고 한다. 라이프니츠와 볼프 등은 위에서 말한 직관주의적 형식의 완전설을 받아들인 사람이며, 칸트는 합리적 직관주의를 라이프니츠나 볼프 등이 받아들인 직관주의적 형식의 완전설로 이해하고 있다고 롤즈는 말한다(TKMP, 95).

칸트는 『실천이성비판』에서 볼프의 윤리설을 언급한다. 칸트에 따르면 볼프가 내적으로 객관적인 원리(내적 완전성)를 기초로 하여 도덕성의 원리를 설정한다는 점에서는 이성적이라고 한다. 그러나 그가 도덕원칙의 실천적인 실질적 규정원리를 내적 완전성(innerliche Vollkom-

---

73) W. S. Sahakian, *Ethics* (N. Y.: Barnes and Noble Books, 1974), 192쪽.
74) Kant, *Kritik der praktischen Vernunft*, 152~153쪽.

menheit)에서 찾을 수 있다고 주장할 때, 그 완전성이라는 개념의 실천적인 의미는 한 사물이 모든 종류의 목적에 적합하거나 부족함이 없음을 뜻한다. 그러므로 이러한 완전성, 즉 인간의 성질, 결과적으로 내적인 완전성은 재능 이외에 다른 어떤 것이 아니며, 이러한 재능을 강화·완성시키는 것이 숙달이다. 그런데 완전성의 개념은 목적이 우선적으로 주어져 있어야만 의지의 규정원리가 될 수 있다. 그러나 목적은 객관으로써 경험적인 것이므로 내적인 완전성이든 또는 외적인 완전성(신의 의지)이든, 그 완전성의 개념은 도덕성과 의무의 순수이성적인 원리가 될 수 없다.[75] 그렇기 때문에 볼프의 직관주의적 형식의 완전설은 타율적이다.

합리적 직관주의, 또는 완전설 그리고 윤리적 주관주의 등에 반대하는 칸트의 견해를 보다 더 분명히 드러내기 위해, 칸트가 말하는 타율성(Heteronomie)과 자율성(Autonomie)의 개념을 고찰해 보기로 하자.

칸트에 따르면 의지의 자율성은 의욕(Wollen)의 대상에 속해 있는 모든 특성에 독립적으로 의지 그 자체에 법칙이 되는 의지의 특성이다. 그러므로 자율성의 원칙은 다음과 같이 진술된다. 즉, "동일한 의욕에서 네 선택의 준칙이 또한 보편적인 법칙으로서 제시되는 방식 이외에는 결코 선택하지 말라."("Nicht anders zu waehlen, als so, dass die Maximen seiner Wahl in demselben Wollen zugleich als allgemeines Gesetz mit begriffen sein.") 그러나 만일 의지가 의지 자신의 보편적인 법칙을 세우기 위한 의지의 준칙의 적합성에서 추구하기보다는 그 밖의 어디에선가 그것을 결정하기 위한 법칙을 추구한다면, 즉 만일 의지가 의지 그 자체를 넘어서 의지대상의 어떤 특성 속에서 이러한 법칙을 추구한다면, 그

---

75) 앞의 책, 152~154쪽.

결과는 항상 타율적이다. 그렇기 때문에 의지의 자율성과 모순되지 않는 행위는 허용되며, 의지의 자율성과 일치하지 않는 행위는 금지된다. 의지의 준칙이 필연적으로 자율성의 법칙과 일치하는 의지는 신성하고 절대적인 선의지이다. 절대적으로 선한 것이 아닌 의지가 자율성의 원칙에 종속하는 것(즉, 도덕적 강제)이 책무이다. 그러므로 책무는 신성한 존재와는 아무런 관계도 가질 수 없다. 책무로부터 행위해야 할 객관적 필연성은 의무라고 한다.[76]

요컨대, 의지의 자율성은 모든 도덕법칙과 그것에 따르는 모든 의무의 유일한 원리이며, 이와 반대로 선택의지의 타율성은 어떤 책무의 기초도 될 수 없을 뿐만 아니라, 도리어 책무의 원리와 의지의 도덕성에 대립한다.[77]

이상의 칸트의 자율성과 타율성의 개념에 롤즈는 다음과 같이 덧붙인다. 즉, 칸트의 자율성 이념은 자유롭고 평등한 인간 사이의 옳음(the right)과 정의(justice)의 제1원칙의 내용을 명시하는 절차의 형식을 규정하는 그런 개념에 선행하거나 독립적인 도덕적 질서가 존재하지 않을 것을 요구하며, 만일 이 제1원칙이 흄에서처럼 인간본성의 특수한 심리적 구조에 의해 결정될 뿐만 아니라, 플라톤의 형상의 왕국(realm of forms) 또는 라이프니츠의 완전성의 위계질서(hierarchy of perfections)에서처럼 합리적 직관에 의해 파악된 우주의 질서 또는 도덕적 가치의 질서에 의해 결정될 경우에도 그 원칙은 타율적이다(TKMP, 97).

자율성과 타율성의 개념에 관한 이상의 구분으로부터 칸트의 도덕적 구성주의의 본질적 특성은 극명하게 드러날 수 있다고 롤즈는 주장한다. 롤즈는 칸트의 도덕적 구성주의의 본질적 특성을 다음과 같이 진술한다.

---

76) Kant, *Grundlegung zur Metaphysik der Sitten*, 74~75쪽.
77) Kant, *Kritik der praktischen Vernunft*, 144쪽.

즉, 옳음과 정의의 제1원칙은 합당하고 합리적인 것으로서의 우리의 자유로운 도덕적 인격을 반영시키는 형식과 구조를 구성절차(즉, 정언명법적 절차)에 의해 규정되는 것으로 간주한다. 그리고 이러한 인간관은 우리의 일상적인 도덕의식(즉, 선천적 종합명제인 도덕적 자율성이라는 근본법칙에 관한 의식)[78] 속에 내재되어 있는 것이므로 제1원칙이 규정되거나 구성되는 절차는 선천적으로 종합적이라고 할 수 있다. 그러므로 이러한 절차의 형식과 구조는 실천이성의 요구를 표현하는 것이며, 실천이성의 요구는 합당하고 합리적인 것으로서, 그리고 행위와 책임의 기본단위로서의 인간관에 내재되어 있다고 할 수 있다(TKMP, 97).

칸트의 도덕적 구성주의의 본질적인 이념은 그러한 절차가 실천이성이나 보다 정확히 자유롭고 평등한 인격을 지닌 합당하고 합리적인 인간관에 기초하고 있다는 점이다.[79]

그런데 합리적 직관주의의 인간관은 칸트의 도덕적 구성주의의 인간관과 사뭇 대조적이다. 합리적 직관주의의 인간관은 인식아(knower)로서의 인간의 이념만을 요구한다. 다시 말해, 합리적 직관주의에 의하면 제1원칙의 내용은 이미 주어졌으므로, 우리는 이 원칙이 무엇인지를 알 수 있고, 그렇기 때문에 우리는 이런 지식에 의해 행위하기만 하면 되는 것이다. 그렇다면 제1원칙의 직관적 인식은 어떻게 성립하는가? 여기에 합리적 직관주의는 대체로 자기자신을 위해 행위하도록 하는 욕구에 응하여 제1원칙의 직관적 인식이 성립한다는 심리적 가정에 기초한 답변을 제시한다. 그렇기 때문에 합리적 직관주의의 도덕적 동기는 특수한 종류의 인과적 기원(즉, 제1원칙의 직관적 파악)을 갖는 욕구에 의해 규정된다고 할 수 있다.

---

78) 앞의 책. 141~142쪽 참조.
79) Rawls, "Kantian Constructivism in Moral Theory", 559~560쪽.

결국, 합리적 직관주의의 핵심적인 주장은 제1원칙의 내용은 이미 주어졌으므로, 보다 정교한 도덕심리학과 같은 구성주의적인 도덕적 입론의 형식, 구조 그리고 내용을 규정하는 보다 완전한 인간관은 불필요하다는 것이다(TKMP, 97~98). 한 마디로 합리적 직관주의와 칸트의 구성주의의 근본적인 차이점은, 각기의 인간관에서 전자가 타율적인 인식아로서의 소극적인 인간관이라면, 후자는 자율적인 구성주체로서의 적극적인 인간관이라는 점에 있다고 할 수 있다.

이제 우리는 칸트의 도덕적 구성주의가 어떻게 이성의 통일주체(즉, 정언명법적 절차)와 자유의 이념으로서의 도덕법칙과 관련되는가를 물어야 할 시점에 이르렀다. 그런데 롤즈에 의하면 이러한 물음에 답하기 전에 ① 도덕적 구성주의에서 구성되는 것은 무엇인가? ② 정언명법적 절차 그 자체도 구성되는가? ③ 정언명법적 절차의 형식과 구조가 합당하고 합리적인 우리의 자유로운 도덕적 인격을 반영한다는 주장은 무엇을 의미하는가? 하는 문제를 우선적으로 해명해야 한다고 한다. 이러한 문제의 답변을 간략히 진술해 보기로 하자.

① 도덕적 구성주의에서 구성되는 것은 다름 아닌 도덕적 구성주의의 내용이다. 이것은 칸트적 의미에서, 정언명법적 절차의 검증을 통과한 특정한 정언명법(제2단계의 일반적 지침)의 총체는 여러 가지 합당한 제약사항 아래에 있는 합리적인 행위자가 이룬 구성절차에 의해 구성되는 것으로 간주됨을 의미한다. 그리고 절차의 합당한 제약사항 아래에 있는 이 행위자는 경험적 실천이성이나 가언명법에 해당되는 합리적 숙고의 원리에 의해 지도된다는 의미에서 합리적이라고 할 수 있다(TKMP, 98).

② 정언명법적 절차 그 자체는 구성되는 것이 아니라 오히려 전제된 것이다(TKMP, 99). 이러한 사실은 칸트의 이른바 '이성의 사실(ein Faktum der Vernunft)'에 의해 확인된다. 칸트는 도덕적 자율성이라는

근본법칙의 의식을 이성의 사실이라고 한다.80) 이러한 이성의 사실은 결국 우리의 일상적인 도덕의식을 의미한다.

그런데 롤즈에 따르면 칸트는 우리의 일상적인 인간오성이 순수실천이성과 경험적 실천이성 등의 양자의 요구를 암묵적으로 알고 있는 것으로 간주하고 있다고 한다. 그리고 앞에서 말한 바와 같이 실천이성의 요구는 칸트적 의미의 인간관에 내재되어 있고, 더 나아가 이러한 인간관은 우리의 일상적인 도덕의식 속에 내재되어 있는 까닭에 실천이성의 요구는 이성의 사실의 일부로 간주될 수 있다(TKMP, 97, 99).

그런데 칸트에 따르면 이러한 이성의 사실, 즉 도덕적 자율성이라는 근본법칙에 대한 의식에서의 이 근본법칙은 순수한 직관이든 경험적 직관이든 그 어떠한 직관에도 기초하지 않는 선천적 종합명제로서 그 자체로 우리에게 주어진 것이기 때문에 그 근본법칙은 경험적 사실이 아닌 순수이성의 사실에 해당된다고 한다.81) 그러므로 근본법칙에 대한 의식, 즉 도덕의식도 우리에게 이미 선천적으로 주어진 것으로 간주할 수 있기 때문에 도덕의식은 구성되는 것이 아니라 이미 전제된 것이라고 할 수 있다. 그렇기 때문에 실천이성의 요구, 예컨대 실천적 합당성과 실천적 합리성 등의 모든 관련된 기준을 통합하는 정언명법적 절차 그 자체는 구성된 것이 아니라 전제된 것이다(TKMP, 99).

③ 정언명법적 절차의 형식과 구조가 칸트의 인간관을 반영한다는 의미는 그 이념에서 모든 것이 구성될 수 있음을 의미하는 것이 아니라, 모든 구성이 어떤 기초를 갖는 것을 의미한다. 이 때의 기초란, 정언명법적 절차에 반영된 개념인 합당하고 합리적인 것으로서의 자유롭고 평등한 인간관을 지칭한다. 이러한 인간관이 정언명법적 절차에 반영된 것

---

80) Kant, *Kritik der praktischen Vernunft*, 141쪽.
81) 앞의 책, 141~142쪽.

을 식별하는 방식은 절차에 의해 암묵적으로 지도되고, 그 절차가 입증하는 특정한 정언명법에 따라 행위하는 존재로 간주되는 행위자의 능력, 신념의 종류 그리고 원망, 기타 등을 주목함으로써 식별가능하다. 그러므로 이러한 인간관은 각기 목적의 공화국의 입법적인 성원일 수 있는 그런 인간들로 이루어진 사회의 개념과 함께 칸트의 구성주의 기초를 형성한다. 따라서 이러한 인간관과 사회관은 구성된 것도 아니고 전제된 것도 아니다. 오히려 이 개념은 우리의 도덕적 경험과 정언명법적 절차를 통해 탐구할 수 있는 우리의 능력, 그리고 우리에게 적용되는 것으로서의 도덕법칙에 따라 행위 할 수 있는 우리의 능력 속에 포함된 것으로부터 도출된다(TKMP, 99).

이상의 문제들에 관한 롤즈의 해명을 근거로 하여 이제 우리는 칸트의 도덕적 구성주의와 정언명법적 절차의 관계를 고찰해 보기로 하자. 이들의 관계를 고찰할 때 우선적으로 합리적 직관주의와 칸트의 도덕적 구성주의간의 대조가 객관주의(objectivism)와 주관주의(subjectivism) 간의 대조가 아니라는 점을 상기할 필요가 있다. 합리적 직관주의와 칸트의 도덕적 구성주의는 각기 객관성(objectivity)의 개념을 가지고 있기는 하지만, 객관성의 개념에 있어 양자의 이해가 서로 다르다는 점에 주목해야 할 것이다.

먼저 합리적 직관주의에 의하면 올바른 도덕판단이나 원칙은 선행적·독립적인 도덕적 가치의 질서에 해당하는 판단이거나 원칙이라고 한다. 또한 이러한 질서는 자율적이고 책임을 지닌, 그리고 자유롭고 평등한 도덕공동체의 성원으로서의 적절한 인간관에 선행할 뿐만 아니라, 합당성과 합리성의 기준에도 선행하는 것으로 간주된다(TKMP, 100).

그러나 칸트의 도덕적 구성주의에서의 객관성 확보는 합리적 직관주의의 객관성 확보방식과 현격히 다르다. 칸트의 도덕적 구성주의에 따르면 올바른 도덕적 판단은 합당성과 합리성의 모든 관련된 기준에 따르는 판단이다. 그리고 이 때의 합당성과 합리성 등의 모든 관련된 기준은 정언명법적 절차에 의해 결합된다. 결국 칸트는 이러한 정언명법적 절차가 우리의 (인간적인) 실천이성의 모든 요구를 적절하게 결합하는 것으로 간주하는 셈이다. 바로 이것이 이성의 통일의 한 양상이다(TKMP, 100). 다시 말해 올바른 도덕판단이란 정언명법적 절차의 올바른 사용으로부터 결과하는 판단이며, 이러한 판단은 실천이성의 모든 요구에 부응하기 때문에 올바른 도덕판단으로 간주되는 것이다(TKMP, 99).

그런데 이러한 객관성의 개념에는 판단에서의 우리의 합의(agreement)에 대한 설명이 포함되어야만 한다. 왜냐하면 어떠한 판단이 때로는 우리의 단순한 심리적 상태만을 표명하는 것에 그칠 수도 있기 때문이다. 롤즈에 따르면 칸트적 의미의 도덕판단에서의 합의의 개념은 우리의 공유된 실천이성에 의해 설명가능하다고 한다(TKMP, 101). 즉, 실천이성을 공유한 합당하고 합리적인 사람이 정언명법적 절차를 지적이고 양심적으로 적용할 경우 동일한 판단에 도달할 수 있는데, 이는 결국 합의에 의한 동일한 판단이라고 할 수 있기 때문이다.

(3) 정합론적 도덕인식론과 비실재론적 도덕형이상학

한편, 브링크는 「도덕이론에서의 롤즈적 구성주의」라는 논문에서 합리적 직관주의와 롤즈가 해석하고 있는 칸트의 도덕적 구성주의에 관한 롤즈의 비교적 관점을 보다 분명히 드러내기 위해, 롤즈의 관점을 '인식론적 해석(epistemological construal)'의 관점과 '형이상학적 해석(metaphysical construal)'의 관점 등으로 구분하여 롤즈의 해석의 관점을 해명하고 있다.[82]

먼저 인식론적 해석의 관점을 고찰해 보기로 하자. 도덕이론에서 인식론적 관점이란, 도덕원리의 정당화 방법에 관한 관점이라고 할 수 있다. 인식론적 관점에서의 도덕원리의 정당화 방법으로는 도덕적 정초설(moral foundationalism)과 도덕적 정합설(moral coherentism)을 들 수 있다.

브링크에 따르면 도덕원리의 정당화에 관한 도덕적 정초설의 정당화 방법은 다음과 같이 진술된다. 즉, 도덕적 신념 P는 그 P가 ① 정초적(즉, 비추론적으로 정당화되거나 자기정당화적인)이거나 또는 ② 정초적인 도덕적 신념으로부터 적절히 추론되었다면, A의 도덕적 신념 P는 정당화된다. 다시 말해 도덕적 정초설은 도덕적 신념이 정초적이거나 도덕적 신념의 최종적 정당화가 정초적인 도덕적 신념을 포함할 것을 모든 도덕적 신념에게 요구한다. 때문에 도덕적 정초설은 그 특성상 비회의적(non-skeptical)이며, 정초적인 도덕적 신념이 실재하고, 또한 증명할 필요가 없는 도덕적 사실에 대한 지식을 우리가 소유하고 있다고 믿는다.

요컨대, 도덕적 정초설에 의하면 우리의 모든 도덕적 인식은 비추론

---

82) 이상에서 말한 두 가지의 관점 이외에도 '방법론적 해석(methodological construal)'의 관점이 있다. 이후 브링크는, 『도덕실재론과 윤리학의 정초』라는 책의 「부록 4: 롤즈적 구성주의」에서 이 방법론적 해석의 관점을 '정치적 해석(political construal)'의 관점이라고 바꿔 부른다. 브링크는 정치적 해석의 관점을 롤즈의 도덕철학과 도덕이론의 구분에 근거한 관점으로 파악한다. 롤즈에 의하면 도덕철학과 구분되는 의미에서의 도덕이론은 도덕철학이 역점을 두고 있는 형이상학적·인식론적·의미론적 문제에 중립적인 것이다. 이런 의미에서 브링크는 도덕이론에 근거한 중립적인 관점을 정치적 해석의 관점으로 간주한다. 그런데 브링크는 롤즈의 「공정으로서의 정의: 정치적이지 형이상학적이 아니다」(1985)라는 논문과 그 이후의 논문에서 이루어지고 있는 롤즈의 정치적 해석을 '칸트적 구성주의에 관한 정치적 해석'으로 간주한다. 그러나 브링크가 보기에는, 비록 롤즈가 정치적 해석을 시도하고 있다고는 할지라도, 여전히 롤즈의 견해에는 형이상학적으로 해석된 칸트의 구성주의적 논거가 많이 포함되어 있다고 주장한다. D. O. Brink, "Rawlsian Constructivism in Moral Theory", *Canadian Journal of Philosophy*, vol. 17, no. 1(March 1987), 75쪽; D. O. Brink, *Moral Realism and the Foundations of Ethics* (Cambridge: Cambridge Univ. Press, 1989), 305~312쪽.

적으로 정당화된 도덕적 신념에 의존한다. 도덕적 정초설에 관한 이상의 브링크의 진술로부터 결국 합리적 직관주의는 인식론적 관점에서 도덕적 정초설에 해당된다고 할 수 있다.[83]

그러나 이에 반하여, 도덕적 정합설은 다음과 같이 진술된다. 즉, A의 도덕적 신념 P는 그 P가 ① 도덕적 신념과 비도덕적 신념의 정합적 체계의 일부이면서, ② 그 P의 정합성이 적어도 부분적으로 A가 P를 주장하는 이유를 설명할 수 있는 한, A의 도덕적 신념 P는 정당화된다. 그렇기 때문에 도덕적 신념 P를 주장하는 A의 정당화 정도는 도덕적 신념 P가 속하는 신념체계에 의해 나타난 정합성의 정도에 직접적으로 영향을 주며, 한 신념체계의 정합성의 정도는 그것의 포괄성과 논리성, 개연성 그리고 그 체계에 속하는 신념을 지지하는 설명적 관계의 함수이다.

요컨대, 도덕적 정합설에 의하면, 모든 도덕적 정당화는 추론적이며, 도덕적 신념은 우리가 행위하거나 지지할 수 있는 다른 신념과 정합할 수 있는 한에서만 정당화된다고 한다. 이런 의미에서, 칸트의 도덕적 구성주의는 인식론적 관점상 도덕적 정합설에 속한다고 할 수 있다.[84] 다시 말해 롤즈는 칸트의 도덕적 구성주의를 '정합론적 도덕 인식론'으로 이해한다.[85]

이제 형이상학적 해석의 관점을 고찰해 보자. 형이상학적 해석의 관점은 도덕실재론(moral realism)과 도덕비실재론(moral anti-realism)으로 구분하여 설명할 수 있다. 도덕실재론의 입론은 다음과 같이 주장된다. 즉, ① 어떤 주제 X와 같은 종류의 도덕적 사실 또는 도덕적 진리가

---

83) Brink, "Rawlsian Constructivism in Moral Theory", 74쪽.
84) 앞의 논문, 73~74쪽.
85) 앞의 논문, 76쪽.

있다. ② 이러한 사실 또는 진리는 우리의 검증방법과 증거(신념)로부터 형이상학적으로 또는 개념적으로 독립적이다. 다시 말해, 우리의 도덕적 신념과 도덕이론에서 독립적으로 존재하며 또한 그러한 특성을 지닌 도덕적 사실과 참인 것으로 간주되는 도덕적 명제가 있다는 것이 도덕적 실재론의 주장이다. 이런 의미에서 합리적 직관주의는 도덕실재론을 옹호하는 입장이라 할 수 있다.86)

이에 반해 도덕비실재론의 입장에서는 ① 어떤 주제 X와 같은 종류의 도덕적 사실 또는 도덕적 진리가 있다거나, ② 이러한 사실 또는 진리는 우리의 검증방법과 증거(신념)로부터 형이상학적으로 또는 개념적으로 독립적이라는 도덕적 실재론자의 주장을 부인한다. 도덕비실재론자 가운데서 허무주의자(nihilists)나 비인지주의자(non-cognitivists)는 ①을 부정하며, 관념론자(idealists)나 구성주의자(constructivists)는 ②를 부인한다. 특히, 구성주의적 견해에 의하면, 이 도덕적 사실이나 도덕적 진리가 존재하기는 하나, 이 사실과 진리는 어디까지나 우리의 도덕적 신념에 의해 구성된다는 점에서 여타의 도덕비실재론자의 견해와 그 길을 달리한다.87)

브링크에 따르면 도덕적 구성주의는 상대주의적 구성주의(relativist constructivism)와 비상대주의적 구성주의(nonrelativist constructivism)로 구분된다. 상대주의적 구성주의는 상이한 도덕적 신념 또는 도덕적 신념의 상이한 집합체에 의해 구성된 각각 다수의 도덕적 사실이 존재하는 바로 그 경우에만 참이라고 주장한다. 이런 점에서 상대주의적 구성주의는 도덕적 상대주의(moral relativism)에 속한다고 할 수 있다. 그러나 비상대주의적 구성주의는 우리의 도덕적 신념의 몇 가지 함수에 의

---

86) 앞의 논문, 76쪽.
87) 앞의 논문, 76쪽.

해 구성된 단일집합의 도덕적 사실만이 존재한다고 주장한다. 이런 점
에서 비상대주의적 구성주의를 진정한 의미의 구성주의라고 할 수 있
다.88) 칸트의 도덕적 구성주의는 바로 이러한 비상대주의적 구성주의에
속한다. 칸트의 도덕적 구성주의는 어떤 일련의 도덕원칙에 의해 충분
한 정당화를 받을 필요가 없다거나 거기에 선행한다고 하는 도덕적 진
리나 도덕적 사실을 인정하지 않는다. 왜냐하면 도덕적 진리나 도덕적
사실은 우리의 도덕적 신념, 특히 인간이념에 기초한 탐구로부터 결과
된 도덕원칙에 의해 구성되기 때문이다.89)

이상에서 브링크의 견해에 따라 칸트의 도덕적 구성주의에 관한 롤
즈의 해석의 관점을 고찰해 보았다. 여기에서 브링크는, 롤즈가 칸트의
도덕적 구성주의를 '정합론적 도덕 인식론(coherentist moral epistemol-
ogy)'과 '비실재론적 도덕형이상학(antirealist moral metaphysics)'으로
이해하는 것으로 간주한다. 그러나 이러한 브링크의 단정에는 논의의
여지가 남아 있다. 특히 롤즈가 칸트의 도덕적 구성주의를 비실재론적
도덕형이상학으로 해석하고 있다는 브링크의 주장은 롤즈의 의도와는
정반대되는 주장에 해당된다고 할 수 있다. 왜냐하면 롤즈는 칸트 윤리
학의 이원론적 구조를 경험론적 이론(empirical theory)의 영역 내에서
재해석하여 그 형이상학적 배경을 제거할 경우, 칸트 윤리학의 기본구
조가 보다 명백히 드러날 수 있다고 생각하며90), 더 나아가 이런 식으로
이해된 '칸트의 도덕적 구성주의'는 '롤즈 자신의 도덕적 구성주의'와
유사성을 갖기 때문에 자신의 구성주의를 '칸트적 구성주의'라고 할 수

---

88) 앞의 논문, 77쪽 주석.
89) 앞의 논문, 77~80쪽.
90) Rawls, *A Theory of Justice*, 264쪽. J. Rawls, "A Well-Ordered Society", in *Philosophy,
   Politics and Society*, 5th Series, eds. by P. Laslett and J. Fishkin (New Haven: Yale Univ.
   Press, 1979), 18쪽.

있다는 것이 롤즈의 입장이기 때문이다.

5) 도덕법칙과 자유

(1) 도덕법칙의 자기정당성

칸트는 『실천이성비판』의 「분석론」 제1장의 부록에서, 도덕법칙은 비록 그것이 엄격히 지켜지는 실례를 경험에서 발견할 수는 없다고 할지라도, 우리가 선천적으로 의식하고 있고, 필연적으로 확신하는 순수이성의 사실로서 주어진 것이라고 한다. 그러므로 도덕법칙의 객관적 실재성은 사변의존적이든 경험의존적이든 간에 이론이성의 여하한 노력에 의한 연역(Deduktion)에 의해서도 입증될 수 없다고 한다.[91] 다시 말해 도덕법칙은 연역 없이, 즉 그것의 객관적 타당성과 보편적 타당성의 정당화 없이 이성의 사실에 근거하여 우리에게 주어지는 것이다. 그러나 도덕법칙은 그 법칙을 최상의 권위로 인식하거나 인정하는 사람들 안에서 자유의 가능성뿐만 아니라 자유의 현실성까지도 입증한다. 그러므로 도덕법칙은 자유의 이념에 객관적 실재성을 부여하며, 그것에 의해 자유의 가능성을 가정해야만 했던 순수사변이성의 요구에 답변을 제시한다(TKMP, 102).

요컨대, 도덕법칙은 자유의 연역원리로서 제시되는 것이다. 이러한 것을 칸트는 도덕법칙의 신임장(Kreditiv)이라고 한다. 그리하여 이러한 신임장은 사변적이든 경험적이든 간에 이론이성에 의해 도덕법칙을 정당화하려는 모든 헛된 시도를 대신한다.[92]

그런데 칸트는 『도덕형이상학의 기초』의 마지막 장에서 방금 앞에서

---

91) Kant, *Kritik der praktischen Vernunft*, 161쪽.
92) Rawls, TKMP, 102쪽; Kant, *Kritik der praktischen Vernunft*, 162쪽.

말한 내용과는 전혀 다른 시도를 한 바 있다. 즉, 칸트에 따르면 자유의 이념에는 불가분리적으로 자율성의 개념이 속해 있으며, 또한 차례로 보편적인 도덕성의 원리는 자율성의 개념에 속해 있다. 다시 말해 우리의 추리는 자유에서 자율성으로, 자율성에서 도덕법칙으로 진행한다.[93] 롤즈는 이러한 칸트의 견해를 자유의 이념으로부터 도덕법칙을 도출해 내려는 시도로 간주한다(TKMP, 102). 결국 칸트는 『도덕형이상학의 기초』에서 자유의 이념으로부터 도덕법칙을 연역하려는 시도를 하다가 『실천이성비판』에서는 오히려 그 반대로 도덕법칙으로부터 자유의 이념을 연역할 수 있다고 주장하여 자신의 견해에 근본적인 변화를 드러내고 있다.

　칸트의 견해에서 이러한 근본적인 변화의 의미는 무엇인가? 여기에 롤즈는 다음과 같이 언급한다. 즉, 이러한 변화는 칸트의 비판철학에서의 네 가지의 이성형식(즉, 오성의 범주와 원리, 순수사변이성, 경험적 실천이성, 순수실천이성) 각자가 이성의 통일 속에서 서로 상이한 위치와 역할을 갖는다는 것을 칸트가 인정함을 의미한다(TKMP, 102). 칸트에 따르면 이성은 각 부분이 다른 모든 부분을 위해 존재하고, 모든 것은 하나를 위해 존재하는 유기체와도 같은 완전히 별개인 독립적인 하나의 통일체이다.[94] 즉, 자기존재적인(self-subsistent) 원리의 통일체이다. 또한 이성은 그 자체의 원천으로부터 이성 그 자체의 소산인 모든 문제에 답변하는 것임에 틀림없으며, 이성은 이성의 모든 사용에 어떤 비판적인 검토를 위한 기준을 포함하는 것임에 틀림없다.[95] 그러므로

---

93) Kant, *Grundlegung zur Metaphysik der Sitten*, 89쪽.

94) I. Kant, *Kritik der reinen Vernunft*, Kant Werke, Band 3,4 (Wiesbaden: Insel Verlag,1983), 29쪽; Rawls, TKMP, 102쪽 참조.

95) Kant, *Kritik der reinen Vernunft*, 452~454쪽; Kant, *Kritik der praktischen Vernunft*, 111쪽 참조.

각기 이성의 형식은 각자의 정당화방식을 스스로 갖고 있다고 할 수 있다. 그런데 이러한 이성형식의 정당화방식은 이성의 통일 내에서의 이성형식의 위치와 역할의 설명 속에 존재한다. 다시 말해 이성의 통일 내에서의 이성형식의 역할설명이라고 할 수 있는 이성형식의 자기정당화에서 이성형식은 각각 서로 다른 역할을 하며, 서로 다른 방식으로 이성의 통일 속에서 조화를 이룬다. 그렇기 때문에 이성의 통일 또한 자기정당화적(self-authenticating)이라고 할 수 있다(TKMP, 102~103).

이제 우리는 자기정당화적인 이성의 형식들이 이성의 통일 내에서 각기 어떠한 위치와 역할을 맡고 있는지 고찰해 보기로 하자.

칸트는 제1비판에서 범주의 선험적 연역(transzendentale Deduktion)의 논증을 제시한다. 칸트에 의하면 감성(Sinnlichkeit)의 형식인 공간과 시간이라는 개념과 순수오성의 개념인 범주는 경험적으로 연역되는 것이 아니라 선험적으로 연역된다고 한다.[96]

왜냐하면 이 순수개념은 경험적 일반화의 결과가 아니며, 대상의 이 순수개념의 관계는 완전히 선천적이기 때문이다.[97] 그러므로 오히려 이 순수개념, 즉 감성직관의 선천적 형식인 공간과 시간의 개념과 오성의 범주 등에 의해 경험의 가능성 원리가 주어지는 것이다. 보다 자세히 말하면, 우리는 공간과 시간의 표상에서 외적 및 내적인 감성적 직관의 선천적 형식을 가지고 있으며, 다양한 현상의 파지(Apprehension)의 종합은 언제든지 이 형식에 일치되어야만 한다. 그 이유는 종합 그 자체는 오직 이 형식에 따라서만 일어날 수 있기 때문이다. 그러나 공간과 시간은 감성적 직관의 형식일 뿐만 아니라 (다양성을 내포하는) 직관 그 자

---

96) Kant, *Kritik der reinen Vernunft*, 126쪽.

97) H. J. Paton, *Kant's Metaphysic of Experience*, vol.1 (London: George Allen and Unwin Ltd., 1970), 317 쪽.

체이므로, 다양성의 통일 규정을 선천적으로 내포한다. 그러므로 외적이거나 내적인 다양성의 종합의 통일, 따라서 또한 공간이나 시간에서 규정·표상되리라고 여겨지는 모든 것이 따라야 할 결합도 모든 파지의 종합이라는 조건으로서 선천적으로 이 직관과 더불어(직관 속에서가 아니라) 주어지는 것이다. 그러나 이러한 종합적 통일이란, 범주에 따르는 근본적인 의식적 행위에서 주어진 직관일반의 다양성 결합의 통일이므로, 이는 우리의 감성적 직관에 적용된 통일 이외의 다른 것이 아니다. 따라서 지각까지도 가능하게 하는 모든 종합은 범주에 종속하며, 경험은 결합된 지각에 의한 인식이므로 범주는 경험의 가능성의 조건이며, 모든 경험의 대상에도 선천적으로 타당하다.[98]

따라서 오성의 범주와 원리는 공간과 시간에서 대상에 대한 우리의 경험 속에 전제되는 것이다(TKMP, 107). 이것이 오성의 범주와 원리가 자신의 역할에 의해 자기를 정당화하는 방식이다.

순수사변이성도 자신의 역할에 의한 자기정당화 방식을 갖는다. 이는 이론적 영역에서의 순수이성의 역할을 고찰함으로써 밝혀진다. 칸트에 의하면 이성은 대상과 직접적인 관계를 갖지 않으며, 단지 오성과 직접적인 관계를 갖는다. 이성은 오성을 통해서만 경험의 영역에서 사용될 수 있다. 이성은 대상의 개념을 만들어 주는 것이 아니라, 단지 대상의 개념을 정돈해 주고 그 개념에 통일성을 부여하는 것이다. 그러므로 이 때 이성의 대상이란 오성이며, 이성의 통일이란 오성의 통일과는 전혀 다른 것이다. 즉, 이성의 통일은 서로 상이한 계열에서 산출된 전체를 소유하는 것이요, 오성의 통일은 개념에 따르는 조건의 계열에 의해 확립된 경험들의 결합이기 때문이다. 그리고 오성이 개념에 의해

---

98) Kant, *Kritik der reinen Vernunft*, 154~155쪽.

대상의 다양성을 통일하듯이, 이성은 이념에 의해 개념의 다양성을 통일한다. 따라서 이성의 이념, 즉 선험적 이념은 대상의 개념이 아니기 때문에, 선험적 이념은 결코 구성적 이념으로 사용될 수 없는 것이다. 오히려 선험적 이념은 오성을 어떤 일정한 목표로 향하게 하고, 오성의 모든 법칙의 지침이 어느 한 점에서 합치하게 하는 불가결하고 필연적인 규제적 이념으로 사용된다. 그렇기 때문에 우리의 인식이 이념과 합치하지 않을 경우, 우리의 인식에는 결함이 있는 것으로 간주된다.[99]

요컨대, 이론적 영역에서의 순수이성은 구성적이 아니라 규제적이며, 순수이성의 이념과 원리의 역할은 최고로 가능한 체계적인 통일의 이념을 규정하고, 대상에 대한 우리의 지식과 전체로서의 세계에 대한 우리의 견해 속으로 이러한 필연적인 통일을 도입하여 우리를 안내하는 것이다. 이러한 방식으로 이성의 작용은 충분한 경험적 진리의 기준을 산출한다. 그렇기 때문에 순수이성 없이는 모든 종류의 세계에 대한 일반적인 개념은 불가능한 것이다. 이와 같이 오성을 규제하고 우리의 경험적 지식을 통일적으로 체계화하는 순수사변이성의 역할에 의해 순수사변이성의 이념과 원리는 입증된다(TKMP, 103).

이제 실천적 영역에서의 순수이성의 역할을 고찰하기로 하자. 자기의 표상에 의해 그 표상 대상의 원인이 될 수 있는 능력인 욕구능력(Begehrungsvermoegen)[100]은 저차적인 욕구능력과 고차적인 욕구능력으로 구분된다. 저차적인 욕구능력에 속하는 것으로는 자연적 욕구와 경향성 등을 들 수 있으며, 고차적인 욕구능력에 속하는 것으로는 선택의 능력(the power of choice)을 들 수 있다(*TKMP*, 104).

그런데 칸트에 의하면 의지의 규정근거로서 저차적인 욕구능력을 전

---

99) 앞의 책, 564~566쪽.
100) Kant, *Die Metaphysik der Sitten*, 315쪽.

제하는 모든 실천원리는 경험적이며 실천법칙을 제시할 수 없다고 한다.[101] 그러나 대상을 실현하려는 자기자신의 능력인 의지(선택의 능력)는 이성이 대상을 규정하는 원리를 포함하는 한, 하나의 인과성(Kausalitaet)이 되며, 이 인과성의 개념은 항상 다양한 것의 존재를 상호관계에서 규정하는 법칙에 관련되어 있으므로, 실천이성으로서의 이성은 법칙만을 제시해야 한다.[102] 그러므로 이러한 법칙, 즉 도덕법칙은 이성의 판단에서 의지를 객관적·직접적으로 규정한다.[103]

이상 의지의 규정근거의 진술과 앞에서 고찰한 바 있는 선의 개념과의 관련성 속에서 우리는 경험적 실천이성과 순수실천이성의 역할을 확연히 구분할 수 있으며, 이 역할을 통하여 각각의 독특한 자기정당화 방식을 확인할 수 있다. 즉, 경험적 실천이성은 가언명법의 원리에 의해 저차적인 욕구능력에 속하는 다양한 자연적 욕구와 경향성을 이른바 이 자연적 욕구와 경향성의 총체적인 만족으로 간주되는 합리적인 행복의 이념으로 체계화시키는 역할을 하며, 이와 같이 저차적인 욕구능력을 행복이란 목표로 향하게 한다는 점에서 경험적 실천이성은 규제적이라고 할 수 있다. 이와는 대조적으로 순수실천이성은 순수실천이성의 이념인 도덕법칙에 의해 규정된 고차적 욕구능력인 선택능력의 실천적으로 필연적인 대상, 즉 목적의 공화국을 촉진하도록 직접적으로 지시하는 역할을 한다. 이런 의미에서 순수실천이성은 구성적이거나 규제적이지도 않은 지시적(directive) 이념이라고 할 수 있다(TKMP, 103~104).

그러나 경험적 실천이성과 순수실천이성이 이상과 같이 구분된다고 해서 양자가 대립한다는 것을 의미하는 것은 아니다. 순수실천이성은

---

101) Kant, *Kritik der praktischen Vernunft*, 127쪽.
102) 앞의 책, 213쪽.
103) 앞의 책, 119쪽.

행복에 대한 우리의 모든 요구를 포기할 것을 명령하는 것이 아니라, 다만 현재의 의무가 문제일 때 행복을 무시하도록 우리에게 명령할 뿐이다.104) 이러한 방식으로 순수실천이성은 경험적 실천이성을 제약하며 그것을 절대적으로 종속시킨다. 이렇게 하여 실천이성의 통일이 이루어진다.

이상에서 고찰한 자기정당화적인 이성의 형식의 역할을 통해 각기 이성형식의 위치는 어느 정도 밝혀진 셈이다. 그러나 이 이성형식의 위치를 분명히 확인하기 위해, 그리고 이 형식의 역할이나 위치는 그것이 어디까지나 이성의 통일 내에서의 역할이나 위치이기 때문에 순수이성이 구성하는 이성의 통일유형을 구분해 볼 필요가 있다.

롤즈에 따르면 순수이성에 의해 구성되는 이성의 통일은 세 가지의 유형으로 구분된다. ① 첫째 유형은 이론적 영역에서의 이성의 통일로서 이는 충분한 경험적 진리의 기준을 위하여 요구되는 대상의 지식에 대한 최대로 가능한 체계적인 통일을 말한다. ② 둘째 유형은 실천적 영역에서의 이성의 통일로서 이는 목적의 공화국에서의 목적에 대한 최대로 가능한 체계적인 통일을 말한다(TKMP, 104). ③ 셋째의 유형은 앞에서의 두 가지 이성의 통일, 즉 이론이성의 통일과 실천이성의 통일 등 양자에 의해 이루어지는 통일이다. 롤즈는 이것을 전체로서의 '이성의 구성(the constitution of reason)'이라고 한다(TKMP, 102).

이성의 구성 안에서의 이론이성과 실천이성의 위치는 이론이성이 실천이성에 종속됨으로써 그 위치가 정해진다. 이론이성에 대한 실천이성의 우위는 각기의 관심에 대한 설명으로부터 밝혀질 수 있다. 칸트에 따르면 이성의 사변적 사용의 관심, 즉 이론이성의 관심은 선천적인 최

---

104) 앞의 책, 217쪽.

고원리로 나아가기 위한 대상의 인식에 있으며, 이성의 실천적 사용의 관심, 즉 실천이성의 관심은 최종적이고 완전한 목적의지의 규정에 있다.105) 다시 말해 이론이성의 관심은 사물 그 자체의 지식을 성취할 수 없는 어떤 목적이 아닌, 단지 질서 있는 과학의 진보를 보장할 뿐이며, 실천이성의 관심은 행위에 대한 인식으로서 제시된 것이 아니라 행위에 대한 규정으로서 제시된 것이다.106)

그런데 순수사변이성은 엄격하게 자신의 한계를 차단하여 순수실천이성으로부터 아무것도 자기의 영역에 받아들이지 않는 반면에, 순수실천이성은 모든 것을 넘어서 자신의 한계를 확장하며, 즉 이성의 사용을 확장하며, 필요시에는 순수사변이성을 자기의 내부에 포함하려고 한다. 또한 모든 관심은 궁극적으로 실천적이며, 사변이성의 관심은 제약적인 것이기 때문에 이성의 사용에서 실천적 사용만이 완전한 것이라고 할 수 있다.107) 따라서 실천이성의 관심을 촉진하는 판단은 이론이성의 관심과 양립 가능할 뿐만 아니라, 이론이성이 실천이성에 종속됨으로써 이론이성에 대한 실천이성의 우위성이 확보된다.108) 이로부터 우리는 셋째 유형의 이성의 통일을 다음과 같이 진술할 수 있다. 즉, 셋째 유형의 이성의 통일이란 하나의 이성의 구성 안에서 실천이성에 대한 이론이성의 종속성과, 이론이성에 대한 실천이성의 우위성을 기초로 하여 이론이성과 실천이성 등의 양자에 의해 구성되는 최대로 가능한 체계적인 통일이다(TKMP, 104).

이제까지 이성의 통일 내에서 이성형식의 위치와 역할검토를 통해 각기 이성형식이 자체적인 자기정당화 방식을 갖고 있음을 밝혔다. 그

---

105) 앞의 책, 249~250쪽.
106) Beck, *A Commentary on Kant's Critique of Practical Reason*, 250쪽.
107) Kant, *Kritik der praktischen Vernunft*, 251~252쪽.
108) Beck, *A Commentary on Kant's Critique of Practical Reason*, 250쪽.

런데 이제까지 각 이성형식의 자기정당화 방식들이 도덕법칙의 정당화를 위하여 이용가능한가라는 문제를 우리는 제기할 수 있다.

롤즈에 따르면 이 이성형식의 정당화 방식은 도덕법칙의 정당화에 전혀 도움이 되지 않는다고 한다. 왜냐하면 순수실천이성의 경우에서 그 제1원칙으로서 도덕법칙을 지닌 순수실천이성은 이성의 사실에 의해 정당화되며, 차례로 이성의 사실은 도덕법칙을 구속적인 것으로서 인정하는 사람들 안에서 자유의 객관적 실재성을 정당화하기 때문이다. 이와 동일한 방식으로 도덕법칙은 이른바 순수실천이성의 요청인 신과 영혼불멸의 이념을 정당화한다. 또한 순수실천이성은 사변이성에 대한 우위성에 의해, 그리고 정합설에 의해, 게다가 원리들의 하나의 통합체로서의 '이성의 구성'을 완성함으로써 최종적으로 정당화된다. 이러한 사실로부터 우리는 칸트가 그의 『실천이성비판』에서 실천이성에 대한 구성적 개념뿐만 아니라, 실천이성의 정당화에 대한 정합론적 설명을 전개하고 있는 것으로 간주할 수 있다. 롤즈에 의하면 바로 이것이 칸트가 주장하는 '이성의 사실'의 이론에 대한 의미이며, 또한 그가 이른바 도덕법칙의 연역을 위한 헛된 탐구를 포기한 의미이기도 하다(TKMP, 107~108).

(2) 자유법칙으로서의 도덕법칙

롤즈는 칸트의 자유론의 특징으로 순수이성의 이념인 도덕법칙의 핵심에 자유가 위치한다는 점과 순수이성, 즉 이론이성과 실천이성은 자유라는 점 등을 들고 있다. 또한 롤즈는 칸트의 의지의 자유(freedom of the will)와 사고의 자유(freedom of thought) 사이에는 본질적인 차이가 없는 것으로 간주한다(TKMP, 108).

칸트에 따르면 자유는 선험적 자유(transzendentale Freiheit)와 실천적 자유(praktische Freiheit)로 구분된다. 선험적 자유 또는 우주론적 자유 (kosmologische Freiheit)는 세계에서 사건이 생기할 수 있는 일종의 특수한 인과성, 즉 한 상태와 이 상태로부터 그 결과의 한 계열을 생기시키는 능력, 다시 말해 한 상태를 자발적으로 또는 스스로 개시하는 능력이며 실천적 자유의 근거가 되기도 한다. 또한 이 선험적 자유는 순수선험적 이념으로서 개념의 다양성을 통일하는, 즉 오성을 어떤 일정한 목표로 향하게 하고, 오성의 모든 법칙의 지침이 어느 한 점에서 합치하게 하는 규제적 이념이다.[109] 이런 의미에서 선험적 자유를 롤즈식으로 사고의 자유라고 할 수 있겠다.

그리고 실천적 자유는 소극적 의미의 실천적 자유와 적극적 의미의 실천적 자유로 구분된다. 소극적인 의미에서의 실천적 자유는 감성적인 충동에 의한 강제로부터의 선택의지(Willkür)의 독립성을 의미한다. 이런 의미에서 소극적인 의미의 실천적 자유를 선택의지의 자유라고 한다. 선택의지가 감성적 충동, 즉 경향성에 의해서만 규정될 경우 이를 동물적 선택의지(arbitrium brutum)라고 하며, 인간적 선택의지는 충동에 의해 규정된 선택의지가 아니라, 충동에 의해 영향을 받는 선택의지이다. 따라서 그 자체에서 인간적 선택의지는 순수하지 않다. 그럼에도 불구하고, 인간적 선택의지는 순수의지에 의한 행위로 규정될 수 있다.[110] 적극적인 의미에서의 실천적 자유는 비감성적인 동기로부터 행위할 능력, 즉 우리 자신의 이성에 의한 자기부여적인 도덕법칙에 우리의 의지가 따르는 능력이다. 그러므로 이러한 적극적 자유의 개념은 그 자체가 실천적으로 될 수 있는 순수이성 능력의 자유, 즉 의지의 자유이다. 그리고 적극적 자유는 도덕법칙에 의해 동기부여된 능력으로 이루어지므로

---

109) Kant, *Kritik der reinen Vernunft*, 429쪽, 488~489쪽, 565쪽.
110) Kant, *Kritik der reinen Vernunft*, 489쪽; Kant, *Die Metaphysik der Sitten*, 318쪽.

자유의 법칙은 도덕법칙과 동일한 것으로 간주된다.[111]

이상의 자유개념을 재정리하면, 선험적 자유, 즉 사고의 자유는 순수 사변이성의 자유에 해당되며, 소극적인 의미의 실천적 자유, 즉 선택의 자유는 경험적 실천이성의 자유에 해당되고, 적극적인 의미의 실천적 자유, 즉 의지의 자유는 순수실천이성의 자유에 해당된다고 할 수 있다.

그런데 칸트에 의하면 오직 하나의 그리고 동일한 이성만이 있을 수 있고 이성은 그 적용에서만 실천이성과 이론이성으로 구별되는 까닭에,[112] 순수이성의 자유는 이론이성의 자유뿐만 아니라 실천이성의 자유를 포함하며, 이런 이유로 이론이성의 자유와 실천이성의 자유 사이에는 본질적인 차이가 없는 것으로 간주된다(TKMP, 108).

롤즈에 따르면 칸트의 자유의 특징은 도덕법칙에 의해 그 특징이 드러나게 되고, 이 특징은 정언명법적 절차에 의해 식별된다고 한다. 왜냐하면 도덕법칙은 자유의 인식근거(ratio cognoscendi)이기 때문이다.[113] 따라서 정언명법적 절차의 특징을 상기해 볼 때 결국 도덕법칙이 자유의 법칙임을 인지할 수 있다는 것이 롤즈의 주장이다.

정언명법적 절차의 특징 가운데 하나는 정언명법적 절차에 의해 도덕법칙이 무조건적이라는 사실이 드러난다는 점이다. 이는 합당성이 합리성을 제약하고 그것을 절대적으로 종속한다는 명백한 사실로 진술된

---

111) Kant, *Die Metaphysik der Sitten*, 318쪽; A. W. Wood, " Kant's Compatibilism ", in *Self and Nature in Kant's Philosophy*, ed. by A. W. Wood (N. Y.: Cornell Univ. Press, 1984), 77~79쪽.

112) Kant, *Grundlegung zur Metaphysik der Sitten*, 16쪽. 황경식은 이론이성과 실천이성의 동일성을 '이론이성과 실천이성의 동궤(同軌)'라고 표현하고 있다. 황경식, 『사회정의의 철학적 기초』, 435~439쪽 참조.

113) Kant, *Kritik der praktischen Vernunft*, 108쪽 주석. 또한 여기에서 칸트는 자유가 도덕법칙의 존재근거 (ratio essendi)임을 밝히고 있다. 그러나 이 견해는 롤즈의 관점에서는 인정되지 않고 있다.

다. 다시 말해 정언명법적 절차(합당성)는 행위자의 합리적이고 진지한 준칙이 그 절차에 의해 허용되지 않는 한, 그 준칙에 따라 행위하는 것을 절대적으로 금지할 것을 요구하여, 경험적 실천이성(합리성)을 제약한다. 이러한 제약의 결과는 순수실천이성과 경험적 실천이성, 즉 전체로서의 순수이성의 관점으로부터 최종적이라고 할 수 있다. 그러므로 정언명법적 절차에 의해 표현된 것으로서의 도덕법칙이 무조건적이라는 사실은 정언명법적 절차의 제약사항이 모든 합당하고 합리적인 사람의 자연적 욕구와 경향성이 무엇이든지 간에 거기에 관계없이, 이 모두에게 타당함을 의미한다.

그런데 순수실천이성은 경험적 실천이성에 관하여 선천적(a priori)이라고 할 수 있다. 물론 여기서의 선천적이라는 개념은 순수 실천적 지식에 적용되는 개념이지, 경험에 주어진 대상에 대한 지식에 적용되는 개념은 아니다. 그렇기 때문에 순수실천이성이 선천적이라는 것은, 결국 우리의 자연적 욕구가 무엇이든지 간에 거기에 관계없이, 도덕법칙은 수단에 관한 제약뿐만 아니라 어떤 목적을 부여하며, 게다가 이러한 요구사항은 우리에게 항상 타당하다는 것을 우리가 사전에 알고 있다는 사실의 표현에 다름아닌 것이다. 이런 의미에서 실천적 지식에 적용되는 선천적이라는 개념은 전통적인 인식론적 의미의 선천적이라는 개념에 보다 더 잘 부합된다고 할 수 있다(TKMP, 109). 이러한 롤즈의 주장은 칸트의 '선천적'이라는 개념의 정의를 살펴봄으로써 밝혀질 수 있다.

칸트는『실천이성비판』에서 선천적이라는 개념의 정의를 제시하고 있는데, 칸트에 따르면 우리가 이성에 의해 그 어떤 것을 안다고 말하는 것은, 비록 그 어떤 것이 경험적으로 우리에게 주어지지 않는다고 할지라도, 그 어떤 것을 알 수 있었음을 의식하고 있다는 것을 뜻하는 것이다. 그러므로 이성적 인식과 선천적 인식은 하나이며 동일한 것이다.114)

결국 칸트는 도덕법칙에 따라 우리가 행위한다는 것은 자연적이고 심리적인 원인에 의해 발생된 욕구와 욕망에 의해 규정된 우리의 자유(이른바 소극적 자유)에 대해 독립적이라는 것을 보여 주기 위해서 무조건적이고 선천적이라는 도덕법칙의 두 가지 양상을 사용하고 있는 셈이다(TKMP, 109).

정언명법적 절차의 둘째 특징은 정언명법적 절차가 그 자체로 충분한 의지의 규정근거로서의 도덕법칙을 보여 줄 수 있다는 점이다. 롤즈에 따르면 정언명법적 절차에 의해 표현된 것으로서의 도덕법칙은 우리가 해야 할 모든 관련된 양상을 규정하는 것이라기보다는, 오히려 허용 가능한 목적이 생길 것임에 틀림없는 범위 내에서의 영역을 규정하고, 이러한 목적을 추구함에 이용될 수 있는 수단을 제한한다.

그러나 도덕법칙의 역할이 여기에서 멈추는 것은 아니다. 도덕법칙은 앞에서 말한 두 가지의 역할을 넘어서, 또한 우리의 의무이기도 한 어떤 정해진 목적을 확인하거나 이 목적에 적어도 일정한 비중을 부여하도록 우리에게 요구함으로써 그 자체로 충분한 의지의 규정근거가 되는 것이다. 그리고 도덕법칙은 이성의 이념인 까닭에 순수실천이성 또한 그 자체로 충분한 의지의 규정근거가 된다고 할 수 있다. 그렇기 때문에 순수실천이성은 도덕법칙을 통해 주어진 목적을 실현하기 위한 가장 효과적인 방법을 발견할 뿐만 아니라, 그 제안된 목적을 비판·선택하는 것이라고 할 수 있다. 바로 이것이 도덕법칙이 적극적 자유의 개념도 규정하는 방식이다.

따라서 우리가 자유롭다는 것은 두 가지 의미에서 자유롭다고 할 수 있다. 즉, ⓐ 우리가 자연적 욕구와 욕망에 독립적으로 행위할 수 있다는

---

114) Kant, *Kritik der praktischen Vernunft*, 116~117쪽.

점에서, ⓑ 우리가 우리의 행위와 관련된 목적과 수단을 규제하는 원칙, 즉 합당하고 합리적인 존재인 우리가 적절한 자율성의 원칙을 갖고 있다는 점에서 자유로운 것이다(TKMP, 109~110).

정언명법적 절차의 셋째 특징은 도덕법칙이 목적의 공화국을 구성하는 방법을 보여 줄 수 있다는 점이다. 롤즈는 칸트의 순수실천이성의 보다 일반적인 양상을 분명히 함으로써 이것이 가능하다고 생각한다.

칸트는 『순수이성비판』에서 이성은 경험에 의해 제시된 사물의 질서에 따르는 것이 아니라, 완전한 자발성을 갖고 이념에 따르는 그 자신의 질서를 형성하여 경험적 조건을 이 질서 속에서 재구성하며, 그 질서에 따라 아직 일어나지 않은, 그리고 어쩌면 결코 일어나지 않을 행위까지도 필연적인 것이라고 선언한다. 그럼에도 불구하고, 이성은 이 행위에 관한 인과성을 가질 수 있다는 것을 전제한다. 그렇지 않으면 이성은 그 이념으로부터 경험적인 결과가 나오기를 기대할 수 없기 때문이다.115)

이러한 칸트의 이성의 일반적인 양상을 롤즈는 순수실천이성의 일반적인 양상으로 간주한다. 이로부터 롤즈는 순수실천이성이 이성의 이념에 따라 그 자신의 질서로서의 목적의 공화국의 개념을 그 자체로부터 구성하여 제도와 관행을 형성하도록 우리를 안내하는 개념인 사회가 존재한다는 사실에 의거하여, 역사적·실질적인 여건을 목적의 공화국의 개념에 부여하는 것으로 간주한다.

요컨대, 목적의 공화국은 도덕법칙에 의해 구성되며, 시민에게 사용 가능한 목적의 내용이나 특수한 제도는 경험적인, 즉 역사적·사회적인 여건에 수반되어 목적의 공화국 안에서 재구성되는 것이라고 할 수 있

---

115) Kant, *Kritik der reinen Vernunft*, 499쪽.

다. 이런 의미에서 우리는 목적의 공화국을 입헌민주주의의 한 형식으로 간주할 수 있다(TKMP, 111).

이제까지 정언명법적 절차의 특징을 살펴보았다. 그 결과 우리는 도덕법칙이 무조건적·선천적이며 그 자체로 충분한 의지의 규정근거이고, 또한 목적의 공화국을 구성한다는 점 등을 제시했다. 이런 특징으로부터 우리가 이런 종류의 도덕법칙에 따라 행위할 수 있다는 인식을 갖게 되었고, 또한 도덕법칙은 자율성의 원칙이기 때문에, 이러한 원칙에 따라 우리가 행위할 수 있다는 인식은 우리에게 우리의 자유를 드러내 주는 것이라고 할 수 있다(TKMP, 112).

6) 도덕적·정치적 구성주의 간의 연계적 전환

이상의 논의를 요약한 후, 롤즈 이론에서 도덕적 구성주의와 정치적 구성주의 간의 연관성을 밝혀보기로 한다.

먼저 롤즈는 칸트의 정언명법이 형식적 원리가 아닌 실질적 원리임을 밝히기 위해서, 정언명법이 선택·적용되는 절차적 방법으로서 정언명법적 절차를 제시한다. 이 절차는 4단계로 제시되는데, 이것을 통해 칸트의 정언명법은 실질적·실제적·경험적인 내용을 확보하게 된다고 한다. 그 경험적인 내용이란 다름 아닌 '진정한 인간적 욕구'란 개념이다.

이 개념은 정언명법적 절차의 제4단계에서 수용된다. 그것이 수용되는 이유는, 정언명법적 절차 그 자체는 너무나 완고하므로 그 절차에 따를 경우 어떠한 준칙이든 의지상의 자기모순을 범하는 준칙임이 드러나고, 그럴 경우 우리는 어떤 준칙이든 그것을 보편법칙으로 채택할 수 없게 될 것이기 때문이다. 그리하여 롤즈는 이 의지상의 자기모순을 해결하기 위한 기준으로서 진정한 인간적 욕구의 개념이 필요하며, 칸트도 이 개념을 암묵적으로 수용하고 있는 것으로 간주한다.

이상의 진술을 통해, 우리는 롤즈가 절차적 방법으로 선택된 자신의 정의의 원칙을, 칸트가 의미하는 정언명법이라고 주장하여 제기된 문제(즉, 칸트의 정언명법이 절차적 방법으로 선택되는 것을 입증하고, 그 절차적 방법 속에 기본적 가치와 유사한 욕구가 도입되는 방식을 입증하는 것)을 해결하는 방식을 보게 된다.

또한 롤즈는 칸트가 정언명법적 절차의 제4단계에서 도덕법칙을 선택하기 위하여 특정한 정보에 관한 제한사항을 가정하고 있다고 본다. 이로부터 롤즈는 마치 자신이 원초적 입장에 무지의 베일을 도입하고 있듯이, 칸트도 정언명법적 절차에 무지의 베일을 도입하고 있는 것으로 간주한다.

롤즈의 관점에서 볼 때, 칸트의 정언명법적 절차의 제4단계에는 합당성(특정한 정보에 관한 제한사항)과 합리성(진정한 인간적 욕구)의 두 측면이 공존하고 있다. 그러나 정언명법적 절차에 의한 명법이 그 최종성을 확보하려면 이 합당성과 합리성의 측면이 하나로 통합되는 방식이 제시되어야 할 것이다. 이것은 칸트식으로 말해, 실천이성의 통일문제에 해당된다.

이제 롤즈는 자신의 정의론이나 칸트의 윤리학이 합당성의 체계임을 입증하기 위하여, 칸트의 실천이성을 순수실천이성과 경험적 실천이성으로 구분하고, 이 양자의 실천이성 간의 구획기준을 칸트의 '이성적'이라는 개념의 의미분석으로부터 도출한다.

그 분석결과, 칸트의 '이성적'이라는 개념에 함축된 합당성의 측면은 순수실천이성에 상응하고, 합리성은 경험적 실천이성에 상응하는 것으로 간주된다. 이로부터 순수실천이성은 정언명법으로, 경험적 실천이성

은 가언명법으로 각기 자신을 표현하게 된다. 그런데 정언명법적 절차
는 순수실천이성의 요구를 표현하는 것이므로, 정언명법적 절차는 순수
실천이성의 요구에 따라 행위하는 행위자의 합리적이고 진지한 숙고를
요구하여 경험적 실천이성을 제약한다.

이것이 실천이성이 통일되는 방식이다. 결국 롤즈는 이러한 표현방
식을 통해 '합리성에 대한 합당성의 우선성'을 주장하는 자신의 정의론
이 칸트적임을 밝히고 있는 것이다.

롤즈는 칸트 윤리학에서 찾아지는 선(가치)의 개념을 여섯 가지로 제
시한 바 있다. ① 행복, ② 진정한 인간적 욕구, ③ 허용가능한 목적,
④ 선의지, ⑤ 목적의 공화국, ⑥ 완전선 등의 개념이 그것이다.

이 중에서 '진정한 인간적 욕구'라는 개념은, 객관적인 내용을 갖춘
도덕법칙의 산출을 위하여 정언명법적 절차의 제4단계에서 필요로 했
던 개념이다. 여기서 객관적 내용이란, 합당하고 진지한 모든 행위자에
게 정당하고, 충분한 근거에 기초한, 그리고 대체로 동일한 것으로서 공
공적으로 인정된 내용을 의미한다. 그런데 이 진정한 인간적 욕구는 각
행위자의 특수한 정보를 제약하여 산출되는 욕구이므로, 그것은 객관적
내용으로 간주된다. 이런 의미에서 진정한 인간적 욕구는, 도덕법칙은
충분한 객관적 내용을 가져야 한다는 이성의 요구에 부합된다. 또한 선
(가치)이란, 이성의 원리에 따라 필연적으로 욕구된 대상을 의미하는 것
이므로, 진정한 인간적 욕구는 선(가치)으로 간주된다.

진정한 인간적 욕구에 대한 이상의 진술을 통해, 우리는 롤즈가 자신
의 정의의 원칙을 칸트가 의미하는 자율적 원칙에 해당된다고 주장하여
제기된 문제(즉, 칸트의 윤리학에서 사회적 기본가치와 유사한 어떤 개
념을 발굴해내고, 그것이 선임을 입증하는 것)을 해결하는 방식을 보게
된다.

또한 롤즈에 따르면 행복의 개념을 제외한 나머지 선(가치)의 개념은 도덕법칙에 의한 제약사항을 존중하는 개념들로서, 도덕법칙 이후에, 그리고 도덕법칙에 의해 규정된다. 이런 점에서 '좋음(선)에 대한 옳음(도덕법칙)의 우선성'을 주장하는 칸트의 법칙론적(의무론적) 구조가 여실히 드러나게 된다는 것이 롤즈의 주장이다. 이러한 롤즈의 주장은 공정으로서의 정의관도 칸트적인 법칙론의 구조를 갖고 있다는 것을 의미한다.

이어서 롤즈는 칸트의 도덕이론을 구성주의로 간주하고, 칸트의 도덕적 구성주의의 가장 본질적인 특성을 다음과 같이 제시한다. 즉, 정언명법적 절차의 형식과 구조가 칸트의 인간관을 반영한다는 것이 그것이다. 그리하여 실천이성을 공유한 합당하고 합리적인 자유롭고 평등한 사람이 정언명법적 절차를 지적·양심적으로 적용할 경우 동일한 판단에 도달될 수 있는데, 이 때의 동일한 판단이란 결국 합의에 의한 동일한 판단을 의미하는 것이다.

이러한 인간관이나 합의의 개념은 롤즈의 정의론에서도 찾아볼 수 있다. 이런 의미에서 칸트의 도덕적 구성주의의 본질적인 특성에 대한 롤즈의 설명은 공정으로서의 정의관이 칸트적 구성주의임을 간접적으로 시사하고 있다.

롤즈에 따르면 정언명법적 절차의 특징을 상기해 볼 경우 도덕법칙이 자유의 법칙임을 인지할 수 있다고 한다. 정언명법적 절차의 특징은 ① 도덕법칙이 무조건적임을 드러내 준다, ② 그 자체로 충분한 의지의 규정근거로서의 도덕법칙을 보여준다, ③ 도덕법칙이 목적의 공화국을 구성하는 방법을 보여 준다는 것이다.

이런 특징으로부터 우리는 도덕법칙에 따라 행위할 수 있는 인식을 갖게 되었고, 도덕법칙은 자율성의 원리이기 때문에, 이러한 원리에 따라 행위할 수 있다는 인식은 우리에게 자유를 드러내 준다.

이와 같이 자율성에 바탕 하여 칸트의 도덕법칙이 자유의 법칙임을 밝히고 있는 롤즈의 설명은, 결국 '평등한 자유의 원칙'을 도출하는 정의관에 대한 칸트적 이해를 함축하고 있는 것이다. 그런데 여기서 한 가지 부기할 것은 앞서의 정언명법적 절차의 특징 가운데 특히 셋째의 특징은, 현실적인 너와 나로서의 우리가 요구하는 반성적 평형상태가 정언명법적 절차 내에 함축되어 있음을 보여 준다는 점이다.

이상에서 개진된 칸트 도덕철학에 관한 롤즈의 절차적 논의는 칸트 도덕철학에 관한 하나의 경험론적 해석지로 이해된다. 그러나 롤즈가 칸트를 경험론적으로 이해하고자 하는 이유는 단순히 칸트를 경험론적으로 해석해 보자는 데 있는 것이 아니라, 자신의 공정으로서의 정의관을 칸트적으로 정당화함에 하나의 강력한 논증으로서 사용하고자 하는 데 그 목적이 있다고 하겠다.

그런데 여기에서 논의의 기초로 삼고 있는 롤즈의 「칸트 도덕철학의 주제」라는 논문은 우리에게 어떤 문제점을 던져 준다. 그 문제점이란 다름아닌 발표시점상으로부터 제기되는 문제이다.

롤즈는 이제까지 견지해 왔던 자신의 정의론에 관한 도덕적 해석으로부터, 보다 구체적으로 말해 칸트적인 도덕적 해석으로부터, 이른바 정치적 해석으로 정의론의 해석의 관점을 전환한 바 있다. 롤즈는 그의 정의론을 해석함에 그 해석상의 패러다임을 전환한 몇 가지 이유를 제시하고 있지만 그 핵심적인 이유는 다음과 같이 말할 수 있다. 즉, 롤즈가 지닌 근본적인 관심사는 실천적인 사회적 문제이며, 이러한 관심으로부터 그는 사회의 기본구조를 규제하는 특수한 정의관을 제시한다. 그런데 이러한 정의관을 정당화함에 칸트적으로 정당화될 경우 여기에는 불가피하게 형이상학적·인식론적 문제들과 관련된 논쟁이 제기된

다.116)

롤즈에 따르면 이러한 논쟁이란 사실상 불필요한 논쟁에 해당된다. 그것은 어떤 특수한 정의관을 구성함에 사실상 그러한 정의관의 구성을 불가능하게 하는 하나의 걸림돌이 될 수도 있다. 그래서 롤즈는 정의론의 해석관점을 이러한 논쟁과는 무관한 중립적인 관점으로서의 정치적 해석(즉, 공공적 해석)으로 그 패러다임을 변환한다.

그런데 앞에서 말한 「칸트 도덕철학의 주제」라는 롤즈의 논문은 이러한 해석관점의 전환을 선언한 뒤에 발표된 논문이다. 따라서 롤즈의 이 논문은 시기적으로 늦은 감이 있는 것으로 받아들일 수 있다. 그럴 경우 그것은 단순히 공정으로서의 정의가 칸트적으로 해석될 수 있다고 주장했던 전기 롤즈의 입장을 되풀이하는, 시기적으로 무의미한 노력으로 이해될 수도 있을 것이다.

그러나 롤즈가 칸트 도덕철학의 주제를 해석하는 방식은 그가 자신의 정의론을 칸트적으로 정당화함에 사용한 바 있는 절차주의적 해석을 취하고 있으며, 비록 해석적 관점의 패러다임이 전환되었다고 할지라도, 칸트적 해석에서 이루어진 그 기본구도는 변함없이 거의 그대로 정치적 해석에로 이전된다.

예컨대, 합리성에 대한 합당성의 우선성,117) 좋음에 대한 옳음의 우

---

116) 예컨대, 브링크는 롤즈가 '칸트의 도덕적 구성주의'를 '정합론적 도덕인식론'과 '비실재론적 도덕형이상학'으로 해석하고 있다고 주장한다. 이로부터 브링크는 '롤즈의 도덕적 구성주의(즉, 칸트적 구성주의)'는 그 자체 내에 형이상학적·인식론적 관점을 함축하게 되어, 롤즈 자신이 처음에 의도한 바를 충족시키지 못했다고 비판한다. 이러한 브링크의 견해가 인식론적·형이상학적 논쟁을 제기하는 하나의 실례일 것이다.

117) 롤즈는, 원초적 입장은 칸트적 구성주의의 기본적인 특징, 즉 합당성과 합리성의 구분, 그리고 합리성에 대한 합당성의 우선성을 그 모델로 삼고 있다고 말한다. 또한 이 합당성의 우선성은 옳음의 우선성에로 유도된다고 한다. J. Rawls, "Justice as Fairness: Political not Metaphysical", *Philosophy and Public Affairs*, vol. 14(1985), 237쪽 각주.

선성, 인간관, 선의 이념들[118] 등이 바로 그것이다. 롤즈에 의하면 이

---

118) 이 글에서 언급했던 칸트의 여섯 가지 '도덕적 선'의 개념과 롤즈의 후기 논문인 「옳음의 우선성과 선의 이념」에서 말하는 여섯 가지의 '정치적 선'의 이념은 사실상 거의 유사하다.
① 행복과 합리성: 칸트에게서 행복이란 욕구와 경향성의 총체적인 만족으로 파악되는 것이다. 그런데 롤즈의 견해에 따르면 이러한 행복의 개념은 정언명법적 절차의 제1단계와 관련을 맺게 되는데, 이 제1단계의 준칙에 의해 행복은 합리적이고 진지한 것으로 간주된다. 여기서의 합리성이란 합리적 숙고의 원리를 말한다. 그리고 롤즈에서의 합리성이란 민주주의 사회의 성원이 자신의 가치관을 추구하기 위한 합리적인 인생계획을 세우며, 자신의 미래여건을 위한 필요와 요구에 관한 합당한 기대치를 갖는다는 점에서 가치로 간주되는 것이다.
② 진정한 인간적 욕구들과 기본적 가치: 칸트의 진정한 인간적 욕구라는 선의 개념은 그것이 도덕적 동기로 간주되는 것이며, 합당하고 진지한 모든 행위자에게 정당하고, 대체로 동일한, 그리고 공공적으로 인정된 내용, 즉 객관적 내용을 갖는 욕구를 의미한다. 마찬가지로 롤즈의 기본적 가치는 원초적 입장의 당사자에게 동기를 부여하는, 그리고 질서정연한 정치사회에서 누구나 필요로 하고 함께 공유할 수 있는 가치의 개념을 의미한다.
③ 허용가능한 목적과 허용가능한 포괄적 가치관: 칸트의 허용가능한 목적이란 책무로써 해야만 할 목적을 의미하며, 여기에는 도덕법칙과 순수실천이성의 원리가 전제되어 있다. 롤즈의 허용가능한 포괄적 가치관이라는 개념은 ⓐ 그것이 정의의 원칙과 모순이 되지 않으며, ⓑ 정당한 입헌제도의 정치적·사회적 조건 아래서 그 지지자를 확보할 수 있는 가치의 개념을 말한다.
④ 선의지와 정치적 덕목: 칸트의 선의지는 합당하고 합리적인 존재로서의 인간과 인간의 성격에 최상선이라는 의미에서 도덕적 선으로 간주되는 것이다. 또한 선의지란 우리가 행복할 만한 값어치를 갖기 위한 절대 필요조건인바, 이러한 선의지의 능력은 공정으로서의 정의관에서 도덕적 인격의 근본적 측면인 정의감의 능력과 동일하다는 것이 롤즈의 입장이다. 한편 정치적 덕목이란, 시민이 완전히 충실할 만한 가치가 있는 삶의 방식을 채택하도록 허용하고 뒷받침해 줌으로써 정치적 정의관을 보완해 주는 가치의 개념으로 간주되는데, 예절과 관용, 분별성과 공정감 등의 덕목은 이른바 공공선을 구성하게 된다. 그런데 칸트에서의 덕이란, 우리가 행복할 만한 값어치를 갖기 위한 최상의 조건으로 간주되는 것으로서 그것은 선의지에 기초하여 성립되는 것이다. 이와 유사하게 롤즈에서의 정치적 덕목은 정의감에 기초하여 성립되는 것으로 간주될 수 있는데, 이것도 우리가 행복할 만한 값어치를 갖기 위한 최상의 조건이라고 할 수 있다. 이상의 대비를 통해 볼 때 칸트의 선의지와 롤즈의 정의감, 그리고 칸트의 덕의 개념과 롤즈의 정치적 덕목은 각각 대응하고 있다고 할 수 있다. 그러므로 칸트의 선의지와 롤즈의 정치적 덕목은 직접적으로 대응한다고 말할 수는 없지만, 정치적 덕목이 정의감을 바탕으로 하여 성립된 만큼 그 연계가능성은 인정될 수 있다고 본다.
⑤ 목적의 공화국과 질서정연한 정치적 사회: 칸트의 목적의 공화국이란, 모든 사람이 정언명법적 절차의 올바른 적용으로부터 결과하는 지침의 총체에 따른다면 적어도 합당하게

모두는 정치적 정의관에 속하는 것이기는 하나, 이 정치적 정의관 역시 도덕적 개념이라고 한다. 이것은 그 구성주의에는 근본적인 변화가 없다는 하나의 증거가 될 것이다. 그렇다면 롤즈의 공정으로서의 정의에 관한 해석적 관점의 전환은 '칸트적인 도덕적 구성주의'로부터 '칸트적인 정치적 구성주의'로의 전환이라고 할 수도 있을 것이다.

물론, 롤즈는 '칸트의 도덕적 구성주의'와 자신의 '공정으로서의 정의의 정치적 구성주의' 간의 차이점을 네 가지로 제시한 바 있다.119) 그에 의하면, ① 칸트의 이론은 '자율성의 이상(the ideal of autonomy)'이 우리 삶 모두를 규제하는 역할을 하는 포괄적인 도덕적 견해이다. ② 자율성의 의미에서, 정치적 구성주의의 자율성은 정치적인 견해가 적합한 정치적 사회관 및 인간관과 결합한 실천이성의 원칙에 근거한 것으

유리한 조건 아래서 생길 수 있는 사회세계이다. 그리고 질서정연한 정치적 사회는 시민이 개인의 자격이나 집단의 자격으로 정당한 입헌제도를 유지하고, 또한 그 과업을 수행하는 가운데 실현되는 사회이다.

⑥ 완전선과 사회연합체의 사회통합체로서의 질서정연한 사회: 칸트의 완전선은 목적의 공화국이 존재하고 그 성원이 완전한 선의지를 갖고 있을 뿐만 아니라, 인간 삶의 통상적인 조건이 허용하는 한 완전히 행복하다면 달성되는 선이다. 롤즈는 이러한 완전선을 '실현된 목적의 공화국'이라고 하며, 적어도 합당하게 유리한 조건 아래서 자연계에 접근할 수 있는 자연적 선으로 간주한다. 그리고 사회연합체의 사회통합체로서의 질서정연한 사회의 가치에서 사회연합체의 사회통합체는 다음과 같은 의미를 갖는다. 즉, 어떤 경우에서든 사람은 서로를 필요로 한다. 그 이유는 자기의 능력을 성취하려면 타인과의 적극적인 협동이 요구되기 때문이다. 이는 개인이든 아니면 그 개인이 소속하고 있는 집단이든 마찬가지이다. 이것이 사회통합체의 의미이다. 그러므로 이 사회통합체를 통해서만 개인은 완전하게 된다고 할 수 있다. 이러한 사회통합체를 통해 질서정연한 정치적 사회는 실현가능하게 된다. 이런 의미에서 우리는 사회연합체의 사회통합체로서의 질서정연한 사회를 '실현된 질서정연한 사회'라고 할 수 있을 것이다. 이런 맥락에서 이 개념 역시 자연적 선(가치)으로 간주될 수 있다. J. Rawls, "The Priority of Right and Ideas of the Good", *Philosophy and Public Affairs*, vol. 17(1988), 251~276쪽 참조. 이 논문의 제목과 같은 J. Rawls, *Political Liberalism* (N. Y.: Columbia Univ. Press, 1993), 제5강 (173~211쪽) 참조. 그리고 이 책의 「정치적 자유주의와 그 한계」 각주 10) 참조.

119) Rawls, *Political Liberalism*, 99~101쪽.

로서의 정치적 가치의 질서를 대변하거나 드러낸다는 의미에서 '교의적 자율성(doctrinal autonomy)'인 반면에, 칸트의 도덕적 구성주의의 자율성은 도덕적 질서나 정치적 가치가 실천이성의 원칙과 입장에 의해 만들어지거나, 그것 자체는 구성됨에 틀림없다는 의미에서 '구성적 자율성(constitutive autonomy)'이다. ③ 칸트의 인간관과 사회관은 선험적 관념론에 토대를 두고 있다. ④ 공정으로서의 정의관은 '합당한 다원주의라는 사실'을 전제하고서 정치적 정의의 문제에 관한 공공적 정당화의 기초를 밝히는 것을 목적으로 한다. 반면에 칸트는 철학의 역할을 변론(apologia), 즉 합당한 신념의 옹호로 간주한다. 다시 말해 칸트는 이론이성과 실천이성의 정합성과 통일성을 모색함으로써 신념 자체의 권위영역과 한계에 관한 모든 문제를 해결하는 데 적합한 것으로서의 이성을 우리가 어떻게 '호소를 위한 최종적인 법정'으로서 간주할 수 있는지를 보여 주고자 한다.

그러나 이러한 차이점은 '칸트의 도덕적 구성주의'와 '롤즈의 정치적 구성주의'가 갖고 있는 당연한 차이점일 뿐이다. 여기서 우리는 다시 한번 '칸트의 도덕적 구성주의'와 '칸트적인 도덕적 구성주의'를 준별해서 이해할 필요가 있다. '칸트의' 도덕적 구성주의와 롤즈의 정치적 구성주의 간에는 엄연한 차이가 있지만, 앞에서 말한 바와 같이 '칸트적인' 도덕적 구성주의와 롤즈의 정치적 구성주의(즉, 칸트적인 정치적 구성주의) 간에는 여전히 이론적인 친연성과 유사성이 존재한다.

이제 롤즈가 정치적 관점으로 자신의 정의론의 해석을 변경한 이후에 「칸트 도덕철학의 주제」라는 논문을 발표한 이유와 롤즈 정의론의 해석문제에서 이 논문이 맡고 있는 역할이나 위치에 다음과 같이 말할 수 있겠다. 즉, 그것은 도덕적 해석에서 정치적 해석으로의 전환이 단절적인 의미의 전환이 아닌, 연계적인 의미에서의 전환임을 보여 주고자 하는 롤즈의 의도로부터 이루어진 것이다. 때문에 이 논문은 이론적 맥락에서 전기 롤즈와 후기 롤즈를 이어 주는 연결고리로 자리매김할 수 있을 것이다.

4. 원초적 입장과 이상적 담화상황

1) 롤즈와 하버마스의 논쟁

현대 서양철학의 전개양상에서 두드러진 특징 가운데 하나는 영미철학 또는 대륙철학이라는 지리적 경계에 국한된 토론이나 논쟁을 넘어선 양자 간의 상호비판적·수렴적인 논의경향일 것이다. 그러한 논의경향 가운데 하나로서, 우리는 정치적 자유주의를 지향하는 미국의 롤즈와 담론윤리학을 전개하는 독일의 하버마스 간의 논쟁을 손꼽을 수 있을 것이다. 혹자는 롤즈와 하버마스 간의 논쟁을 '역사적인 상호교환 (historic interchange)'120)이라고도 한다. 이것은 도덕 및 정치철학에서 롤즈와 하버마스 양자가 차지하는 비중이 그 만큼 크다는 평가에서 나온 말일 것이다.

하버마스는 「이성의 공적 사용을 통한 조정」이라는 논문에서 롤즈의 정치적 자유주의의 전반적인 체계에 비판을 시도하며, 이에 맞서서 롤즈는 「하버마스에 답변함」이라는 논문을 통해 자신의 입장옹호와 아울

---

120) J. Habermas, "Reconciliation through the Public Use of Reason: Remarks on John Rawls's Political Liberalism", *The Journal of Philosophy*, vol. XCII, no. 3 (March, 1995), 109쪽. 편집자 주 참조. 이하 "Reconciliation"으로 약기함.

러 하버마스의 이론체계에 반론을 제시한다.121) 이 글에서 필자는 도덕
원칙122)을 도출해내기까지의 이론적 구성에서 발생되는 문제점들에 대
한 하버마스와 롤즈 양자의 상호비판적인 논의를 고찰할 것이다. 다시
말해 필자는 '롤즈의 원초적 입장'에 대한 하버마스의 비판과 '하버마스
의 이상적 담화상황'에 대한 롤즈의 비판을 그 고찰대상으로 삼는다.

여기에서 롤즈의 공정으로서의 정의관의 일부로서의 원초적 입장이
란, 시민이 자유롭고 평등하며, 합당하고 합리적인 존재로 간주되는 입
헌 민주주의를 위한 가장 합당한 정치적 정의의 원칙은 무엇인가라는
추론을 정식화하기 위하여 사용된 분석적 방도이다. 반면에 하버마스의
의사소통적 담론윤리학의 일부로서의 이상적 담화상황이란, 도덕적인
사람의 자유와 평등을 모델화하는 합리적 담론의 전제조건을 분석함으
로써 도덕원칙, 즉 보편화원칙을 도출하기 위하여 사용된 분석적 방도
라고 할 수 있다.

원초적 입장에 대한 하버마스의 비판을 고찰함에 있어, 필자는 우선
적으로 롤즈의 원초적 입장으로부터 정의의 두 원칙이 도출되는 과정을
살펴볼 것이다. 그런 다음 하버마스의 비판과 그의 비판에 대한 롤즈적
답변123)을 제시할 것이다. 그리고 이상적 담화상황에 대한 롤즈의 비판

---

121) 앞의 논문, 109~131쪽. J. Rawls, "Reply to Habermas", *The Journal of Philosophy*,
vol. XCII, no. 3 (March, 1995), 132~180쪽. 롤즈의 이 논문은 그의 저작인 *Political
Liberalism* (N. Y.: Columbia Univ. Press, 1996), 372~434쪽에 재수록 되었다. 이하 *PL*로
약기하고 본문에 쪽을 부기함.

122) 롤즈는 자신의 '정의의 두 원칙'이 도덕원칙으로 간주되는 것에 반대할 것이다. 왜냐하면
후기 롤즈는 '도덕적'이라는 용어에 붙어다니는 형이상학적·포괄적인 의미를 제거하기 위해
그것과는 차별화되는 '정치적'이라는 중립적 의미를 지닌 용어를 선호하기 때문이다.

123) 원초적 입장에 대한 하버마스의 비판에 롤즈는 조목별로 직접적·구체적인 응답을 하지
않고 있다. 때문에 여기서 말하는 롤즈적 답변이란, 필자가 롤즈의 이론에서 찾아내어 정리한
내용에 해당된다.

을 고찰함에는, 앞에서와 마찬가지 방식으로 하버마스의 이상적 담화상
황으로부터 보편화 원칙이 도출되는 과정을 살펴볼 것이다. 이상적 담
화상황을 비판함에 롤즈는 자신의 입장과 하버마스의 입장 간의 가장
중요하고 근본적인 차이점을 지적함으로써, 그 차이점에 따른 원초적
입장과 이상적 담화상황 간의 차이점을 언급한다. 필자는 이러한 롤즈
의 방식에 따라 이상적 담화상황에 대한 롤즈의 비판을 고찰할 것이다.

2) 원초적 입장에 대한 하버마스의 비판

(1) 롤즈의 원초적 입장

롤즈에 의하면 정의의 원칙은 자유롭고 합리적인 사람과 도덕적으로
동등한 개인에 의한 '최초의 상황'에서 선택된다. 롤즈는 이러한 최초의
선택상황에 가장 유력한 해석을 원초적 입장이라고 하며, 이 원초적 입
장이란 거기에서 도달된 기본적 합의가 공정함을 보장하기에 적절한
'최초의 원상(status quo)'에 해당된다. 그리고 이 원초적 입장은 전통적
인 사회계약론의 '자연상태'와 동일한 관념이다. 그러나 이 원초적 입장
은 역사상에 실재했던 상태가 아니며 더욱이 문화적 원시상태도 아닌,
단지 일정한 정의관에 이르게 하도록 규정된 순수한 가상적 상황을 지
칭한다. 이러한 원초적 입장에서 선택되는 정의의 원칙은 그 후의 모든
합의를 규제하는 것으로서, 참여하게 될 사회협동체의 종류와 설립할
정부형태를 명시해 준다.124)

롤즈는 원초적 입장을 구성함에 있어 그 구성요소로서 다음과 같은
요소를 제시한다. '옳음의 개념의 형식적 제한조건', '무지의 베일', '사

---

124) J. Rawls, *A Theory of Justice* (Cambridge: The Belknap Press of Harvard Univ. Press,
1971), 11~12쪽, 17~18쪽. 이하 *TJ*로 약기하고 본문에 쪽을 부기함.

회적 기본가치', '당사자의 합리성', '최소극대화 규칙' 등이 그것이다.

롤즈에 의하면 사회의 기본구조는 원초적 입장의 당사자가 선택하는 정의의 원칙에 의해 확인된다. 왜냐하면 정의의 원칙은 가능한 기본구조를 명시해 줄 것이기 때문이다. 그런데 정의의 원칙이 가능한 기본구조를 명시해 주려면 우선적으로 옳음의 개념과 관련된 어떤 일반적인 제한조건을 만족시켜야 한다. 이러한 제한조건을 '옳음개념의 형식적 제한조건'이라고 하는데, 롤즈는 이 형식적인 제한조건으로 다섯 가지를 제시한다.

① 모든 원칙은 일반적이어야 한다. 즉, 그 원칙은 고유명사나 특정한 설명이 감추어진 것임을 직감적으로 알게 되는 말을 사용하지 않고 정식화될 수 있어야 한다. 그러므로 원칙의 진술은 일반적 성질이나 관계를 표현해야만 한다. ② 원칙은 그 적용에서 보편적이어야 한다. 그것은 모든 사람이 도덕적 존재라는 이유로 인하여 적용되어야 한다. 그래서 모든 사람이 그 원칙을 이해하고, 또한 각자가 숙고할 때 그것을 이용할 수 있어야 한다. ③ 셋째 조건은 공지성이라는 조건이다. 이 조건의 요점은 당사자에게 어떤 정의관을 공공적으로 인정되고 충분히 유효한 사회생활의 도덕적 헌장으로서 평가하게 한다는 점이다. ④ 옳음의 개념이란 상충하는 요구 간의 서열을 정해 주어야 함을 의미한다. 즉, 상충하는 요구 간의 우선순위규정을 말한다. 옳음이나 정의의 원칙을 채택할 때 완력이나 교지에 호소하는 일은 피해야 하기 때문이다. ⑤ 다섯째의 마지막 조건은 최종성이라는 조건이다. 이것은 전체 체계에 의거한 실제적인 추론과정이 그 결론에 이를 경우에는 문제가 해결된다는 뜻에서 그 전체 체계는 최종적인 것이다. 요컨대, 옳음의 개념은 형식에서 일반적이며, 적용에서 보편적이고, 또한 도덕적 인간의 상충하는 요구 간의 서열을 정해 주는 최종적인 법정이라는 것이 공공적으로 인정되는

원칙의 체계이다(*TJ*, 131~135).

사회의 기본구조를 명시해 주는 또는 규정해 주는 정의의 원칙이 이상의 '옳음의 개념의 형식적 제한조건'을 만족시키는 원칙이 되기 위해서는 그것이 공정한 절차를 통해 선택된 원칙이어야만 할 것이다. 그리하여 롤즈는 이러한 공정한 절차를 보장하기 위한 방법론적 가정으로서 '무지의 베일'을 원초적 입장에 도입한다. 무지의 베일이란, 원초적 입장에서 합의된 원칙이 어떤 원칙이든 간에 그것이 정의로운 것이 되도록, 사람을 다투게 하고 그의 사회적·자연적 여건을 그 자신에게 유리하도록 유혹하는 특수한 우연성의 결과를 무효화시키는 방법을 말한다(*TJ*, 136).

무지의 베일에 의해 제한되는 지식으로는 다음과 같은 지식을 들 수 있다. ① 각자는 사회에서의 자기의 사회적 지위나 계층을 모르며, ② 자신의 천부적 자산과 능력, 지성 그리고 체력 등의 분배상 행운을 알지 못하며, ③ 자기가 무엇을 선(가치)이라고 생각할지, 자신의 합리적인 인생계획의 세목이나 모험을 싫어한다거나, 비관적 또는 낙관적 경향과 같은 자기심리의 특징까지도 모르며, ④ 당사자는 그가 속한 사회의 특수한 사정도 모른다. 다시 말해 당사자는 자기사회의 경제적·정치적 상황이나 그것이 지금까지 이룩한 문명이나 문화의 수준도 모른다. ⑤ 원초적 입장의 당사자는 그가 어떤 세대에 속해 있는지에 대한 정보조차도 모른다(*TJ*, 137). 이런 의미에서, 롤즈는 원초적 입장의 당사자가 쓰고 있는 무지의 베일을 '두꺼운 무지의 베일'이라고 말하고 있다(*PL*, 273).

이상에서 언급한 '옳음의 개념의 형식적 제한조건'과 '무지의 베일'은 원초적 입장에 참여한 당사자를 규제하기 위하여 제시된 형식적인 규제조건이라고 할 수 있으며, 그런 의미에서 이러한 규제조건은 원초적 입장의 합당성의 측면에 속하는 것으로 간주된다. 그러나 원초적 입장에는 정의의 원칙을 선택하기 위한 앞서의 형식적·규제적 측면뿐만 아니라 내용적·실질적 측면 또한 고려되고 있음은 주지의 사실이다. 이러한 측면을 우리는 원초적 입장의 합리성의 측면이라고 할 수 있다.

합리성의 측면 가운데 하나로서 우리는 사회적 기본가치를 들 수 있다. 사회적 기본가치란 합리적 인간이면 누구나 그가 원하는 것이 무엇이든지 간에 원하리라고 생각되는 것을 말한다(*TJ*, 62, 92). 롤즈는 사회적 기본가치의 목록으로서 다음의 다섯 가지 기본적 가치를 제시한다.

① 기본적 권리와 자유: 사상의 자유와 양심의 자유, 정치적 자유(투표권, 정치적 참여권), 결사의 자유, 인격체의 (신체적·심리적) 자유와 보전에 의해 규정되는 권리와 자유, 법의 지배에 의해 망라되는 권리와 자유.

② 다양한 목적추구를 인정하고 그 목적을 수정·변경하도록 결정을 내릴 수 있게 하는 기회인 다양한 기회라는 배경 아래서의 이주의 자유와 자유로운 직업선택의 자유.

③ 권위와 책임이 있는 직책과 지위에 따르는 권력과 특권.

④ 목적이 무엇이든지 간에 폭넓은 영역에 걸쳐 목적을 성취하기 위하여 일반적으로 필요로 하는 (교환가치를 지닌) 다목적적 수단으로 이해되는 소득과 부.

⑤ 시민이 자신이 인격으로서의 생생한 가치감을 지니고 있으며 자기확신에 바탕하여 자신의 목적을 실현할 수 있다면 통상적으로 필수적인 기본제도의 측면으로 이해되는 자존감의 사회적 기반.[125]

---

125) J. Rawls, *Justice as Fairness: A Guided Tour* (Cambridge: Harvard Univ., 1989), 36쪽, 43쪽; *PL*, 181쪽.

　　롤즈가 원초적 입장에 이상의 사회적 기본가치을 도입한 이유는 크게 두 가지로 구분하여 말할 수 있다. ① 사회적 기본가치는 사회의 대표적 성원의 상대적 복지를 결정하기 위한 ‘개인 간의 비교기준’으로서 도입되었으며, ② 원초적 입장의 당사자가 무지의 베일에 의해 그 자신의 특정한 가치관의 지식을 갖고 있지 않은 것으로 간주되고 있다고 할지라도, 원초적 입장에서 그의 숙고나 선택이 합리적인 것으로 되려면, 그것은 적어도 어떤 일련의 가치에 근거한 숙고나 선택이어야 할 것이다.126)

　　이러한 이유에 조금 더 부연 설명을 해 보기로 하자. ① 롤즈가 사회적 기본가치에 관한 개인 간의 비교를 시도하는 이유는 그 비교에 의해 사회의 ‘최소 수혜자 대표인’이 누구인가를 확인할 수 있다고 믿기 때문이다. 롤즈에 의하면 사회적 기본가치를 이용하여 개인 간을 비교하려면 그 기본적 가치의 대표적 개인의 기대치를 지수화해야 한다고 한다. 이러한 지수화방법을 통하여 사회의 대표적 성원의 지위고하를 가려낼 수 있게 되고, 이로부터 비로소 누가 사회의 최소 수혜자 대표인인가를 확인할 수 있게 된다고 한다(*TJ*, 91~92). 이와 같이 개인 간의 비교기준으로서 사회적 기본가치를 이용하여 최소 수혜자가 누구인가를 확인하고자 하는 롤즈의 의도 속에는 다음과 같은 신념이 함축되어 있는 것으로 생각된다. 즉, 원초적 입장에서 선택되는 정의의 원칙은 이 최소 수혜자의 처지를 가능한 한, 최선의 처지로 끌어올릴 수 있는 원칙이어야 한다는 것이다. ② 원초적 입장의 당사자가 그 자신의 특정한 가치관이 무엇인지 모르고 있다고 가정하는 의미는 이 당사자가 합리적인 인생계획을 자신이 가지고 있다는 것을 알지만 이 인생계획의 세목과 그것이

---

126) K. Baynes, *The Normative Grounds of Social Criticism: Kant, Rawls, Habermas* (N. Y.: State Univ. of New York Press, 1992), 146~147쪽. 이하 *NGSC*로 약기함.

증진시켜 주리라고 여겨지는 특정한 목적과 이익이 무엇인지 모르고 있음을 의미한다(*TJ*, 142).

그러나 이럴 경우 원초적 입장에서 당사자가 정의의 원칙을 숙고하고 그것을 선택할 때 어떤 정의관이 그에게 가장 유익할 것인지를 결정하기는 매우 어려울 것이다. 이것은 단적으로 말해 원초적 입장의 당사자가 합리적으로 정의의 원칙을 선택하게 하는 동기상의 요인이 결여되어 있기 때문이다. 그래서 롤즈는 동기상의 요인으로 당사자의 일반적인 욕구를 가정한다. 롤즈는 이러한 일반적인 욕구를 사회적 기본가치에 대한 욕구라고 한다(*TJ*, 263).[127] 요컨대, 롤즈가 원초적 입장에 사회적 기본가치를 도입하는 둘째의 이유는 합리적 선택을 위한 최소한의 동기부여에 있다고 할 수 있다.

롤즈에 따르면 합리적 인간은 그에게 열려진 선택지들 간의 일관된 선호의 체계를 갖고 있는 것으로 간주된다고 한다. 그래서 합리적인 인간은 이러한 선택지가 자신의 목적을 증진시켜 주는 정도에 따라 이 선택지에 등급을 매기며, 자신의 욕구를 덜 만족시키는 계획보다는 더 많이 만족시키는 계획을, 그리고 성공적으로 실현될 가능성이 큰 계획을 추구하게 된다고 한다. 여기에 덧붙여 롤즈는 합리적인 인간이란, 시기심에 좌우되지 않는다는 특징을 가지고 있는 것으로 간주한다. 이러한 합리적 인간에 관한 개념적 정의로부터 롤즈는 계약당사자의 합리성을 '상호 무관심한 합리성'으로 규정한다. 상호 무관심한 합리성은 다음과 같은 의미를 갖는다. 즉, 원초적 입장에 있는 사람은 가능한 한 자신의 목적체계를 증진시켜 주는 원칙을 받아들이고자 한다. 그들은 이를 위하여 가장 높은 지수의 사회적 기본가치를 획득하고자 한다. 왜냐하면

---

127) 앞의 책, 263쪽.

그것은 내용에 상관없이 그가 지닌 선의 개념을 가장 효과적으로 증진시켜 줄 수 있기 때문이다. 또한 당사자는 상호 무관심한 존재이기 때문에 상호간에 이익을 주거나 손상을 끼치고자 하지도 않는다. 뿐만 아니라 그들은 애정이나 증오에 의해 마음이 흔들리지도 않고, 서로를 비교하여 더 많은 것을 얻으려 하지도 않으며, 질투를 하거나 허세를 부리지도 않는다(*TJ*, 143~144).

이상과 같은 상호 무관심한 합리성을 지닌 당사자는 정의의 원칙을 선택할 때 그 결정규칙으로서 '최소 극대화 규칙(원칙)'을 선택한다.

롤즈에 의하면 최소 극대화 원칙이 타당성을 갖는 상황에는 세 가지의 주요한 특징이 있다고 한다. ① 가장 자연스런 선택규칙은 각 의사결정이 가져올 금전상의 이득기대치를 비교해 보고 가장 높은 전망이 있는 행동 과정을 채택한다. ② 선택자는 그 최소 극대화 규칙에 따를 경우 확보할 수 있는 최소한의 급료 이상으로 얻게 될 이득에 관해서는 별다른 관심이 없는 그러한 가치관을 갖고 있다. ③ 제외된 대안은 우리가 거의 받아들이기 어려운 결과를 갖고 있다(*TJ*, 154). 결국 이러한 특징은 당사자의 상호 무관심한 합리성에 내재되어 있는 특징에 다름아닌 것이다. 그러므로 롤즈가 최소 극대화 규칙을 당사자가 선택할 것이라고 가정하는 것은 지극히 당연한 귀결이다.

이상의 원초적 입장에서 선택된 정의의 두 원칙은 다음과 같다(*PL*, 291).

① 각 사람은 모든 사람의 유사한 자유의 체계와 양립할 수 있는 평등한 기본적 자유의 완전하게 충분한 체계에 대한 평등한 권리를 갖는다.

② 사회적·경제적 불평등은 다음 두 가지 조건을 만족시켜야 한다. 첫째, 이 불평등은 공정한 기회균등의 조건 아래 모든 사람에게 개방된 직책과

직위에 결부되어야 한다. 둘째, 이 불평등은 사회의 최소 수혜자 성원에게
최대 이득이 되어야 한다.

(2) 하버마스의 비판과 롤즈적 답변

하버마스는 롤즈의 원초적 입장에 다음과 같은 세 가지의 문제점[128]
을 제기한다. ① 원초적 입장의 당사자가 단지 합리적 이기주의의 기초
위에서 그의 고객의 최고차적 관심을 이해할 수 있을까? ② 기본적 권리
가 기본적 가치에 동화될 수 있을까? ③ 무지의 베일이 판단의 공평성을
보장하는가?

먼저, 첫째 문제점에 대한 하버마스의 비판적 견해를 고찰해 보기로
하자. 하버마스에 따르면 롤즈는 완전하게 자율적인 시민이 완전한 자
율성을 결여한 당사자에 의해 대변될 수 있다는 결정을 일관되게 지지
할 수 없다고 한다. 왜냐하면 롤즈의 견해에서 시민은 정의감과 가치관
에 관한 능력뿐만 아니라 합리적인 방식으로 이러한 성향을 계발하는
데 관심을 지니고 있는 도덕적 인간으로 간주되며, 반면에 원초적 입장
의 당사자의 경우에 도덕적 인간의 이러한 합당한 특성들은 합리적 구
상의 규제요소로 대체되기 때문이다.

그러나 동시에 당사자는 시민의 이러한 특성들로부터 나타나는 그의
최고차적 관심을 이해할 수 있고 적절하게 고려할 수 있는 것으로 가정
된다. 예컨대, 당사자는 자율적인 시민이 단지 자기이익으로부터가 아
닌 정당한 원칙의 기초 위에서 다른 사람의 관심을 존중하며, 시민이
충실하게 책무를 질 수 있으며, 시민이 그의 공적 이성[129]의 사용을 통
해 현존하는 제도와 정책이 정당하다고 확신하기를 원한다는 사실을 틀

---

128) Habermas, "Reconciliation", 112쪽.
129) 이 책의 「7.정치적 자유주의와 그 한계」 각주 38) 참조.

림없이 고려할 것이므로, 당사자는 그 스스로가 부인한 자율성의 함축과 결과를 이해하고 진지하게 받아들이는 것으로 가정된다. 이것은 상세하게 알려지지 않은 자기관련적 관심과 가치관의 옹호를 위해서는 여전히 타당할 수 있다. 그러나 정의를 숙고하는 의미가 합리적 이기주의자의 관점에 의해 영향 받지 않은 채 남아 있기는 힘들 것이라고 하버마스는 주장한다. 이어서 그는, 당사자가 그의 합리적 이기주의에 의해 확정된 범위 내에서 그가 대변하는 시민은 그가 정당한 방법으로 그들 스스로를 모든 사람에게 동등하게 선인 것으로 지향할 경우에 인수할 것임에 틀림없는 호혜적인 관점의 획득을 달성할 수 없다고 한다.

그럼에도 불구하고 당사자가 정의에서 그가 추구하고 있는, 그리고 그의 고객의 관심을 충분히 고려하는 의무론적 원칙의 의미를 이해할 수 있다면, 당사자는 정의의 문제에서 맹목적인 합리적으로 선택하는 행위자를 위한 충분한 능력보다 훨씬 확장된 인지적 능력을 갖추고 있음에 틀림없다고 하버마스는 단언한다. 그래서 이러한 방향으로 확장된 상태에서, 원초적 입장의 구상이 원래적 모델로부터 너무나 멀리 옮겨가게 됨으로써 그 취지를 상실하게 될 수도 있다는 것이다.

이상에서 제시된 하버마스의 비판적 견해는 질서정연한 사회의 시민이 지니고 있는 자율성이 원초적 입장에 있는 당사자에게 모델화되는 방식의 비판으로 간주된다. 하버마스의 비판적 견해를 검토하기 위하여, 정치적 인간관에 속하는 시민이 가지고 있는 것으로 간주되는 '합리적 자율성'과 '완전한 자율성'이 원초적 입장에서 모델화되고 있는 방식을 살펴보기로 하자.

롤즈에 따르면 시민이 ① 자신의 가치관을 추구할 때 정치적 정의의 한계 내에서만 자유롭고, ② 그의 도덕적 능력과 결부된 고차적 관심을 획득하도록 동기부여되었다는 점에서 합리적으로 자율적인 것처럼, 원초적 입장의 당사자는, ① 그가 생각하는 어떤 정의의 원칙이 그가 대표하는 사람의 이득을 최대화시켜 준다고 할지라도, 원초적 입장의 제약사항의 한계 내에서만 자유롭다는 점과, ② 이러한 이득을 평가할 경우 당사자는 각자의 고차적 관심을 고려한다는 점에서 합리적으로 자율적이다. 바로 이것이 시민이 지닌 합리적 자율성이 원초적 입장에서 모델화되는 방식이다. 그런데 여기서 한 가지 유의할 점은 단지 합리적으로 자율적인 당사자는 우리가 만든 대변의 방도로서의 원초적 입장에 거주하는 인위적인 사람일 뿐이라는 점이다. 이런 의미에서, 원초적 입장의 당사자가 지닌 합리적 자율성은 '인위적 합리성'에 해당된다(*PL*, 74~75).

시민의 완전한 자율성은, 그가 공정하게 위치해 있다고 할 때 그가 자신 스스로에게 부과하는 공정한 협동조건을 규제하는 것으로서 이해되는 공공적 정의의 원칙에 따라 행위하는 것으로 표현된다. 그렇기 때문에 완전한 자율성은 합리적으로 자율적인 당사자에게 부과된 합당한 조건에 의해 모델화되는 것이다. 그런데 이 완전한 자율성은 시민에 의해 성취되는 정치적 가치이지, 윤리적 가치가 아니라는 것이 롤즈의 주장이다. 왜냐하면 완전한 자율성은 정치적 정의의 원칙을 채택할 때, 그리고 기본적 권리와 자유의 보장을 향유할 경우 공공생활에서 실현되는 것이며, 또한 사회의 공공사에 참여할 때, 그리고 세대 간에 걸친 집단적인 자기결정을 공유할 경우에 실현되는 것이기 때문이다. 이런 의미에서 완전한 자율성은 포괄적인 자유주의에 의해 표현된 우리의 삶 전체에 적용되는 자율성과 같은 윤리적 자율성이 아닌, 정치적 자율성에 해당된다(*PL*, 77~79).

결국 이상에서와 같이 모델화된 자율성을 갖는 원초적 입장으로부터 우리는 비로소 정치적 정의의 원칙(또는 공정한 사회적 협동조건)을 표현하거나 드러내 주는 이론으로서의 자율적인 정치이론의 의미를 진술할 수 있게 된다는 것이 롤즈의 입장이다(*PL*, 98). 이제 원초적 입장에 대한 하버마스의 둘째 비판을 살펴보기로 하자. 하버마스에 따르면, 롤즈는 사람이 그의 인생계획을 실현하기 위해 필요로 하는 일반화된 수단으로서의 기본적 가치를 도입한다. 비록 당사자가 이러한 기본적 가치의 일부가 질서정연한 사회의 시민을 위한 권리의 형식을 가정한다는 것을 알고 있을지라도, 원초적 입장에서 당사자는 그 스스로가 다만 권리를 다른 것 가운데의 하나의 가치의 범주로 묘사할 수 있을 뿐이다. 그럴 경우 정의의 원칙의 문제는 다만 기본적 가치의 정당한 분배문제라는 모습으로 제기될 수 있을 뿐이다. 그래서 롤즈는 자율성의 개념으로부터 진행되는 '옳음의 이론'과 일치하기보다는 아리스토텔레스적 또는 공리주의적 접근법에 더 일치하는 '좋음의 윤리학'에 적절한 정의의 개념을 채택하게 된다. 롤즈는 시민의 자율성이 권리를 통해 구성된다는 정의관을 고수하기 때문에, 분배의 패러다임은 어려움만을 산출하게 된다고 하버마스는 주장한다.

하버마스에 따르면, 권리는 발휘된 상태에서만 향유될 수 있는 것이다. 때문에 권리는 그 의무론적 의미를 상실함이 없이는 분배적 가치(선)에 흡수될 수 없는 것이다. 또한 권리는 행위자 간의 관계를 규제하는 것이므로, 권리는 사물처럼 소유될 수 없는 것이다. 그러나 롤즈가 제안한 합리적 선택모델의 개념적 규제요소는 기본적 자유를 기본적 권리로 구성하는 것을 배제시키고, 대신에 기본적 자유를 기본적 가치로 해석하게 한다. 이것은 책무적인 규범의 의무론적 의미를 선호된 가치에 목적론적 의미로 동화시키는 결과를 가져온다.[130] 요컨대, 이러한 의도하지 않은 결과는 규범(norm)과 가치(value)라는 개념의 개념적 구분의 불

---

130) Habermas, "Reconciliation", 114쪽.

명확성으로부터 기인한다는 것이 하버마스의 주장이다.

하버마스에 의하면, ① 규범이란 우리가 마땅히 해야만 하는 결정을 알려 주는 것이며, 가치란 어떤 행위가 가장 바람직한가 하는 결정을 알려 주는 것이다. 인지된 규범은 동등하고 예외 없는 책무를 수신자에게 부과하며, 가치는 특정한 그룹이 얻으려고 애쓰는 선의 선호가능성을 표현한다. 또한 규범은 일반화된 행동적 기대치의 수행이라는 의미에서 준수되는 반면에, 가치 또는 선은 목적적 행위에 의해서만 실현·획득되는 것이다. ② 규범은 그것이 타당한 것인가 또는 부당한 것인가에 의해 이원적인 타당성 요구를 제기한다. 대조적으로, 가치는 어떤 선이 다른 선 보다 더 매력적인가를 의미하는 선호의 관계를 확정한다. ③ 규범의 책무적인 힘이란 무조건적·보편적인 의무라는 절대적인 의미를 갖는다. 즉, 우리가 마땅히 해야만 하는 것은 모든 사람 (즉, 모든 수신자)에게 동등하게 선인 것이다. 가치의 매력성은 특정한 문화에서 확립된 또는 특정한 그룹에서 채택된 평가와 이행적인 선의 서열을 반영한다. 즉, 중요한 평가적 결정 또는 고차적 선호는 우리에게 무엇이 선인가를 표현한다. ④ 서로 다른 규범은 그것이 동일한 영역의 수신자를 위한 타당성을 요구할 경우 각각 모순될 것임에 틀림없다. 그래서 그것은 서로에게 정합적인 관계에 참여해야만 한다. 다시 말해, 그것은 하나의 체계를 구성해야만 한다. 이와는 대조적으로, 서로 다른 가치는 우선성을 위한 경쟁을 한다. 그래서 그것이 문화 또는 그룹의 범위 내에서 상호주관적인 인식과 마주치게 되는 한, 그것은 긴장을 내포하는 변이하는 지형도들을 구성한다.

요컨대, 규범은 ① 목적적 행위에 대립하는 것으로서의 규칙지배적인 관계에 있다는 점에서, ② 각각의 타당성 요구의 점진적인 법전화에 대립하는 것으로서의 이원적인 타당성 요구를 한다는 점에서, ③ 상대적인 구속성에 대립하는 것으로서의 절대적 구속성이라는 점에서, ④ 가치의 체계에 대립하는 것으로서의 규범의 체계가 만족시켜야만 하는 기준이 있다는 점에서 가치와 다르다.[131]

하버마스는 규범과 가치에 대한 이상의 개념적 구분에 의거하여 기본적 자유와 같은 기본적 권리가 기본적 가치로 흡수되거나 동화될 수 없음을 논증하고 있는 것이다.

이상의 하버마스의 비판적 견해에 답함에 있어 우리는 먼저 롤즈가 원초적 입장에 기본적 가치를 도입한 이유를 합리적 구성주체들로서의 당사자가 지니고 있는 자율성과 원초적 입장의 합당한 조건에 의해 그에게 부과되는 완전한 자율성 등과 관련하여 고찰해 보기로 하자. 롤즈는 「도덕이론에서의 칸트적 구성주의」라는 논문에서 원초적 입장의 당사자가 자율적인 이유를 다음과 같이 제시한 바 있다. ① 당사자는 그의 숙고에서 어떤 선재하는 옳음이나 정의의 원칙을 적용하거나, 그것에 의해 안내되기를 바라지 않으며, 단지 순수절차적 정의를 사용함으로써 자신의 숙고를 표현하고자 한다. ② 당사자는 그의 도덕적 능력범위 내에서의 최고차적 관심과 그의 확고한, 그러나 아직은 알려지지 않은 최종적인 목적을 진행하기 위한 관심에 의해서만 움직인다. 기본적 가치에 대한 설명과 도출이 이러한 측면의 자율성을 가져온다.[132] 결국 롤즈의 이러한 주장은 당사자가 지니고 있는 합리적 자율성과 합당한 조건에 의해 그에게 부과되는 완전한 자율성이 보장되려면 기본적 자유를 포함하는 기본적 가치가 제시되어야 한다는 것으로 이해될 수 있다.

롤즈에 의하면, 기본적 자유의 목록을 작성하는 방법에는 '역사적 방

---

131) 앞의 논문, 114~115쪽.

132) J. Rawls, "Kantian Constructivism in Moral Theory", *The Journal of Philosophy*, vol. LXXVII, no. 9(September, 1980), 527~528쪽.

법'과 '분석적 방법'이 있다. 이 중에서 분석적 방법이란, 자유가 일생에 걸쳐 도덕적 인격의 두 가지 능력을 충분하게 발달시키고 완전하게 행사하기 위한 불가결한 사회적 조건임을 고려하여 기본적인 자유의 목록을 작성하는 방법을 말한다(PL, 292~293). 이러한 방식들로부터 도출된 기본적 자유는 두 가지의 도덕적 능력(정의감과 가치관)의 충분한 계발과 완전하고 분명한 행사를 위하여 요구되는 근본적인 정치적 가치이기 때문에, 원초적 입장의 당사자가 그러한 기본적 자유를 받아들이며, 또한 다른 기본적 가치에 대한 자유의 우선성에 동의하게 된다는 것이다. 요컨대, 롤즈는 자유를 규범적인 것으로 간주하고 있는 하버마스와는 근본적으로 다른 방식으로 자유를 이해하고 있는 것이다.

마지막으로, "무지의 베일이 판단의 공평성을 보장할 수 있는가?" 라는 하버마스의 비판을 고찰해 보기로 하자. 하버마스에 따르면, 앞에서 제시한 두 가지 비판은 원초적 입장의 당사자의 합리적 의사결정 능력이 그의 고객의 최고차적 관심을 이해하거나 또는 집합적 목표에 우선하는 최후의 수단으로서의 권리를 이해하기에는 충분하지 않음을 보여준다고 한다. 그럼에도 불구하고, 롤즈가 우선적으로 당사자들의 실천이성을 박탈하고 꿰뚫을 수 없는 무지의 베일을 두른 이유를 하버마스는 의아해한다. 하버마스의 생각에, 롤즈에게서 지침적 역할을 하는 직관은 "정언명법의 역할은 당사자의 평등과 같은 참여조건에서, 그리고 무지의 베일과 같은 상황적 특징에서 구체화된 상호주관적으로 적용된 절차에 의해 인계된다"는 것이다. 그러나 이러한 전환으로부터 오는 잠재적인 이득은 정보의 체계적인 박탈에 의해 사라지게 된다. 하버마스에 의하면 이러한 문제는, 만일 롤즈가 엄격하게 절차적인 방식으로 그것을 발전시킴으로써 실질적인 내포가 없는 절차적인 실천이성관을 간직했다면, 이것은 바로 롤즈가 원초적 입장의 구상과 관련된 난점을 피할 수 없다는 것을 보여 주는 것이라고 한다.[133] 이에 대한 논거를 제시하기 위하여 하버마스는 롤즈가 칸트의 정언명법으로부터 제기되는 문제점에 응답하는 방식을 고찰한다.

하버마스는 칸트의 정언명법이 황금률("너는 다른 사람이 너에게 하지 않았던 것을 다른 사람에게 하지 말라")의 자아중심적 특성을 이미 넘어선 것으로 평가한다. 그에 의하면 황금률은 일정한 개인의 관점으로부터 보편화 검증이 요구되는 반면에, 정언명법은 영향받을 가능성이 있는 모든 것이 일반규칙으로서의 정당한 준칙일 것을 요구한다. 그러나 우리가 독백논리적 유형으로 정언명법을 보다 엄격한 검증에 적용하는 한, 그것은 여전히 우리가 바랄 수 있는 것을 우리 각자가 사적으로 고려하는 개별적으로 고립된 견지로 남게 된다. 이것은 부적절하다. 왜냐하면 각각 개인의 자기이해가 선험적 의식, 즉 보편적으로 타당한 세계관을 반영하는 경우에만 나의 관점으로부터 모든 사람에게 동등하게 선인 것이 실제로 각각 개인의 동등한 이익으로 존재할 것이기 때문이다. 그러나 이것은 사회적·이데올로기적 다원주의라는 조건 아래서는 더 이상 가정될 수 없다. 만일 우리가 칸트적인 보편화 원칙의 기초가 되는 직관을 보존하기를 원한다면, 우리는 다른 방식으로 이러한 다원주의라는 사실에 응답할 수 있다. 이러한 응답으로써 롤즈는 정보의 억제를 통해 원초적 입장의 당사자에게 공통적인 견지를 부과하며 그것에 의해 특정한 해석적 견지의 다양성을 중립화한다는 것이 하버마스의 주장이다.

그러나 자아와 세계에 대한 시민들의 서로 다른 이해에도 불구하고, 무지의 베일이 가정상 자유롭고 평등한 시민이 동의할 기본적 원칙에

---

133) Habermas, "Reconciliation", 116쪽.

대한 원초적 입장의 당사자의 시계를 처음부터 차단할 경우에 문제는
달라진다. 하버마스에 의하면, 롤즈는 정의의 원칙의 정당화를 추구함
에서, 헌법을 만들고, 입법하고, 법률을 적용하는 연속적인 단계에서 무
지의 베일을 점진적으로 치켜 올린다. 그러한 단계에 따라 유입된 새로
운 정보는 정보의 제약이라는 조건 아래서 이미 선택된 기본원칙과 조
화를 이루어야 하므로, 불쾌한 놀람 등은 회피될 것임에 틀림없다. 만일
우리가 불일치가 제기되지 않는다는 것을 보증할 수 있으려면, 우리는
장래에 자유롭고 평등한 시민의 공유된 자기이해를 잠재적으로 육성할
수 있는 모든 규범적 내용의 지식과 예측을 이미 포함하는 원초적 입장
을 구성해야만 한다. 다시 말해, 이론가는 그가 사전에 원초적 입장의
당사자에게서 제거시켰던 적어도 일부의 정보를 예상하는 부담을 짊어
져야만 할 것이다.

하버마스는, 단지 롤즈가 의미하는 정치적으로 자율적인 시민, 공정
한 협동, 질서정연한 사회라는 개념 등과 같은 기본적인 규범적 개념이
도덕적으로 중요한 앞으로의 경험과 학습과정의 견지에서 오는 수정에
잘 견뎌낼 수 있는 원초적 입장의 구성에 이용된다면 판단의 공평성은
원초적 입장에서 보장될 수 있는 것으로 간주한다. 그러나 무지의 베일
에 의해 원초적 입장의 당사자에게 부과된 정보의 박탈로부터 이상의
입증부담이라는 문제가 발생했다면, 다른 방식으로 도덕적 관점을 운용
가능하게 함으로써 이러한 부담을 가볍게 할 수 있을 것이라고 하버마
스는 제안한다. 그래서 하버마스 자신은 공적 이성의 사용이라는 요청
적 전제조건 아래서 진행하는, 그리고 처음부터 신념과 세계관의 다원
주의를 고려대상 밖에 두지 않는 논증적 실천이라는 보다 개방된 절차
를 고려하고 있다고 말한다. 이러한 절차는 롤즈가 원초적 입장의 구성
에 이용한 실질적인 개념에 의지하지 않고도 해명될 수 있다고 하버마

스는 단언한다.[134]

주지하는 바와 같이 원초적 입장의 당사자는 합당한 정의의 원칙을 도출하기 위해 요구되는 사회적 기본가치와도 같은 근본적·기초적인 정보를 지니고 있다. 때문에 당사자가 모든 정보로부터 격리된 것은 아니다. 단지 롤즈는 원초적 입장에서 어떤 정보가 배제되지 않았을 경우에 일어날 수 있는 결과를 사전에 예방하기 위한 조처로서 당사자에게 무지의 베일을 씌우고 있는 것이다.

롤즈가 원초적 입장을 구성함에 배제해야만 한다고 주장했던 정보가 배제되지 않았을 경우에 일어날 수 있는 예측가능한 결과는 다음과 같다. ① 원초적 입장에서 정의의 원칙을 선택하는 당사자는 그의 자기이익 내지는 집단이익을 그 원칙에 반영할 것이며, ② 그럴 경우, 당사자는 우연성이나 우연적인 사건의 영향을 받은 왜곡된 도덕원칙을 선택할 수밖에 없을 것이며, ③ 그 도덕원칙은 옳음의 우선성에 기초한 원칙이라기보다는 좋음(선)의 우선성에 기초한 원칙일 가능성이 크다.[135] 따라서 원초적 입장의 당사자에게 무지의 베일을 씌울 경우, 하버마스의 우려와는 달리, 오히려 우리는 판단의 공평성을 결과할 수 있는 것이다.

3) 이상적 담화상황에 대한 롤즈의 비판

(1) 하버마스의 이상적 담화상황

하버마스에 의하면 이상적 담화상황이란 말할 수 있고 행동할 수 있는 모든 주체가 진지하게 하나의 논증에 참여하고자 한다면 반드시 갖추어야만 할 일반적이고 불가피한 의사소통의 전제조건을 구체적으로

---

134) 앞의 논문, 117~119쪽.
135) J. Rawls, "Fairness to Goodness", *The Philosophical Review*, vol. 84(1975), 538쪽 참조.

표현하는 것이다.136) 하버마스는 이러한 전제조건, 즉 ‘논증의 화용론적 전제조건’이 행위의 규범을 정당화하는 것을 의미하는 개념인 의사소통적 행위이념에 내재된 개념과 결합될 경우에 논증의 화용론적 전제조건들로부터 ‘보편화 원칙’이 도출될 수 있다고 본다.137) 그러므로 우리가 하버마스의 보편화 원칙의 도출과정을 고찰함에 있어 우선적으로 요구되는 것은, 그의 담론윤리학을 구성하는 데 핵심적인 위치를 차지하고 있는, 의사소통적 행위론과 보편 화용론의 일별일 것이다.

하버마스에서 의사소통적 행위138)의 목표 또는 궁극적인 목적은 다른 사람에게 영향을 미치려는 시도 속에서가 아니라, 세계 속에서 어떤 것에 관하여 하나 또는 그 이상의 행위자를 포함하는 일치 또는 상호이해에 도달하고자 하는 시도 속에서 표현·실현되는 것이다.139)

의사소통적 행위에 의해 하버마스는 ‘사회적 행위는 어떻게 가능한가?’라는 문제와 ‘사회적 질서는 어떻게 가능한가?’라는 문제를 해명하고자 한다. 첫째 문제를 해명함에, 하버마스는 사회적 행위를 위한 가능성의 조건으로서 상호적이고 공통된 지식의 기반을 요구한다. 사회적

---

136) J. Habermas, 『새로운 불투명성』, 이진우·박미애 옮김 (서울: 문예출판사, 1996), 262쪽.

137) Baynes, *NGSC*, 78쪽.

138) 하버마스는 의사소통적 행위론에서 행위의 유형을 ‘합의지향적(의사소통적) 행위’와 ‘성공지향적(목적합리적) 행위’로 구분하며, 성공지향적 행위를 전략적 행위와 도구적 행위로 구분한다. 도구적 행위란 물리적 세계에서의 목표지향적인 간섭이며, 이러한 행위는 효율성의 관점으로부터 평가될 수 있고, 기술적 규칙에 따르는 것으로써 묘사될 수 있다. 전략적 행위란 어떤 목적을 달성하기 위하여 다른 사람에게 영향을 미치는 것을 목표로 하는 행위이며, 이러한 행위 역시 효율성에 의해 평가될 수 있으며, 게임이론이나 합리적 선택이론의 도구로 묘사될 수 있다. 도구적 행위와 전략적 행위는 각각의 행위가 관계를 맺고 있는 대상이 무엇인가에 의해 상호구분되기는 하지만, 도구적 행위가 경우에 따라서는 전략적 행위일 가능성도 있으며, 마찬가지로 일부의 전략적 행위 역시 도구적 행위일 수 있다. 그러나 의사소통적 행위는 독립적이고 독특한 유형의 사회적 행위를 구성한다. Baynes, *NGSC*, 80쪽.

139) 앞의 책, 80쪽.

상호작용 속에서 개인은 그의 생활세계적인 상황에 상호적으로 공유된 해석을 이끌어 낸다. 이러한 해석은 비강제적인 합의와 상호적인 호혜성이라는 이념에 반사실적으로 의존하는 타당성이 지닌 다양한 요구들을 구체화한다.

말하고 행위하는 주체는 적어도 암묵적으로 이유를 포함하여 다른 사람에게 자신의 신념이나 행위를 정당화한다는 것이 무엇을 의미하는지 자각하고 있으며, 상호적으로 전제한 요구가 경쟁적이어야만 그러한 정당화를 제시할 준비가 되어 있는 것으로 간주된다. 이것이 합리적 구속력(rationally binding force)이다. 우리의 일상적인 의사소통적 실천 속에서 작동하는 합리적 구속력은 의사소통적 행위를 위해 구성되는 것이며, 일반적으로 사회적 행위를 위한 가능성의 조건인 것이다. 따라서 의사소통적 행위는 이해나 일치에 도달하는 것을 지향하는 행위인 사회적 상호작용으로 간주된다. 이런 의미에서 사회적 행위는 행위자의 행위에서 제기된 요구를 수행하려는 반사실적인 그의 자발성으로부터 결과하는 합리적 구속력에 의해 가능해진다는 것이 하버마스의 논지이다.[140]

'사회적 질서는 어떻게 가능한가?'라는 둘째의 문제를 해명함에, 하버마스는 사회는 폭력이나 전략적 행동에 의해서만 창조되거나 유지될 수는 없다고 주장하는 사회학적 입장을 반영하는 의사소통적 행위의 개념에 의존한다. 그에 의하면 사회적 질서와 집단적 자기동일성은 규범과 가치의 상호인지와 적어도 그러한 규범과 가치의 사실상의 정당성에 의존한다고 한다.[141]

의사소통적 행위의 모델을 명료화함에, 하버마스는 문화적으로 전승

---

140) J. Habermas, "Remarks on the Concept of Communicative Action" in *Social Action*, ed. by G. Seebass and R. Tuomela (N. Y.: Reidel, 1985), 170쪽.
141) Baynes, *NGSC*, 81쪽.

되고 언어적으로 조직된 해석적 양식들의 축적으로 간주되는 사회문화적인 생활세계라는 상보적인 개념을 도입한다.

의사소통적으로 행위하는 주체는 항상 생활세계의 지평에서 이해에 도달한다. 그의 생활세계는 항상 문제시되지 않는 다소 산만한 배경적 신념들로부터 형성된다. 이러한 생활세계적 배경은 문제시되지 않는 사람들로서의 참여자에 의해 전제된 상황적 정의(definitions)의 원천으로서 기능한다. 따라서 주체의 사회적 상호작용에서, 개인은 문화적 지식, 정당한 사회적 질서, 획득된 개인적 능력의 형식 안에서 자원으로서의 생활세계를 이끌어 낸다. 그러나 동시에 생활세계의 상징적 재생산과 유지는 문화·사회·인격성 등과 같은 광역적인 각각의 제도적 영역의 범위에서 생활세계의 성원의 해석적 수행에 의존한다.

하버마스는 의사소통적 행위의 개념과 생활세계의 개념을 서로 관련시킴으로써, 한편으로는 의사소통적 행위에서 이끌어 낸 자원으로서 내재되어 있는 지식으로서의 생활세계를 배경 속에 남겨두고 있으며, 다른 한편으로는 의사소통적 행위자들이 일치에 도달하고자 추구하는 논제로서의 생활세계의 부분들을 선별적으로 문제들로서 주제화시키고 있는 것이다.142)

하버마스는 발화수반행위143)의 분석을 통하여 의사소통적 행위의

---

142) 앞의 책, 82쪽.

143) 발화수반행위라는 개념은 오스틴이 제시한 언어행위의 유형 가운데 하나이다. 그가 제시한 언어행위의 유형으로는 발화행위(locutionary act), 발화수반행위(illocutionary act), 발화효과행위(perlocutionary act) 등이 있다. 발화행위는 어떤 것을 말하는 행위로서, 발화의 뜻과 지시에 관련되어 있으며, 명백히 참과 거짓을 담지하는 행위이다. 발화수반행위는 어떤 것을 말함에 있어 우리가 수행하는, 그리고 적절성과 부적절성이라는 조건에 의해 결정되는 행위로서, 수행된 발화행위의 의미와 힘에 대한 이해를 확보하거나 이해를 일으키는 것을 목표로 한다. 발화효과행위는 어떤 것을 말함으로써 우리가 성취하거나 이루는 것이며, 청중에게서 어떤 효과를 산출하는 것을 목표로 한다. 그러나 발화효과행위는 발화수반행위가 성공적으로 수행되었는지의 여부에 의존한다. J. L. Austine, *How To Do Things With*

내적 구조를 명료화하고자 한다. 하버마스에 의하면, 발화는 청자에 의해 받아들여질 수 있는 한에서, 그리고 화자가 자발적으로 수행한다는 것을 제의하는 그 경우에 한해서만 약속·단언·요구·공언으로 간주할 수 있으며, 화자는 그 스스로가 약속을 해야만 한다고 한다.144) 하버마스의 이러한 주장은 그가 분류하고자 하는 발화수반행위의 유형이 언어행위의 구조 속에 있는 명시적인 특수한 유형의 '약속' 또는 '수행적 태도'를 각각 함축하고 있음을 보여 주는 것이다.

　그런데 이러한 약속 또는 수행적 태도는 화자의 임시적인 주관적 태도나 의도에 의해 규정되는 것이 아니라, 각각의 발화수반행위의 유형에 상응하는 타당성 요구에 의하여 우선적으로 규정된다.145) 즉, 화자의 약속 또는 수행적 태도는 발화수반행위의 유형인 확정적 언어행위, 규제적 언어행위, 표현적 언어행위 등에 각각 상응하는 진리에 대한 타당성 요구, 규범적 옳음에 대한 타당성 요구, 그리고 진실성에 대한 타당성 요구 등에 의해 규정되는 것이다.

　또한 화자는 언어행위의 기본적인 유형과 관련하여 서로 간에 일치에 도달하려고 시도함에 있어 가능한 세계연관을 채택하게 된다. 즉, 확정적 언어행위에서 화자는 주로 사실이나 사태에 대한 외적 또는 객관적 세계에 관한 일치에 도달하려고 추구하며, 규제적 언어행위에서 화자는 주로 규범에 대한 상호 주관적 또는 사회적 세계에 관한 일치에 도달하려고 추구하며, 표현적 언어행위에서 화자는 주로 표현들이나 느낌, 그리고 욕구에 대한 내적 또는 주관적 세계에 관한 이해에 도달하려

Words (Cambridge: Harvard Univ. Press, 1962), 109~110쪽, 116~117쪽.

144) J. Habermas, *Communication and the Evolution of Society*, trans. by T. McCarthy (Boston: Beacon Press, 1979), 61쪽.

145) Baynes, *NGSC*, 104쪽.

고 추구한다.146)

이런 점에서 볼 때 하버마스는 언어행위의 기본적인 유형의 분류를 통해 각각의 언어행위에 상응하는 타당성 요구를 제기하고, 또한 각각의 언어행위가 관련을 맺고 있는 세계연관에 관한 언표를 타당성 요구의 제약 하에 둠으로써 화자의 발화에 청자가 합리적으로 동기부여된 '예/아니오'라는 입장을 선택하게 한다는 전략을 취하고 있다. 그럼으로써 화자와 청자 간의 상호이해를 지향하는 의사소통적 언어행위가 가능하다는 것이 하버마스의 입장이다. 이로부터 발화수반행위의 다른 한 가지 기본적 유형인, 의사소통 과정의 반성적 관계로 간주되는, 의사소통적 언어행위가 정초되고 '상호 이해성'이라는 타당성 요구가 제기되는 것이다.

그런데 하버마스에 의하면, 타당성 요구와 관련된 의사소통적 언어행위에는 논증의 일반적인 형식적 구조가 전제되어 있다고 한다. 그는 논증의 일반적인 형식적 구조를 다음과 같이 제시한다.147)

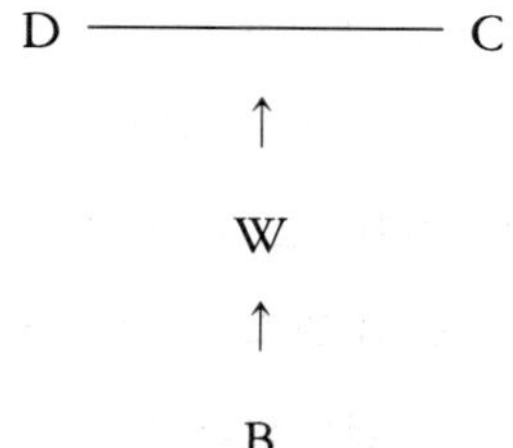

① 명제: 해리는 영국 국민이다(C=conclusion, 결론)

---

146) J. Habermas, *Theorie Des Kommunikativen Handelns*, Band 1 (Frankfurt: Suhrkamp, 1985), 439쪽.
147) J. Habermas, *Vorstudien Und Ergänzungen Zur Theorie Des Kommunikativen Handelns* (Frankfurt: Suhrkamp, 1986), 163쪽.

② 원인: 해리는 버뮤다에서 태어났다(D=data, 자료)

③ 추론규칙: 버뮤다에서 태어난 사람은 일반적으로 영국 국민일 것이다 (W=warrant, 근거)

④ 명증성: 추론규칙으로서의 근거를 지지하는 명증성(B=backing, 지지)

이상의 형식적인 논증구조는 이론적 담론과 실천적 담론 양자에 공통적으로 적용된다. 그러나 양자는 B에서 W로 이행함에 있어 이론적 담론은 귀납에 의해, 그리고 실천적 담론은 보편화에 의해 정당화된다는 점에 차이점이 있다.[148] 또한 이론적 담론에서는 명제의 진리에 대한 타당성 요구를, 그리고 실천적 담론에서는 명령이나 평가의 옳음이나 적합성에 대한 타당성 요구를 한다는 점에 그 차이점이 있다.[149]

그러나 논증의 구조가 이상에서 언급한 타당성 요구를 충족시키기 위해서는 화자가 진지하게 논증에 참여함으로써 수행적 모순[150]을 피하고 상호 이해 또는 의사소통적 일치에 도달하기 위한 '논증의 화용론적 전제조건'을 필요로 한다. 이러한 전제조건에 해당하는 담론적 논증을 위한 규칙으로는 다음과 같은 세 가지의 규칙이 있다.[151]

---

148) 정호근, 「하버마스의 담론이론」, 『철학과 현실』 (서울: 철학과 현실사, 겨울 1994), 150~151쪽.

149) Habermas, *Vorstudien Und Ergänzungen Zur Theorie Des Kommunikativen Handelns*, 163~164쪽.

150) 논증의 전제조건을 회피하거나 부정하고서 논증을 할 경우에 수행적 모순을 범하게 된다. 이는 마치 우리가 어떤 게임을 하면서 그 게임의 규칙을 준수하지 않으면 게임 자체가 이루어질 수 없는 것과 마찬가지로, 논증을 하면서 논증의 전제조건 또는 논증의 규칙을 준수하지 않는다면 논증 자체는 성립되지 않을 것이다. 이러한 방식으로 진행되는 논증은 일종의 강요나 강제에 기초한 논증이 될 것이고, 나아가 논증을 하는 의미 그 자체를 왜곡시킬 것이다. 즉, 진정한 의미의 상호 이해와 의사소통적 일치에 도달하는 것을 어렵게 만들 것이다.

① 말하고 행위하는 능력을 지닌 모든 화자는 담론에 참여하는 것이
   허용된다.
② ⓐ 모든 사람은 그것이 무엇이든지 간에 어떤 주장에든 이의제기
   가 허용된다.
   ⓑ 모든 사람은 그것이 무엇이든지 간에 담론에 어떤 주장을 도입하
   는 것이 허용된다.
   ⓒ 모든 사람은 자신의 태도, 욕구 그리고 요구를 표현하는 것이 허
   용된다.
③ 화자는 ①과 ②에서 진술된 것으로서의 그의 권리를 발휘함에
   있어 내적인 또는 외적인 강제에 의해 방해받지 않아야 한다.

규칙 ①은 담론에 참여할 수 있는 참여자의 자격을 규정하는 규칙으
로서, 모든 참여자가 동등한 권리를 담지하고 있는 사람이라는 의미를
함축하고 있다. 규칙 ②는 어떠한 정보도 담론에서 배제될 수 없다는
것을 규정하는 규칙으로서, 담론에서의 합의는 각각의 참여자가 지닌
특정한 이익, 요구, 또는 욕구에 관한 정보들을 배제함으로써 성취되는
것이 아니라, 오히려 이러한 특정한 정보를 담론적으로 또는 의사소통
적으로 변환시킴으로써 그 합의가 가능하다는 의미를 함축하고 있다.
규칙 ③은 담론에서 모든 종류의 폭력사용을 금지한다고 규정하는 규칙
으로서, 내적인 구조적 비대칭이나 외적인 협박, 또는 제재와 같은 구속
및 폭력으로부터의 자유라는 의미를 함축한다.[152] 요컨대, 이상 논증의
규칙은 접근의 공공성, 동등한 권한을 가진 참여, 참여자의 진실성, 입장
표명의 비강제성 등을 표현하고 있는 것이다.[153]

---

151) J. Habermas, *Moral Consciousness and Communicative Action*, trans. by C. Lenhardt and
    S. Nicholsen (Cambridge: MIT Press, 1990), 89쪽.
152) Baynes, *NGSC*, 113쪽.

그런데 앞서의 논증의 규칙은 이상적 담화상황을 표현하고 있는 것이며, 이러한 이상은 누구든 진지하게 논의할 때마다 실제로 가정되는 회피할 수 없는 논증의 전제조건이다. 즉, 이상적 담화상황은 반사실적일 뿐만 아니라, 어느 정도까지는 담론적 실천에 가까워진, 그리고 생활세계 내의 사회적 제도에 구현된 모든 논증의 실제적인 전제조건이다. 또한 이상적 담화상황은 현실적인 담론을 비판하는 데 이용될 수 있는 '규제적' 이념으로서 기능한다.154)

이상적 담화상황을 표현하는 논증의 전제조건은 그 자체 내에 규범적 내용을 갖고 있는 것으로 간주된다. 그렇다고 해서 이러한 논증의 규칙만으로 도덕적 당위나 도덕적 책무의 범주를 규정하는 것으로 이해되는 도덕원칙을 구성하는 것은 아니다. 도덕원칙이 구성되려면 논증의 규칙은 의사소통적 상호작용에 이미 포함되어 있는 것으로 간주되는, 그리고 개인적 자기동일성이나 집단적 자기동일성을 형성하는 데 중요한 상호 호혜성이라는 가정과 관련하여 개인적 복지나 다른 사람들에 관한 동정심이라는 기본적인 이념과 결부되어야 한다.155) 그럴 경우 이상적 담화상황으로부터 도덕원칙, 즉 보편화원칙이 도출될 수 있다는 것이 하버마스의 논지이다. 이러한 주장으로부터 '도덕적 자율성'과 '일반화할 수 있는 이익'이라는 개념 등이 이상적 담화상황의 구성요소로서 도입된다.

하버마스에서 도덕적 자율성이란 의사소통 능력으로 간주되는 것으로서 다음과 같은 세 가지의 측면으로 구분해서 정리할 수 있다. ① 사회화를 자율성의 발휘에 대한 장애물로 간주하는 입장과는 달리, 하버

---

153) J. Habermas, 『담론윤리의 해명』, 이진우 옮김(서울: 문예출판사, 1997), 199쪽.
154) Baynes, *NGSC*, 113쪽.
155) 앞의 책, 114~115쪽.

마스는 개인적 자기동일성의 형성과 사회화 과정 간의 밀접한 관계를 강조한다.156) 그렇다면 자율적 자아란 자신을 사회화의 결과로부터 해방시킨 사람이 아니라, 사회화의 과정을 통해 여러 가지 능력을 획득한 사람이며, 따라서 사회화 과정의 어떤 일정한 관계에 있는 사람으로 정의될 수 있다. 이런 점에서 도덕적 자율성은 사회화 과정에서 획득된 여러 가지 상호작용 능력의 발휘를 의미하는 것으로 간주되며, 이러한 자율성의 결과는 근본적으로 상호주관적인 어떤 것으로 간주될 수 있을 것이다. ② 도덕적 자율성은 여러 가지 서로 다른 수준에서 가설적·반성적인 태도를 채택하는 능력이다. ⓐ 자율적인 사람은 자연적·사회적·주관적 세계를 구별할 수 있고 각각의 세계에 결부된 서로 다른 유형의 타당성 요구를 인지할 수 있는 탈집중적 세계이해를 위한 능력을 획득한 것으로 간주된다. ⓑ 자율적인 사람은 논쟁적인 규범을 사회적 삶에 깊이 묻혀 있는 것으로부터 추출할 수 있으며, 그러한 논쟁적인 규범에 대한 반성적인 태도를 채택할 수 있다. 그리고 자율적인 사람은 그러한 논쟁적인 규범의 타당성을 결정하는 실천적 담론에 참여할 수 있는 사람으로 간주된다. 이것은 자율적인 사람이 규범의 사회적 허용과 규범의 이상적 타당성을 구별할 수 있다는 것을 의미한다.157) ⓒ 가설적·반성적인 태도를 채택하기 위한 능력은 이상적인 역할인계(ideal role taking)에 참여하는 능력에서 표현된다. 여기에서 이상적인 역할인계란 감정이입적 통찰을 위한 능력이라기보다는 의사소통적 행위의 고도로 반성적인 형식, 즉 논증으로 이해되는 것이다.158) ③ 개인적 욕구나 욕망에 대립하는 자율성 개념의 모델과는 대조적으로, 의사소통적 자율

---

156) J. Habermas, *Nachmetaphysiches Denken* (Frankfurt: Suhrkamp, 1988), 187~241쪽 참조.
157) Habermas, *Moral Consciousness and Communicative Action*, 138쪽, 125~126쪽 참조.
158) J. Habermas, "Justice And Solidarity", *The Philosophical Forum* 21 (1989), 40쪽 참조.

성의 개념은 우리 자신의 욕구와 이익의 해석을 위한 반성적 태도와 그
것을 의사소통적으로 유동적이게 하는 능력을 함축한다. 다시 말해 자
율성은 이성의 요구에 대한 욕구의 복종을 함축하는 것이 아니라, 담론
의 범위 내에서 개인적 욕구의 의사소통적 해석과 변환을 함축한다. 그
리고 개인적 욕구의 해석에 관한 갈등이 제기될 경우, 자격이 있는 도
덕적 주체는 그것에 관한 담론에 자발적으로 참여하고, 참여할 수 있
다. 이런 의미에서 도덕적 자율성은 개인적 욕구의 의사소통적 접근이
나 의사소통적 해석으로 간주될 수 있다.159)

하버마스는『후기자본주의 정당화문제』에서 '일반화할 수 있는 이익
의 억압모델'160)이라는 개념을 도입한다. 여기서 하버마스가 말하는 '일
반화할 수 있는 이익(verallgemeinerungsfähige Interessen)'이란, ① 중첩
적인 특수한 이익을 묘사하는 것으로서 이해될 수 있다. ② 그것은 오로
지 물질적인 용어로만 이해되거나 개인적인 이득이라는 좁은 개념과 결
부된 것으로 이해되는 것이 아니라, 오히려 이상에 도달하기 위해 필요
한 것으로 이해된다. ③ 의식주와 같은 가장 기본적인 물질적 욕구를
제외한 일부의 일반화할 수 있는 이익과 욕구는 사회적·문화적으로 구
성되는 것으로 이해된다.

그런데 우리의 내적 자아는 우리가 참여하는 의사소통적 관계를 통
해 형성되는 것으로 간주할 수 있는데, 실천적 담론은 참여자의 일반화
가능성이라는 관점으로부터 그의 욕구와 이익을 합리적으로 반성·평가
할 것을 요구함으로써 이러한 과정을 합리화한다. 그래서 실천적 담론
은 정당한 규범을 위한 근거로서 이용할 수 있는 공통점을 탐색하도록

---

159) Baynes, *NGSC*, 143~145쪽 참조.
160) J. Habermas, *Legitimationsprobleme Im Spätkapitalismus* (Frankfurt: Suhrkamp, 1973),
    153~162쪽.

참여자에게 요구한다. 이러한 탐색은 비판과 논증에 비추어 욕구와 이익의 수정과 재해석을 결과할 수 있으며, 이러한 비판, 수정 그리고 재해석 등을 통하여 우리는 숙고적으로 일반화할 수 있는 이익에 도달할 수 있는 것이다. 이런 의미에서 볼 때, 실천적 담론은 담론에서 구성될 수 있는 우리의 진정한 이익을 발견하려고 하는 것이라기보다는 오히려 우리가 우리의 가장 중요한 이익을 어떻게 이해할 것인가 하는 집합적 해석인 것이다. 따라서 이러한 집합적 욕구해석의 산물로써의 일반화할 수 있는 이익은 언제나 수정될 준비가 되어 있는 것으로 간주할 수 있으며, 또한 우리의 일반화할 수 있는 이익의 선택을 제한적인 것으로 간주해서는 안 될 것이다.161)

그러나 하버마스에 따르면 일반화할 수 있는 이익은 규범에 의해 규제되어야 한다고 한다. 규범이 일반화할 수 있는 이익을 규제하지 못하는 한 이 규범은 권력에 의거하고 있는 것이며, 반면에 규범이 일반화할 수 있는 이익을 표현하는 한 이 규범은 이성적 합의에 의거한다. 그리고 일반화할 수 있는 이익을 제한하여 합의가 가능하게 되는 것은 다만 담론적 의지형성의 수단으로써만 가능하다고 한다.162) 요컨대, 일반화할 수 있는 이익이란 공동선을 표현하는 것으로 이해될 수 있으며, 실천적 담론에서 모든 참여자가 정당근거로 받아들일 수 있는 이익, 즉 합리적으로 동기부여된 합의를 허용하는 이익이다.163)

이상의 이상적 담화상황으로부터 도출된 도덕원칙으로서의 보편화 원칙은 다음과 같다.164)

---

161) S. Chambers, *Reasonable Democracy: Jürgen Habermas and the Politics Of Discourse* (N. Y.: Cornell Univ. Press, 1996), 102~104쪽.

162) Habermas, *Legitimationsprobleme Im Spätkapitalismus*, 153쪽, 155쪽.

163) Baynes, *NGSC*, 149쪽.

164) 장춘익, 「법과 실천적 합리성」, 『철학』, 한국철학회 (여름, 1997), 256쪽 참조.

(U) 어떤 규범이 타당한 것은 사람이 각자의 이익의 충족을 위하여 일반적으로 그것에 따라 행동할 경우 발생할 결과와 부작용이 모든 사람에 의해 비강제적으로 받아들여질 수 있을 경우이다.

(2) 정치적 입장과 포괄적 입장

롤즈는 하버마스의 비판에 대한 자신의 답변을 제시함에 있어 롤즈 자신과 하버마스 입장 간의 가장 중요하고 근본적인 차이점을 지적하는 것으로 시작한다. 롤즈에 따르면, 그의 입장은 정치적인 것에 대한 설명, 그것에 한정되는 반면에, 하버마스의 입장은 포괄적이라고 한다(*PL*, 373). 롤즈는 그의 '공정으로서의 정의관'을 민주주의적 체제를 위한, 즉 공정으로서의 정의관이나 어떤 유사한 견해에 의해 규제된 민주주의에 존재하는 모든 합당한 포괄적 교의─종교적·형이상학적·도덕적─에 의해서도 승인될 수 있는 그 자체의 독립구조로 서 있는(freestanding) 자유주의적인 정치적 정의관으로 구성하고자 한다. 그래서 이러한 정치적 자유주의는 발전과 해석이라는 오랜 전통을 지닌 종교적·형이상학적·도덕적 교의를 손대지 않은 채 놓아둔다. 정치철학은 그러한 모든 교의와는 별도로 진행되며, 그 자체의 독립구조로 서 있는 것으로서의 정치철학의 고유한 조건 내에서 그 자체를 제시한다. 때문에 정치적 자유주의는 정치적 범주 내에서 활동하며 있는 그대로 철학을 놓아둔다는 것을 중심적인 관념으로 삼게 된다는 것이 롤즈의 입장이다. 그러므로 어떤 포괄적인 교의가 합당하다고 해서, 정치철학이 그와 같은 어떤 포괄적인 교의를 채택함으로써, 또는 그와 같은 교의를 비판·거부함으로써 그것의 입장을 주장할 수는 없다고 롤즈는 단언한다.

롤즈에 의하면 사람의 측면에서 볼 때 '합당한 입장'이라는 말은 두 가지의 기본적인 요소로 구성된다. ① 자유롭고 평등한 사람으로서의 다른 사람이 승인할 수 있는 공정한 사회적 협동이라는 조건을 제안하는, 그리고 다른 사람이 한다면, 우리 자신의 이익에 반할지라도 이러한 조건 위에서 행위하는 자발성이다. ② 나머지의 포괄적인 교의를 향한 우리의 (관용을 포함하는) 태도를 위한 결과에 대한 판단과 허용이라는 부담의 인식이다. 그래서 롤즈는 포괄적인 견해가 합당하지 않고 민주주의적 체제의 기본적인 필수조항의 모든 변화를 거절할 경우, 정치적 자유주의는 필수적인 것은 제외하고서 포괄적인 견해들의 영역에 대한 언설을 삼간다는 전략을 세운다. 롤즈는 바로 이것이 있는 그대로 철학을 놓아두는 이유 가운데 일부라고 언급한다(*PL*, 374~375).

롤즈에 따르면 이러한 목표와 일치하게, 정치적 자유주의는 다음과 같은 세 가지의 특징에 의해 정치적 정의관의 성격을 규명한다고 한다. 바꿔 말해, 아래의 세 가지 특징은 정치적 정의관이 그 자체의 독립구조로 서 있는 방식을 예증한다는 것이 롤즈의 주장이다.

① 정치적 정의관은 사회의 기본구조에 적용된다. 이러한 구조는 주요한 정치적·경제적·사회적 제도와 단일한 사회협동체계로서 그 제도가 함께 조화를 이루는 방법 등으로 이루어져 있다.

② 정치적 정의관은 어떤 특정한 종교적·철학적·도덕적인 포괄적 교의에 대해서 독립적으로 정식화될 수 있다. 우리가 정치적 정의관은 하나 또는 그 이상의 포괄적인 교의로부터 도출될 수 있거나, 또는 그런 교의에 의해 지지받을 수 있는, 그렇지 않으면 그 교의와 관련이 있을 수 있다고 가정하는 반면에 (실제로, 우리는 정치적 정의관에 따라서 그와 같은 많은 교의와 관련될 수 있기를 희망한다), 정치적 정의관은 그와 같은 어떤 견해에 의존하는 것으로서, 또는 그와 같은 어떤 견해를 전제로 하는 것으로서 제시되지 않는다.

③ 정치적 정의관의 근본적인 관념―공정한 사회협동체계로서의 정치적 사회라는 관념, 합당하고 합리적인 그리고 자유롭고 평등한 사람으로서의 시민이라는 관념 등―은 모두 정치적 범주에 속하며 민주주의적 사회의 공적인 정치문화와 헌법과 기본법률, 뿐만 아니라 공적인 정치문화의 주요한 역사적 문건과 널리 알려진 정치적 저작물에 대한 해석이라는 공적인 정치·문화적 전통으로부터 잘 알려진 것이다(*PL*, 376).

그러나 이에 반하여, 하버마스의 입장은 정치철학의 범주를 훨씬 넘어서 많은 것을 망라하는 포괄적인 교의라는 것이 롤즈의 주장이다. 롤즈에 의하면, 하버마스의 의사소통적 행위론의 목표는 이론이성과 몇 가지 형태의 실천이성을 위한 의미, 준거 그리고 진리 또는 타당성에 대한 일반적 설명을 제공하는 것이라고 한다. 의사소통적 행위론은 도덕적 논증에서의 자연주의와 정서주의를 거부하며 이론이성과 실천이성 양자의 완전한 변호를 제공하는 것을 목표로 한다. 더욱이 하버마스는 종교적·형이상학적 견해들에 대한 논증을 상세하게 하기 위한 많은 시간을 할애하지 않고 자주 그러한 견해를 비판한다. 오히려, 하버마스는 합리적 담론과 의사소통적 행위의 전제조건에 대한 그의 철학적 분석의 견지에서 종교적·형이상학적 견해를 쓸모없는 것으로서, 그리고 신뢰할 수 있는 독립적인 장점이 없는 것으로서 한 곁에 제쳐둔다고 롤즈는 비판한다(*PL*, 376~377). 이러한 비판의 논거로서 롤즈는 다음과 같은 하버마스의 견해를 지적한다.

담론이론은 (보편주의적인 도덕의식과 민주주의적 국가의 자유주의적인 제도들에 대한) 과학적 환원과 미학적 동화작용 ……을 물리치도록 민주주의적 국가의 본질적인 규범적 의미와 논리에 능력을 주는 방식으로 이러한 자기이해를 재구성하려고 시도한다. 어떤 다른 세기가 우리에게 존속하고 있는 비이성적 공포를 가르쳐 준 것 이상으로 한 세기 후에는 이성 안에서의 본질주의적 확신과 같은 마지막 잔존물은 파괴된다. 그러나 근대성은, 이제 근대성이 지닌 우연성을 의식하고, 더욱더 절차적 이성, 즉 그 자체를 심판대에 올리는 이성에 의존한다. 이성비판은 이성의 고유한 업무이다. 즉, 이러한 칸트적인 이중적 의미는 우리―우리의 언어학적으로 구성된 삶의 형태에 이미 처해져 있는 우리 자신을 발견한 우리―가 호소할 수 있었던 고차적인 실재도 보다 심원한 실재도 없다는 급진적인 반플라톤적 통찰에서 기인한다.165)

롤즈에 의하면, 만일 자신의 정치적 자유주의가 종교적 또는 형이상학적 교의에 호소하는 것이 아닌 것으로서 해석된다면, 정치적 자유주의는 정치적 정의에 관한 이상의 하버마스의 견해와 동일한 목적의 어떤 것을 주장할 수 있으나, 그럼에도 불구하고 거기에는 어떤 근본적인 차이점이 있다고 한다. 왜냐하면 그 자체의 독립구조로 서 있는, 그리고 그 범위를 넘지 않는 정치적 입장을 제시함에 있어 정치적 자유주의는 시민과 연합체의 포괄적인 교의와 조화를 이루는 정치적 입장을 구성하도록, 포괄적인 교의를 능가하는 또는 보다 심도 있는 시민과 연합체 자체의 방식을 정식화하도록 시민사회에서의 시민과 연합체에게 완전히 개방한 대로 놓아두기 때문이다. 그래서 정치적 자유주의는, 포괄적인 교의가 정치적으로 합당한 한, 어떤 방식으로든 결코 이러한 교의를 부정하거나 문제 삼지 않는다고 롤즈는 말한다. 그러나 하버마스가 이러한 기본적인 점에서 상이한 태도를 취하고 있다는 것은 그가 포괄적

---

165) J. Habermas, *Faktizität Und Geltung* (Frankfurt: Suhrkamp, 1992), 11쪽.

인 견해를 견지하고 있다는 것을 의미하는 것이라고 롤즈는 말한다. 즉, 하버마스는 모든 고차적인 또는 보다 심원한 교의는 어떤 독자적인 논리력을 결여하고 있다고 주장하는 것으로 보인다는 것이다. 그래서 하버마스는, 본질주의적인 플라톤적 이성의 이념이 그 자체를 심판대에 올릴 수 있는, 그리고 그것의 고유한 비판적 판단인 절차적 이성으로 대치될 수 있음에 틀림없다고 주장함으로써, 그가 본질주의적인 플라톤적 이성의 이념이라고 한 것을 거부하고 있다고 롤즈는 지적한다(*PL*, 377~378).

한편, 하버마스에 의하면, 논증의 실천은 연대적으로 실천화·보편화된 역할인계를 위하여 그것 스스로를 추천한다. 의사소통적 행위의 반성적 형식으로서의 논증의 실천은 숙고적인 집단의 고차적인 상호주관성의 속박을 푼 참여자의 견지의 완전한 가역성에 의해 그것 스스로를 사회존재론적으로 구별한다. 이런 방식으로, 헤겔의 구체적인 보편(인류)은 모든 실체적인 요소를 제거한 의사소통적 구조에로 승화된다는 것이다.166)

이러한 하버마스의 주장은, 명백하게 윤리적 삶의 형이상학적 교의인 헤겔의 인류(Sittlichkeit)이라는 견해의 실체적인 요소가 타당하다면, 이상적 담론의 절차적 전제조건을 포함하는 의사소통적 행위론으로 완전히 승화될 수 있다는 것을 의미하는 것이다. 그래서 롤즈는 하버마스의 교의를 넓은 의미의 헤겔적인 논리 가운데의 하나로 간주한다. 결국, 하버마스의 이론은 모든 종교적·형이상학적 교의의 실체적인 요소를 그 자체 내에 포함하는 이론이성과 실천이성의 합리적 담론의 전제조건에 대한 철학적 분석 가운데 하나일 뿐이라고 롤즈는 주장한다. 이어서

---

166) 앞의 책, 280쪽.

롤즈는 하버마스가 '실체(substance)'와 '실체적인(substantial)'이라는 말
로서 다음과 같은 것을 의미하고자 하는 것으로 이해한다. 즉, 사람은
가끔 그의 일을 수행하는 기본적인 방식인 이상적 담론의 전제조건을
포함하는 그의 의사소통적 행위, 또는 자유롭고 평등한 시민 간의 공정
한 협동체계로서의 사회라는 그의 입장 그 자체를 넘어서는 본질을 파
악하고자 하는 플라톤적 이성에 의해 인식되는 근거, 또는 그 밖의 형이
상학적 실체에서 유래하는 근거를 필요로 한다고 생각한다. 사유에서,
우리는 확고한 근거를 위하여 종교적·형이상학적 교의의 배후에 또는
보다 더 깊은 곳에 도달한다. 이러한 실재는 또한 도덕적 동기를 제공하
는 것으로 기대된다. 이러한 근거가 없다면, 모든 것은 우리에게 혼란스
러운 것으로 여겨질 수 있을 것이며, 우리는 서 있는 장소가 없이 어찌
할 바를 모르는 상태의 느낌인 일종의 현기증을 경험할 수밖에 없다는
것이다(*PL*, 378~379). 그러나 하버마스는 "이러한 자유라는 현기증 속
에는 의미가 권리체계 안에 이미 요약된 절차인 민주주의적 절차 그 자
체 이외에는 더 이상의 어떤 고정점은 없다"고 주장 한다.167) 이러한
점에서 하버마스의 논리는 스스로가 형이상학적임을 보여 주고 있는 것
이다.

한편, 하버마스는 롤즈의 원초적 입장의 인위적인 피조물에 대립하
는 자유롭고 합리적인, 그리고 현실적이고 살아 있는 참여자에 의해 참
여가 이루어진 실제적인 자유토론의 결과에 의해 결정될 수 있도록 실
체에 대한 문제들을 의도적으로 남겨두는 절차적 교의이므로, 자신의
견해가 롤즈의 견해보다 더 겸손한 것으로 생각한다. 그리고 하버마스
에 의하면 자신은 도덕철학을 도덕적 관점의 명료화와 민주주의적 정당

---

167) 앞의 책, 229쪽.

화의 절차, 그리고 합리적 담론과 협상조건의 분석에 국한하고 있는 반면에, 롤즈는 민주주의의 기본구조를 위한 정치적 정의관을 정식화하는 것을 희망한다. 그래서 하버마스는 롤즈가 근본적인 실질적 입장을 포함하는, 즉 현실적인 참여자의 실제적인 담론만이 결정할 수 있는 보다 더 큰 문제를 제기하는 보다 더 야심적인 임무를 떠맡은 것으로 간주한다.

동시에 하버마스는 롤즈가 그의 견해를 하버마스 자신의 견해보다 더 겸손한 것으로 간주한다고 생각한다. 즉, 롤즈의 견해는 포괄적 입장이 아니라 다만 정치적 입장이기를 목표로 한다는 것이다. 그러나 하버마스는 롤즈가 이것을 수행함에 실패했다고 믿는다. 롤즈가 그의 정치적 정의관을 그 자체의 독립구조로 서 있게 했으면 하는 바람과는 달리, 실제로 롤즈의 정치적 정의관은 그 자체의 독립구조로 서 있지 않다는 것이다. 왜냐하면, 롤즈의 정치적 자유주의의 인간관은 정치철학의 범주를 이미 넘어섰기 때문이다. 이어서 하버마스는 롤즈의 정치적 구성주의가 철학적 합리성과 진리라는 문제를 포함한다고 언급하며, 여기서 한 걸음 더 나아가 하버마스는, 칸트와 더불어, 롤즈가 공정으로서의 정의관에 그런 식으로 이해되는 원칙과 이상을 규정하는 선천적·형이상학적인 이성이라는 입장을 표현하고 있다고 주장한다.[168]

그러나 롤즈는 이상의 하버마스의 견해를 모두 부인한다. 왜냐하면 철학적 인간관은 정치적 자유주의에서 자유롭고 평등한 사람으로서의 정치적 시민관으로 대체되기 때문이며, 정치적 구성주의의 임무는 정치적 정의의 원칙의 내용과 합당하고 합리적인 존재로서의 시민관을 연결하는 것이므로, 그것은 플라톤적 이성이나 칸트적 이성에 의존하지 않

---

168) Habermas, "Reconciliation", 131쪽. Rawls, *PL*, 380쪽.

기 때문이라는 것이 롤즈의 주장이다. 롤즈에 따르면 그가 사용한 바와 같은 합당성과 합리성이 없이는 어떻게든지 쉽사리 성공할 수 있는 분별력 있는 견해란 없다고 단언한다(*PL*, 380~381).

(3) 원초적 입장과 이상적 담화상황

하버마스의 입장과 롤즈 입장 간의 두 번째 차이점은 앞에서 언급한 첫 번째 차이점에 의해 드러난다. 이것은, 하나는 포괄적인 교의에, 또 하나는 정치적인 것에 한정되는, 서로 상이한 입지점을 반영하는 두 가지의 분석적인 대변의 방도인 이상적 담화상황과 원초적 입장 간의 차이점을 보여 주기 때문이다.

원초적 입장은 추론을 정식화하기 위하여 사용된 분석적 방도이다. 여기서 추론이란, "시민이 자유롭고 평등하며, 합당하고 합리적인 존재로 간주되는 입헌민주주의를 위한 가장 합당한 정치적 정의의 원칙은 무엇인가?"라고 묻는 경우를 말한다. 롤즈에 의하면, 이러한 정치적 정의의 원칙은 각자를 위한 수탁자로서, 그리고 동시에 시민의 수탁자로서의 합리적 당사자가 합당한 조건에 처해 있으며, 절대적으로 이러한 조건에 의해 구속된 대변의 방도에 의해 제시된다고 한다. 따라서 자유롭고 평등한 시민은 합당하고 합리적인 존재로서의 시민을 대변하는 조건 아래서 이러한 정치적 원칙의 합의에 도달하는 시민 자신으로서 상상되는 것이다. 그러나 우리의 숙고된 판단의 고정점에 대한 이와 같은 추론은 서로 상이한 일반성의 수준에서 마땅히 검토되어야만 한다. 또한 우리는 이러한 원칙이 민주주의적 제도에 얼마나 잘 적용될 수 있으며, 그 원칙의 결과가 무엇이 될 것인지를 검토해야만 한다. 다시 말해 그 원칙이 합당한 반성 위에서 우리의 숙고된 판단과 실천적으로 얼마나 잘 조화를 이루는지 확인해야만 하는 것이다. 그렇게 함으로써, 우리는 우리의 판단을 어느 방향에서든 수정되도록 안내할 수 있는 것이다.

하버마스의 의사소통적 행위론은 이론이성과 실천이성 양자의 판단의 진리성과 타당성에 대한 설명을 제공하는, 이상적 담화상황이라는 분석적 방도를 산출한다. 이상적 담화상황은, 만일 모든 필요조건이 모든 활동적인 참가자에 의해 실제로 실현되고 완전히 존중된다면, 참가자의 합리적 합의가 진리 또는 타당성을 위한 근거역할을 할 정도의 아주 강력한 이성에 의해 안내된 것으로서의 합리적이고 자유로운 토론의 전제조건을 완전하게 전제하고자 한다. 양자택일적으로, 어떤 종류의 진술이든지 간에 참이거나, 어떤 종류의 규범적 판단이든지 간에 타당하다고 주장하는 것은 모든 필수조건이 획득된 이상에 의해 표현된 만큼 담화상황에 참여한 참여자에 의해 참이거나 타당한 것으로 받아들여질 수 있었다는 것을 주장하는 것이다. 롤즈가 지적했던 바와 같이, 하버마스의 이러한 주장은 그의 교의가 모든 종교적·형이상학적 교의의 명백한 실체적 요소를 그 자체 내에 포함하는 합리적 담론의 전제조건들에 대한 철학적 분석임을 다시 한번 드러내고 있는 것이다(PL, 381~382).

롤즈에 의하면, 모든 토론은 시민의 관점으로부터, 하버마스가 공적 영역(public sphere)이라고 한, 그러나 롤즈에게는 배경문화에 해당하는, 시민사회의 문화 속에 존재한다. 거기에서, 우리는 시민으로서 공정으로서의 정의관이 정식화될 수 있는 방법을 논의하며, 원초적 입장의 구성의 세부사항이 적절히 전제되었는지, 선택된 원칙이 승인될 수 있는지 등의 여부를 포함하여 공정으로서의 정의관의 여러 측면이 허용될 수 있는 지를 논의한다. 동일한 방식으로, 담론의 이상과 민주주의적 제도에 대한 담론의 절차적 입장에 대한 요구사항이 고려된다. 그러므로 이러한 배경문화는 논쟁되고, 논의된 모든 종류의 포괄적인 교의를 당연히 내포하게 된다. 그러나 배경문화는 사회문화이지 공적인 정치문화가 아니라는 것이 롤즈의 주장이다. 그에 의하면 배경문화는 많은 연합체, 즉 대학과 교회, 학문적·과학적인 협회 등을 포함하는 일상생활의 문화인 것이다. 때문에 이상과 교의에 대한 끝없는 정치적 토론은 어디에서나 평범한 일이다.

하버마스의 이상적 담화상황처럼, 모든 시민을 포함하는 시민사회라는 관점은 하나의 대화이며, 실제로 '대화의 모든 것(omnilogue)'이라고 롤즈는 말한다. 그러한 대화에 전문가란 없다. 모든 사람은 사회에서 선사한 인간이성의 권위에 동등하게 호소할 수 있기 때문이다. 그래서 시민의 논증은 때때로 상당히 고도의 개방성과 공평성에 도달할 수도 있으며, 뿐만 아니라 진리에 관심을 보일 수도 있고, 또는 토론이 정치적인 것에 관련되어 있을 경우에는 합당성에 관심을 보일 수도 있다고 롤즈는 생각한다. 이에 덧붙여 롤즈는 논증의 수준을 높이는 방법으로서 참여자의 덕과 지성을 요청하고 있다(*PL*, 382~384).

롤즈에 의하면 합당성의 전반적인 기준은 일반적·광의적인 반성적 평형상태[169]임에 반하여, 하버마스의 견해에서 도덕적 진리 또는 타당성 검증은, 만족된 모든 필요조건이 만족되었음에도 불구하고, 이상적

---

[169] 롤즈에 의하면 반성적 평형상태란, 앞뒤로 오가면서 때로는 계약적 상황조건을 변경하기도 하고, 때로는 우리의 판단을 철회하거나 그 판단을 원칙에 맞출 경우, 결국 우리는 합당한 조건을 표현해 주며, 또한 정리·조정·숙고된 판단에 부합하는 원칙을 산출해 주는 최초의 상황설명을 발견할 수 있게 된다고 한다. 이러한 사태가 반성적 평형상태이다. 롤즈는 반성적 평형상태를 '협의의 반성적 평형상태'와 '광의의 반성적 평형상태'로 구분한다. 협의의 반성적 평형상태란, 우리의 도덕적 능력이 가장 왜곡됨이 없이 나타나게 되는 판단, 다시 말해 우리의 정의감을 행사하기에 유리한 조건 아래서 이루어진 판단인 우리의 숙고된 판단과 정당화된 정의의 원칙이 서로 부합된 상태를 말한다. 그리고 광의의 반성적 평형상태란, 앞서의 숙고된 판단과 원칙 간의 정합뿐만이 아니라, 이에 덧붙여 더욱 광범위한 일련의 이론과 일반성, 공지성, 보편성 등과 같은 여러 가지 형식적인 합당성의 조건과의 조화를 가져올 경우에 있게 되는 반성적 평형상태를 의미한다.

담론상황에서의 완전히 합리적인 허용이라고 한다. 이러한 점에서 반성적 평형상태는 하버마스의 검증과 유사하다. 즉, 비록 토론을 통하여 우리의 이상, 원칙 그리고 판단이 우리에게 보다 더 합당한 것으로 여겨지고 우리가 우리의 이상, 원칙 그리고 판단을 그것이 전에 있었던 것보다 더 훌륭하게 근거가 있는 것으로서 간주한다는 의미에서 우리가 반성적 평형상태에 보다 더 근접할 수 있다고 할지라도, 반성적 평형상태는 우리가 결코 도달할 수 없는 무한대에 있는 하나의 점에 불과할 뿐이라고 롤즈는 지적한다(*PL*, 384~385). 롤즈의 이러한 지적은 도덕원칙의 도출뿐만 아니라, 동시에 도덕원칙의 정당화방법의 역할까지도 맡고 있는 하버마스의 야심적인 이상적 담화상황 역시 도달불가능한 하나의 무한대의 점에 불과할 뿐이라는 의미를 내포하고 있다.

4) 의무론적 자유주의의 내부적 논쟁

이상에서 필자는 원초적 입장에 대한 하버마스의 비판과 그것에 대한 롤즈적 답변 그리고 이상적 담화상황에 대한 롤즈의 비판을 살펴보았다. 양자의 비판적 논쟁에 의해 드러난 차이점 가운데 흥미로운 사실은 서로가 상대방의 입장을 평가함에 있어 양자가 의존하고 있는 것으로 여겨지는 칸트적 의무론의 성향을 상호 부인하고 있다는 점일 것이다.

요컨대, 롤즈에 대한 하버마스의 비판에 의하면, 원초적 입장에서 당사자는 권리를 여러 가지 가치 가운데 하나의 가치의 범주로 간주하고 있으며, 그럴 경우 정의의 원칙의 문제는 다만 기본적 가치의 정당한 분배문제라는 모습으로 제기될 뿐이라고 한다. 그래서 롤즈는 '옳음에 대한 이론'과 일치하기보다는 아리스토텔레스적 또는 공리주의적 접근

법에 더 일치하는 '좋음에 대한 윤리학'에 적절한 정의개념을 채택하게
된다고 하버마스는 주장한다. 바꿔 말해, 권리는 발휘된 상태에서만 향
유될 수 있는 것이므로, 권리는 그것의 의무론적 의미를 상실함이 없이
는 분배적 가치(선)에 흡수될 수 없는 것이며, 또한 그것은 행위자 간의
관계를 규제하는 것이므로, 권리는 사물처럼 소유될 수 없는 것이다. 그
럼에도 불구하고 롤즈가 기본적 자유들을 기본적 권리로 구성하는 것을
배제시키고, 대신에 기본적 자유들을 기본적 가치로 해석함으로써 책무
적인 규범에 대한 의무론적 의미를 선호된 가치에 대한 목적론적 의미
로 동화시키는 결과를 가져왔다고 하버마스는 논박한다.

한편, 하버마스에 의하면 논증의 실천은 연대적으로 실천화되고, 보
편화된 역할인계를 위하여 그것 스스로를 추천한다고 한다. 의사소통적
행위의 반성적 형식으로서의 논증의 실천은 숙고적인 집단의 고차적인
상호주관성의 속박을 푼 참여자의 견지의 완전한 가역성에 의해 그것
스스로를 사회존재론적으로 구별한다. 이런 방식으로, 헤겔의 구체적인
보편(인륜)은 모든 실체적인 요소를 제거한 의사소통적 구조에로 승화
된다는 것이다. 롤즈에 따르면 하버마스의 이러한 주장은, 명백하게 윤
리적 삶에 대한 형이상학적 교의인 헤겔의 인륜이라는 견해의 실체적인
요소가 타당하다면, 이상적 담론의 절차적 전제조건을 포함하는 의사소
통적 행위론으로 완전히 승화될 수 있다는 것을 의미하는 것이다. 그래
서 롤즈는 하버마스의 교의를 넓은 의미의 헤겔적인 논리 가운데 하나
로 간주한다.

그러나 롤즈와 하버마스가 비록 상호비판적인 자세를 견지하고 있으
며, 서로의 입장이 칸트적 의무론과 멀어졌다고 주장하고 있을지라도,
적어도 도덕원칙을 구성하는 방법에서 양자는 칸트의 도덕원칙으로서
의 정언명법이 구성되는 방법과의 긴밀한 연관성을 지니고 있다는 것이

필자의 생각이다.

주지하는 바와 같이 칸트의 도덕원칙은 선천적 종합명제인 도덕적 자율성이라는 근본법칙, 바꿔 말해 의지의 자율성에 의해 구성되는 '선험적 구성주의'라는 특징을 보여 준다. 롤즈의 경우, 도덕원칙을 구성함에 그는 원초적 입장에서 도덕원칙을 정치적 관점에서 절차적으로 구성하는 '정치적 구성주의'라는 입장을 취함으로써 칸트적인 의미의 선험성이 제거된 도덕원칙을 구성한다. 하버마스의 경우에는, 이상적 담화상황으로 대변되는 도덕적 논증을 위한 담론적 절차에 의해 칸트의 정언명법을 재정식화하는 '의사소통적 구성주의'라는 방법을 취함으로써 도덕원칙을 구성하고 있는 것으로 판단된다. 그러나 하버마스는 이상적 담화상황의 핵심적인 구성요소 가운데 하나인 논증의 화용론적 전제조건을 회피할 수 없는 반사실적 가정으로 간주함으로써, 그것에 준선험적(quasi-transcendental)인 성격을 부여하고 있다. 롤즈와 하버마스 간에 '절차적'이란 개념에 관한 서로 상반되는 이해가 존재하고 있을지라도, 양자는 '방법론적 절차주의'를 택하고 있다는 점에서 그 공통점이 있는 것으로 보인다.

한편 롤즈는 도덕원칙을 구성함에 '사회적 기본가치'로 명명되는 명시적인 가치를 도덕원칙에 도입하고 있는 반면에, 하버마스는 단지 '일반화할 수 있는 이익'이라는 형식적 가치개념만을 도덕원칙에 도입하고 있다는 차이점을 보여 주고 있다. 이러한 차이점에서 양자 간의 논란이 있기는 하지만, "좋음(선)의 개념은 옳음(도덕원칙)의 개념에 의해 규제되어야 한다"거나 "좋음에 대한 옳음의 우선성" 등을 표방하고 있다는 점에서 롤즈와 하버마스의 의무론자로서의 면모를 찾아볼 수 있게 된다.

이런 의미에서 칸트적인 절차적 의무론의 모습을 취하고 있는 롤즈와 하버마스 간의 논쟁은 결국 의무론적 자유주의자 간의 내부적인 논쟁으로 이해할 수 있을 것이다.

5. 정의의 원칙과 경제체제론

1) 정의의 원칙의 변모과정

롤즈가 제시한 정의의 원칙은 사회정의에 관한 실질적인 제안을 하기 위한 하나의 절차로 간주되는 원초적 입장에서 선택된다. 그런데 그가 제시한 정의의 원칙은 몇 차례 수정을 거쳐 그의 『사회정의론』[170]에서 정식화된다.

그러나 그의 정의의 원칙은 최근에 이르러서 다시 한번 부분적인 수정이 가해진다. 이러한 수정은 정의의 원칙에 관한 논증 역시 재진술되어야 한다는 것을 의미한다. 그래서 롤즈는 정의의 원칙 가운데 특히 '평등한 자유의 원칙'에 관한 논증을 재진술하는 작업에 착수한다. 롤즈가 이 첫 번째 원칙의 재진술을 시도한 이유는, 정의의 원칙에 대한 심각한 반론 내지는 오해를 제거하여 자신의 견해를 더욱 명료화하자는 데 있다고 할 것이다.

더 나아가 평등한 자유의 원칙에 관한 재진술은, 정의의 원칙이 자유와 평등을 적절히 조화시키고 있다는 것을 분명히 하고자 하는 롤즈의 의도 또한 포함되어 있다고 할 것이다.

따라서 필자는 롤즈의 정의의 원칙의 변모과정을 우선적으로 일별하

---

170) J. Rawls, *A Theory of Justice* (Cambridge: The Belknap Press of Harvard Univ. Press, 1971). 이하 *TJ*로 약기하고 본문에 쪽을 부기함.

는 것으로 롤즈의 정의의 원칙에 관한 논의를 시작하고자 한다.

롤즈는 「공정으로서의 정의」(1958)라는 그의 초기 논문에서 정의의 원칙의 원형이라고 할 수 있는 두 가지 원칙을 제시한다. 그런데 이 원칙은 확정적인 원칙이 아니라, 정의라는 개념과 흔히 연결되는 원칙군(原則群)의 전형이라는 점에 유의할 필요가 있다. 롤즈가 제시하는 정의의 원칙은 다음과 같다.

① 한 규율체계에 참여하거나 그것에 의해 영향을 받는 각 사람은 모든 사람의 유사한 자유와 양립할 수 있는 가장 광범위한 자유에 대해 평등한 권리를 갖는다.

② 불평등은 모든 사람의 이익을 위해 작용하리라고 합당하게 기대되지 않는 한, 그리고 불평등과 결부되거나, 또는 불평등을 가져오게 되는 직위와 직책이 모두에게 개방되지 않는다면 자의적인 것이다.

롤즈에 따르면 이상의 원칙은 정의가 자유, 평등 그리고 공동선에 기여한 공헌의 보답이라는 세 가지 관념의 복합체임을 보여 주는 것이라고 한다.[171]

「공정으로서의 정의」 이후에 발표된 「정의감」(1963)이라는 논문에 진술된 원칙은 앞의 논문과 동일하다.[172] 그러나 「분배적 정의」(1967)라는 논문에서는 의미상으로는 동일하나 표현상으로 약간 다른, 다음과 같이 정식화된 정의의 원칙을 제시한다.

① 한 제도에 참여하거나 그것에 의해 영향을 받는 각 사람은 모든 사람의 유사한 자유와 양립할 수 있는 가장 광범위한 자유에 대해 평등

---

171) J. Rawls, "Justice as Fairness", in *Philosophy, Politics and Society*, 2nd series, eds. by P. Laslett, and W. G. Runciman (Oxford: Basil Blackwell, 1972), 133~134쪽.
172) J. Rawls, "The Sense of Justice", in *Moral Concepts*, ed. by J. Feinberg (Oxford: Oxford Univ. Press, 1978), 121~122쪽 참조.

한 권리를 갖는다.

② 제도적 구조에 의해 규정되거나 그것에 의해 조장되는 불평등은 그것이 모든 사람의 이익을 위해 작용하리라고 합당하게 기대되지 않는 한, 그리고 불평등과 결부되거나 불평등을 가져오게 되는 직위와 직책이 모두에게 개방되지 않는다면 자의적인 것이다.

롤즈에 따르면 이상의 원칙은 그것이 입법에 적용될 경우 그에 일치하는 정치적 체제의 채택으로 시작되는데, 이는 전체의 사회구조를 통하여 권리와 의무의 할당을 통제함으로써 제도의 분배적 측면을 규제한다고 한다. 따라서 분배적 몫에 대한 정의는 사회의 기본구조와 권리 및 의무에 대한 그 기본적인 체계의 올바른 선택에 달려 있는 것이다.173)

그 후 롤즈는 「호혜성으로서의 정의」(1971)라는 논문에서도 정의의 원칙을 언급하고 있는데, 그 정의의 원칙은 앞의 「공정으로서의 정의」에서 제시된 원칙과 정확히 일치하고 있을 뿐만 아니라, 여타 개념의 쓰임새로 미루어 보아 「공정으로서의 정의」(1958)라는 논문 이후에, 그리고 적어도 「분배적 정의」(1967)라는 논문 이전에 쓰인 논문으로 추정된다.174)

이상의 과정을 거쳐 롤즈는 『사회정의론』(1971)에서 정의의 원칙을 '일반적 정의관(general conception of justice)'과 '특수한 정의관(special conception of justice)'으로 구분하여 그 원칙을 정식화한다.

일반적 정의관 또는 일반적 정의의 원칙은 다음과 같이 정식화된다.

---

173) J. Rawls, "Distributive Justice", in *Philosopy, Politics and Society*, 3rd series, eds. by P. Laslett, and W. G. Runciman (Oxford: Basil Blackwell, 1967), 61~62쪽.

174) J. Rawls, "Justice as Reciprocity", in *Utilitarianism: John Stuart Mill, with Critical Essay*, ed. by S. Gorovitz (Indianapolis: Bobbs-Merrill Co., 1971), 244쪽 참조.

즉, "모든 사회적 기본가치 — 자유, 기회, 소득과 부, 자존감의 기반 — 는 이러한 가치의 일부 또는 전부의 불평등한 분배가 최소 수혜자의 이득이 되지 않는 한 평등하게 분배되어야 한다"(*TJ*, 303).

특수한 정의관 또는 정의의 두 원칙은 다음과 같이 정식화된다(*TJ*, 302).

제1원칙: 각 사람은 모든 사람의 유사한 자유체계와 양립할 수 있는 평등한 기본적 자유의 가장 광범위한 전체 체계에 대한 평등한 권리를 가져야 한다(평등한 자유의 원칙).

제2원칙: 사회적·경제적 불평등은 다음 두 가지, 즉

ⓐ 정의로운 저축원칙과 양립하면서 최소 수혜자에게 최대이득이 되고 (차등의 원칙),

ⓑ 공정한 기회균등의 조건 아래 모든 사람에게 개방된 직책과 직위에 결부되도록 배정되어야 한다(공정한 기회균등의 원칙).

일반적으로 『사회정의론』에서 제시된 정의의 원칙이 최종적으로 정식화된 원칙으로 알려져 있다. 그러나 『사회정의론』 이후에 발표된 논문을 개괄해 볼 때, 그 표현에서 약간의 차이가 있거나 생략된 문구가 있음을 확인할 수 있다. 이하에서는 『사회정의론』 이후의 논문을 중심으로 롤즈의 정의의 원칙의 변모과정을 살펴보기로 한다.

롤즈는 「최소 극대화 기준을 위한 몇 가지 근거」(1974), 「알렉산더와 무스그레이브에게 답함」(1974)이라는 제목의 논문에서도 정의의 원칙을 언급하고 있다. 이 논문에 나타난 정의의 원칙을 『사회정의론』에서 제시한 원칙과 비교해 볼 때, 가장 눈에 띄는 표현상의 차이점은 정의의 두 원칙 가운데 제2원칙의 ⓐ의 진술에서 찾아진다. 이 제2원칙의 ⓐ는

"사회의 최소 수혜자 성원에게 최대의 기대이득이 되어야 하고(최소 극
대화 형평기준)"로 진술된다.175) 여기에는 『사회정의론』에서 말한 '정
의로운 저축원칙과 양립하면서'라는 표현이 생략되어 있다.

그런데 여기서 중요한 것은 『사회정의론』에서 말한 '차등의 원칙'을
롤즈는 '최소 극대화 형평기준'으로 이해하고 있다는 점이다. 이를 통해
롤즈는 정의의 제2원칙의 ⓐ에 대한 일반적인 오해를 제거하고자 한다.
그 일반적인 오해란, 최소 극대화 기준인 '차등의 원칙'을 '최소 극대화
규칙(또는 원칙)'과 동일한 것으로 혼동하고 있다는 점이다.

롤즈에 의하면 최소 극대화 규칙(maximin rule)과 최소 극대화 기준
(maximin criterion)은 엄밀히 구분된다.176) 최소 극대화 규칙이란 원초
적 입장이라는 불확실성의 상황 하에서 당사자가 정의의 원칙을 선택하
기 위한 합리적인 의사결정 규칙을 말한다. 그러나 최소 극대화 기준이
란, 사회의 기본구조로부터 결과하는 불평등은 그것이 최소 수혜자에게
이득이 되고, 그리고 원초적 입장의 당사자가 선택해야만 하는 가능한
정의의 원칙의 목록의 일부를 형성시켜 줄 경우에만 그 불평등은 허용
될 수 있다는 것을 조건적으로 규정하는 기준이다.177)

앞에서 말한 논문과 그 이후에 발표된 논문, 즉 「주제로서의 기본구
조」(1978), 「질서정연한 사회」(1979) 등의 논문에 진술된 정의의 원칙
은 동일하다.178) 그리고 「사회적 통합과 기본적 가치」(1982)에 진술된

---

175) J. Rawls, "Some Reasons for the Maximin Criterion", *The American Economic Review*,
   vol.LXIV, no.2 (May 1974), 142쪽; J. Rawls, "Reply to Alexander and Musgrave",
   Quarterly Journal of Economics, vol. 88(1974), 639쪽 참조.

176) Rawls,"Some Reasons for the Maximin Criterion", 141쪽.

177) K. Baynes, *The Normative Grounds of Social Criticism: Kant, Rawls, Habermas* (N. Y.
   :State Univ. of New York Press, 1992), 195쪽 주석.

178) J. Rawls, "The Basic Structure as Subject", in *Values and Morals*, eds. by A. Goldman,
   and J. Kim (Dordrecht-Holland: D. Reidel Publishing Co., 1978) 57쪽; J. Rawls, "A

정의의 원칙은 그 표현상에서의 미세한 차이라고 할지, 또는 생략된 한 단어(예컨대, '기대'라는 단어) 이외에는 앞 논문과 동일하다.[179]

이제 롤즈가 직접적으로 자신의 정의의 원칙에 부분적인 수정이 가해졌음을 밝히고 있는 논문의 차례에 이르렀다. 롤즈는 「기본적 자유와 그 자유의 우선성」(1982)이라는 논문에서 부분적으로 수정된 정의의 원칙을 다음과 같이 제시한다. 즉,

① 각 사람은 모든 사람의 유사한 자유의 체계와 양립할 수 있는 평등한 기본적 자유의 완전하게 충분한 체계에 대한 평등한 권리를 갖는다.

② 사회적·경제적 불평등은 다음 두 가지 조건을 만족시켜야 한다. 첫째, 이 불평등은 공정한 기회균등의 조건 아래 모든 사람에게 개방된 직책과 직위에 결부되어야 한다. 둘째, 이 불평등은 사회의 최소 수혜자 성원에게 최대이득이 되어야 한다.[180]

위에 언급된 정의의 제1원칙의 변화는 『사회정의론』에서 사용한 '가장 광범위한 전체체계(the most extensive total system)'라는 말을 '완전하게 충분한 체계(a fully adequate scheme)'라는 말로 대체한 반면에, 제2원칙은 단순히 문체상의 또는 기술순서상의 변화에 불과할 뿐이다.

이제 후기 롤즈에 속하는 논문에 나타난 정의의 원칙을 살펴보기로 하자. 「공정으로서의 정의: 형이상학적 입장이냐, 정치적 입장이냐」

Well-Ordered Society", in *Philosophy, Politics and Society*, 5th series, eds. by, P. Laslett and J. Fishkin (New Haven: Yale Univ. Press, 1979), 11쪽 참조.

179) J. Rawls, "Social Unity and Primary Goods", in *Utilitarianism and Beyond*, eds. by A. Sen, and B. Williams (Cambridge: Cambridge Univ. Press, 1982), 161~162쪽 참조.

180) J. Rawls, "The Basic Liberties and Their Priority", *The Tanner Lectures on Human Values*, vol. 3, ed. by S. Mcmurrin (Salt Lake: Univ. of Utah Press,1982), 5쪽.

(1985)라는 논문과 「정치적 영역과 중첩적 합의」(1989)라는 논문에 나타난 정의의 원칙은 앞에서 언급한 내용과 동일하나, 제1원칙의 '평등한 기본적 자유'라는 말을 '평등한 기본적 권리와 자유'라는 말로 표현한 점에 그 차이가 있다.[181]

이제 마지막으로 롤즈의 미발간 원고(原稿)인 『공정으로서의 정의: 안내지침』(1989)과 『정치적 자유주의』(1933)[182]에 나타난 정의의 원칙을 살펴보기로 하자. 먼저 『공정으로서의 정의: 안내지침』에 나타난 정의의 원칙은 앞의 「기본적 자유와 그 자유의 우선성」에서 제시한 원칙과 동일하나, 특히 제1원칙의 "평등한 권리를 갖는다(to have an equal right)"라는 말을 "파기할 수 없는 동일한 요구권을 갖는다(to have the same indefeasible claim)"라는 말로 표현한 점에서 차이가 있으나, 롤즈는 이를 동일한 의미로 취급한다.

그리고 『정치적 자유주의』에 나타난 정의의 원칙은 「기본적 자유와 그 자유의 우선성」에서 말한 것과 완전히 동일하다(PL, 291).[183]

이상에서 롤즈의 정의의 원칙의 변모과정을 일별해 보았다. 이제 그의 정의의 원칙에 관한 논의, 즉 '평등한 자유의 원칙' 그리고 '공정한 기회균등의 원칙과 차등의 원칙'에 관한 논증을 고찰하고, 이어서 자유와 평등에 관한 롤즈적 조화를 검토할 것이다. 그리고 마지막으로 롤즈

---

181) J. Rawls, "Justice as Fairness: Political not Metaphysical", Philosophy and Public Affairs, vol. 14(1985), 227쪽; J. Rawls, "The Domain of the Political and Overlapping Consensus", New York University Law Review, vol. 64, no. 2(May 1989), 251쪽 주석.

182) J. Rawls, Political Liberalism (N. Y.: Columbia Univ. Press, 1993). 이하 PL로 약기하고 본문에 쪽을 부기함.

183) 그러나 롤즈는 『정치적 자유주의』에서 특히 제1원칙을 다음과 같이 표현하기도 한다. 즉, "각 사람은 모든 사람의 동일한 체계와 양립할 수 있는 체계인 평등한 기본적 권리와 자유의 완전하게 충분한 체계의 평등한 요구권을 가지며, 이런 체계 내에서 평등한 정치적 자유, 그리고 기본적 자유만이 공정한 가치를 보장하게 된다". Rawls, PL, 5쪽.

의 정의의 원칙에 의거해 선택될 수 있는 경제체제론을 살펴볼 것이다.

2) 평등한 자유의 원칙

이제 「기본적 자유와 그 자유의 우선성」(1982), 그리고 『정치적 자유주의』(1993)에서 제시된 정의의 두 원칙을 롤즈가 최종적으로 정식화한 특수한 정의관으로 간주하고서 논의를 시작하기로 하자.

롤즈적 견해에 따르면, 특수한 정의관은 두 가지 점에서 일반적인 정의관과 구분된다고 한다. ① 특수한 정의관은 제1원칙 속에 포함된 기본적 자유와 제2원칙에 의해 규제되는 여타의 사회적 기본가치를 구분해 주고 있다는 점이다.[184] ② 특수한 정의관은 '우선성 규칙(priority rule)'에 의해 정의의 두 원칙 간의 축차적인 우선의 서열이 정해진다는 점이다. 즉, 제1원칙인 '평등한 자유의 원칙'은 제2원칙에 우선하며(자유의 우선성), 제2원칙 가운데 '공정한 기회 균등의 원칙'은 '차등의 원칙'에 우선한다(효율성과 복지에 대한 정의의 우선성)는 것이 그것이다(*TJ*, 302~303). 또한 자유의 우선성은 기본적 자유는 하나 또는 그 이상의 다른 기본적 자유를 위해서만 제한되거나 거부될 수 있다는 롤즈의 주장에서도 찾아진다(*PL*, 295).

그런데 롤즈의 평등한 자유원칙과 자유의 우선성 규칙은 다음 두 가지의 심각한 반론, 특히 하트(H. L. A. Hart)가 제기한 반론에 부딪치게 된다.[185] 롤즈는 하트가 제기한 반론의 요지를 다음과 같이 정리한다. 즉, ① 원초적 입장의 당사자가 기본적 자유를 채택하고 자유의 우선성

---

184) Baynes, *The Normative Grounds of Social Criticism*, 154쪽.
185) H. L. A. Hart, "Rawls on Liberty and Its Priority", in *Reading Rawls*, 230~252쪽 참조.

에 동의하는 근거가 충분히 설명되어 있지 않다. ② 정의의 원칙이 제헌 위원회 단계, 입법적 단계, 사법적 단계에 적용된다고 할 때, 사회적 여건이 알려져 있는 한 기본적 자유가 어떻게 각 단계 상호간을 규정·조정하는지에 관한 만족스런 기준이 제시되어 있지 않다(*PL*, 290).

이상의 반론에 대한 롤즈의 답변을 고찰하기에 앞서 우선적으로 롤즈가 기본적 자유의 목록을 어떻게 도출하고 있는가를 고찰해 보기로 하자.

롤즈는 「공정으로서의 정의」(1958)에서, "각 사람은 모든 사람의 유사한 자유와 양립할 수 있는 가장 광범위한 자유에 대해 평등한 권리를 갖는다"고 진술한 바 있다. 그런데 이러한 진술은 그 이후의 『사회정의론』에서 찾아지는, "각 사람은 모든 사람의 유사한 자유체계와 양립할 수 있는 평등한 기본적 자유의 가장 광범위한 전체체계에 대한 평등한 권리를 가져야 한다"는 진술과는 명백히 구분된다. 즉, 양자의 진술상 두드러진 차이점은, 전자가 일반적 자유에 관한 진술인 점에 반해, 후자의 경우는 기본적 자유에 관한 진술이라는 점이 그것이다.[186]

'일반적인 자유에 대한 권리'와 '특정한 기본적인 자유에 대한 권리'는 엄격히 구분해서 이해되어야 할 성질의 것이다. 왜냐하면 특정한 기본적인 자유에 대한 권리는 전체적으로 보아 일반적인 자유에 대한 권리에 더욱 많은 규제조건을 부과할 것이기 때문이다. 예컨대, 사적 소유권은 그 밖의 모든 사람의 일반적인 자유에 대한 권리에 어떤 규제조건을 부과한다.[187] 이러한 중대한 차이점에도 불구하고, 롤즈는 자신의 정의의 원칙을 진술할 때 초기의 일반적인 자유에 대한 진술로부터 특정한 기본적 자유에 대한 진술로 변화하게 된 이유를 그 어디서도 언급하고 있는 바가 없다. 베인즈의 경우는, 롤즈가 말하고 있는 특정한 기본적

---

186) Baynes, *The Normative Grounds of Social Criticism*, 155쪽.
187) 앞의 책, 155쪽.

인 자유를 일반적인 자유로부터 도출한 것으로 본다. 그렇기 때문에 베인즈는 롤즈가 일반적인 자유와 특정한 기본적인 자유 사이에서 발생하는 난점에 어떤 해명을 했어야 한다고 주장한다. 그리하여 베인즈는 롤즈가 어떤 해명이 없이 특정한 기본적 자유의 목록을 제시한 것은 일종의 회피이며, 여전히 그 자체 내에 몇 가지의 난점을 간직하고 있는 것으로 간주한다.[188]

그러나 베인즈의 지적처럼, 비록 롤즈가 일반적 자유에 대한 진술로부터 특정한 기본적 자유에 대한 진술로 자신의 평등한 자유원칙을 부분적으로 수정한 것은 사실일지라도, 적어도 롤즈의 특정한 기본적 자유의 목록은 일반적 자유로부터 도출되지 않았다는 점을 간과해선 안 될 것이다.

롤즈에 따르면 공정으로서의 정의관에 속하는 기본적 자유에 대한 목록은 두 가지의 방법으로 작성된다고 한다.

① 그 첫 번째 방법이란, 우리가 민주주의 국가의 제도를 개괄하여 통상적으로 보호되고 있는 자유의 목록을 나란히 늘어놓고, 그 제도에서 자유의 역할이 얼마나 잘 수행되고 있는지를 검토하여 일련의 기본적 자유의 목록을 작성하는 역사적 방법을 말한다. 그러나 원초적 입장의 당사자는 무지의 베일을 쓰고 있기 때문에 이러한 종류의 정보를 이용할 수 없다. 그러나 이러한 정보는 공정으로서의 정의관을 세우는 현실적인 너와 나인 우리[189]에 의해 이용될 수 있다. 그러므로 이러한 역사적 지식은 정의의 원칙의 내용에 영향력을 행사할 수 있는 것이다.

② 기본적 자유의 목록을 작성하는 두 번째 방법은, 자유가, 일생에 걸쳐 도덕적 인격의 두 가지 능력을 충분하게 발달시키고 완전하게 행

---

188) 앞의 책, 155~156쪽 참조.
189) 이는 롤즈 정의론의 관점 가운데 하나인 '우리 자신'의 관점을 말한다.

사하기 위한 불가결한 사회적 조건임을 고려하여 기본적 자유의 목록을 작성하는 방법을 말한다(*PL*, 292~293). 롤즈는 이러한 방법을 그의『공정으로서의 정의: 안내지침』에서는 분석적 방법이라고도 한다.[190] 이상의 두 가지 방법에 의해 작성되는 기본적 자유의 목록에 나타난 자유로는, 사상의 자유와 양심의 자유, 정치적 자유와 결사의 자유, 인격의 자유와 통합성에 의해 규정된 자유들, 법의 지배에 의해 망라된 권리와 자유가 있다(*PL*, 291).

이제 앞에서 언급한 하트의 반론에 대한 롤즈의 답변을 고찰해 보기로 하자. 롤즈는 이 첫 번째 문제에 답할 때 인간관과 관련된 세 가지의 고려사항에 주목하여 원초적 입장의 당사자가 기본적 자유를 받아들이고, 그 자유의 우선성에 동의하는 근거를 제시한다. 세 가지의 고려사항이란, 가치관의 능력과 관련된 고려사항, 정의감의 능력과 관련된 고려사항, 그리고 개인의 확고한 가치관에 관련된 고려사항 등이 그것이다 (*PL*, 310~322).

① 개인의 확고한 가치관에 관련된 고려사항이란, 원초적 입장의 당사자는 그가 대표하는 사람이 확고한 가치관을 갖고 있다는 것을 알고 있으나, 당사자는 이 가치관의 내용이 무엇인지를 모른다는 점이다. 그러나 당사자는 합리적인 개인의 인생계획의 일반구조를 알고 있다. 그러므로 이러한 일반구조, 즉 인간심리와 사회제도 운용등의 일반적 사실은 가치관에서 중요한 요소에 해당된다. 그러므로 이러한 문제에 대한 지식은 기본적 가치에 대한 당사자의 이해와 사용이라는 지식과 그 맥락을 같이 한다.

② 가치관의 능력과 관련된 고려사항은 상호 밀접하게 관련된 두 가

---

190) J. Rawls, *Justice as Fairness: A Guided Tour* (Cambridge: Harvard Univ., 1989), 36쪽.

지 방식의 고려사항으로 구분해서 말 할 수 있다. 먼저 가치관의 능력이
란 확고한 가치관을 형성·수정하고, 합리적으로 추구하는 능력을 말한
다. 이러한 가치관의 능력과 관련된 ⓐ 첫 번째 방식의 고려사항이란,
이 능력의 충분한 계발과 행사는 필요하다면 개인의 선(가치)의 수단으
로서, 그러나 개인의 확고한 가치관의 일부가 아닌 수단으로서 간주된
다는 점이다. 그러나 이 능력이 확고한 가치관의 형성이나 그러한 가치
관을 채택할 때 일정한 역할을 수행하고 있다는 점을 간과해서는 안 될
것이다. ⓑ 두 번째 방식의 고려사항이란, 이 능력은 우리의 지적·도덕
적인 능력의 완전하고, 신중한 그리고 심사숙고한 행사에 일치하는 삶
의 방식을 채택하는 존재로서 우리 자신을 생각하도록 해 준다는 점이
다. 이러한 점에서 이 능력은 수단이 아닌 확고한 가치관의 본질적인
부분이 되는 것이다.

③ 정의감의 능력과 관련된 고려사항은 다음의 세 가지 측면으로 구
분된다.

ⓐ 첫 번째 측면의 고려사항은, ㉠ 모든 사람이 실제적인 정의감을
지니고 있으며, 그가 사회의 완전한 협동적 성원으로서 신뢰받을 수 있
다는 공공적 지식은 모든 사람의 가치관을 위한 최대의 이득이 된다는
점과 ㉡ 가장 안정된 정의관은 우리의 선(가치)에 합치하고 절대적으로
관련된, 그리고 우리의 인격(person)[191]의 부정이 아닌 긍정에 바탕을
둔 것으로서 우리의 이성에 명료하게 나타나는 정의관, 즉 정의의 두
원칙에 의해 규정되는 정의관이라는 점이다.

ⓑ 두 번째 측면의 고려사항은 자존감(self-respect)과 관련된 사항이
다. 자존감은 일생에 걸쳐 보람 있는 가치관을 추구할 수 있는 사회의

---

191) 『사회정의론』에는 이 '인격'이라는 말 대신에 '자아(the self)'라는 말로 되어 있다. Rawls,
   TJ, 499쪽 참조.

완전한 협동적인 성원이라는 우리의 자기신뢰에 바탕을 둔 것을 말한다. 그러므로 자존감은 두 가지의 도덕적 능력의 계발과 행사를 전제로 하며, 특히 이런 의미에서 실제적인 정의감을 전제로 한다. 이러한 자존감의 중요성은 그것이 우리 자신의 확실한 가치감과 확고한 가치관이 가치를 실현시켜 준다는 굳은 신념을 제공해 준다는 점이다.

ⓒ 세 번째 측면의 고려사항은 '사회연합체들의 사회통합체'인 질서정연한 사회라는 개념과 관련된 사항이다. 사회연합체들의 사회통합체라는 개념은, 정의의 두 원칙에 의해 질서정연해진 민주주의 사회는, 각자의 시민이 그 자신의 계획에 몰두하거나 각자의 시민이 보다 작은 연합체들에 소속되어 있을 경우, 개인의 확고한 가치(선)보다 훨씬 더 포괄적인 가치(선)일 수 있음을 의미한다. 이러한 보다 포괄적인 가치(선)에의 참여는 각 개인의 확고한 가치(선)를 훨씬 더 증대시켜 주며 유지시켜 줄 수 있다. 이러한 사회연합체들의 사회통합체는 우리의 사회적 본성의 세 가지 측면에 의해 가능해진다. 즉, ㉠ 수많은 인간적 활동과 다양한 조직형태를 가능하게 하는 다양한 인간적 재능 간의 상보성(complementarity)이라는 측면, ㉡ 물질적인 복지수단뿐만 아니라, 있을 수 있는 결과를 가져오기 위해서 타인과의 협동적인 노력에 의존하는 측면, ㉢ 호혜성이라는 개념을 포함한 정의의 원칙을 그 내용으로 채택할 수 있는 우리의 실제적인 정의감의 능력이라는 측면 등이 그것이다.

요컨대, 이상의 고려사항에 의해 제시된 논거에 의해 원초적 입장의 당사자는 기본적 자유들을 받아들이고, 그 자유의 우선성에 동의하게 된다는 것이 롤즈의 주장이다. 결국 이것은 롤즈가 앞에서 말한 기본적 자유의 목록을 작성하는 방법 가운데의 하나인 '분석적 방법'으로부터 추론되는 논증에 지나지 않는다.

한편, 롤즈는 『사회정의론』에서 자유의 우선성에 관한 근거를 다음과 같이 제시한 바 있다. 즉, 문명의 조건이 개선됨에 따라 그 이상의 경제적·사회적 이득에 우리의 선(가치)이 갖는 한계의미(marginal significance)는 자유에 대한 관심에 비해 상대적으로 줄어들 것이며, 자유에 대한 관심은 평등한 자유의 행사를 위한 조건이 보다 완전하게 실현됨에 따라 강화된다(*TJ*, 542).

그런데 롤즈는 『정치적 자유주의』라는 책에서 방금 앞에서 언급했던 자신의 견해가 명백한 오류였음을 밝히고 있다. 특히 경제적·사회적 이득의 한계의미라는 개념을 사용하지 않았어야 했는데, 그것을 사용하여 자신이 명백한 오류를 범하게 되었다는 것이다. 왜냐하면, 그 한계의미라는 개념은 '관심의 위계질서(a hierarchy of interests)'라는 개념과 양립할 수 없기 때문이다(*PL*, 371주석).

롤즈는 우리에게 동기를 부여하는 관심의 위계질서를 세 가지로 구분하여 설명한다. ① 첫 번째는 최고차적 관심(highest-order interests)으로서 이것은 도덕적 능력을 발휘·실현하기 위한 관심을 의미하며, ② 두 번째는 고차적 관심(higher-order interests)으로서 이것은 당사자가 할 수 있는 한 최선을 다하여 그의 가치관을 보호하고 증진시키는데 기울이는 관심을 의미한다. 그러나 고차적 관심은 본질적인 점에서 최고차적 관심에 종속한다. 롤즈는 이상의 최고차적 관심과 고차적 관심을 '규정적 관심(regulative interests)'이라고도 한다. ③ 세 번째의 관심은 저차적 관심(lower-order interests)이다. 이것은 충동이나 편파적인 이기주의적 성향으로부터 나오는 관심을 뜻한다.[192]

이상의 설명은 관심의 위계질서라는 개념과 한계의미라는 개념이 양립할 수 없음을 보여 준다. 그렇기 때문에 롤즈는 『사회정의론』에서 사

---

192) J. Rawls, "Kantian Constructivism in Moral Theory", *The Journal of Philosophy*, vol. LXXVII, no. 9(September 1980), 524~527쪽.

용한 관심의 한계의미라는 말을 관심의 한계적 변화(marginal changes of interests)라는 말로 대체하고자 한다. 여기서 롤즈가 말하는 한계적 변화란, 기본적 자유의 완전하고 실제적인 행사를 위해 필수적인 사회적 조건의 점진적인 실현 속에 반영된 한계적, 또는 단계적인 변화를 뜻한다(*PL*, 371주석). 그러므로 이런 식으로 이해되는 관심의 한계적 변화란 개념은 관심의 위계질서라는 개념과 양립할 수 있게 되는 것이다.

이제 하트가 제기한 두 번째 반론에 대한 롤즈의 답변을 살펴보기로 하자. 롤즈는 이 문제에 답할 때, 우선적으로 정의의 제1원칙에서 사용한 '평등한 기본적 자유의 가장 광범위한 전체체계'라는 구절을 '평등한 기본적 자유의 완전하게 충분한 체계'라는 말로 수정한다. 롤즈는 그가 평등한 자유원칙을 부분적으로 수정한 이유로 최선의 자유체계란 가장 광범위한 것이라고 말할 수 없기 때문에 이를 수정한다고 밝히고 있다 (*PL*, 331).

롤즈에 따르면 완전하게 충분한 체계라고 할 수 있는 자유의 체계란, 사회적 여건 아래의 질서정연한 사회에서 제기되는 두 가지 도덕적 능력의 충분한 계발과 완전하고 정확한 정보에 근거한 행사, 즉 두 가지의 근본적인 사실(the two fundamental cases)을 허용할 수 있도록 규정·조정된 기본적 자유체계를 말한다.

이때의 두 가지의 근본적인 사실에서, ① 첫 번째의 근본적인 사실이란, 정의감의 능력과 관련되어 있으며, 또한 사회의 기본구조와 그 기본구조의 사회정책에 정의의 원칙을 적용하는 것과 관련되어 있는 사실을 말한다. 이 경우에 필요한 기본적 자유로는 정치적 자유나 사상의 자유 등을 들 수 있다.

② 두 번째의 근본적인 사실은, 가치관의 능력과 관련되어 있으며 또한 일생동안 우리의 행위를 지도하는 숙고적 이성(deliberative reason)

의 원칙을 적용하는 것과 관련된 사실을 말한다. 이 경우에 필요한 기본적 자유로는 양심의 자유나 결사의 자유 등을 들 수 있다(*PL*, 332~333).

롤즈는 이상의 기본적 자유의 완전하고 충분한 체계라는 개념에 의거해서 기본적 자유의 체계가 각 단계를 규정·조정할 수 있음을 보여주고자 한다. 이를 위하여 우리가 먼저 염두에 두어야 할 사항은 평등한 자유원칙은 그 적용에서 제헌위원회의 단계에 적용된다는 점이다.

제헌위원회의 위원은 정당하고 실행가능한 정당한 헌법들 가운데 가장 정당하고 효율적인 입법체계에 이르게 하는 것으로 여겨지는 하나의 헌법만을 채택한다. 이러한 헌법을 채택할 때 위원은 현존하는 사회적 여건의 일반적인 사실과 더불어, 정치적·사회적 제도가 어떻게 운용되고 있는가 하는 일반적인 지식을 그 실마리로 삼아 헌법을 채택하게 된다. 그렇다면 이럴 경우 헌법은 정치적 결정과정이 대체로 평등한 기초 위에서 모든 사람에게 개방되도록 평등한 정치적 자유를 그 안에 내포시키는, 그리고 평등한 정치적 자유의 공정한 가치를 보장하기 위해 힘쓰는 하나의 정당한 정치적 절차로서 간주된다. 또한 헌법은 이 평등한 정치적 자유가 자유롭고 정확한 정보에 근거한 행사가 되게 하려면 사상의 자유 또한 보장해야만 한다는 것이 롤즈의 주장이다(*PL*, 336~337).

그런데 롤즈의 견해에 따르면 제헌위원회에서 채택된 헌법이 정치적 자유와 사상의 자유를 보장해야 한다는 말은 사실상 정치적 자유와 사상의 자유에 의해 헌법이 규정되어야 한다는 말과 동일한 의미를 갖는다. 그리하여 롤즈는 평등한 자유원칙이 제헌위원회의 단계에 적용된다고 할 때, 이것은 정치적 자유와 사상의 자유가 본질적으로 정당한 정치적 절차에 대한 규정을 시작한다는 것을 의미하는 것이라고 언급하고 있다(*PL*, 336).

그러나 이러한 정치적 자유나 사상의 자유가 제헌위원회의 단계를 규정한다고 해서 그것이 최종적으로 만족스런 기준이 된다고는 할 수 없다. 왜냐하면 이 자유는 기본적 자유가 지닌 규정(regulation)과 제약(restriction)이라는 두 측면193) 가운데 규정적 측면만을 대표하고 있을 뿐이기 때문이다. 그렇기 때문에 롤즈는 앞에서 언급한 정의감의 능력과 관련된 기본적 자유뿐만 아니라, 가치관의 능력과 관련된 기본적 자유도 마땅히 존중되어야 한다고 말하고 있다. 다시 말해 양심의 자유와 결사의 자유 등을 침해하는 것에는 헌법적으로 제약을 가하여 이 기본적인 자유를 보호해야 한다는 것을 말한다. 바꿔 말해, 헌법은 양심의 자유나 결사의 자유에 의해 제약되어야 한다는 것을 의미하는 것이다 (*PL*, 337~338).

요컨대, 헌법은 정당한 정치적 절차를 규정하고 기본적 자유와 그 자유의 우선성을 보호·보장하는 제약사항을 그 안에 내포하고 있다(*PL*, 339)는 의미에서, 헌법은 기본적 자유에 의해 규정되고 제약받는다.

평등한 자유원칙은 제헌위원회 단계에만 직접적으로 적용되는 것이기는 하지만, 그 다음 단계인 입법적 단계나 사법적 단계에서도 동일한 방식으로 적용되고 있는 것으로 간주되어야 할 것이다. 왜냐하면 입법적 단계에서 제정되는 법규는 그것이 헌법에 의해 규정되고, 제약받는 법규일 경우에 한해서만 정당하고 효율적인 입법체계로 인정받을 수 있기 때문이다. 그러므로 법관과 행정관에 의한 법규의 적용과 시민 일반에 의한 법규준수를 의미하는 사법적 단계(*TJ*, 199)도 동일한 의미의 맥락에서 이해될 수 있는 것이다.

---

193) 롤즈는 『정치적 자유주의』에서 자신의 『사회정의론』은 기본적 자유의 '규정적 측면'과 '제약적 측면'을 구별해 주는데 있어서 실패했음을 자인하고, 이들 두 측면은 보다 엄격히 구분해서 이해되어야 한다고 말하고 있다. Rawls, *PL*, 295쪽, 295쪽 주석.

3) 공정한 기회균등과 차등의 원칙

먼저 공정한 기회균등의 원칙에 관한 롤즈의 논증으로 우리의 관심을 옮겨 보기로 하자. 롤즈에 의하면 정치적인 문제, 직업과 직위의 좋은 기회, 또는 판매를 위한 생산품의 특징 등은 공시되어야 할 정보에 해당된다. 이 중에서 직업과 직위의 좋은 기회에 관한 공시는 공정한 기회균등을 유지하기 위한 중요한 정보를 그 안에 담고 있다. 그러므로 직업과 직위의 공시는 고의적으로 어떤 인종적·종족적 집단에 속하는 지원자나 성차(性差)에 의해 그 지원자를 배제하고자 하는 진술을 포함하는 것을 금지시킬 수 있다(*PL*, 363).

그러나 공정한 기회균등의 원칙에서 이상의 진술은 다분히 형식적인 것에 불과하다. 더욱 중요한 것은 직업이나 직위란 단지 형식적인 의미에서만 공개되어서는 안 되고, 모든 사람이 그것을 획득할 수 있는 공정한 기회를 가져야만 한다는 점이다. 여기서 롤즈가 말하고자 하는 공정한 기회란, 유사한 능력과 재능을 가진 사람은 유사한 인생의 기회를 가져야만 한다는 것을 의미한다. 좀더 분명하게 말하면, 자연적 자산분배가 있다고 가정할 경우, 동일한 수준의 재능과 능력을 지닌, 그리고 그것을 사용할 동일한 의향을 지닌 사람은 사회체제 내에서의 그의 최초의 지위에 관계없이, 즉 그가 태어난 소득계층에 관계없이 동일한 성공의 전망을 가져야 한다는 것이다. 다시 말해 사회의 모든 분야에서 유사하게 동기부여되고 유사한 능력을 부여받은 모든 사람은 문화적 혜택의 측면이나 성취적 측면에서 대체로 동등한 전망을 가져야 한다는 것이다. 따라서 동일한 능력과 포부를 지닌 사람의 기대치는 그가 처한 사회적 계급의 영향을 받아서는 안 되는 것이다(*TJ*, 73).

보위(Bowie)는 이상의 공정한 기회균등의 원칙에 관한 롤즈의 견해를 다음과 같이 정리한다. 즉, 이 원칙은 동일한 능력과 재능을 갖고 동일한 노력을 경주한 사람은 그 노력한 분야에서 대체로 동일한 성공의 전망을 가져야 한다고 주장한다. 가족적 배경, 인종, 종교, 성 또는 사회적 배경이 성공의 장애요소로서 작용해선 안 된다. 그런데 보위에 의하면 롤즈가 의미하는 공정한 기회균등이 보장되려면, 사회는 무거운 상속세의 부과, 공공교육의 확대실시, 그리고 차별대우금지법 등을 마련해야 한다고 한다. 그리하여 이러한 사회적 조처가 성공적인만큼, 재화와 용역분배 역시 능력, 재능 그리고 노력 등에 의존하게 된다는 것이다.[194]

한편, 킴리카는 롤즈가 의미하는 균등한 기회가 공정한 것으로 간주될 수 있는 이유를 다음과 같이 제시한다. 즉, 균등한 기회는 사람의 운명이 그가 처한 여건이 아니라, 오히려 그의 선택에 의해 결정된다는 것을 보장한다는 점에서 공정한 것이다. 그리하여 만일 내가 기회균등을 보장하는 사회에서 어떤 개인적인 포부를 추구한다면, 그럴 경우 나의 성공이나 실패는 내가 속한 인종적·계급적 또는 성적인 것에 의해 결정되는 것이 아니라, 나의 실행에 의해 결정될 것이다. 그가 처한 사회적 여건으로부터 어떤 특권을 갖거나 불이익을 받는 사람이 아무도 없는 사회에서는 사람의 성공(또는 실패)은 어디까지나 그 자신의 선택과 노력의 결과인 것이다. 그러므로 우리가 성취한 성공은 그것이 무엇이든지 간에 우리에게 부여된 것이 아닌, 우리가 획득한 것이 된다. 그렇기 때문에 기회균등을 보장하는 사회에서 불평등한 수입은 공정한 것이 된다. 왜냐하면 성공은 가치 있는 것이며, 성공은 그것을 받을 만한 사람에게 주어지는 것이기 때문이다.[195] 이상의 보위나 킴리카 등이 한 정리는

---

194) N. E. Bowie and R. L. Simon, *The Individual and the Political Order* (N. J.: Prentice Hall, Inc., 1977), 112쪽.

대체로 롤즈의 견해를 그대로 반영하고 있다. 그러나 롤즈는 여기서 한 걸음 더 나아가고자 한다. 왜냐하면 소득과 부의 분배가 개인능력과 재능의 자연적 분배에 의해 결정되는 한, 그것은 적어도 도덕적 관점에서 바라볼 때 차별이나 계급 등의 사회적 우연성과 마찬가지로 자의적인 것에 해당되기 때문이다. 즉, 능력과 재능은 일종의 자연적 행운(natural lottery)에 속하는 것이므로(*TJ*, 73~74), 그것은 도덕적인 의미에서 자의적인 것이 된다. 그리하여 만일 소득과 부의 분배에서 개인의 능력과 재능에 기초한 분배가 허용된다면, 그것은 "재능이 있으면 출세할 수 있다"는 식의 업적주의적 사회(meritocratic society)를 결과할 수도 있을 것이기 때문이다(*TJ*, 83~84).

그리하여 롤즈는, 소득과 부의 분배가 역사적·사회적 행운에 의하여 이루어지는 것을 허용할 이유가 없는 것과 마찬가지로 자연적 자산의 분배에 의하여 소득과 부의 분배가 이루어지는 것도 허용할 이유가 없다고 규정하여 업적주의적 사회의 출현을 봉쇄하고자 한다. 이는 결국 공정한 기회균등의 원칙이 그 자체만으로는 불완전하다는 것을 의미하는 것이다. 이런 이유로 우리는 그 자연적 행운의 영향력을 감소시키는 어떤 원칙(즉, 차등의 원칙)을 필요로 하게 되는 것이다(*TJ*, 74).

롤즈가 공정한 기회균등의 원칙에 뒤이어 자연적 행운의 영향력을 감소시키는 차등의 원칙을 도입하는 이유는 이른바 민주주의적 평등(democratic equality)의 실현에 있다고 하겠다. 롤즈에 의하면 민주주의적 평등은 공정한 기회균등의 원칙과 차등의 원칙이 결합하여 이루어진다고 한다. 그런데 이 민주주의적 평등의 개념은 자유주의적 평등체제(liberal equality)의 개념과 구분해서 이해되어야 할 개념이다. 자유주의

---

195) W. Kymlicka, *Contemporary Political Philosophy* (Oxford: Clarendon Press, 1992), 56쪽.

적 평등체제란, 이른바 자연적 자유체제(system of natural liberty), 즉 "재능 있으면 출세할 수 있다"는 말로 암시되는 체제와 공정한 기회균등의 원칙이 결합하여 나타나는 평등의 체제를 말한다(*TJ*, 72~75참조). 그리고 이와는 구분되는 민주주의적 평등체제란, 사회적 협동의 이득과 부담에서 사람의 몫을 그의 사회적 운수나 자연적 행운에 따라 평가하지 않는 평등체제를 의미한다(*TJ*, 75).

이제 민주주의적 평등의 실현을 위해서 요구되는 차등의 원칙을 롤즈의 논증을 고찰해 보기로 하자. 차등의 원칙은 불평등이 최소 수혜자(the least advantaged)의 최대이익이 되게 조정되기를 요구하는 원칙이다. 그런데 이 원칙을 적용할 때 우선적으로 확인되어야 할 사항은 누가 최소 수혜자인가를 확인하는 일일 것이다.

뷰참(Tom L. Beauchamp)에 따르면 롤즈가 정의한 최소 수혜자의 정의에는 세 가지 유형이 있다.[196] ① 미숙련 노동자와 같은 특정한 사회적 지위를 차지하고 있는 집단의 소득과 부의 평균치 내지 그 이하를 갖는 모든 자는 최소 수혜자로 간주된다. ② 사회적 지위에 상관없이 상대적인 소득이나 부를 통해 최소 수혜자를 확인할 수 있는데, 이런 경우에는 소득이나 부의 중앙치(median)의 절반 이하를 갖는 모든 사람이 최소 수혜자층에 해당된다(*TJ*, 98). ③ 최소 수혜자는 대체적으로 사회적·역사적·자연적인 우연성으로부터 최소혜택을 받은 사람 간의 중첩도(the overlap)에 따라 규정된다. 그렇기 때문에 최소 수혜자집단에는, 다른 사람보다 가계와 계급적 태생이 불리한 사람, 타고난 재능이 별반 뛰어나지 못한 사람, 그리고 운수나 행운이 상대적으로 나빴던 사람 등

---

196) T. L. Beauchamp, "Distributive Justice and the Difference Principle", in *John Rawls' Theory of Social Justice*, eds. by H. Gene Blocker and E. H. Smith (Ohio: Ohio Univ. Press, 1980), 154~156쪽 참조.

이 포함된다.197)

최소 수혜자를 이상과 같이 정의할 경우, 차등의 원칙은 다음 세 가지의 원칙을 표현하고 있는 것으로 간주할 수 있다.

① 차등의 원칙은 그 원칙이 보상의 원칙(principle of redress)의 한 측면을 표현해 주고 있다는 점이다. 보상의 원칙이란, 부당한 불평등은 보상을 요구한다는 원칙을 말한다. 특히 출생이나 천부적 자질 등에서 오는 불평등은 어떤 식으로든지 보상되어야 한다는 것이 보상의 원칙의 요지이다. 그리하여 이 원칙은 모든 사람을 동등하게 취급하기 위해서, 사회는 보다 적은 천부적 자산을 가진 사람과 보다 불리한 사회적 지위에서 태어난 사람에게 더 많은 관심을 가져야 한다고 주장한다. 그런데 차등의 원칙은 자연적 재능의 분배를 공동자산(common asset)으로 간주하고 그 결과가 무엇이든지 간에 이러한 분배상의 이익을 공유하는데 합의했음을 나타내는 원칙을 말한다. 그리하여 차등의 원칙은 기본구조의 목표를 변형시켜 총체적인 제도체제가 더 이상 사회적 효율성이나 기능주의적 가치를 강조하지 않도록 해 준다. 이런 의미에서, 차등의 원칙은 보상의 원칙과 동일한 것은 아니지만 그 원칙의 취지를 어느 정도 실현해 주고 있는 것으로 간주될 수 있다(*TJ*, 100~101).

② 차등의 원칙은 호혜성의 입장을 표현하고 있다는 점이다. 이 호혜성의 입장이란 상호이익의 원칙(the principle of mutual benefit)을 말한다. 롤즈는 상호이익의 원칙을 연쇄관계(chain connection)로써 설명한다. 연쇄관계란, 어떤 이득이 최하위자의 기대치를 향상시키는 결과를 가질 경우 그것은 그 사이에 있는 모든 지위의 기대치도 증가시킨다는 것을 의미한다. 이러한 가정 하에서 차등의 원칙이 만족될 경우 모든

---

197) Rawls, "A Well-Ordered Society", 11쪽.

사람에게 이익이 된다는 말은 의미가 있게 되는 것이다(*TJ*, 80). 그리하여 적어도 연쇄관계가 적용되는 경우에는 각 대표인이 자기이익을 증진하도록 만들어진 기본구조를 받아들일 수 있게 된다. 그러한 사회질서는 모든 사람, 특히 최소 수혜자에게 정당화될 수 있으며, 이런 의미에서 그것은 평등주의적이라고 할 수 있다(*TJ*, 102~103).

③ 차등의 원칙은 박애의 원칙(principle of fraternity)을 표현하고 있다는 점이다. 롤즈에 따르면 박애의 이상은 때때로 보다 넓은 사회의 성원 간에는 현실적으로 기대하기 힘든 정감이나 감정의 유대를 포함한다는 이유 때문에, 민주주의적 이론에서 박애는 상대적으로 무시되어 왔다고 한다. 그러나 박애의 자연스런 의미, 즉 보다 못한 처지에 있는 타인에게 이익이 되지 않는 한 보다 큰 이익을 가질 것을 원하지 않는다는 관념은 차등의 원칙이 요구하는 바를 포함하고 있는 것으로 해석된다. 차등의 원칙이 요구하는 바란, 우리가 가장 자신 있게 정당하다고 생각하는 제도와 정책은 적어도 그것이 허용하는 불평등은 보다 불리한 자의 복지에 기여해야 한다는 것이다. 이런 의미에서 차등의 원칙의 요구와 박애의 원칙의 요구는 상호 부합하는 측면을 가지게 된다. 그렇기 때문에 차등의 원칙은 사회정의의 관점에서 박애의 원칙의 기본적인 의미를 표현해 주고 있는 셈이 되며, 그럴 경우 박애의 원칙은 완전히 현실성 있는 기준으로 제고된다(*TJ*, 105~106).

이상에서 우리는 불평등의 해소를 위한 롤즈의 대안을 살펴보았다. 여기에서 롤즈는 차별대우, 계급 그리고 재능 등을 불평등의 세 가지 원천으로 간주하고 이 불평등이 공정한 기회균등의 원칙과 차등의 원칙에 의해 해소되리라고 믿고 있다.

한편, 네이글(Thomas Nagel)은 롤즈가 차별대우를 교정하기 위해 제시한 치유책을 '소극적 기회균등(negative equality of opportunity)'이라고 하며, 계급으로부터 오는 불평등을 교정하기 위한 롤즈의 치유책을 '적극적 기회균등(positive equality of opportunity)'이라고 한다. 네이글은 "동일한 자연적 능력을 가진 사람은 동일한 인생의 기회를 가져야 한다"는 것으로 기술되는 이 적극적 기회균등이 특히 롤즈가 말하고자 하는 공정한 기회균등에 해당되는 것으로 간주한다. 마지막으로 롤즈가 재능으로부터 오는 불평등을 치유하기 위해 제시하고자 하는 치유책은 다름아닌 차등의 원칙이기는 하나, 그것은 어디까지나 '준치유책(quasi-remedy)'에 불과한 것으로 간주하기도 한다.198)

또한 네이글에 따르면 롤즈가 제시하는 이상의 불평등의 원천 이외에도 한 가지 중요한 불평등의 원천이 있다고 한다. 즉, 그 불평등의 원천이란 사회구조로부터 결과하지도 않으며, 그리고 개인의 책임도 아니면서 특정한 개인의 인생에 영향을 미치는 것으로 일상적인 의미에서 악운(bad luck)이라고 할 수 있는 것이 그것이다. 이러한 악운의 예로서는, 유전적인 질병을 포함한 질병이나 사고에 의해 사망하거나 불구자가 된 경우, 우리를 고용한 사용자의 사업의 실패로 인한 실직사태, 자연재해로 인한 물적 피해 등을 들 수 있다. 그리하여 네이글은 개인의 이러한 악운으로부터 발생하는 불평등 역시 사회적 평등의 관점에서 다루어져야 할 중요한 문제임을 지적하기도 한다.199)

4) 자유와 평등의 조화

자유와 평등의 조화, 즉 개인의 자유에 대한 자유지상주의적 (libertarian) 이상과 부와 권력의 보다 평등한 분배에 대한 평등주의적

---

198) T. Nagel, *Equality and Partiality* (N. Y.: Oxford Univ. Press, Inc, 1991), 102~103쪽.
199) 앞의 책, 103~104쪽.

(egalitarian) 이상의 조화200)문제는 현대의 도덕철학과 정치철학에 주어
진 중요한 난제임에 분명하다. 롤즈는 이 문제를 해결하기 위하여, 먼저
서양의 자유주의적·자본주의적인 민주주의의 토대를 재검토하고, 둘째
로 자본주의적 자유에 대해 타당성이 있는 사회주의적 비판을 받아들여,
개인의 자유의 우선성을 확보한 이후에 사회재화의 공정한 분배를 보장
하기 위해서 개인에게 부과되어야 할 제약사항을 제시한다.201) 이러한
롤즈의 작업은 정의의 두 원칙으로 그 결실을 맺게 된다.

그러나 롤즈의 정의의 두 원칙은 또 다른 문제에 직면하게 된다. 즉,
자유지상주의자의 요구사항과 급진적인 평등주의자의 요구사항을 동시
에 만족시켜 주고 있느냐가 바로 그것이다. 정의의 두 원칙에 대한 자유
지상주의적 우파(右派)의 반론에 의하면 경제적 재화의 분배를 위한 롤
즈의 원칙은 평등의 가치를 지나치게 강조하여 다른 가치와 권리, 특히
경제적 자유의 가치와 재산권을 희생시키고 있다고 한다.202) 그리고 급
진적인 평등주의적 좌파(左派)에 의하면 롤즈의 자유의 우선성 주장은
차등의 원칙의 결과를 침해하고 있으며, 그리하여 착취계급의 사회가
존립할 수 있는 여지를 남겨 두고 있다고 비판한다.203)

롤즈의 정의의 원칙에 관한 이상의 좌·우에서의 비판은, 롤즈가 자
유와 평등의 조화를 모색함에 이들 각각의 요구사항을 동시에 충족시키
지 못했음을 보여주는 증거임에 틀림없다. 그러므로 이들 좌·우의 비판
적 시각에서 바라볼 때, 적어도 롤즈의 정의의 제1원칙과 제2원칙은 상

---

200) A. H. Goldman, "Responses to Rawls from the Political Right", in *John Rawls' Theory
of Social Justice*, 431쪽.
201) 앞의 논문, 431쪽 참조.
202) 앞의 논문, 432쪽.
203) H. Gene Blocker and E. H. Smith, "Editors' Introduction", in *John Rawls' Theory
of Social Justice*, xvi쪽.

호 모순과 갈등관계에 있는 것으로 파악될 수도 있다. 그러나 롤즈의 정의의 원칙이 자유지상주의적 우파나 급진적인 평등주의적 좌파의 요구사항을 동시에 수렴하지 못하고 있다고 해서, 그것이 정의의 제1원칙과 제2원칙, 또는 자유와 평등이 상호 모순된 갈등관계에 있다는 것을 의미하는 것은 아니다.

이제 자유와 평등 또는 정의의 제1원칙과 제2원칙 간의 조화가 가능하다는 것을 보여 주기 위해 롤즈가 제시하는 2단계 논증으로 우리의 관심을 돌려 보기로 하자. 먼저 롤즈가 제시하는 제1단계 논증이란, '자유(liberty)'와 '자유의 가치(the worth of liberty)'를 개념적으로 구분하여 자유와 평등이 하나의 정합적 개념으로 성립될 수 있음을 보여 주고자 하는 것을 말한다.

롤즈에 따르면 자유, 즉 기본적 자유는 시민이 원한다면 그가 여러 가지 일을 할 수 있게 하고, 동시에 그가 다른 사람을 간섭하는 것을 금지하는 제도적 권리와 의무에 의해 규정된다. 그러므로 기본적 자유는 법적으로 보호된 통로이며 기회이다. 그런데 무지와 가난 그리고 일반적으로 물질적 수단의 결여는 사람이 자신의 권리를 행사하거나 이좋은 기회로부터 오는 이득을 취하는 것을 방해하는 것으로 간주된다. 이럴 경우, 개인의 자유를 제한하여 보다 작은 자유를 가진 자에게 보상할 것을 요구할 수도 있다. 그러나 자유는 법적으로 보장된다는 의미에서 각각의 시민들에게 동일한 것으로 간주된다. 또한 자유는 자유 그 자체만을 위해서 제한될 수 있는 것이다. 그러므로 각각의 시민에게 동일한 평등한 기본적 자유는 보다 작은 자유를 지닌 자를 위하여 제한될 수 있는 성질의 것이 아니므로, 평등한 기본적 자유에서는 보다 작은 자유에 관한 보상문제가 제기될 수 없는 것이다(PL, 325~326).

반면에 자유의 가치란, 개인이 지닌 자유의 유용성(usefulness)을 의미하는 것이다. 그러므로, 자유의 가치는 모든 사람에게 동일한 것일 수가 없게 되고, 이로부터 보상문제가 제기된다. 그런데 이러한 자유의 유용성은 정의의 제2원칙에 의해 규제되는 기본적 가치의 지수에 의해 규정된다. 다시 말해 유용성은 개인의 복지수준(또는 효용함수)에 의해 규정되는 것이 아니라 이 기본적 가치에 의해 규정된다. 그러므로 수입과 부와 같은 기본적 가치는 평등한 자유체계와 공정한 기회균등의 범주 내에서 시민이 자신의 목적을 증진하기 위한 다목적적인 물질적 수단으로 이해된다(*PL*, 326).

롤즈의 자유의 가치에 관한 설명으로부터 우리는 보다 작은 자유를 가진 자가 보상받는 방식을 다음과 같이 말할 수 있다. 즉, 차등의 원칙이 충족될 경우, 자신의 목적을 성취하고자 하는 사회의 최소 수혜성원이 이용할 수 있는 다목적적 수단이 기본적 가치의 지수에 의해 측정되는 한, 사회적·경제적 불평등은 현재와는 다르게 감소될 것이라는 의미에서 보다 작은 자유의 가치는 보상되는 것이다. 그러므로 어떤 시민이 보다 많은 수입과 부를 지니고, 따라서 그가 자신의 목적을 성취할 더 큰 수단을 갖기 위해서는 차등의 원칙의 규제를 받아야만 한다는 것이 롤즈의 입장이다(*PL*, 326).

이와 같이 롤즈는 '자유'와 '자유의 가치'를 구분하여, 평등한 기본적 자유와 공정한 기회균등, 그리고 차등의 원칙이 상호 정합적임을 보여주고 있는 것이다. 그러나 이런 방식으로 이루어진 자유와 평등의 결합이 과연 적합성(appropriateness)을 확보할 수 있는가라는 문제를 제기할 수 있다.

그것의 적합성 여부는, 적절한 반성 위에서, 우리의 숙고된 신념에 일치하는 실행가능한 정의관을 그것이 산출해 낼 수 있느냐에 달려 있다. 이를 위하여 롤즈는 제2단계 논증으로 나아가, 정의의 제1원칙 속에

'평등한 정치적 자유의 공정한 가치(fair value)의 보장'이라는 개념을 도입한다. 이 '보장'이라는 개념은 다음과 같은 의미를 함축한다. 즉, 시민의 사회적 또는 경제적 지위가 무엇이든지 간에, 누구나 공직을 차지하거나 정치적 결정과정에 영향을 미칠 수 있는 공정한 기회를 갖는다는 의미에서, 모든 시민의 정치적 자유의 가치는 대체로 동등하거나, 적어도 충분히 동등해야만 한다(*PL*, 327).

다시 말해 이 '평등한 정치적 자유의 공정한 가치의 보장'은, 모든 시민이 일정한 정치적 목적에 이용할 수 있도록 계획된 공공의 편의, 즉 정치적 과정을 통제하고 정치적 권위가 있는 지위로 나아가는 것을 관리하는 헌법상의 규칙과 절차에 의해 명시된 공공의 편의를 이용하기 위한 공정하고 대체로 평등한 접근을 보장한다(*PL*, 328).

그러나 이 평등한 정치적 자유의 공정한 가치가 모든 사람에게 보장되기 위해서는 어떤 일련의 보완조처가 이루어져야 할 것이다. 예컨대, 생산수단의 사적 소유권을 인정하는 사회에서는 재산과 부가 마땅히 널리 분배되어야 하고, 정치기금은 자유로운 공개토론을 촉진시키는 공식적인 근거에서 제공되어야 할 것이다. 이에 덧붙여, 정당은 입헌체제 내에서 그의 역할을 다하도록 충분한 세입(稅入)을 할당받아 사적인 경제적 이해관계로부터 독립되어야 할 것이다. 이는 정당이 사적인 요구, 즉 공공의회에서 언명되지도 않았고 공공선의 개념에 비추어 공개적으로 논의된 적도 없는 요구로부터 독립적이기 위해 필요한 것이다. 그리하여 만일 사회가 조직의 경비를 부담하지 않는다면, 정당의 기금은 사회적·경제적으로 유력한 이해집단에게 청구하게 될 것이고, 이럴 경우 그 이해집단의 요구는 지나친 배려를 받게 될 것이다. 그 결과 좀더 불리한 처지에 있는 사회의 성원은 수단의 결여로 인하여 그가 지닌 공정한 정도의 영향력을 효과적으로 행사하지 못하고 위축되어 냉담함과 원망만을 갖게 될 것이다(*TJ*, 225~226).

결국 평등한 정치적 자유의 공정한 가치가 대체로 보장되지 않는 한, 정당한 배경적 제도는 확립될 수도, 유지될 수도 없을 것이다(PL, 327~328). 그러므로 정당한 입법을 확립하기 위하여, 그리고 헌법에 의해 규정된 공정한 정치적 과정이 대체로 평등을 기초로 하여 모든 사람에게 개방되었는지를 확인하기 위하여 필수적인 것으로 간주되는 정치적 자유의 공정한 가치의 보장은 정의의 제1원칙 속에 포함되어야 할 것이다(*PL*, 330).

요컨대, 평등한 정치적 자유가 그것의 공정한 가치에 의해 보장될 때, 그리고 일련의 보완조처가 이루어질 때, 자유와 평등의 결합은 그 적합성을 확보할 수 있게 된다는 것이 롤즈의 주장이다. 다시 말해 롤즈의 정의의 두 원칙은 우리의 숙고된 판단과 일치하는 실행가능한 정의관을 산출할 수 있으며, 이런 의미에서 정의의 두 원칙으로 표현되는 자유와 평등의 결합은 그 적합성을 확보하게 된다.

5) 사유재산제적 민주주의

롤즈는 경제체제론과 관련하여 『사회정의론』에서 사유재산제적 민주주의를 주장한 바 있다(*TJ*, 274). 그럼에도 불구하고, 롤즈의 입장은 일반적으로 그가 자본주의적 복지국가(capitalist-welfare state)를 옹호하고 있는 것으로 이해되곤 했다. 단적으로 울프(R. P. Wolff)는, 롤즈의 『사회정의론』은 '자유주의적인 복지국가적 자본주의의 평등주의적 유형의 철학적 변명(a philosophical apologia for an egalitarian brand of lib-eral welfare-state capitalism)'이라는 완곡한 표현을 쓰기도 한다.204) 또한 뷰캐넌(A.E. Buchanan)은, 롤즈가 최소 수혜자에게 의미 있는 일 또는 그 의미 있는 일을 통한 자존감의 전망을 증진시키기 위하여 복지국가적 방책인 과세와 양도를 통한 소득의 재분배에 의존하는 것은, 마르크스가 비판을 가한 동시대의 프랑스 사회주의자와 동일한 오류를 범하는 것과 같다고 말하고, 롤즈의 경제체제론을 복지국가적 자본주의로 해석하는 일면을 보여 주고 있다.[205]

롤즈의 생각에 따르면 자신의 입장을 이러한 식으로 오해하는 것은 『사회정의론』에서 사유재산제적 민주주의와 자본주의적 복지국가(capitalist welfare state)를 명백히 구분짓지 못했던 점에서 기인했다고 본다. 그리하여 롤즈는 자신의 입장을 분명히 드러내기 위하여 경제체제를 다섯 가지로 구분하고, 어떤 이유로 자신이 사유재산제적 민주주의의 입장을 견지하고 있는가를 재진술하는 작업에 착수한다.

롤즈에 따르면 경제체제는 다음의 다섯 가지로 구분해서 생각할 수 있다고 한다. 즉, ① 자유방임적 자본주의, ② 복지국가적 자본주의, ③ 통제경제적 국가사회주의, ④ 사유재산제적 민주주의, ⑤ 자유주의적 (민주주의적) 사회주의 등이 그것이다.[206]

롤즈는 이 경제체제 가운데 자유방임적 자본주의(laissez-faire capitalism), 복지국가적 자본주의, 통제경제적 국가사회주의(state socialism with a command economy) 등을 정의의 두 원칙을 침해한다는 이유로 배제시킨다.

먼저, 자유방임적 자본주의(즉, 자연적 자유체제)는 공정한 정치적 자유의 가치와 공정한 기회균등을 거부하고 형식적 평등만을 고집하는

---

204) R. P. Wolff, *Understanding Rawls* (N. J.: Princeton Univ. Press, 1977), 195쪽.

205) A. E. Buchanan, *Marx and Justice: The Radical Critique of Liberalism* (N. J.: Rowman and Allanheld Publishers, 1982), 125쪽.

206) Rawls, *Justice as Fairness: A Guided Tour*, 110쪽.

체제에 해당되므로 마땅히 배제되어야 한다는 것이 롤즈의 입장이다.

둘째로, 통제 경제적인 국가사회주의란, 공정하고 평등한 기본적 권리와 자유에 대한 아무런 언급이 없이 이들 기본적인 권리와 자유를 침해하는 일당체제(一黨體制)에 의해 관리되는 경제체제를 의미한다. 롤즈는 자유경쟁적 시장체제에 의거하여 통제경제적인 국가사회주의를 배제시키는 이유를 다음과 같이 제시한다. 즉, 롤즈에 의하면 시장체제의 중요한 이점은 필요한 배경적 제도207)가 있을 경우, 그것은 평등한 자유와 공정한 기회의 균등과도 부합할 수 있다고 한다. 특히 경제체제 내에서 발생하는 소득상의 어떤 차이가 없는 경우에는 일상적인 여건 아래서 자유와 부합되지 않는 통제적인 사회의 어떤 측면을 피할 수 있는 방도를 알기가 어려운데, 시장은 시민의 자유로운 직업선택을 보장하여 노동의 강제적인 중앙통제와도 같은 통제적인 측면을 피할 수 있다고 한다(*TJ*, 272). 더 나아가 시장은 경제력의 행사를 분산시켜 자유로운 연합체와 여타의 중요한 정치적 반대의 자유를 보호하는 기능을 수행한다. 이와 같이 롤즈는 자유와 공정한 기회의 우선성에 입각하여 운영되는 시장체제에 의거해, 정치경제학에서 정의를 보장하기 위한 수단인 관료주의적 사회주의(bureaucratic socialism) 또는 비시장적인 국가사회주의를 배제시킨다.208)

세 번째로 롤즈가 복지국가적 자본주의를 배제시키는 이유를 언급하

---

207) 여기서 말하는 배경적 제도란 사유재산제적 민주주의의 배경적 제도로서, 공정한 정치적 자유의 가치를 보장하기 위한 법규, 교육과 여타의 훈련에서의 공정한 기회균등을 실현시키기 위한 법규, 모든 사람에게 기본적인 수준에서 보건진료를 제공하기 위한 법규들 등이 그 주요한 배경적 제도에 해당된다. Rawls, *Justice as Fairness: A Guided Tour*, 131쪽.

208) R. Krouse and M. McPherson, "Capitalism, 'Property-Owning Democracy', and the Welfare State", in *Democracy and the Welfare State*, ed. by A. Gutman (N. J.: Princeton Univ. Press, 1988), 81쪽.

기 전에 사유재산제적 민주주의와 복지국가적 자본주의에 관한 미드
(James Meade)의 개념적 구분을 살펴보기로 하자.209)

미드에 따르면 복지국가적 자본주의와 사유재산제적 민주주의는 양
자가 모두 시장의 성과에 반영된 자연적·사회적 우연성이 정의로운 법
적·정치적 규칙체계에 의해 규제되도록 노력한다는 점에서 그 공통점
을 찾을 수 있다고 한다. 그러나 양자의 차이점은 다음과 같이 진술된다.
즉, 복지국가적 자본주의는 물질적·인간적 자본분배에서 엄격한 계급
적 불평등을 허용하고, 재분배적 과세와 양도계획을 통해서 시장의성과
의 결과적인 불균형을 감소시키고자 한다. 이와는 대조적으로 사유재산
제적 민주주의는 재산과 부에 대한 우선적인 분배에서 불평등을 현격히
감소시키고, 인적 자본에 투자하기 위한 보다 많은 기회의 균등을 목표
로 삼기 때문에 시장의 운용은 무엇보다도 우선하여 보다 작은 불평등
을 산출하게 된다는 것이다.210)

복지국가적 자본주의와 사유재산제적 민주주의에 관한 이상의 미드
의 개념적 구분을 근거로 하여 클라우스와 맥퍼슨은, 두 대안적 체제가
정치경제학에서의 정의를 제공할 때 다음과 같은 대안적 전략을 채택하
는 것으로 단정한다. 즉, 복지국가적 자본주의는 재산과 타고난 자질의
최초분배에서 실질적인 불평등을 주어진 것으로 인정한 다음에, 사후적
으로(ex post) 소득을 재분배하고자 하는 전략을 채택한다. 반면에 사유

---

209) 클라우스와 맥퍼슨은 롤즈가 사용하고 있는 '사유재산제적 민주주의'라는 용어는 미드에게
    서 차용해 왔고(이 점에 대해서는 롤즈 역시 인정한다), 뿐만 아니라 정의로운 정치·경제적
    제도에 대한 롤즈의 논의 역시 거의 미드의 *Equality, Efficiency, and the Ownership of Property*
    (London: Allen and Unwin, 1964)에 의존하고 있다고 주장한다. Krouse and McPherson,
    "Capitalism, 'Property-Owning Democracy', and the Welfare State", 83쪽, 84쪽 주석;
    Rawls, *TJ*, 274쪽; Rawls, *Justice as Fairness: A Guided Tour*, 110쪽 참조.
210) Krouse and McPherson, "Capitalism, 'Property-Owning Democracy', and the Welfare
    State", 83~84쪽.

재산제적 민주주의는, 차후의 재분배적 조처를 별반 강조함이 없이, 재산과 타고난 자질의 사전적인(ex ante) 분배에서 보다 큰 평등을 추구하고자 하는 전략을 채택한다.211)

롤즈에 따르면 이상의 전략 가운데 복지국가적 자본주의의 기본적인 전략은, 그것이 경제적 통제와 다수자의 정치적 삶이 소수자의 손에 의존하도록 실질적인 재산(생산자본, 자연적 자원, …)의 소유에서 엄청난 불평등을 용인하여 생산수단의 독점을 소수계층에게 허용하고, 그 대가로서 소득의 재분배나 원조에 의한 불평등의 해소를 도모하는 까닭에 마땅히 배제되어야 한다고 한다. 설령, 복지국가적 자본주의라는 이름 아래 명문화된 복지법(welfare provisions)은 기본적 욕구를 망라하는 적절한 사회적 최소치를 아주 관대하게 보장할 수 있다고 제안한다고 할지라도, 경제적·사회적 불평등을 규제하는 호혜성의 원칙이 이를 용납하지 않을 것이라고 롤즈는 단호히 주장한다.212)

한편, 클라우스와 맥퍼슨도 타당한 경험적 가정의 기초 위에서 공정한 자유의 가치, 공정한 기회균등, 그리고 차등의 원칙에 대한 롤즈의 언명으로부터 나타나는 분배적 요구사항에 부합하는 자본주의적 복지국가는 있을 수 없다고 말하고, 롤즈의 경제체제론을 복지국가적 자본주의로 해석하는 입장에 반대의사를 표명하기도 한다.213)

이상과 같은 방식으로 롤즈가 자유방임적 자본주의, 복지국가적 자본주의, 그리고 통제경제적인 국가사회주의를 배제시켰을지라도, 정의의 두 원칙의 필수적인 요구사항이라고 할 수 있는 ① 자유경쟁적 시장

---

211) 앞의 논문, 84쪽.

212) Rawls, *Justice as Fairness: A Guided Tour*, 112쪽, 140쪽.

213) Krouse and McPherson, "Capitalism, 'Property-Owning Democracy', and the Welfare State", 83쪽.

체제와, ② 불완전시장을 바로잡고 분배적 정의를 위해 불가결한 배경적 조건을 보장하기 위한 국가적 중재라는 두 가지 조건214)은 원칙적으로 생산수단의 사적 소유나 사회적 소유와 하등의 마찰을 빚지 않는다는 것이 롤즈의 기본적인 입장이다.215)

미리 말하면, 이러한 롤즈적 견해로부터 채택되리라고 예상되는 경제체제로는 사유재산제적 민주주의와 자유주의적 사회주의(liberal socialism) 등을 들 수 있다. 그러나 클라우스와 맥퍼슨은 정치적 자유들을 지닌 시장사회주의적 사회(a market socialist society)란 있을 수 없다는 이유를 들어 자유주의적 사회주의의 존재가능성을 부인하고, 롤즈의 정의의 두 원칙에 의해 결과될 수 있는 경제체제는 미드적인 의미의 사유재산제적 민주주의뿐이라고 단정짓는다.216)

그러나 롤즈는 이들의 반론에 답하여 자신의 정의의 두 원칙에 의해 결과적으로 선택가능한 경제체제가 사유재산제적 민주주의와 자유주의적 사회주의임을 논증하기 위하여, 정의의 원칙과 관련하여 소유권(또는 재산권)의 구분을 시도한다.

롤즈에 따르면 소유권은 일반적 권리(the general right)와 광역적 권리(the wider right)로 구분된다. 일반적 권리란, 두 가지의 도덕적 능력의 계발과 행사를 위해 필수적인 개인적 독립과 자존감을 위한 충분한 물질적 기초를 마련해 주는 개인적 재산(personal property)을 배타적으로 사용할 권리나 주장할 권리를 의미한다. 이런 의미에서 개인적 사유

---

214) 앞의 논문, 81쪽.

215) Krouse and McPherson, "Capitalism, 'Property-Owning Democracy', and the Welfare State", 82쪽; Rawls, *TJ*, 270쪽; Rawls, *Justice as Fairness: A Guided Tour*, 140쪽; 황경식, 「소유와 자유: 소유권의 자유주의적 정당화」, 『철학연구』 제27집 (가을 1990), 243쪽 참조.

216) Krouse and McPherson, "Capitalism, 'Property-Owning Democracy', and the Welfare State", 83쪽.

재산권(the right to private personal property)은 첫 번째 정의의 원칙에 의해 확보된 기본적 권리 가운데 하나에 포함된다. 그리고 광역적 권리에는 다음의 두 가지 종류의 권리가 있다. ① 취득권과 상속권을 포함하여, 일반적으로 자연적 자원과 생산수단에서의 사유재산권(the right to private property)이 있으며, ② 사적 소유가 아닌, 사회적 소유인 생산수단과 자연적 자원의 통제에 참여할 평등권을 포함하는 재산권(the right of property)이 있다.217)

롤즈에 따르면 이 광역적 재산권은 기본적 권리의 목록에서 제외된다. 그 이유로 롤즈는 이 권리가 두 가지 도덕적 능력의 계발과 행사를 위해 필수적인 것도 아니고, 또한 자존감의 필수적인 사회적 기반도 아니라는 점을 들고 있다. 이 광역적 재산권은 현존하는 역사적·사회적 조건에 의존하는 권리에 지나지 않는다. 그러나 기본적 권리와 자유가 유지되고 있다고 가정될 경우, 공정으로서의 정의관의 제3단계 과정인 입법적 단계(legislative stage)에서 광역적 재산권의 규정이 이루어질 수 있는데, 이 경우의 규정은 중첩적 합의에 의해 지지를 확보할 수 있는 정치적 정의관의 범주 내에서 진행된다.218)

요컨대, 롤즈는 기본적 권리에 포함되는 소유권을 개인적 사유재산권에 국한시키고 생산수단의 사적 소유나 사회적 소유문제는 열려진 문제로 남겨두고, 자신의 정의론이 사유재산제적 시장경제가 되었든 또는 자유주의적 사회주의가 되었든지 간에 어떤 유일한 하나의 체제만을 선호하고 있다는 가정으로부터 자유롭고자 한다.219)

---

217) Rawls, *Justice as Fairness: A Guided Tour*, 91쪽, 140쪽.
218) Rawls, *Justice as Fairness: A Guided Tour*, 92쪽; Rawls, *TJ*, 270쪽, 273~274쪽.
219) Rawls, *TJ*, 280쪽; Rawls, *Justice as Fairness: A Guided Tour*, 92쪽; A. Reeve, *Property: Issues in Political Theory* (London: Macmillan Education LTD, 1986), 161쪽.

　이제 이상 롤즈의 소유권의 개념적 구분을 기초로 하여 복지국가적 자본주의, 사유재산제적 민주주의, 그리고 자유주의적 사회주의의 공통점과 차이점을 언급하는 것으로 롤즈의 경제체제론의 논의를 마무리짓기로 한다.

　먼저 이 세 체제 간의 공통점은 삼자가 공히 일반적 권리로서의 개인적 사유재산권을 기본적 권리로 인정하고 있다는 점이다. 그러나 삼자는 광역적 권리에 해당되는 생산수단의 소유형태에서 그 차이점을 드러낸다.

　복지국가적 자본주의는 생산수단의 소유형태에서 사적 소유를 지지한다는 점에서 사유재산제적 민주주의와 동일한 양상을 띠고 있다. 그러나 본질적으로 양 체제는 동일할 수가 없다. 즉, 복지국가적 자본주의는 생산수단을 소수의 독점자본가에게 허용하여 그 체제 내에 존재하는 엄청난 불평등을 기정사실로 인정하고 있는 반면에, 사유재산제적 민주주의는, 비록 생산수단의 사적 소유를 인정하고 있다고는 할지라도, 부와 자본의 독점적 소유를 분산시켜 소수에 의한 경제권의 장악이나, 간접적으로 정치를 통제하는 것을 방지하기 위해 그 생산수단의 사적 소유가 소수의 독점자본가가 아닌 보다 많은 일반시민에 의해 소유될 것을 주장하고 있다는 점에서 양자의 근본적인 차이점이 드러난다.

　그러나 여기서 한 가지 주목할 점은 사유재산제적 민주주의에서 보다 많은 시민이 생산수단을 사적으로 소유한다는 것은, 어디까지나 평등의 기초 위에서 그가 사회의 완전한 협동적 성원으로 간주되기에 충분할 만큼만 소유한다는 것을 의미한다는 점이다. 그리고 이 때의 생산수단이란 실질적인 자본뿐만 아니라, 지식과 제도의 이해력, 교육에 의해 육성된 능력, 훈련에 의해 습득된 기술 등의 인적 자본(human capital)을 의미한다. 이러한 조건 아래서만이 우리는 비로소 사회의 최하층이

더 이상 존재하지 않기를 희망할 수 있다고 롤즈는 언급한다.220)

한편 자유주의적 사회주의란, 생산수단이 공적으로 소유되고 있으며, 밀이 그의 『정치경제학 원리』(1848)에서 제시하고 있는 노동자 자주관리기업(worker-managed firms)이나 그가 지명한 대리인이 관리하는 기업체제221)를 그 특징으로 삼는다(*TJ*, 280). 다시 말해, 자유주의적 사회주의 체제 아래서는 생산수단이 사회에 의해 소유되며, 마치 정치권력이 많은 민주주의적 당파에 의해 공유되듯이, 기업의 방침이나 관리가 그 기업 내의 노동자나 그 노동자에 의해 선출된 대리인에 의해 관리될 경우 경제권이 기업에 분산되는 효과가 있게 된다. 그런데 이러한 체제 아래서의 기업은 자유롭게 가동되는 경쟁적 시장체제 내에서 자신의 활동을 수행하며, 또한 자유로운 직업선택이 보장된다는 점에서 통제경제적인 국가사회주의와 그 길을 달리하고 있다.222)

이러한 특성을 지닌 자유주의적 사회주의는 생산수단의 공적 소유나 노동자 자주관리제도라는 측면을 제외하고는 사실상 사유재산제적 민주주의와의 동일성을 확보하고 있는 것으로 간주될 수 있다. 그리하여 롤즈는, 양 체제가 적어도 이론상으로는 민주주의적 정책을 입안하기 위한 입헌체제를 구성하고, 공정한 정치적 자유의 가치를 지닌 기본적 자유와 공정한 기회균등을 보장하며, 차등의 원칙은 아닐지라도 상호성의 원칙에 의해 경제적·사회적 불평등을 규제할 수 있다고 본다.223)

---

220) Rawls, *Justice as Fairness: A Guided Tour*, 140~141쪽.
221) 밀은 『정치경제학원리』에서, 노사(勞使) 간의 관계는 제휴에 의해 점차적으로 '자본가를 가진 노동자기업(the association of labourers with capitalist)'이나 '노동자들만으로 이루어진 노동자기업(the association of labourers among themselves)'의 형태 가운데 어느 하나로 대체될 것이라고 말하고 있다. 특히 여기서 롤즈가 밀의 견해로 인용하고 있는 사례는 후자의 기업형태를 말한다. J. S. Mill, *Principles of Political Economy*, ed. by J. M. Robson, (Toronto: Univ. of Toronto Press, 1977), BK. IV, Ch. VII, 특히 769쪽, 775쪽 참조.
222) Rawls, *Justice as Fairness: A Guided Tour*, 140쪽.

이로부터 롤즈는 사유재산제적 민주주의와 자유주의적 사회주의의 완전한 무모순성을 예시하기 위하여 밀의 노동자 자주관리기업의 관념을 상기시킨다. 롤즈에 의하면 이 기업은 노동자에게 보다 낮은 임금을 지불할 수밖에 없을는지도 모르지만, 적어도 이른바 임금노예제(wage slavery)라는 최악의 측면은 제거될 것이므로(*TJ*, 281) 그는 이러한 자유주의적 사회주의 체제 내의 기업에서 일할 것을 선호할 것이고, 또한 고도의 효율성을 가져올 것이므로, 궁극적으로 자유주의적 사회주의 체제 내의 기업은 점차적으로 복지국가적인 자본주의적 기업보다 수적으로 우세하게 될 것이라고 한다. 그리하여 자본주의적 기업이 경쟁적인 경제체제 내에서의 노동자 자주관리기업으로 평화적으로 대체될 경우, 종국적으로 자본주의 경제는 소멸될 것이라고 롤즈는 주장한다.224)

롤즈는 이러한 이유 때문에 자유주의적 사회주의를 사유재산제적 민주주의와 마찬가지로 복지국가적 자본주의의 대안으로 인정한다. 그러나 롤즈는 이 대안 가운데 어떤 체제를 선택할 것인가의 문제는 그 사회의 정치적 사상이나 규율체계의 전통, 그리고 그 밖의 조건에 따른 역사적 여건에 달려 있다고 본다.225) 그렇기 때문에 롤즈는 사유재산제적 민주주의와 자유주의적 사회주의의 동가성에도 불구하고, 롤즈 자신이 처해 있는 역사적 전통과 상황의 맥락에 따라 사유재산제적 민주주의를 지지하고 있음을 분명히 한다.

---

223) 앞의 책, 139쪽.
224) 앞의 책, 143쪽.
225) Rawls, *Justice as Fairness: A Guided Tour*, 140쪽; Rawls, *TJ*, 280쪽.

6) 모두를 위한 자유와 평등

필자는 이상에서 롤즈의 정의의 원칙의 변모과정을 살펴보는 것을 필두로 하여, 정의의 원칙에 관한 그의 재진술을 고찰해 보았다.

롤즈는 정의의 원칙 가운데 특히 '평등한 자유원칙'의 재진술에 치중하고 있는데, 그는 이 원칙의 논증에서 두 가지 문제를 중심으로 하여 자신의 논지를 전개한다. 첫째는 원초적 입장의 당사자가 어떻게 평등한 자유원칙 속에 기본적 자유를 받아들이고, 또한 그 자유의 우선성에 동의하는 논거가 무엇인가라는 문제와 둘째는 정의의 원칙이 적용되는 각 단계 상호 간을 기본적 자유가 규정·조정할 수 있는 기준이란 무엇인가라는 문제였다.

첫 번째의 문제를 해명할 때, 롤즈는 '인간과 관련된 세 가지의 고려사항', 즉 가치관의 능력과 관련된 고려사항, 정의감의 능력과 관련된 고려사항, 그리고 개인의 확고한 가치관에 관련된 고려사항 등에 의거하여 이 문제를 해결하고자 한다. 이러한 고려사항에 의해 여러 가지 논거가 제시될 수 있는데, 바로 그러한 논거에 입각하여 원초적 입장의 당사자는 기본적 자유를 받아들이고, 그 자유의 우선성에 동의하게 된다는 것이 롤즈의 논지인 것이다.

두 번째의 문제를 해명할 때, 롤즈는 정의감의 능력과 정의의 원칙을 적용하는 것에 관련되어 있는 사실, 그리고 가치관의 능력과 숙고적 이성의 원칙을 적용하는 것에 관련되어 있는 사실이라는 '두 가지의 근본적인 사실'을 허용할 수 있도록 규정·조정된 기본적 자유체계, 즉 '기본적 자유의 완전하고 충분한 체계'라는 개념에 의거해 이 문제를 해결하고자 한다. 롤즈에 따르면 바로 이러한 개념에 의거할 경우 기본적 자유의 체계가 각 단계를 규정·조정할 수 있게 된다고 한다. 여기에서 우리는 롤즈가 자신의 정의의 제1원칙에 부분적으로 수정을 가하게 된 가장 직접적인 이유를 찾아볼 수 있다.

정의의 제2원칙의 논증은 대체로 『사회정의론』에서 언급한 방식으로 유지되고 있다. 롤즈는 정의의 제2원칙에 '공정한 기회균등의 원칙'과 '차등의 원칙'을 포함시킨다. 롤즈는 그가 제시한 공정한 기회균등의 원칙이 공허하고 형식적인 원칙이 아닌 실질적이고 실행가능한 원칙이 되도록, 이것을 보완해 주는 차등의 원칙을 도입한다. 롤즈는 이 차등의 원칙이 보상의 원칙, 상호이익의 원칙, 박애의 원칙 등의 정신을 함축하고 있는 것으로 파악한다.

롤즈는 자신이 제시한 이상의 정의의 두 원칙이 상호간에 정합적임을 믿어 의심하지 않는다. 바꿔 말해 자신의 정의의 두 원칙은 자유와 평등을 적절히 조화시키고 있는 것으로 간주한다. 이를 위하여 롤즈는 2단계 논증을 제시한다.

제1단계 논증에서 롤즈는 법적으로 보호된 따라서 모든 사람에게 동일한 '자유'와 개인이 지닌 자유의 유용성을 의미하는, 그래서 모든 사람에게 동일하지 않은 '자유의 가치'를 개념적으로 구분하고, 자유의 가치로부터 보다 작은 자유를 가진 자의 보상문제가 제기될 수 있다고 본다. 여기서 말하는 보상은 차등의 원칙에 의거한 보상이 될 것이므로 정의의 두 원칙은 상호 정합적이라는 것이 롤즈의 논지이다.

제2단계 논증은 앞의 제1단계 논증에서 말한 방식으로 이루어진 자유와 평등의 결합이 그 적합성을 확보하고 있는가라는 문제로부터 제기된 것이다. 이를 위하여 정의의 제1원칙 속에 '평등한 정치적 자유의 공정한 가치의 보장'이라는 개념을 도입하고 이에 관련된 일련의 보완조처, 예컨대 재산과 부의 광범위한 분배, 정치기금의 공공적 조성 및 투명성 등의 조처가 이루어질 경우, 자유와 평등의 결합은 그 적합성을 확보할 수 있게 된다는 것이 롤즈의 주장이다. 즉, 모두를 위한 자유와 평등이 비로소 가능하게 되는 것이다.

롤즈는 이와 같이 상호 정합적인 것으로 여겨지는 정의의 두 원칙에 의거해서 선택될 수 있는 경제체제로 '사유재산제적 민주주의'와 '자유주의적 사회주의'를 거론한다. 그러나 롤즈는 자신이 처해 있는 역사적 전통과 상황의 맥락상, 사유재산제적 민주주의와 자유주의적 사회주의의 동가성에도 불구하고, 사유재산제적 민주주의를 선호한다. 그런데 여기서 우리는 경제적·사회적 불평등을 규제하는 호혜성의 원칙이 결여되어 있는 복지국가적 자본주의와 롤즈가 의미하는 사유재산제적 민주주의가 분명히 준별된다는 점에 유의해야 할 것이다.

| 제2부 |

공동체주의 윤리학

제3장 샌들의 윤리학
6. 자유주의적 자아관과 그 한계 / 7. 정치적 자유주의와 그 한계

제4장 매킨타이어의 윤리학
8. 정서주의비판과 서사적 덕론

제5장 테일러의 윤리학
9. 자아의 정체성과 도덕적 선

샌들의 윤리학

6. 자유주의적 자아관과 그 한계

1) 좋음에 대한 옳음의 우선성

자유주의와 공동체주의 간의 논쟁은 새로운 세기를 이끌어갈 도덕적·정치적 사회의 모형을 탐색하는 데 많은 시사점을 제공하는 것으로 여겨진다.

공동체주의자 가운데 한 사람인 마이클 샌들은 그의 『자유주의와 정의의 한계』[1]라는 저작 및 여타의 논의를 통하여 롤즈의 『사회정의론』[2]

---

1) M. Sandel, *Liberalism and the Limits of Justice* (Cambridge: Cambridge Univ. Press, 1983). 이하 *LL*로 약기하고 본문에 쪽을 부기함.

2) J. Rawls, *A Theory of Justice* (Cambridge: The Belknap Press of Harvard Univ. Press,

에 전반적이고 심도 있는 비판을 가함으로써, 자유주의와 공동체주의 간의 논쟁을 본격적으로 선도해 나간다.

자유주의 윤리학이 다루고 있는 핵심적인 주제 가운데 하나는 정의로운 사회의 구성 문제일 것이다. 이 문제의 논의를 개진함에, 자유주의적 입장은 대체로 정의, 공정성 그리고 개인의 권리를 강조하는 모습을 보여 준다. 이러한 견해 속에는 이미 어떤 특정한 목적, 선(좋음), 또는 가치관을 전제하거나 촉진시키는 입장에 대한 어느 정도의 거부가 함축되어 있는 것으로 여겨진다.

자유주의 윤리학의 주요 논제인 정의로운 사회란, 어떤 특정한 목적을 촉진하는 것을 추구하는 것이 아니라, 시민이 모든 사람을 위한 유사한 자유와 일치하는 그 자신의 목적을 추구할 수 있는 사회를 의미한다. 때문에 정의로운 사회는 어떤 특정한 가치관을 전제하지 않는 원칙에 의해 통제되어야 하며, 이러한 규제적인 원칙은 일반복지를 극대화하거나, 덕을 함양하고, 선을 촉진하는 것에 의해서가 아닌, 선에 우선하여 주어진 도덕적 범주인, 그리고 선에 대해 독립적인 옳음(the right)의 개념에 일치함으로써만 정당화된다. 다시 말해, 정의로운 사회는 그것이 목표로 삼는 궁극목적이나 목표에 의해 정당화되는 것이 아니라, 경쟁적인 목표와 목적 가운데 정의로운 사회의 모형을 미리 선택하는 것을 거부함으로써 정당화되는 것이다.3)

이러한 자유주의의 이상을, 샌들은 "옳음은 좋음에 우선한다(the right is prior to the good)."는 말로 요약한다. 샌들의 분석에 따르면,

---

1971). 이하 *TJ*로 약기함.

3) M. Sandel, "The Procedural Republic and the Unencumbered Self", in *Communitarianism and Individualism*, eds. by S. Avineri and A. de-Shalit (Oxford: Oxford Univ. Press, 1992), 13쪽. 이하 PU로 약기하고 본문에 쪽을 부기함.

'좋음에 대한 옳음의 우선성'은 두 가지의 의미를 갖는다. 첫째, 개인의 권리는 일반적인 선을 위하여 희생될 수 없다. 둘째, 이러한 권리를 규정하는 정의의 원칙은 좋은 삶에 대한 어떤 특정한 견해를 전제할 수 없다. 첫 번째의 의미는 공리주의에 반대입장을 표명하는 것이며, 두 번째의 의미는 목적론적 견해에 반대입장을 표명하는 것으로 간주된다.[4] 샌들은 이와 같은 자유주의의 이상을 가장 극명하게 드러내고 있는 사람으로 롤즈를 지목한다.

옳음의 우선성을 주장하며, 그리고 어떤 특정한 가치관(선관)을 전제하지 않는 정의의 원칙을 탐구하는 자유주의 윤리는 칸트가 도덕법칙의 우위성에 의해 의미하고자 하는 바와 동일한 것으로 간주된다. 특히 칸트의 입장과 동일한 롤즈의 견해는 '정의는 사회제도의 제일덕목이다'[5]라는 주장을 통해서 표명된다. 샌들은 이러한 롤즈의 주장을, 정의가 경쟁적인 가치와 덕목의 역할을 규제하는 체계를 제공한다는 주장으로 받아들인다(PU, 14~15).

샌들은 이와 같이 좋음에 대한 옳음의 우선성을 주장하고, 공리주의나 목적론적 입장에 반대되는 것으로 규정되는 윤리학으로서의 롤즈적 자유주의를 의무론적 자유주의(deontological liberalism) 또는 칸트적 자유주의(kantian liberalism)라고 지칭한다(*LL*, 1, *DD*, 8). 의무론적 자유주의는 특히 정의의 우위성 이론으로서 그 중심적 테마는 다음과 같다.

사회는 각기 자신의 목표와 관심, 그리고 가치관(선관)을 갖고 있는 다수

---

4) Sandel, PU, 13쪽; M. Sandel, *Democracy's Discontent: America in Search of a Public Philosophy* (Cambridge: The Belknap Press of Harvard Univ. Press, 1996), 10~11쪽. 이하 *DD*로 약기하고 본문에 쪽을 부기함.
5) Rawls, *TJ*, 3쪽.

의 사람으로 구성되기 때문에 어떤 특정한 가치관을 전제하지 않은 원칙으로 그를 규제할 경우에 가장 잘 조정된다. 이러한 규제원칙은 그 원칙이 사회복지나 좋음을 극대화해서가 아니라 옳음의 개념에 따라 정당화된다는 것이다(*LL*, 1).

이러한 샌들의 견해에 따를 경우, 의무론적 자유주의는 두 가지의 서로 다른, 그러나 상호 관련된 의미에서 정의에 우위성을 부여하고 있음을 알 수 있다. 첫째, 의무론적 자유주의는, 어떤 다른 정치적·사회적 가치의 요구가 정의의 요구를 이기는 것을 결코 허용할 수 없으며 개별적인 시민의 권리는 어떤 다른 이익이나 목표를 위해 희생될 수 없다고 주장하면서, 정의에 도덕적 우위성을 부여한다. 둘째, 의무론적 자유주의는 정의의 가치가 특권적으로 정당화되는 것으로 간주한다. 즉, 옳음은 그것의 요구가 좋음의 요구에 우선한다는 의미에서뿐만 아니라 옳음의 원칙들이 좋음과는 별도로 도출된다는 의미에서 좋음에 우선한다는 것이다.[6]

이 글에서는 롤즈의 자유주의적 자아관에 대한 샌들의 비판을 중점적으로 살펴볼 것이다.

그럼에 있어 이상의 논의를 바탕으로 칸트의 주체개념이 어떻게 해서 옳음의 기초 또는 도덕법칙의 기초가 되는지를 살펴보고, 칸트의 주체개념이 지닌 선험성을 제거하고 옳음의 우선성을 확보하기 위하여 제시된 롤즈의 원초적 입장에 전제된 자유주의적 자아관을 드러낸다. 또한 샌들에 의해 무연고적 자아로 규정된 롤즈의 자아관이 원초적 입장에서 선택된 정의의 두 원칙 가운데 차등의 원칙에 어떻게 반영되고 있

---

6) S. Mulhall and A. Swift, *Liberals and Communitarians* (Oxford: Basil Blackwell, 1993), 42쪽.

는가를 검토한다. 그리고 마지막으로 무연고적 자아의 한계를 극복하기 위해 도입된 롤즈의 '공적인 정체성'의 개념이 결과하는 문제점을 고찰할 것이다.

2) 선험적 주체와 무연고적 자아

현대 자유주의 윤리학에 관한 샌들의 규정은 그것이 칸트와 깊은 연관성을 맺고 있음을 보여 준다. 특히 롤즈는 칸트와의 이론적 친연성이 있음을 스스로 밝힌 바 있었다. 이로부터 우리는 롤즈가 취하고 있는 옳음의 개념에 관련된 칸트적 기초를 일별할 필요가 있게 된다.

칸트에 따르면, 옳음은 인간존재의 외적인 관계에서 자유의 개념으로부터 전적으로 도출되며, 모든 사람이 본성적으로 지니는 목적(행복을 성취하려는 목적), 또는 이러한 목적을 달성하는 인지된 수단과 아무런 관계가 없다.7) 그 자체로서 옳음은 모든 경험적 목적에 우선하는 기초를 지니고 있음에 틀림없다. 어떤 특정한 목적들을 전제하지 않는 원칙에 의해 내가 통제될 경우에만 나는 모든 사람에게 유사한 자유와 일치하는 나 자신의 목적을 추구하는 데 자유롭다(PU,15).

그렇다면 여기에서 칸트가 말하고 있는 옳음의 기초를 가능하게 하는 것은 무엇인가? 칸트에 의하면, 자율성의 개념은 자유의 이념과 불가분리하게 결합되어 있으며, 자연법칙이 모든 현상의 근거인 것과 마찬가지로, 이성적 존재의 모든 행위의 이념적 근거인 도덕의 보편적 원칙은 자율성의 개념과 불가분리하게 결합되어 있다고 한다.8)

---

7) I. Kant, "On the Common Saying", in *Kant's Political Writings*, ed. by H. Reiss, trans. by H. B. Nisbet (Cambridge: Cambridge Univ. Press, 1980), 73쪽.

8) I. Kant, *Foundations of the Metaphysics of Morals*, trans. by L. W. Beck (Upper Saddle

그러므로 칸트에게 옳음의 기초 또는 도덕법칙의 기초는 실천이성의 대상이 아닌 자율적 의지일 수 있는 주체에서 찾아지는 것으로 보아야 한다. 이러한 주체는 경험적 목적이 아니라, 오히려 목적의 주체이다. 이러한 목적의 주체만이 옳음을 산출하며, 그리하여 감각의 세계의 일부로서의 자신 위로 인간을 고양시키고 나아가 우리의 사회적·심리적 경향성에 전적으로 독립적인 이상적·무조건적인 영역에 참여할 수 있게 한다. 그리고 만일 우리가 예측할 수 없는 상황의 변동에 구속됨이 없이 늘 스스로 자유롭게 목적을 선택한다면, 목적에 대한 철저한 독립만이 우리가 요구하는 공평함을 제공할 수 있다.[9]

샌들에 따르면, 이상에서 칸트가 의미하는 주체는 정확히 ‘우리’이며, 결국 도덕법칙은 우리가 우리 자신에게 부여한 법칙이고, 우리가 도덕법칙을 발견하는 것이 아니라, 단지 우리가 그것을 의욕하는 것이다. 그러나 여기에서 주목할 사항은 도덕법칙을 의욕하는 ‘우리’는 너와 나인 특정한 개인으로서의 우리가 아닌, 순수실천이성, 즉 선험적 주체인 참여자로서의 우리라는 점이다. 칸트의 선험적 주체는 나 자신을 자유로운 도덕적 행위자로 간주하려면 전제할 수밖에 없는 가능성이다. 왜냐하면 내가 전적으로 경험적 존재라면, 모든 의지의 발휘는 어떤 대상에 관한 욕구에 의해 구속될 것이고, 그리하여 나는 자유로울 수 없을 것이기 때문이다. 따라서 나의 모든 선택은 어떤 목적의 추구에 의해 통제되는 타율적인 선택이 될 것이다. 여기에는 나의 의지가 제일 원인으로 성립될 수 있는 여지가 없다. 의지 그것은 다만 어떤 우선하는 원인의 결과요, 충동 또는 경향성의 도구일 뿐이다(PU, 16~17).

River: Prentice Hall, Inc., 1995), 70쪽.

9) Sandel, PU, 16쪽; I. Kant, *Critique of Practical Reason*, trans. by L. W. Beck (Upper Saddle River: Prentice Hall, Inc., 1993), 90쪽 참조.

그래서 칸트는 우리가 우리 자신을 자유로운 존재로 간주하려면, 우리가 우리 자신을 예지계의 구성원으로 옮겨 놓아야 하며, 의지의 자율성을 인지해야 한다고 말한다.[10]

이제 칸트의 주체개념이 옳음의 우선성의 주장과 관련을 맺는 방식에 주목해 보기로 하자. 이는 의무론적 자유주의가 지향하는 사회관을 통해서 확인해 볼 수 있다. 의무론적 자유주의의 견지에서 볼 때, 사회는 어떤 특정한 가치관(선관)을 전제하지 않는 원칙에 의해 통제될 때 최선으로 편성된다. 왜냐하면 이와는 다른 사회적 편성은 선택능력을 지닌 존재로서 사람을 존중하는 데 실패할 것이기 때문이다. 따라서 특정한 가치관을 전제하여 편성된 사회는 그를 주체가 아닌 객체로서, 즉 그 자체에서 목적이 아닌 수단으로서 취급할 것이다(PU, 17).

이것이 칸트의 주체개념과 의무론적 자유론자들이 강조하는 옳음의 우선성이 결합하는 방식이다. 그러나 문제는 영미 윤리학의 경험론적 전통에서 칸트적 의미의 옳음의 우선성을 받아들일 경우, 칸트적 주체개념이 지니고 있는 선험성의 문제는 하나의 난제로서 등장할 수밖에 없을 것이다.

롤즈는 칸트의 선험적 주체가 지닌 애매성을 제거하고, 그로부터 옳음의 우선성과 정의의 우위성을 확보하고자 하며, 이를 위한 대변의 방도로서 원초적 입장을 제시한다. 원초적 입장은 그 입장에 참여한 사람이 부자인지 가난한 사람인지, 강자인지 약자인지, 행운을 타고난 사람인지 불행한 사람인지를 우리가 알기 전에, 그리고 우리의 이익, 목표, 가치관이 무엇인지를 알기 전에, 만일 우리가 미리 원칙을 선택했다면 우리가 우리의 사회를 통제하기 위해 선택할 수 있는 원칙을 상상하도

---

10) Kant, *Foundations of the Metaphysics of Morals*, 70쪽.

록 우리를 이끌어 간다. 이와 같은 상상 가능한 입장에서 선택된 원칙은 어떤 특정한 목적을 전제하지 않은 정의의 원칙이다.11)

샌들은 이러한 롤즈의 원초적 입장에 어떤 특정한 인간상이 전제되어 있는 것으로 간주한다. 샌들에 의하면, 롤즈적인 자아는 목표와 목적에 우선하는, 그리고 그것에 독립적인 것으로서 이해되는 자아인 무연고적 자아(the unencumbered self)이다(PU, 18).

샌들은 이러한 롤즈의 자아관에 강력한 비판을 제기한다. 그에 의하면 우리는 어떤 일정한 종류의 피조물이며, 어떤 일정한 방식으로 인간적 여건에 관련되어 있다고 한다. 그럼에도 불구하고 롤즈는 언제라도 우리가 가질 수 있는 관심과 애착으로부터 우리 자신을 독립적인 것으로 간주하며, 우리의 목적에 의해서가 아니라 그 목적을 조망·평가·수정할 수 있는 능력에 의해 정체성이 확립될 수 있다고 믿고 있다.12) 이러한 롤즈의 견해는 결국 목적에 선행하는 '자아'가 실제로 존재한다는 것을 롤즈가 인정하고 있는 좋은 실례이다.

샌들에 의하면 롤즈가 말하는 '목적에 대한 자아의 우선성'이란, 자아가 단지 경험에 의해 던져진 누적된 목표, 속성, 목적의 수동적인 저장소가 아니며, 단순히 변덕스런 여건의 산물도 아닌, 항상 나의 환경으로부터 구분될 수 있는, 그리고 선택할 수 있는 환원불가능한 능동적·자발적인 행위자임을 뜻한다는 것이다.

또한 샌들은 롤즈가 '목적에 대한 자아의 우선성'을 주장하는 데에는 두 가지의 의미가 함축되어 있다고 한다. 그 두 가지의 의미는 다음과 같다. 첫째, 도덕적 의미에서, 자아가 자율적인 것으로 간주된다면, 그리

---

11) Sandel, PU, 18쪽; Rawls, *TJ*, 17~22쪽.

12) Sandel, *LL*, 175쪽; J. Rawls, "A Well-Ordered Society" in *Philosophy, Politics and Society, 5th Series*, eds. by P. Laslett and J. Fishkin (New Haven: Yale Univ. Press, 1979), 7쪽.

고 자아 자신이 맡은 역할과 추구할 수 있는 목적을 넘어서는 존엄성의 담지자로 간주되는 사람에게 당연한 존경을 표한다면, 자아는 자아가 선택하는 목적에 선행하는 것으로 간주될 수 있음에 틀림없다. 둘째, 인식론적 요청이라는 의미에서, 자아는 자아가 채택한 목적에 선행할 것임에 틀림없다(*LL*, 19~20).

그러나 샌들에 따르면, 자아는 여러 가지 우연적인 욕구, 원망 그리고 목적의 연쇄로 구성된다고 한다(*LL*, 20). 즉 우리는 '나'와 '나의 목적'을 구분할 수 없으므로, 자아는 목적에 선행하는 것이 아니라, 오히려 그 목적에 의해 구성된다. 왜냐하면 우리의 자아는 어느 정도 공유된 사회적 맥락에 뿌리를 둔 우리에 의해서, 그리고 선택이 아닌 발견된 목적에 의하여 적어도 부분적으로 구성되기 때문이다. 그리하여 우리는 이 구성적인 목적을 소유하게 되고, 우리는 우리의 계획을 선택하고 수정하기 위하여 필요한 조건을 소유해서가 아니라, 이들 공유된 구성적 목적을 인식하기 위하여 필요한 조건을 소유할 경우 우리의 삶은 보다 풍요롭게 될 수 있는 것이다.[13]

그렇기 때문에 경험적으로 주어진 특징으로부터 전적으로 분리된 롤즈의 자아관은 추상적인 의식, 즉 '근본적으로 현실에 처한 주체(radically situated subject)'가 아닌 '근본적으로 현실에서 유리된 주체(radically disembodied subject)'에 불과할 뿐이다(*LL*, 20~21).

따라서 자아에 대한 자유주의적 존재론의 이러한 결과는 다음과 같은 점을 함축한다. 즉, 원초적 입장이 전제하고 있는 무연고적 자아는 선택에 선행하는 도덕적 유대에 의해 결합된 어떤 공동체 안에서의 구성원이 될 수 있는 가능성을 부인한다. 때문에 무연고적 자아는 그 자아

---

13) W. Kymlicka, *Liberalism, Community and Culture* (Oxford: Clarendon Press, 1991), 51~52쪽.

자체가 문제가 될 수 있는 어떤 공동체에 소속될 수 없다. 물론, 무연고
적 자아로 이해된 우리는 자발적으로 다른 사람과 함께 연합체에 가입
하는 것이 자유로우며, 그래서 무연고적 자아는 협동이라는 의미에서
공동체에 가입할 수 있기는 하다.[14]

그러나 샌들은 이러한 의미의 협동적 공동체관―또는 감정적 공동체
관―을 부인하고 이른바 구성적 공동체관[15]을 지지한다. 샌들에 의하
면, 그러한 구성적 공동체는 참여자의 이익뿐만 아니라 정체성을 확보
하며, 그래서 무연고적 자아가 알 수 있는 것보다 더 철저한 시민의 자
격으로 공동체의 구성원을 관련시킬 수 있다고 한다(PU, 19).

3) 차등의 원칙과 무연고적 자아의 논리

이제 샌들은 롤즈의 원초적 입장에서 선택된 차등의 원칙에 무연고적
자아의 논리가 어떻게 반영되고 있는가를 밝히고자 한다. 그럼에 있어

---

14) T. Hall, "Beyond the Procedural Republic: The Communitarian Liberalism of Michael
Sandel", in *Liberalism at the Crossroads*, eds. by C. Wolfe and J. Hittinger (Lanham:
Rowman and Littlefield Publishers, Inc., 1994), 82쪽.

15) 샌들은 세 가지 종류의 공동체관을 제시한다. Sandel, *LL*, 147~154쪽.
첫째, 도구적 공동체관: 협동의 주체가 자기 이익적인 동기에 의해서만 통제되고, 공동체의
선은 이기주의적 목표를 추구하는 협동에서 도출되는 개인의 이익으로 이루어진다고 보는
개인주의적 공동체관.
둘째, 협동적 또는 감정적 공동체관: 협동 주체의 실제적인 동기가 이기적인 목표 뿐만
아니라 자선적인 목표를 포함하나, 그 협동 주체의 개체성이 미리 전제되어 있으며, 공동체의
선은 사회적 협동의 직접적인 이득뿐만 아니라 이러한 협동에 참여할 수 있는, 그리고
그 협동과정을 강화할 수 있는 감정적인 동기와 유대의 질로 이루어진다고 보는 개인주의적
공동체관.
셋째, 구성적 공동체관: 사회의 구성원은 공동체의식으로 결합되어 있으며, 그들은 공동체
의 일부로 간주 되나, 그 중 다수가 공동체주의적 감정을 공언한다거나 공동체주의적 목표를
추구해서가 아니라, 주체의 정체성이 어느 정도 공동체에 의해 규정된다는 것을 인정하는
또는 이미 선행하는 목적에 의하여 구성된다는 상호주관주의적 공동체관.

샌들은 우선적으로 정의의 두 원칙16)에 관한 롤즈의 논증에 주목한다.

롤즈는 정의의 두 원칙을 논증함에 있어 공리주의와 자유지상주의에 반대하는 논증을 편다. 롤즈는 공리주의가 사람 간의 구별점을 진지하게 다루는 데 실패했다고 비판한다. 일반적인 복지를 극대화하는 것을 추구함에 있어 공리주의자는 마치 사회가 단일한 인간인 것처럼 사회를 하나의 전체로서 취급한다. 그것은 우리의 다종다양한 욕구를 단일한 욕구의 체계로 융합시키며, 극대화를 시도한다. 그것은 만족의 분배가 총량에 영향을 미치는 것을 제외하고는, 사람 간의 만족의 분배에 무관심하다. 그러나 이것은 우리의 다수성과 개별성을 존중하는 데 실패한다. 그것은 어떤 사람을 모든 사람의 행복을 위한 수단으로 사용하며, 그래서 각자를 그 자체에서 목적으로서 존중하는 데 실패한다.17)

공리주의자들이 가끔은 개인의 권리를 옹호하기는 하나, 그들의 옹호는 결국 저러한 권리를 존중하는 것이 공리에 도움이 될 것이라는 계산에 의존함에 틀림없다. 그러나 이러한 계산은 우연적이고 불확실한 것이다. 밀이 말했던 것처럼, 공리가 '모든 윤리적인 문제의 긍극적인 요청'인 한, 개인의 권리는 결코 확보될 수 없다. 개인의 삶의 전망이 타인의 보다 큰 선을 위하여 어느 날인가 희생될지도 모르는 위험을 회피하기 위하여, 원초적 입장의 당사자는 모두를 위한 어떤 기본적인 자유를 주장하며, 기본적인 자유를 우선시한다(PU, 21).

이상과 같이 공리주의자가 사람 간의 개별성을 진지하게 다루는데

---

16) 롤즈의 정의의 두 원칙은 다음과 같이 구성되어 있다. Rawls, *TJ*, 302쪽.
　제1원칙: 평등한 자유의 원칙
　제2원칙: ⓐ 차등의 원칙 (사회적·경제적 불평등이 최소 수혜자에게 이득이 될 경우 그 불평등을 인정하는 원칙) ⓑ 공정한 기회균등의 원칙
17) M. Sandel, "Morality and the Liberal Ideal" in *Liberalism III*, ed. by R. J. Arneson (Cambridge: the Univ. Press, 1992), 244쪽; Rawls, *TJ*, 22~29쪽.

실패했다면, 자유지상주의자는 행운의 자의성을 인정하는 데 실패함으로써 길을 잘못 들었다. 그는 분배가 효율적인 시장경제로부터 결과하는 것이면 그것이 무엇이든 정당한 것으로 규정하며, 사람이 그것을 획득함에 있어 사기 또는 절도를 하지 않거나, 누군가의 권리를 침해하지 않는 한, 그가 획득한 것은 무엇이든 그 소유권리를 갖는다는 근거 위에서 모든 재분배에 반대한다.

그러나 롤즈는 어떤 사람은 보다 많이 얻고, 또 어떤 사람은 보다 적게 얻은 재능과 자산 그리고 심지어 노력의 분배는 도덕적 관점으로부터, 행운의 문제는 자의적이라는 근거 위에서 자유지상주의적 원칙에 반대한다. 이러한 차이의 기초 위에서 삶에 유용한 것을 분배한다는 것은 정의를 실행하는 것이 아니라, 사회적·자연적 우연성의 자의성을 인간적 제도에로 끌어들이는 것이다. 그러므로 우리는 이러한 재능을 공유자산으로 간주해야 하며, 서로를 재능이 가져온 보상의 공동 수혜자로 간주해야 한다(PU, 21).

그래서 롤즈는 다음과 같이 주장한다.

누구이든 간에 천부적으로 보다 유리한 처지에 있는 자는 아주 불리한 처지에 있는 자의 여건을 향상시켜 준다는 조건하에서만 그의 행운에 의해 이익을 볼 수 있다. 천부적으로 혜택받은 자는 그가 재능을 더 많이 타고났다는 바로 그 이유만으로는 이득을 볼 수 없으며 훈련과 교육비를 감당해야 하고 불운한 자도 도울 수 있도록 그의 자질을 사용해야 한다. 아무도 자신의 보다 큰 천부적 능력이나 장점을 사회에서 보다 유리한 출발지점으로 이용할 자격은 없다. … 공정으로서의 정의관에서 사람은 서로의 운명을 함께 하는 데 합의한다.[18]

바로 이것이 롤즈가 차등의 원칙을 이끌어 내기 위하여 제시하고 있는 논증 가운데 하나이다. 이러한 논증으로부터 샌들은 롤즈의 차등의 원칙이 전제하고 있는 무연고적 자아의 논리를 다음과 같이 드러낸다.

나는 나의 훌륭한 체격, 잘 생긴 외모에서 생기는 이익을 마땅히 받을 수 있다고 할 수 없다. 왜냐하면 그것은 다만 우연적인 것이지 나의 본질적인 사실이 아니기 때문이다. 그것은 내가 지닌 속성을 묘사하는 것이지, 나라는 인격은 아니다. 그래서 응분의 대가(desert)의 주장을 제기할 수 없다. 무연고적 자아로 존재한다는 것, 이것은 나의 진실의 모든 것이다. 그래서 나는 개인의 자격으로서 어떠한 것도 마땅히 받을 수 없다(PU, 21~22).

이상과 같이 무연고적 자아의 논리가 차등의 원칙에 전제되어 있음을 밝힌 연후에, 샌들은 차등의 원칙에 관한 롤즈의 논증을 다음의 두 가지 방식으로 반박한다(PU, 22).

첫째, 차등의 원칙은 내가 가진 자산은 우연히 나의 것이라는, 무연고적 자아에 부합하는 생각으로 시작한다. 그러나 차등의 원칙은 이러한 자산이 공유된 자산이며 사회는 자산의 사용결과에 우선적인 권리를 갖는다고 가정함으로써 끝맺는다. 그러나 이러한 가정은 근거가 없다는 것이 샌들의 입장이다. 개인의 자격으로서 나는 우연히 여기에 존재하는 자산에 관한 특권적인 권리를 갖지 않기 때문이며, 세상의 모든 사람이 집단적으로 그렇게 하지도 않기 때문이다. 사회의 영역 내에서 또는 인류의 영역 내에서의 자산의 위치가 도덕적 관점으로부터 그 만큼 적게 자의적이라고 생각할 이유는 없는 것이다. 그리고 만일 내 안에서의

---

18) Rawls, *TJ*, 101~102쪽.

자산의 자의성이 나의 목적을 돕는 데 자산을 부적당한 것으로 만든다면, 어떤 특정한 사회 내에서 자산의 자의성이 그 사회의 목적을 돕는 데 자산을 부적당한 것으로 만들지 않으리라는 명백한 이유 또한 없는 것이다.

둘째, 공리주의와 마찬가지로 차등의 원칙은 공동분배(sharing)의 원칙이다. 그 자체로 차등의 원칙은 효율적으로 활용하는 자산을 가진, 그리고 공동노력에 참여하는 노력하는 사람 간의 어떤 선행하는 도덕적 유대를 전제하고 있음에 틀림없다. 그렇지 않다면 차등의 원칙은 자유주의가 거부하기 위해 전념을 다하는 정식인, 어떤 사람을 다른 사람의 목적을 위한 수단으로써 사용하기 위한 정식에 불과할 것이다. 그럼에도 불구하고, 협동적 공동체관에 의거하는 차등의 원칙으로부터는 공동분배를 위한 가능한 도덕적 기초가 불명확하다. 공동선을 위하여 개인 자산을 효율적으로 활용한다는 것은 자유주의가 무엇보다도 확보하려고 추구하는 개인의 '다수성과 개별성'을 위반하는 것이다.

샌들의 입장에서 볼 때, 롤즈의 차등의 원칙은 이미 협동적 공동체관을 넘어서서 구성적 공동체관이 지향하는 구성적 목적과 애착을 함축하고 있다. 이것은 롤즈의 차등의 원칙이 자유주의적 자아를 정면으로 거부하고 있다는 것을 의미하는 것이며, 더 나아가 차등의 원칙이 내포하는 그러한 도덕적 부담과 선행하는 책무는 옳음의 우선성을 무효화시킨다(PU, 23).

이것은 차등의 원칙이 어떤 사람을 다른 사람의 목적의 수단으로써 사용함이 없는, 그리고 근본적으로 현실에 처한 주체로 붕괴됨이 없이 그것의 목표를 위해 필요한 자산의 정당한 주장을 마련할 수 있는 '보다 폭 넓은 소유의 주체'를 필요로 한다는 것을 뜻한다. 그러나 주체의 선행하는 개체성을 전제하는 한, 롤즈가 지향하는 협동적 공동체관 또는 감정적 공동체관(the sentimental account of community)에 의해서는 주체 간의 경계를 다시 설정할 수 있는 방법이 없다. 즉, 근본적으로 현실에 처한 주체를 산출함이 없이는 자아와 타아 간의 경계를 완화시킬 수 있는 방법은 없다(*LL*,149). 그러므로 보다 폭넓은 소유의 주체를 설정하는 문제는 다른 방식으로 숙고되어야 할 것이다.

샌들에 의하면, 충성과 신념으로 살아간다는 것은 우리 자신을 우리라는 특정한 사람으로서 — 가족이나 공동체 또는 민족이나 국민의 구성원으로서, 역사의 담지자로서, 또는 공화국의 시민으로서 — 이해하는 것과 나누어 생각할 수 없는 것이다. 이와 같은 충실성은 일정한 거리에서 내가 우연히 소유하고, 지지하는 가치 이상의 가치가 있는 것이다. 지속적인 애착과 참여는 나라는 사람을 부분적으로 규정한다. 이러한 구성적인 애착이 불가능한 사람을 이상적으로 자유롭고 합리적인 행위자로 생각할 수 없다. 오히려 그러한 사람은 성격도 없고, 도덕적 깊이도 없는 사람이다. 성격을 갖는다는 것은 나의 선택과 행위를 위한 결과를 가져오는 역사 속에서 내가 움직이고 있는 것을 안다는 것이다. 자아-해석적 존재로서의 나는 나의 역사를 반성할 수 있으며 이런 의미에서 역사와 나 자신 간에 거리를 둘 수 있다. 그러나 이러한 거리는 항상 확고하지 못하며 잠정적이다. 반성의 장소는 결코 최종적으로 역사 그 자체의 바깥에서 확보되지 않는다(*LL*,179, PU, 23~24).

그러나 자유주의 윤리는 경험의 힘이 미치지 않는 곳에, 그리고 숙고와 반성을 넘어서는 곳에 자아를 놓아둔다. 공동의 삶을 형성할 수 있는 확장적인 자아-이해를 부정한다면, 자유주의적 자아는 한편으로는 고립되어 있는, 그리고 다른 한편으로는 얽혀 있는 것 사이에서 비틀거리는 모습으로 남게 될 것이다. 그와 같은 것이 무연고적 자아의 운명이며, 무연고적 자아가 지닌 자유로운 약속의 운명이다(PU, 24).

요컨대, 확장적인 자아-이해를 위한 샌들의 논의를 통해 드러난 공동체주의적 자아관은 앞에서 말한 보다 폭넓은 소유의 주체를 설정하기 위한 기초를 제공하는 것으로 여겨진다. 그럴 경우, 샌들이 말하는 보다 폭넓은 소유의 주체는 '나'라기보다는 '우리'여야 하며, 그것은 이제 구성적 의미의 공동체의 현존을 함축한다. 물론 롤즈는 이러한 간주관적인 자아관을 부인할 것이고, 따라서 샌들의 해석에 의하면 롤즈의 차등의 원칙은 롤즈의 개인주의적 인간관에 상치된다.[19]

4) 공적인 삶으로서의 절차적 공화국

샌들의 견해에 따르면, 자유주의 윤리학은 무연고적 자아의 한계와 그것을 극복할 수 있는 샌들 자신의 대안과는 다른 방식으로 이 난제를 해소하고자 한다. 그의 관점에서 볼 때, 롤즈는 '개인적 문제(the personal affairs)'와 '공적 정체성(the public identity)'을 구분[20]하는 방법으로 이것을 해결하려는 셈이 된다.

롤즈에 의하면, 시민은 그의 개인적 문제에서, 또는 연합체의 내적인 삶 안에서 그의 목적과 목표를 서로 다르게 고려할 수 있다. 그는 그와 떨어질 수 없다고 믿는 애착과 사랑을 가질 수 있으며, 어떤 종교적ㆍ

---

19) 이인숙, 「M. 샌들의 공동체주의 연구: J. 롤즈의 정의론 비판을 중심으로」, 『철학연구』 제17집 (서울: 고려대학교 철학회, 1993), 268쪽.

20) 롤즈의 이러한 구분법은 그의 「공정으로서의 정의: 정치적이지 형이상학적이 아니다」라는 후기 논문에서는 '공적 정체성 또는 정치적 정체성(the political identity)' 대 '비공적 정체성(the nonpublic identity), 비정치적 정체성(the nonpolitical identity) 또는 도덕적 정체성(the moral identity)'으로 개념화하고, 『정치적 자유주의』에서는 '공적 정체성 또는 제도적 정체성(the institutional identity)' 대 '도덕적 정체성 또는 비제도적 정체성(the noninstitutional identity)'이라는 개념으로 정립된다. J. Rawls, "Justice as Fairness: Political not Metaphysical", *Philosophy and Public Affairs*, vol. 14(1985), 240쪽 주석, 241~242쪽; J. Rawls, *Political Liberalism* (N.Y.: Columbia Univ. Press, 1996), 30쪽.

철학적 신념과 참여가 없이 그 자신을 바라보는 것은 생각할 수도 없는 것으로 간주할 수 있다. 그러나 이와는 대조적으로 자유로운 인격으로서의 시민은 그의 인격을 독립적인 것으로 바라볼 수 있는 권리를 지니나, 자신의 인격을 어떤 특정한 목적의 체계와 동일시하지 않는다. 도덕적 인격으로서의 공적 정체성은 시간에 걸친 자신의 가치관의 변화에 의해 영향받지 않는다.21)

그러나 샌들은 롤즈가 위에서 한 사적인 정체성(private identity)과 공적 정체성을 구분하는 근거가 무엇인지 명확하지 않다고 지적한다.

자아 독립성에 관한 의무론의 요구는 심리학이나 사회학의 요구 이상인 것이다. 자아의 독립성은, 심리학적 문제로서, 내가 이런 또는 저런 여건에서 나의 가치와 목적 바깥에 위치하기 위하여 요청된 분리를 요구할 수 있다는 것을 의미하는 것이 아니라, 오히려 내가 나 자신을 나의 가치와 목적이 무엇이든 그것과는 별개인 자아의 담지자로 간주할 수 있다는 것을 의미한다.

그러나 자아 독립성에 대한 의무론적 요구는 공적 또는 사적인 관계와 관련된 상대적인 느낌의 강렬도와는 거의 아무런 관계가 없는 인식론적 요구이다. 그렇기 때문에 의무론적 자아관이 요청하는 공적 정체성과 사적 정체성 간의 구분은 허용될 수 없는 것이다. '사적인' 목적이 문제가 되는 구성적 가능성이 허용된다면 마찬가지로 '공적인' 목적에도 구성적일 수 있는 가능성을 허용하는 것을 회피할 수는 없을 것이다(*LL*,182~183).

샌들의 입장에서 볼 때 롤즈에 의해 이루어진 공적인 삶의 영역과 사적인 삶의 영역 간의 구분은 사실상 공동선에 의해 통치되는 구성적

---

21) J. Rawls, "Kantian Constructivism in Moral Theory", *The Journal of Philosophy*, vol. LXXVII, no. 9(September, 1980), 544~545쪽.

공동체의 출현을 억제하며, 정의에 의해 통치되는 협동적 공동체의 강화만을 의미한다. 또한 공적·사적인 삶의 영역 간의 구분은 자연스럽게 국가는 중립적이어야 한다는 자유주의적 요구를 함축하고 있다.

국가 또는 정부의 중립성이라는 개념에 의해 표명되는 핵심적인 이념은, 단적으로 말해, 시민이 받아들이고 있는 도덕적·종교적 견해에 정부는 중립적이어야 한다는 것이다. 사람들은 그들이 살아가는 방식에서 무엇이 최선인가에 관하여 불일치하므로, 정부는 좋은 삶이라는 어떤 특정한 이상상을 법률에 확언해서는 안 된다. 대신에 정부는 사람이 자신의 가치와 목적을 선택할 능력이 있는 자유롭고 독립적인 자아로서 인격을 존중하는 권리의 체계를 제공해야만 한다. 이러한 자유주의는 특정한 목적에 관한 공정한 절차의 우선성을 주장하므로, 그것을 형성하는 공적인 삶(the public life)을 샌들은 절차적 공화국(the procedural republic)[22]이라고 한다(*DD*, 4, PU, 25).

샌들에 의하면 절차적 공화국은 실천적 관점에서 두 가지의 경향성을 갖는다(PU, 27~28). 첫째, 초기 공화국(the early republic)[23]에서 자

---

22) 샌들은 『자유주의와 정의의 한계』에서 절차적 공화국에 해당하는 개념을 의무론적 공화국(the deontological republic)이라는 개념으로 사용한 바 있다. Sandel, *LL*, 183쪽.

23) 샌들은 미국 정치사회의 변모과정을 초기 공화국, 국가공화국(the national republic), 절차적 공화국의 삼 단계로 파악한다. 초기 공화국(또는 시민공화국)은 소규모의 민주주의적 공동체, 탈중앙경제, 탈중앙집권적 정치형태를 특징으로 하며, 국가공화국은 국가적 규모의 정치공동체, 국가시장, 대규모의 계획을 특징으로 한다. 그러나 양자는 기본적으로 '공동선의 정치학'을 그 기저에 깔고 있다는 점에서 공통점이 찾아진다. 그리고 국가공화국에서 국가는 중립적인 체계가 아닌 근대의 사회적·경제적 형태의 규모에 적합한 공동의 삶을 형성하는 데 관심을 지닌 구성적 공동체(a formative community)로 여겨진다.
그러나 국가가 너무 거대한 규모로 공동체에 필요한 공유된 자아-이해를 배양하려고 함으로써 국가공화국의 계획은 실패로 돌아간다. 이로부터 20세기 중반에 이르러 미국 정치사회의 관행과 제도는 공동목적의 공공철학(a public philosophy)에서 공정한 절차의 공공철학으로, 선의 정치학에서 권리의 정치학으로, 국가공화국에서 절차적 공화국으로 점진적인 변화를 겪게 되었다는 것이 샌들의 주장이다. Sandel, PU, 25~27쪽.

유는 민주주의적 제도와 분산된 권력의 기능으로서 이해되었으나, 절차
적 공화국에서 자유는 다수가 의욕하는 것에 반대하는, 민주주의에 대
립하는, 개인의 보증으로서 정의된다. 그래서 내가 최후의 수단인 권리
의 담지자인 한 나는 자유롭다. 권리조항은 변덕스러운 지역적 선호로
남겨지는 것이 아니라 가장 포괄적인 정치연합체의 수준에서 보장된다.
권리의 이러한 보편화논리는 분산된 권력이 아닌 집중된 권력을 허용한
다. 권리가 확장된 만큼 보다 작은 형태의 연합체로부터 정치는 제거되
었으며 가장 보편적인 형태, 즉 국가에 정치가 재배치되었다. 정치가 국
가로 흘러든 것처럼, 권력은 의회나 정당과 같은 민주주의적 제도로부
터 벗어나 민주주의적 압력을 차단하도록 고안된 제도로 이동하여, 개
인의 권리를 분배하고 옹호하기 위한 사법부나 관료주의 같은 제도를
훌륭히 정비했다. 샌들의 견해에 의하면 이것이 민주주의적 가능성들을
배제하는 절차적 공화국의 경향성 가운데 하나이다.

　둘째, 권리가 최후의 수단인 권리의 담지자로서, 우리는 우리 자신을
권리 또는 우리가 구성한 합의에 선행하는 책무에 구속되지 않는 자유
롭게 선택하는 개별적 자아로 간주한다. 게다가 개인의 권리에 강력한
약속을 제의하는 복지국가 또는 이러한 권리를 보증하는 절차적 공화국
의 시민으로서, 우리는 우리가 선택하지 않은, 그리고 점점 더 거부하지
않는 가공할 의존성과 기대치의 진열 속에 싫든 좋든 관련되어 있는 우
리 자신을 발견한다. 사회적·정치적 기구의 규모가 보다 포괄적으로 되
는 만큼, 우리의 집단적 정체성이라는 용어는 보다 파편화되고, 정치적
삶의 형식은 그것을 유지하는 데 필요한 공동목적을 초과한다. 이로부
터 절차적 공화국은 그것이 의존하는 공동체를 약화시키는 경향으로 나
아가게 된다.

　샌들의 관점에서 볼 때, 이상의 절차적 공화국이 지닌 두 가지의 경

향성은 현대 미국 사회가 안고 있는, 해결하지 않으면 안 되는 곤경이며, 시대의 자아상으로 간주된다.

5) 정치적 낭만주의로의 회귀

이상에서 롤즈의 자유주의적 자아관을 비판한 샌들의 주장을 살펴보았다. 여기에서는 이러한 샌들의 비판요지를 간략히 정리해 보고, 그의 견해에 몇 가지 역비판을 제시하는 것으로 이 글을 마무리하기로 한다.

롤즈의 자아관을 다룬 샌들의 비판적 논의의 출발점은, 옳음의 우선성 또는 정의의 우선성을 강조하는 롤즈의 입장이 그 사상적 맥락에 있어서 칸트 윤리학의 근본체계와 어떤 친연성을 지니고 있다는 점이다. 샌들의 분석에 의하면, 칸트에게 옳음 또는 도덕법칙은 자율적 의지일 수 있는 선험적 주체에 기초하여 산출된다.

롤즈는 경험론적 입장에서 칸트적인 의미의 주체가 지니고 있는 선험성을 제거하고 옳음의 우선성과 정의의 우위성을 확보하기 위한 이론적 장치로서, 칸트의 선험적 주체에 해당하는, 원초적 입장을 제시한다. 그런데 샌들이 보기에 이 원초적 입장에는 목적에 독립적으로 선행하는 자아로서의 무연고적 자아가 전제되어 있다. 그의 견해에 따를 경우, 자아는 우리의 현실적인 목적, 관심 그리고 애착으로부터 분리될 수 있는 것이 아니며, 오히려 이러한 것에 의해 구성되는 것이다. 이런 의미에서 롤즈의 자아는 근본적으로 현실에서 유리된 자아이며, 추상적인 자아에 불과할 뿐이다. 이것은 결국 롤즈의 원초적 입장에 전제된 자아관에는 여전히 칸트적 의미의 선험성이 존속하고 있음을 말하는 것이다.

이어서 샌들은 롤즈의 원초적 입장에서 선택된 정의의 두 원칙 가운데 차등의 원칙에 무연고적 자아의 논리가 전제되어 있음을 지적한다.

롤즈는 개인의 천부적 재능이나 능력 또는 타고난 행운과 부 등의 자산을 우연적·자의적인 것으로 간주한다. 이러한 자산은 나의 속성일 수는 있으나, 그것이 나의 인격은 아니다. 때문에 이러한 것을 유리한 출발점으로 어떤 이득을 선취할 수 있는 자격을 지닌 사람은 아무도 없는 것이다. 여기에서 무연고적 자아의 논리가 드러난다고 샌들은 주장한다.

그러나 롤즈가 우연적·자의적인 개인적 속성을 공유자산으로 간주한다는 주장을 함으로써 롤즈의 무연고적 자아관은 차등의 원칙 내에서 그 의미를 상실하게 된다. 왜냐하면 샌들이 보기에 이러한 롤즈의 주장은 사실상 공동분배라는 목적을 위해 개인자산을 사회가 효율적으로 활용한다는 주장에 다름아니기 때문이다. 이것은 자유주의가 수호하고자 하는 개인의 '다수성과 개별성'을 스스로 침해하는 결과를 가져오게 될 것이다. 이로부터 롤즈의 차등의 원칙은 그 자체로 롤즈 자신이 견지했던 개인주의적 인간관과 상치할 뿐만 아니라, 차등의 원칙이 이미 그 자체 내에 어떤 목적의 애착을 함축하고 있다는 점에서 옳음의 우선성을 무효화시키고 있는 것이다.

다시 말해, 무연고적 자아관에 근거하여 차등의 원칙을 도출하는 것은 무리이며, 나아가 옳음을 우선시하는 자유주의 윤리학의 근간을 스스로 뒤흔드는 결과를 초래하게 된다는 것이 샌들의 비판이다.

샌들에 의하면, 롤즈는 무연고적 자아의 한계로부터 발생한 이상의 문제점을 해결하기 위하여 우리의 삶의 영역을 '개인적 문제'와 '공적 정체성', 바꿔 말해 '사적인 삶의 영역'과 '공적인 삶의 영역'으로 구분한다. 사적인 영역에서는 개인적인 목표와 목적, 애착과 사랑 그리고 종교적·철학적 신념 등이 인정된다. 반면에 공적인 영역에서 자유로운 인격으로서의 시민은 그의 인격을 어떤 특정한 목적의 체계와 독립적인 것으로 간주함으로써 그 목적과 자신의 인격을 동일시하지 않는다.

그러나 롤즈의 구분법에 따른 삶의 영역에는 이미 어떤 목적 또는 좋은 삶에 대한 국가의 중립성이라는 자유주의적 요구가 함축되어 있다고 샌들은 지적한다. 이러한 자유주의는 특정한 목적에 대한 공정한 절차의 우선성을 주장하는 공적인 삶으로서의 절차적 공화국을 산출한다. 그러나 이 절차적 공화국은 그것이 의존하고 있는 공동체를 약화시키는 결과를 가져올 뿐이라고 샌들은 비판한다.

롤즈의 자유주의적 자아가 지니고 있는 한계를 극복하는 방법을 샌들은 다음과 같이 제시한다. 즉 '나'가 아닌 '보다 폭넓은 소유의 주체'로서의 '우리', 다시 말해, 현실적인 공동의 삶을 형성할 수 있는 확장적인 자아-이해로부터 우리의 논의가 시작되어야 하며, 이를 바탕으로 하여 공동선에 의해 통치되는 일종의 정치공동체로서의 구성적 공동체를 구축해야 한다는 것이다.

이러한 확장된 자아-이해에 근거하여 구성적 공동체를 구성할 경우, 현대 미국 사회가 안고 있는 파편화된 개인주의적 성향이나 개인의 권리의 보장 및 중앙정부에 집중된 권력을 특징으로 하는 절차적 공화국이 지니고 있는 문제점이 극복되리라는 것이 샌들의 확신이다.

그러나 롤즈의 자아관을 비판한 샌들은 롤즈의 본의를 의도적으로 곡해한 측면이 없지 않다는 점을 지적할 필요가 있겠다. 롤즈가 원초적 입장에 추상적 자아를 전제하고 있음은 분명한 사실이다. 그러나 이 때의 추상적 자아는 원초적 입장에서 공정한 정의의 원칙을 구성하기 위하여 전제한 '이상적 자아'를 의미할 뿐이지, 샌들이 규정한 바와 같은 근본적으로 현실로부터 유리된 존재론적인 무연고적 자아는 아니다. 다시 말해 샌들은 의도적으로 롤즈의 방법론적 개인주의를 존재론적 개인주의로 애써 환원하고 있는 것이다.

차등의 원칙에 관한 샌들의 비판 역시 문제를 안고 있다. 차등의 원칙은 샌들이 주장하는 바와 같이 개인들의 다수성과 개별성을 침해하는, 그럼으로써 개인을 타인의 목적을 위한 수단으로 사용하는, 공동분배의 원칙이 아니다. 롤즈는 자신의 차등의 원칙을 부당한 불평등을 보상하고, 상호이익을 위하여, 그리고 박애를 실현하기 위한 원칙으로 해석한다.24) 이럴 경우, 차등의 원칙과 그 안에 내재된 자아관은 서로 상충될 일도 없으며, '나'가 아닌 '우리'로서의 보다 폭넓은 소유의 주체가 요청될 필요도 없는 것이다.

오히려 우리는 차등의 원칙을 위하여 샌들이 제시한 공동체주의적 논증이 과연 전체 사회에 적용될 수 있을까라는 질문을 던져 볼 수 있을 것이다. 왜냐하면 아주 밀접하게 결합된 공통된 자기이해를 지닌 가장 강력한 유대를 구성하는 사람은 필시 어떤 특수한 가치관으로 융합된 다소 제한된 집단을 형성할 것이기 때문이다. 그러므로 현대 다원주의적 사회에서 어느 집단에 골수적인 충성을 받치는 일과 같은 일은 결코 전체 사회로 확장될 수 없을 것이다.25) 이런 점에서 샌들의 견해는 그 한계를 드러내고 있다.

샌들은 롤즈가 무연고적 자아로부터 기인하는 난점을 해결하기 위하여 정체성을 사적인 정체성과 공적인 정체성으로 나누었다고 주장한 바 있다. 그러나 여기에서 롤즈에 의한 사적인 정체성과 공적인 정체성 간의 구분이 원초적 입장의 당사자인 추상적 자아에게 적용하기 위한 구분이 아니라는 점에 유의해야 할 것이다. 이것은 원초적 입장의 당사자가 선택한 정의의 원칙을 준수해야만 하는 시민의 정체성을 두 측면으로 구분한 것이다. 방법론적인 어법으로 표현하면, 원초적 입장 안의 자아가 추상적

---

24) Rawls, *TJ*, 100~105쪽 참조.
25) C. Larmore, *Patterns of Moral Complexity* (Cambridge: Cambridge Univ. Press, 1987), 128쪽.

자아라면, 적어도 롤즈에게 원초적 입장 바깥의 시민은 현실적 자아에 해당된다. 이것은 샌들이 주장하는 바와 같이 원초적 입장 안의 무연고적 자아로부터 기인하는 난점의 해결과는 거리가 먼 것이다. 결국, 샌들은 이러한 차이점을 도외시하고 시민마저도 원초적 입장의 당사자와 동일한 추상적인 무연고적 자아로 간주하는 실수를 범한 것이다.

또한 공동체주의적 자아관에 바탕한 샌들의 구성적 공동체관을 살펴볼 경우, 그것의 모델은 미국의 초기 공화국(시민공화국)의 형태를 상당부분 답습하고 있는 것으로 여겨진다. 이것은 미국의 정치사회가 시민공화국 및 국가공화국에서 절차적 공화국으로 점진적으로 변모한 것에 대한 샌들의 부정적인 입장을 반영하는 것이다. 그러나 미국의 정치사회가 절차적 공화국으로 변모하기까지의 과정을 살펴보면, 여러 측면 가운데 특히 인권보호 및 여권신장이라는 중대한 측면의 성과가 있었음은 부인할 수 없는 사실일 것이다. 그렇다면, 절차적 공화국의 출현이 결코 미국 정치사회의 퇴행적 현상이 아님을 입증하고 있는 것으로 간주해도 좋을 것이다. 이로부터 우리는 과연 공동체주의가 인권 및 여권 보호라는 측면을 자유주의 이상으로 충족시킬 수 있는 현실적 기반을 어떻게 정초할 수 있을까라는 의문을 제기해 볼 수도 있을 것이다.

요컨대, 샌들은 자유주의적 자아관에 대한 비판을 통해, 공정한 절차의 공공철학에서 공동목적의 공공철학으로, 권리(옳음)의 정치학에서 선(좋음)의 정치학으로, 절차적 공화국에서 시민공화국으로의 낭만주의적인 회귀26)를 서두르고 있다. 그것이 가능하려면, 그가 제시한 공동체

---

26) 라모어는 개인주의적 이상을 비판하고, 귀속성과 관행 등의 가치를 강조하는 공동체주의자 —샌들과 매킨타이어—를 헤르더(Herder)와 헤겔로부터 시작하는 낭만주의 계열의 네오-낭만주의자로 간주한다. C. Larmore, *The Morals of Modernity* (Cambridge: Cambridge Univ. Press, 1996), 129쪽, 132쪽.

주의적 자아관이나 공동체관이 자유주의적 견해를 극복할 수 있는 어떤 강력한 새로운 대안으로서의 지위를 차지해야만 할 것이다. 그러나 그의 여정은 아직은 멀고 험난한 것 같다. 그럼에도 불구하고, 자유주의적 자아관에 대한 그의 비판은 자유주의가 소홀히 하고 있는 것으로 여겨지는 공동체적 삶, 또는 공동체주의적 가치의 재고를 현대적으로 환기시켰으며, 이로부터, 자유주의와 공동체주의 간의 논쟁을 통하여, 양자가 호혜적으로 만날 수 있는 통로를 개척할 수 있는 발판이 마련되었다는 점에서 샌들의 자유주의 비판의 함의를 찾아볼 수 있을 것이다.

7. 정치적 자유주의와 그 한계

1) 도덕적 인간관의 정치적 전회

칸트적 자유주의(kantian liberalism)를 특징짓는 '좋음에 대한 옳음의 우선성' 문제에 관한 공동체주의적 비판은 롤즈 이론에 부분적인 수정이 가해질 수밖에 없는 계기를 제공했다. 옳음의 우선성을 지지하는 칸트적인 도덕적 인간관에 대한 공동체주의의 집중적인 비판은 롤즈에게 칸트적인 도덕적 인간관과 분리된 자유주의를 모색하게 했다.

특히 샌들에 따르면, 롤즈의 원초적 입장은 칸트의 선험적 주체가 지닌 애매성을 제거하고 그로부터 옳음의 우선성과 정의의 우위성을 확보하려는 대변의 방도로 간주된다. 그러나 롤즈가 원초적 입장에 전제한 인간관은 어떤 목표와 목적에 우선하며 또한 그것에 독립적인 것으로 이해되는 '무연고적 자아'일 뿐이다. 이러한 롤즈의 자아는 근본적으로 현실에서 유리된 주체에 불과하다. 결국 롤즈는 칸트의 주체개념이 지니고 있는 선험성을 제거하는 데 실패한 것이다. 그러므로 자아는 근본적으로 현실에 처한 주체로 간주되어야 한다. 왜냐하면 주체의 정체성은 이미 선행하는 목적에 의해 구성되기 때문이다.[27] 이러한 비판 등에 대한 롤즈의 응답과정으로부터 그의 정의론에 부분적인 변화가 일어나게 된다. 이로부터 롤즈의 입장은 이른바 '칸트적인 도덕적 자유주의'에서 '정치적 자유주의(political liberalism)'로의 전환이 이루어진다.

롤즈가 자신의 입장을 칸트적 자유주의 또는 도덕적 자유주의라는 입장에서 정치적 자유주의라는 입장으로 전환하는 근본의도, 다시 말해 롤즈가 자신의 도덕적 정의론을 정치적 정의론으로 재해석하는 근본의도를 샌들은 다음과 같이 적시한다.

이제 정치적 자유주의는 도덕적 이상으로서의 어떤 특정한 인간관을 전제하지 않는 옳음의 우선성을 표명한다. 좋음에 관한 옳음의 우선성은 칸트적 도덕철학의 정치적 적용이 아닌, 근대 민주주의 사회에서 사람이 전형적으로 좋음(선)에 불일치한다는 친숙한 사실의 실천적 응답이다. 사람의 도덕적·종교적 신념들이 하나로 수렴되기에는 어려움이 있으므로, 그런 논쟁에 관하여 중립적인 정의의 원칙에 관한 합의를 추구하는 것이 보다 합당할 것이다.[28]

---

27) M. Sandel, "The Procedural Republic and the Unencumbered Self", in *Communitarianism and Individualism*, eds. by S. Avineri and A. de-Shalit (Oxford: Oxford Univ. Press, 1992), 18쪽; M. Sandel, *Liberalism and the Limits of Justice* (Cambridge: Cambridge Univ. Press, 1983), 20~21쪽, 152쪽 참조.

28) M. Sandel, "Political Liberalism", *Harvard Law Review*, vol. 107(1994), 1771쪽. 이하 PL로 약기하고 본문에 쪽을 부기함.

　그러나 샌들은 이러한 롤즈의 정치적 입장에 몇 가지의 중대한 난점
이 있을 수 있음을 지적한다. 정치적 자유주의의 난점 또는 한계는 도덕
적·종교적 입장에 대해 중립성을 표방하는 정치적 자유주의가 그 안에
함축하고 있는 인간관, 즉 정치적 인간관으로부터 기인한다는 것이다.
　필자는 샌들의 견해에 따라 롤즈의 정치적 인간관으로부터 기인하는
정치적 자유주의의 문제점을 살펴볼 것이다. 그럼에 있어 먼저 롤즈의
정치적 자유주의와 정치적 인간관을 간략히 살펴보고, 롤즈의 정치적
자유주의에 도입된 도덕적·종교적 논쟁에 관한 중립성의 문제, 합당한
다원주의라는 사실의 문제, 그리고 마지막으로 공적 이성의 문제에 대
한 샌들의 반론을 고찰할 것이다.

2) 정치적 자유주의와 정치적 인간관

　롤즈의 수정된 견해에서 핵심적인 사항은 정치적 자유주의와 포괄적
인 도덕적 교의의 일부로서의 자유주의 간의 구별이다. 포괄적인 자유
주의는 자율성, 개체성, 또는 자립성과 같은 어떤 도덕적 이상의 이름으
로 자유주의적인 정치제도를 지지한다.[29] 그러나 이와는 달리, 정치적

---

29) 롤즈는 어떤 교의가 광범위한 영역의 주제에 적용될 경우 그 교의를 일반적(general)이라고
　　하며, 어떤 교의가 인간적 삶의 가치와 인격적 품성의 이상과 우정, 가족관계, 연합체적
　　관계 등의 이상을 포함할 경우 그 교의를 포괄적(comprehensive)이라고 한다. 더 나아가
　　롤즈는 포괄적이라는 개념을 '완전히(fully) 포괄적'이라는 개념과 '부분적으로(partially) 포괄
　　적'이라는 개념으로 구분한다. 롤즈에 의하면 어떤 교의가 엄밀히 구분되는 체계라기보다는
　　오히려 단일한 체계 내에서 모든 인지된 가치와 덕목을 망라할 경우 그것은 완전히 포괄적인
　　교의이며, 어떤 교의가 어느 정도 구분되는 체계이며 결코 전부가 아닌 다수의 비정치적인
　　가치와 덕목만을 포함할 경우 그것은 부분적으로 포괄적인 교의이다. J. Rawls, *Political
　　Liberalism* (New York: Columbia Univ. Press, 1996), 13쪽, 152쪽 주석.
　　　롤즈는 완전설(perfectionism)과 공리주의, 관념론과 마르크시즘, 칸트와 밀의 자유주의,
　　그리고 기타의 종교적·철학적 교의 등을 일반적이고 포괄적인 견해로 간주한다. J. Rawls,

자유주의는 자아관에 관한 논쟁을 포함하는 포괄적인 교의로부터 제기되는 도덕적·종교적 논쟁의 어느 쪽도 받아들이지 않는다(PL, 1771). 모든 점을 고려해 볼 때, 어떤 도덕판단이 참인가라는 문제는 정치적 자유주의의 문제가 아니다.30)

정치적 자유주의는 그 정치철학의 형태가 그 자체의 주제를 가지고 있는 것으로 간주한다. 즉, 해결의 전망이 없는 심각한 교의적 갈등이라는 조건 아래서 공정하고 자유로운 사회가 어떻게 가능한가라는 주제가 그것이다. 포괄적인 교의 간에 형평성을 유지하기 위해, 정치적 자유주의는 이 교의를 분열시키는 도덕적 논제에 명확히 역점을 두어 다루지 않는다.31) 이러한 롤즈의 입장은 그가 정치적 자유주의를 도덕적·종교적 입장 가운데 어떤 하나의 입장 위에서 정당화하는 것이 아니라, 정치적 자유주의를 '하나의 독립적인 견해'로 간주한다는 의미를 갖는다.

그러나 롤즈가 비록 정치적 자유주의와 포괄적 자유주의를 구분하고, 그렇게 함으로써 포괄적 또는 도덕적 자유주의로 간주되는 칸트적 인간관을 자신의 이론에서 포기하고 있을지라도, 원초적 입장은 여전히 어떤 인간관을 필요로 한다.

롤즈에 의하면, 원초적 입장을 정당화하는 인간관은 정치적 인간관이다. 롤즈가 말하는 정치적 인간관은 합당한 다원주의라는 사실(the fact of reasonable pluralism)을 배경적 조건으로 하는 정치사회의 시민이 자신들을 자유롭다고 간주하는 세 가지 측면을 통해서 정의된다.

첫째, 시민은 자기자신과 서로가 가치관을 가질 수 있는 도덕적 능력

"The Idea of an Overlapping Consensus", *Oxford Journal of Legal Studies*, vol. 7, no. 1(1987), 3~5쪽.

30) Rawls, *Political Liberalism*, xxii쪽.

31) 앞의 책, xxx쪽.

을 지니고 있다고 생각하는 점에서 자유롭다. 이것은 시민이 합당하고 합리적인 근거 위에서 가치관을 수정·변경할 수 있는 능력을 갖고 있음을 의미한다. 그러므로 자유로운 인간으로서의 시민은 그의 인격을 최종적인 목적체계와 관련된 어떤 특정한 가치관과 동일시하지 않으며 이것으로부터 독립적이라고 주장할 수 있는 권리를 갖는다. 이들의 '공적 정체성(public identity)'은 가치관이 시간이 경과함에 따라 변한다고 할지라도 그 영향을 받지 않는다.32) 다시 말해 가치관이나 목적으로부터 독립적인 정치적 자아(the political self)로서의 자유로운 시민은 정치적 정의관이 허용하는 범위 내에서 자신의 가치관이나 목적을 선택한다. 이런 의미에서 정치적 자아는 목적에 우선한다.

둘째, 시민은 자신을 타당한 요구의 자기 정당화적 원천(self-authenticating sources)으로 간주한다는 점에서 자유롭다. 즉, 그의 가치관이 공공적 정의관에 의해 허용된 범위와 일치한다면, 시민은 자신의 가치관을 실현할 수 있도록 사회제도에 관해서 자신의 요구를 반영할 수 있는 당연한 권리를 갖는다.33) 이런 의미에서 인간이 자유로운 인간으로 간주될 수 있는가의 여부는 공공적으로 인정된 정치적 삶의 형태, 즉 공공적인 정치문화에 달려 있는 것이다.34)

셋째, 시민은 자신의 목적에 책임을 질 수 있는 능력을 갖고 있는 것으로 간주되며, 이러한 책임성이 그의 다양한 요구가 평가되는 방법에 영향을 미친다는 점에서 자유롭다. 즉 시민은 일생동안 사회협동체에 참여하는 것으로 간주되며, 그가 공헌하리라고 합당하게 기대할 수

---

32) 앞의 책, 30쪽.
33) 앞의 책, 32쪽.
34) J. Rawls, *Justice as Fairness: A Guided Tour* (Cambridge: Harvard Univ. Press, 1989), 17쪽.

있는 것에 반대급부로 그가 획득하리라고 합당하게 기대할 수 있는 수단에 의해 그의 목적이 추구될 수 있으므로 그는 그의 목적을 조정할 수 있다. 그러므로 목적에 관한 책임이라는 개념은 공공적인 정치문화 속에 함축되어 있으며, 그 관행 속에서 인식될 수 있다.[35]

샌들에 의하면 이상의 롤즈의 정치적 인간관은 우리의 목적으로부터 분리된 원초적 입장이 우리에게 요구하는 것으로서의 정의를 우리가 숙고해야만 하는 이유를 설명한다(PL, 1774). 그러나 이상과 같이 정치적 자유주의가 칸트적 인간관으로부터 정치적 인간관을 분리함으로써 옳음의 우선성을 옹호한다면, 정치적 정의관으로 간주되는 자유주의는 적어도 세 가지의 반론에 직면하게 된다는 것이 샌들의 주장이다.

첫째, 롤즈가 요청하는 관용, 사회적 협동, 상호존중과 같은 정치적 가치(선)[36]의 중요성에도 불구하고, 포괄적인 도덕적·종교적 교의 내에서 제기되는 요구를 괄호에 넣거나 정치적 목적상 무시하는 것이 항상 합당한 것은 아니다. 중요한 도덕적 문제가 관련되어 있는 곳에서, 정치

---

35) Rawls, *Political Liberalism*, 33~34쪽.

36) 롤즈의 관점에서 볼 때, 원초적 입장에서 채택된 정의의 원칙의 중첩적 합의(the overlapping consensus)를 통하여 서로 다른 도덕적·종교적 입장을 지지하는 사람은 정의의 원칙이 중요한 정치적 가치를 표현하고 있는 것으로 받아들일 수 있다.

롤즈는 자신의 정치적 정의관에는 합당한 다원주의적 사회의 시민이 공유할 수 있는 정치적 가치 또는 정치적 선이 포함되어 있으며, 그것은 다섯 가지 종류의 가치(①~⑤)로 제시될 수 있다고 한다. 그러나 필자는 롤즈가 제시하는 정치적 가치를 다음의 여섯 가지 종류의 가치로 제시할 수 있다고 본다. ① 합리성으로서의 가치, ② 기본적인 가치(기본적 권리와 자유, 소득과 부, 자존감의 사회적 기반), ③ 허용 가능한 포괄적인 가치(정의의 원칙을 존중하는 포괄적인 가치), ④ 정치적 덕목(공공선을 구성하는 예절과 관용, 분별성과 공정감), ⑤ 질서정연한 정치적 사회라는 가치, ⑥ 사회연합체들의 사회 통합체로서의 질서정연한 사회라는 가치(질서정연한 정치적 사회의 포괄적인 가치)

이러한 정치적 가치는 질서정연한 입헌체제에서 실현되는 매우 중대한 가치이며 쉽사리 유린되지 않으며 그것이 표현하는 이상은 가볍게 포기될 수 없다. Rawls, *Political Liberalism*, 176~206쪽, 218쪽.

적 합의를 위하여 도덕적·종교적 논쟁을 괄호에 넣는 것이 합당한가의 여부는 경쟁적인 도덕적 또는 종교적 교의들이 참인가에 부분적으로 의존하기 때문이다.[37]

둘째, 정치적 자유주의에 의하면, 좋음에 대한 옳음의 우선성 문제는 근대민주주의 사회가 좋음(선)에 관한 '합당한 다원주의라는 사실'에 의해 특징지워진다는 주장에 의존한다. 근대 민주주의 사회에서 사람들이 여러 가지의 상반되는 도덕적·종교적 견해를 지지하는 것이 분명히 참이라고 할지라도, 정의의 문제에 적용하지 않는 도덕과 종교에 대한 합당한 다원주의라는 사실이 존재한다고 할 수 없다.

셋째, 정치적 자유주의에 의해 제시된 공적 이성의 이상[38]에 따라 시민은 그의 도덕적·종교적 이상의 근본적인 정치적·입헌적인 문제를 정당하게 논의할 수 없다. 그러나 이것은 정치적 담론을 피폐시키고 중요한 공적 숙고의 차원을 배제하는 지나치게 엄격한 제한이다(PL,

---

37) Sandel, PL, 1776쪽; J. Sandel, *Democracy's Discontent: America in Search of a Public Philosophy* (Cambridge: The Belknap Press of Harvard Univ. Press, 1996), 19쪽. 이하 *DD*로 약기하고 본문에 쪽을 부기함.

38) 공적 이성이란, 법률을 제정하고 헌법을 수정할 때 서로에게 최종적인 정치권력―즉 공중의 권력―과 강제력을 행사하는 집합체로서의 자유롭고 평등한 시민의 이성을 말한다. 그리고 공적 이성은 공공적인 정치문화에 속하는 것이며, 배경문화에 속하는 모든 종류의 연합체의 이성, 즉 교회, 대학, 과학협회, 전문집단의 이성인 비공적 이성(the non-public reasons)과는 엄밀히 구분된다. 그리고 비공적 이성은 사적 이성(the private reason)과는 구별되는 사회적 이성(the social reason)이다.
  롤즈에 의하면 공적 이성의 이상(the ideal of public reason)은 다음과 같이 이해된다. 즉 시민은 투표나 다른 방법을 통하여 서로 간에 행사하는 강제적 정치권력을 평등하게 공유하고 있으며, 나아가 합당한 종교적·철학적 교의의 다양성을 인정하는 것을 알고 있는 합당하고 합리적인 존재로서, 각자가 타인도 그의 자유와 평등에 일치하는 것으로 시인할 수 있으리라고 합당하게 기대할 수 있게 서로에게 그들의 행위의 근거를 즉시 설명할 수 있어야만 한다. 이러한 조건을 충족시키려고 노력하는 것은 민주정치의 이상이 우리에게 요구하는 과업 가운데 하나이다. 때문에 스스로 민주시민으로서 행동하는 방법을 이해하는 것은 공적 이성의 이상을 이해하는 것을 포함한다. Rawls, *Political Liberalism*, 214쪽, 216쪽, 220쪽, 220쪽 주석 7 및 217~218쪽.

1776).

샌들은 롤즈의 정치적 자유주의에 이상의 반론을 제기하고, 각각의 반론에 자신의 논증을 보다 구체적으로 제시하는 것으로 롤즈의 견해에 대한 비판적 평가를 시도한다.

3) 도덕적·종교적 논쟁에 관한 중립성

정치적 자유주의는 정치적 목적상 포괄적인 도덕적·종교적 이상을 괄호에 넣고, 개인적 정체성으로부터 정치적 정체성을 분리할 것을 주장한다. 그 이유는 사람이 전형적으로 좋은 삶(the good life)에 관해 불일치하는 근대민주주의 사회에서, 우리가 상호존중의 기초 위에 사회적 협동을 확보하려면 도덕적·종교적 신념을 괄호에 넣는 것이 필요하기 때문이다(PL, 1777). 이러한 견해는 이른바 롤즈의 회피의 방법(the method of avoidance)에 해당한다. 일반적이고 포괄적인 교의의 회피, 즉 회피의 방법은 자유롭고 강제되지 않은 합의에 관한 욕구가 있을 때, 우리의 사회세계의 역사적 조건 및 규제적 요소와 모순이 없는 공공적 이해가 어떻게 일어날 수 있는가를 알려 준다.[39]

그런데 회피의 방법이 일반적이고 포괄적인 교의를 회피한다고 해서 그것이 시민은 어떤 종교적·철학적·도덕적 견해를 견지해서는 안 된다는 것을 의미하는 것은 아니다. 오히려 회피의 방법은 시민이 그러한 견해나 다른 견해를 가지고 있다는 것을 기정사실로 인정하고, 그가 지닌 포괄적인 견해가 무엇이든지 간에 그 포괄적인 견해의 관점에서 정치적 정의관을 참인 것으로서, 또는 합당한 것으로서 받아들이게 하고

---

39) J. Rawls, "Justice as Fairness: Political not Metaphysical", *Philosophy and Public Affairs*, vol. 14(1985), 231쪽.

자 하는 것이다.[40] 롤즈의 이러한 주장 속에는 어떤 포괄적인 입장에서 있든지 간에 모두가 함께 공유할 수 있는 가치, 즉 정치적 가치가 정치적 정의관에 포함되어 있음을 의미하는 것이다. 이것을 롤즈는 '옳음과 좋음은 상보적이다(the right and the good are complementary)'[41]라는 말로 표현한다.

그런데 롤즈는 독립적인 정치적 정의관에 의해 형성된 정치적 가치가 갈등적인 비정치적 가치보다 큰 비중을 갖는 것이 정상이라고 주장한다.[42] 롤즈가 가치를 정치적 가치와 비정치적 가치로 구분하는 것을 샌들은 정치적 가치를 사회의 기본구조와 입헌적인 필수조항에 적용하기 위함이고, 반면에 비정치적 가치인 도덕적·종교적인 가치를 개인적인 삶과 자발적인 연합체의 행위에 적용하려는 롤즈의 시도로 간주한다(PL, 1777). 이러한 롤즈의 시도는 비정치적 가치에 대한 정치적 가치의 우선성을 주장하고 있는 것에 다름아닌 것이다. 그러나 도덕적·종교적 요구에 관계없이 정치적 가치의 우선성을 주장하는 것은 무리라는 것이 샌들의 지적이다. 이의 논거로서 샌들은 중대한 도덕적·종교적 문제에 관계있는 두 가지의 정치적 논쟁―① 임신중절의 권리에 관한 논쟁, ② 인민주권과 노예제도에 관한 링컨과 더글러스 간의 논쟁―을 고찰함으로써 롤즈의 입장에 반론을 제기한다.

(1) 임신중절의 권리에 관한 논쟁

임신중절의 도덕적 허용 가능성에 관한 격렬한 불일치를 고려한다면,

---

40) J. Rawls, "The Idea of an Overlapping Consensus", *Oxford Journal of Legal Studies*, vol.7, no. 1(1987), 13쪽; Rawls, *Political Liberalism*, 151쪽.
41) Rawls, *Political Liberalism*, 173쪽.
42) 앞의 책, 145~146쪽.

경쟁적인 도덕적·종교적 쟁점을 괄호에 넣는—도덕적·종교적 쟁점에 중립적인—정치적 해결을 추구하는 사례는 특히 유력한 것으로 여겨진다. 그러나 정치적 목적상, 문제가 되는 포괄적인 도덕적·종교적 교의를 괄호에 넣는 것이 합당한지의 여부는 대체로 그러한 교의가 참인가에 달려 있다. 만일 가톨릭의 교의가 참이라면, 인간의 삶이 시작되는 때에 대한 도덕적·신학적 문제를 괄호에 넣는 것은 경쟁적인 도덕적·종교적 가정 위에 있는 것보다 훨씬 더 합당하지 못하다. 우리가 태아는 갓난아기와 다르다고 확신할수록, 우리는 태아의 도덕적 지위논쟁을 무시하는 정치적 정의관을 긍정하는 쪽으로 더욱더 확신하게 된다(PL, 1778, *DD*, 20).

　임신중절 논쟁은 인간의 삶이 시작되는 때의 논쟁일 뿐만 아니라, 정치적 목적상 이 논쟁을 떼어내는 것이 어떻게 합당한가에 관한 논쟁이기도 하다. 임신중절의 반대자는 도덕적 표현에서 정치적 표현으로의 변환에 저항한다. 왜냐하면 그는 그의 견해의 대부분이 이러한 변환과정에서 상실되리라는 것을 알기 때문이다. 최소주의적 자유주의(minimalist liberalism)[43]에 의해 제시된 중립적 영역은 그 반대자의 종교적 신념에 보다 덜 개방적인 것으로 여겨진다. 임신중절의 옹호자에 의하면, 임신중절이 도덕적으로 허용 가능하다는 것을 믿는 것과, 정치적 문제로서, 여성이 스스로 도덕적 문제를 자유롭게 결정해야만 한다는 것에 합의하는 것 사이에는 하등의 차이가 없다고 한다. 그러나 임신중절이 허용 가능하다고 가정하는 것보다 임신중절은 잘못이라고 가정하는 것이 정치적 합의의 도덕적 값어치를 훨씬 더 높여 준다. 이것은 경쟁적인 도덕적·종교적 견해를 괄호에 넣는 것이 어떻게 합당한가라

---

43) 샌들은 '최소주의적 자유주의'를 '정치적 자유주의'와 동일한 의미로 사용한다. Sandel, *DD*, 17~24쪽 참조.

는 문제가 그러한 견해 가운데 어떤 견해가 다른 견해 보다 더 타당한가에 부분적으로 의존하고 있음을 보여 준다(*DD*, 20~21).

롤즈는 인간생명에 관한 마땅한 존중, 어떤 형태의 가족을 포함하는 장시간에 걸친 정치사회의 질서 있는 재생산, 평등한 시민으로서의 여성평등이라는 세 가지의 정치적 가치의 합당한 균형이라는 견지에서 임신중절 문제가 다루어져야 한다고 본다. 이 세 가지 정치적 가치의 합당한 균형은 여성에게 임신 초기의 3개월 이내에 임신중절을 할 것인지, 하지 않을 것인지를 결정하게 하는 정당한 조건부적 권리를 줄 것이다. 임신의 초기단계에서는 여성평등이라는 정치적 가치가 최우선적인 것이며, 이 권리가 그것에 실체와 힘을 부여하도록 요구되기 때문이다. 만일 이러한 것이 내적으로 일치한다면, 다른 정치적 가치는 이러한 결론에 영향을 미치지 못할 것이다. 적어도 어떤 여건에서, 합당한 균형은 이러한 결론을 넘어서는 권리를 여성에게 허용할 수도 있을 것이다. 때문에 임신 초기 3개월 이내의 정당한 조건부적 권리를 배제하는 정치적 가치의 균형에로 유도하는 어떤 포괄적인 교의는 그 만큼 합당하지 못하며, 합당하지 못한 포괄적인 교의가 정식화한 세부사항에 의존할 경우, 예컨대 강간과 근친상간의 경우를 제외하고는 그 권리 전부를 거부한다면, 그것은 또한 잔인하고 억압적일 수 있다.[44]

이러한 롤즈의 견해를 샌들은 다음과 같이 이해한다. 즉, 롤즈에게 있어 여성에 관한 관용과 평등한 시민권이라는 정치적 가치는 여성이 임신중절을 할 것인지 스스로 자유롭게 선택해야만 한다는 결론을 위한 충분한 근거가 되며, 나아가 정부는 인간의 삶이 시작되는 때에 관한 도덕적·종교적 논쟁에 개입하지 말아야 한다는 주장을 함축한다. 그러

---

44) Rawls, *Political Liberalism*, 243~244쪽 주석 32).

나 만일 태아의 도덕적 지위에 관한 가톨릭의 입장이 옳다면, 그리고 만일 임신중절이 도덕적으로 살인과 같다면, 관용과 여성평등이라는 정치적 가치가 가톨릭의 교의가 참일 경우에도, 우월해야만 하는 이유가 명백하지 않다는 것이 샌들의 지적이다(DD, 21, PL, 1778 주석 31).

물론, 샌들은 자신의 이러한 비판이 임신중절의 권리에 반대하는 논증을 제기하는 것이 아니라, 임신중절의 권리에 관한 사례는 근본적인 도덕적·종교적 논쟁에 중립적일 수 없음을 보이고자 한다는 입장을 분명히 한다. 이로부터 샌들은 문제가 되는 실질적인 도덕적·종교적 교의를 회피해서는 안 되고 오히려 포용해야 한다고 주장한다(DD, 21, PL, 1778).

(2) 인민주권과 노예제도에 관한 논쟁

정치적 합의를 위하여 논쟁적인 도덕적 문제를 괄호에 넣는 가장 유명한 사례는 1858년에 인민주권에 관한 논증을 둘러싼 링컨(Abraham Lincoln)과 더글러스(Stephen Douglas) 간의 논쟁일 것이다.

더글러스는 국민이 노예제도의 도덕성에 불일치하는 상태에 있으므로, 국가정책은 그 문제에 중립적이어야 한다고 주장한다. 더글러스가 옹호하는 인민주권의 교의는 노예제도가 옳다거나 그르다는 것을 판단하는 것이 아니라 그 자신의 판단을 내리는 그 영역의 사람을 자유롭게 남겨두어야 한다는 것이다. 자유로운 상태이든 또는 노예상태이든 어느 쪽에 호의적이든 간에 연방의 권력으로 요구를 관철하려는 것은 헌법의 기본적인 원칙을 침해하는 것이며, 시민전쟁의 위험을 무릅쓰는 것이다. 국가통합을 유지하는 유일한 희망은, 노예제도의 도덕적 논쟁을 괄호에 넣고 이러한 문제를 스스로 결정하도록 각 주와 각 준주(準州)의 권리를 존중하여, 불일치에 일치하는 것이다.

링컨은 더글러스의 이러한 정치적 정의관에 반대한다. 링컨은 정책이 노예제도에 관한 실질적인 도덕판단을 회피해서는 안 되고 오히려 그것을 표현해야만 한다고 주장한다. 비록 링컨이 노예제도 폐지론자는 아니었지만, 정부는 노예제도를 그릇된 것으로 취급하고 각 지방에 노예제도의 확산을 금지해야 한다고 믿었다(DD, 21~22, PL, 1779).

샌들에 의하면 링컨과 더글러스 간의 논쟁은 본래 노예제도의 도덕성 논쟁이 아니라, 정치적 합의를 위하여 도덕적 논쟁을 괄호에 넣을 수 있는지의 여부를 따지는 논쟁이었다. 때문에 더글러스는 그의 개인적인 견해가 무엇이든, 적어도 정치적 목적상, 노예제도의 문제에 관용적이었으며, 노예제도가 투표로 가결되든 부결되든 그러한 것에는 관심이 없었고, 노예제도의 문제를 각 지방의 선택에 남겨 두도록 괄호에 넣어야 한다는 입장을 표명한다.

그러나 링컨은 적어도 중대한 도덕적 문제가 문제시되는 곳을 그 자체로 괄호에 넣는 것에 반대한다. 링컨이 말하고자 하는 요지는 더글러스가 옹호하는 정치적 정의관의 타당성은 그것이 괄호에 넣으려고 했던 실질적인 도덕적 문제에 대한 특정한 답변에 의존한다는 것이다. 따라서 링컨은 노예제도가 도덕적 악이 아니라는 가정 위에서만 노예제도의 도덕성 문제를 괄호에 넣는 것이 합당하다는 입장을 취한다(DD, 22~23, PL, 1779~1780). 오늘날의 자유주의자는 노예제도가 인권을 침해한다는 근거 위에서, 더글러스적인 입장을 견지하는 사람에게 저항할 것이고, 국가정책이 노예제도에 반대하기를 원할 것이다. 그러나 정치적 정의관으로 이해되는 자유주의가 포괄적인 도덕적 이상에 호소하는 입장에 가한 비난에 함축된 자유주의 그 자체의 입장을 침해하지 않고 이러한 주장을 할 수 있는지 의심스럽다고 샌들은 말한다. 그에 의하면, 칸트적 자유주의자는 노예제도가 인간을 그 자체로 목적이며, 존중받을 가치가 있는 것으로서 대우하는 데 실패했기 때문에 노예제도에 반대할 수 있다. 그러나 이러한 논증이 실제로 칸트적 인간관에 의거한 다면, 이러한 논증은 최소주의적 자유주의에는 도움이 되지 않는다(*DD*, 23, *PL*, 1780).

롤즈에 의하면 공정으로서의 정치적 정의관에 기본적인 것은 관용과 상호존중, 공정감과 정중함 같은 정치적 덕목이 있다는 사실이다. 이러한 사실에 의거하여 우리는 정의의 본성 또는 정의의 원칙이 노예제도를 부당한 것으로 간주한다는 사실을 알 수 있다고 한다.[45] 또한 노예제도의 부당성은 시민을 타당한 요구의 자기 정당화적 원천으로 간주하는 정치적 인간관에 의해 간접적으로 시사된다. 그에 의하면, 노예는 의무나 책무를 지닐 능력이 없는 것으로 간주되고, 노예학대나 혹사금지법 조차도 노예의 요구에 근거해 만들어진 것이 아니기 때문에 노예는 사회적으로 죽은 존재이다. 설사 그가 어떤 요구를 한다고 할지라도 그의 요구에는 아무런 비중도 주어지지 않는다. 이와 같은 노예상태, 즉 사회적 사망상태에서 우리가 벗어나는 길은 우리 스스로를 공공적 정의관에 일치하는 자신의 가치관을 실현하고 사회제도에 자신의 요구를 반영할 수 있는 당연한 권리를 지닌 타당한 요구의 자기 정당화적 원천으로 간주하는 것이다.[46]

그런데 롤즈의 정의의 원칙이나 정치적 인간관을 포함하는 정치적 정의관은, 예컨대 종교적 관용에의 믿음과 노예제도의 거부와 같은 그런 확립된 신념들을 수집하여 이런 신념에 내재하는 기본적인 이상과 원칙을 정식화함으로써 체계화된다. 때문에 롤즈는 공공문화 그 자체를 묵시적으로 인정된 기본적인 이상과 원칙의 공유자금으로 간주한다.[47]

---

45) 앞의 책, 122쪽.
46) 앞의 책, 32~33쪽.

그러나 미국의 현재의 정치문화는 시민전쟁, 재건, 수정헌법 제13, 14, 15조48)의 채택, 투표권법 등에 의해 형성되었다. 이러한 경험과 이러한 것이 형성시킨 인종적 평등과 평등한 시민권에 공유된 이해가 노예제도는 미국의 정치적·헌법적 관행과 조화를 이루지 못한다는 것을 주장하기 위한 충분한 근거를 제공한다. 그러나 샌들의 입장에서 볼 때, 이것은 정치적 자유주의가 오늘날 어떻게 노예제도를 반대할 수 있는가를 설명해 줄 수는 있겠지만, 이것이 1858년의 노예제도 논쟁과 관련해서는 정치적 자유주의가 어떻게 노예제도를 반대할 수 있는가를 설명해 주지 못한다. 19세기 중반의 미국의 정치문화에 내재된 평등한 시민권의 개념은 논란의 여지가 있겠지만 노예제도에 매우 호의적이었기 때문이다(PL, 1781).

요컨대, 샌들이 말하고자 하는 요지는 정치적 자유주의가 포괄적인 도덕적 이상에 호소하는 것을 거부하고 대신에 정치문화에 내재하는 시민권의 개념에 의존하는 한, 왜 링컨이 옳았고, 더글러스가 잘못이었는가하는 이유를 설명하기 어렵다는 것이다. 때문에 적어도 중대한 도덕적 문제가 관련된 곳에서는, 정치적 자유주의가 괄호에 넣어야 한다고 주장하는 도덕적 문제에 어떤 답변을 정치적 자유주의가 전제해야만 할 것이고, 그렇지 않을 경우 좋음에 관한 옳음의 우선성은 유지될 수 없는 것이다(PL, 1782).

---

47) 앞의 책, 8쪽.
48) 이상의 수정 헌법의 주요 골자를 제시하면 다음과 같다.
　　수정 제13조: 노예제와 강제노역의 금지(1865년)
　　수정 제14조: 법률에 의한 평등한 보호(1868년)
　　수정 제15조: 참정권의 확대(1870년)
　　S. K. Padover, *The Living U.S. Constitution* (N. Y.: A Meridian Book, 1995), 459~461쪽 참조.

4) 합당한 다원주의라는 사실

샌들에 의하면, 정치적 자유주의가 지닌 어려움 가운데 하나는 우선적으로 좋음에 관한 옳음의 우선성을 주장하기 위해 정치적 자유주의가 제시하는 근거에 관련되어 있다. 칸트적 자유주의의 경우, 옳음과 좋음 간의 비대칭성(asymmetry)은 우리들 자신을 우리의 목적과 애착에 우선하여 주어진 도덕적 주체로 생각하는 인간관으로부터 기인한다. 즉, 자아가 목적에 우선하기 때문에 우리가 인정하는 특정한 목적의 규제를 위한 옳음의 원칙이 요구되며, 이것이 좋음에 대한 옳음의 우선성에 근거를 제공한다.

그러나 정치적 자유주의의 경우, 옳음과 좋음 간의 비대칭성은 칸트적 인간관에 기초하는 것이 아니라 근대 민주주의 사회의 특성, 즉 '합당한 다원주의라는 사실'에 기초한다(PL, 1782).

롤즈에 의하면, 근대 민주주의 사회는 단순히 포괄적인 종교적·철학적·도덕적 교의의 다원주의에 의해 특징지어지는 것이 아니라 양립 불가능한 그러나 합당한 포괄적인 교의의 다원주의에 의해 특징지어지며, 이러한 교의 가운데 어느 하나도 시민에 의하여 일반적인 것으로 인정되지 않는다.[49] 또한 이러한 교의의 다양성은 그것이 곧 소멸될 단순한 역사적 조건이 아니라 민주주의의 공공문화 속에 내재하는 지속적인 특징 가운데 하나이다.[50] 이 합당한 교의의 다원성은, 입헌민주체제의 자유로운 제도의 체계 내에서의 인간 이성의 발휘라는 정상적인 결과[51]이기 때문에, 양심적이고 충분한 분별력이 있는 사람이 그의 이성능력을

---

49) Rawls, *Political Liberalism*, xviii쪽.

50) J. Rawls, "The Domain of the Political and Overlapping Consensus", *New York University Law Review*, vol. 64, no. 2(1989), 234~235쪽.

51) Rawls, *Political Liberalism*, xviii쪽.

발휘할 수 있는 자유로운 논의 후에도 모두가 동일한 결론에 도달하는 것을 불가능하게 하는 아주 많은 중요한 판단이 내려지고 있다는 사실,52) 즉 합당한 불일치(the reasonable disagreement)53)가 있다는 사실을 함축한다.

이로부터 정치적 자유주의는 합당한 불일치만을 산출할 수밖에 없는 분열적인 합당한 가치다원적 사회를 통합·규제할 수 있는, 그리고 자유롭고 평등한 시민이 어떤 포괄적인 입장에 서있든지 간에 그가 인정할 수 있는, 즉 그들을 합당하게 일치할 수 있게 하는 정의의 원칙을 산출하는 것을 그 주요 문제로 삼는다. 이것이 합당한 다원주의라는 사실을 근거로 하여 제시되는 좋음에 관한 옳음의 우선성 또는 좋음과 옳음 간의 비대칭성이 강조되어야 하는 이유인 것이다.

이러한 정치적 자유주의는 자유로운 조건하에서의 인간이성의 발휘가 좋은 삶에 관한 불일치를 산출할 뿐만 아니라, 정의에 관한 불일치를 산출하지 않을 것이라는 가정에 의존하고 있음을 보여 준다(PL, 1783). 즉, 롤즈는 도덕과 종교에 관한 합당한 다원주의라는 사실을 인정하지만, 정의에 관한 합당한 다원주의라는 사실을 인정하지 않고 있는 것이다. 샌들에 의하면 정의에 관한 불일치는 우리 주위에 얼마든지 있을 수 있다. 예컨대, 차별철폐조치, 수입분배와 세금의 공정성, 의료보험, 이민, 남성 동성애권, 언론의 자유 대 편파적 발언, 사형 등의 논쟁, 또는 종교적 자유, 언론의 자유, 사생활의 권리, 투표권, 피고의 권리 등을 포함하는 소송사건에서 보이는 대법원 판사들의 분열된 표결과 갈등을 일으키는 견해를 고려해 보면, 이러한 논쟁이 정의에 관한 합당한 다원

---

52) Rawls, "The Domain of the Political and Overlapping Consensus", 238쪽; Rawls, *Political Liberalism*, 58쪽.

53) Rawls, "The Domain of the Political and Overlapping Consensus", 236쪽.

주의라는 사실을 보여 준다(PL, 1783).

물론, 정치적 자유주의는 정의에 관한 불일치를 인정한다. 그러나 그
것은 정의의 원칙이 무엇이냐에 관한 불일치가 아니라, 정의의 원칙을
어떻게 적용하느냐에 관한 불일치만을 인정한다. 예컨대, 롤즈는 사회적
·경제적 불평등을 망라하는 원칙의 목적이 실현되었는지의 여부를 확인
하는 것은 몹시 어려운 문제이며, 이 문제는 거의 언제나 합당한 의견의
광범위한 차이에 직면하게 된다고 말한다.54) 여기에서 샌들은 롤즈의
차등의 원칙에 관한 자유지상주의적 비판에 주목한다. 노직의 경우, 사회
의 최소수혜자 계층의 조건을 향상시키는 한에서만 사회적·경제적 불평
등은 정당하다는 롤즈의 차등원칙이 지니는 재분배적 성격에 반대한다.
소유권리라는 입장에서 볼 때 재분배는 개인의 권리를 침해하며, 강제노
동과 같은 것이라고 말할 수 있는 근로소득에 대한 과세가 국가에 의해
강제적으로 집행될 수밖에 없을 것이기 때문이다.55)

샌들의 관점에서 볼 때, 차등의 원칙을 반대하는 노직의 입장은 차등
의 원칙을 어떻게 적용시키느냐에 관한 불일치가 아니라, 올바른 분배
적 정의의 원칙이 무엇이냐에 관한 불일치인 것이다. 이것은 민주주의
적 사회에 도덕과 종교에 관한 합당한 다원주의라는 사실뿐만 아니라
정의에 관한 합당한 다원주의라는 사실이 존재함을 의미한다. 이로부터
샌들은 옳음과 좋음 간의 비대칭성은 유지될 수 없다고 주장한다(PL,
1784).

그럼에도 불구하고, 롤즈는 여전히 그의 『정치적 자유주의』에서, 명
시적으로 언급하고 있지는 않지만, 분배적 정의에 관한 차이는 자유로
운 조건하에서 인간이성의 발휘의 자연적 결과가 아니기 때문에 차등의

---

54) Rawls, *Political Liberalism*, 229쪽.
55) R. Nozick, *Anarchy, State, and Utopia* (New York: Basic Books, 1974), 168~169쪽.

원칙의 타당성에 관한 불일치는 합당하지 않다는 입장을 견지한다. 즉, 롤즈는 옳음의 우선성을 유지하기 위하여 분배적 정의에 관한 합당한 다원주의라는 사실을 인정하지 않는다(PL, 1784~1785). 반면에 롤즈는 합당한 교의의 다원성이 있을 경우, 우리와 불일치하는 사람을 바로 잡거나 처벌하기 위하여 국가권력의 강제력을 사용하려는 것은 합당하지 못하며 잘못된 것이라고 주장한다.56) 즉, 롤즈는 도덕적·종교적 교의에 관한 합당한 다원주의라는 사실을 인정하며, 여기에는 이른바 관용의 정신이 도입되고 있다. 요컨대, 롤즈는 도덕과 종교에 관한 불일치에는 관용의 원리를 적용하고 있으나, 정의에 관한 불일치에는 관용의 원리를 적용하지 않고 있는 것이다.

또한 롤즈는 그의 『사회정의론』에서 분배적 정의의 원칙, 즉 차등의 원칙이 다른 어떤 대안적인 원칙보다 더 합당하다는 것을 보여줄 수 있는 정당화의 방법으로서 반성적 평형상태(reflective equilibrium)를 도입한 바 있다.57) 즉, 원초적 입장에서 채택된 정의의 원칙과 우리의 숙고된 판단 간의 상호 조정과정으로 이해되는 반성적 평형상태를 통해 우리는 정의의 원칙을 보다 합당한 것으로 정당화할 수 있다는 것이 롤즈의 입장이다. 그러나 샌들은, 우리가 반성적 평형상태를 추구함으로써 논쟁적인 분배적 정의의 원칙을 추론을 할 수 있다면, 동일한 방식으로 가치관의 추론을 할 수 있어야 한다는 입장을 표명한다. 그래서 어떤 가치관이 다른 가치관보다 더 합당한 것으로 보일 수 있다면, 정부가 중립적이기를 요구하는 롤즈적인 의미의 가치에 관한 합당한 다원주의라는 사실에만 불일치의 지속이 적용되는 것은 아니다(PL, 1786). 역으

---

56) Rawls, *Political Liberalism*, 138쪽.
57) J. Rawls, *A Theory of Justice* (Cambridge: The Belknap Press of Harvard Univ. Press, 1971), 20~21쪽, 48~51쪽, 579쪽.

로 불일치의 지속은 정의에 관한 합당한 다원주의에도 적용되어야 하는
것이다.

이것은 민주주의적 사회의 공공문화가 포괄적인 도덕논쟁과 마찬가
지로 정의에 대한 논쟁, 즉 양자의 불일치를 모두 포함하고 있기 때문에
그런 것이다. 그러므로 불일치라는 단순한 사실이 정부는 중립적이어야
한다는 요구를 제기하는 가치에 관한 합당한 다원주의만을 위한 증거는
아니다. 따라서 우리가 정의를 일치시키지 않는 것이 아닌, 우리의 도덕
적·종교적 불일치가 합당한 다원주의라는 사실을 반영한다는 가정에
의존하는 정치적 자유주의는 그 요구사항인 옳음과 좋음 간의 비대칭성
에 대한 근거를 상실하게 된다(PL, 1788).

5) 자유주의적 공적 이성의 한계

도덕적 또는 정치적 논쟁이 합당하기는 하나 상반된 가치관을 반영
하는지의 여부 또는 그것이 적절한 반성과 숙고에 의해 해결될 수 있는
지의 여부는 우리가 그것을 반성·숙고해 봄으로써만 결정될 수 있다.

그러나 정치적 자유주의는 그것이 묘사하는 공적인 삶에 경쟁적인
포괄적 도덕의 타당성을 검증하기 위해 필요한 공적인 숙고의 여지를
남겨두지 않는다. 예컨대, 정치적 자유주의가 언론자유의 권리를 지지
하지만, 그것은 정치적 토론에 정당한 기여로 간주되는 논증을 엄격하
게 제한한다(PL, 1789). 샌들의 이러한 비판은 롤즈가 공적 이성의 적용
을 헌법상의 필수조항(constitutional essentials)과 기본적 정의의 문제[58]

---

58) 헌법상의 필수조항은 보다 간단히 말해, 첫째 정부의 일반구조와 정치적 과정을 규정하는
　근본적인 원칙, 둘째 시민의 평등한 기본적 권리와 자유이며, 기본적 정의의 문제는 비록
　그것이 헌법상의 필수조항은 아니지만, 절박한 필요의 문제인 공정한 기회균등의 원칙과

에 국한하고 있다는 점으로부터 기인한다. 다시 말해, 이러한 두 가지의 문제영역을 제외하고서는 정치적 문제에 우리의 개인적인 숙고와 반성, 또는 배경문화의 불가결한 부분인 교회나 대학과 같은 연합체의 구성원에 의한 정치적 문제의 추론에 공적 이성은 적용되지 않는다.[59]

공적 이성의 적용영역에 관한 이러한 한계설정은 좋음에 관한 옳음의 우선성을 반영하는 것이며, 공적 이성의 이상에 의해 요구된다. 이러한 이상에 따라, 정치적 담론은 모든 시민이 허용하리라고 합당하게 기대할 수 있는 정치적 가치의 견지에서 진행되어야 한다. 왜냐하면 민주사회의 시민은 포괄적인 도덕적·종교적 입장을 공유하지 않으며, 공적 이성은 그런 입장을 언급해서는 안 되기 때문이다(PL, 1789).

공적 이성의 적용상 한계설정으로부터 공적 이성이 제한적 성격을 지니고 있음이 드러난다. 따라서 그것은 다양한 포괄적인 교의의 지지를 확보하기에는 지나치게 협소하다.[60]

샌들은 자유주의적 공적 이성의 제한적 성격이 가톨릭의 가르침에 근거한 임신중절의 반대논증, 포괄적인 도덕적·종교적 신념들을 반영하는 남성 동성애권이나 여성 동성애권의 반대논증, 복음주의적 프로테스탄티즘에 뿌리를 둔 1830년대와 1840년대의 노예제도 폐지운동 등을 고려해 볼 경우 보다 분명하게 드러난다고 한다.

공적 이성의 적용한계에 따를 경우, 임신중절을 반대하는 가톨릭적 논증은 정치적 무대에서 토론될 수 없고, 또한 정치적 캠페인을 벌일 수 없을 것이다. 동성애의 권리논쟁에도 포괄적인 종교적·도덕적 입장

차등의 원칙 등이 여기에 해당한다. Rawls, *Political Liberalism*, 227쪽, 229쪽, 229쪽 주석 10), 232쪽 주석 14).
59) 앞의 책, 214~215쪽.
60) 박정순, 「정치적 자유주의의 철학적 기초」, 『철학연구』 제42집 (철학연구회, 1998), 287쪽.

을 견지하는 반대자는 정치적 담론에서 아무런 역할도 할 수 없을 것이다. 그리고 노예제도는 가증스러운 죄악이라는 근거 위에서 노예의 즉각적인 해방을 주장하는 종교적 입장 역시 정치적 논증에서 배제될 것이다(PL, 1790~1791).

이상의 임신중절과 동성애의 권리, 노예제도 폐지론의 사례는 자유주의적 공적 이성이 정치적 토론에 부과하는 엄격한 제한사항이 있다는 것을 예증한다. 그렇다면 롤즈는 이러한 제한사항을 어떻게 정당화하는가? 다시 말해 롤즈는 이러한 제한사항으로부터 공적 이성 그 자체가 지니게 되는 공적 이성의 모순(the paradox of public reason)을 어떻게 해결하고 있는가? 롤즈에 의하면, 공적 이성의 내용은 정치적 도덕성 그 자체로 주어지는 것이 아니라, 입헌체제에 적합한 정치적 정의관에 의해 정식화된다. 즉, 공적 이성의 내용은 정치적 가치와 정치적 정의관의 안내지침에 의해 주어진다.61) 때문에 공적 이성이 담지하고 있는 제한사항은 시민이 그의 상반되는 도덕의 견지에서도 합당하게 승인하리라고 기대할 수 있는 원칙에 의해 지배되는 정의로운 사회의 유지를 위해 필수적인 것으로서 정당화된다. 이것은 특히 정치적 정의관의 일부를 구성하고 있는 시민성과 상호 존중과 같은 그러한 정치적 가치에 의해 정당화되는 것이지, 우리가 바라보는 바의 전체적인 진리(the whole truth)에 호소함으로써 정당화되는 것은 아니다.62)

그러나 우리가 알고 있는 바의 전체적인 진리를 무시하는 것은 자유주의적 공적 이성의 도덕적·정치적 손실을 가져올 뿐이라고 샌들은 주장한다.

예컨대, 인민주권을 다룬 더글러스의 논증에서 노예제도와 같은 중

---

61) Rawls, *Political Liberalism*, 223쪽, 253~254쪽.
62) Sandel, "Political Liberalism", 1792쪽; Rawls, *Political Liberalism*, 216쪽, 218쪽.

대한 도덕적 잘못에 관한 관용이나, 임신중절 문제에서 가톨릭의 입장이 옳다면, 그러한 가톨릭의 입장을 괄호에 넣는 것은 자유주의적 공적 이성의 도덕적 손실을 높이는 것이다. 그러므로 자유주의적 공적 이성의 도덕적 손실 유무는 정의의 문제를 결정하는 경우 자유주의적 공적 이성이 우리에게 무시할 것을 요구하는 도덕적·종교적 교의의 타당성과 중요성에 달려 있다고 할 것이다.

또한 정치적 자유주의에는 공적 이성의 도덕적 손실을 넘어서는 정치적 손실이 상존한다. 이러한 정치적 손실은 공적 담론이 공적 이성의 이상에 대단히 가깝게 접근한 미국과 같은 나라의 정치에서 점차적으로 증가하고 있다. 시민권운동과 같은 그러한 몇 가지를 제외하면, 최근 몇 십년 간의 미국의 정치적 담론에는 정부가 도덕적·종교적 문제에 중립적이며, 근본적인 공공정책의 문제가 어떤 특정한 가치관에 관계없이 토론·결정된다는 자유주의적 결의가 반영되고 있다. 그러나 민주정치가 도덕적 목적으로부터 추상되고 품위 있고, 분리된 것으로서의 공적 삶에 오랫동안 머무를 수는 없다. 도덕과 종교를 너무 완벽하게 괄호에 넣는 정치학은 곧 그 자체의 탈주술화를 산출한다. 이러한 탈주술화는 보다 세속적인 형식으로 진행된다. 그래서 공적인 문제의 도덕적 차원에 초점을 맞춘 정치적 의제가 없다면, 공적인 문제에만 주의를 기울이는 것은 공무원의 사적인 악덕을 단단히 고착시키게 된다. 공적 담론은 선정적인 신문, 토크 쇼, 종국에는 주류의 공공매체에 의해 조달되는 추문이나, 선정적인 것, 고백적인 것에 점점 더 선점될 것이다(PL, 1793~1794).

물론, 정치적 자유주의라는 공공철학이 이러한 경향에 전적으로 책임져야 하는 것은 아니다. 그러나 공적 이성의 시각은 너무 인색하여 생기가 넘치는 민주적 삶의 도덕적 에너지를 수용할 수 없다. 그래서 공적 이성은 불관용적이고, 사소하며, 오도된 도덕주의를 위한 길을 여는 도덕적 공허를 창출한다(PL, 1794).

6) 도덕적 이상으로서의 정치적 자유주의

이상에서 샌들이 제기한 비판을 요약한 후, 그의 견해를 간략히 비판하는 것으로 이 글을 마무리하기로 한다.

롤즈는 도덕적 자유주의와 정치적 자유주의를 엄격히 구분한다. 이러한 구분을 통하여 그는 포괄적인 도덕적·형이상학적 논쟁에서 벗어나 그 자체로 독립적·중립적이며, 공유가 가능한 정의관을 구성하고자 한다. 이러한 정의관을 구성함에 롤즈는 원초적 입장에서 정의의 원칙을 산출하는 시민의 자아 또는 정체성을 정치적 자아 및 공적 정체성으로 상정한다. 이러한 인간관은 어떤 도덕적·종교적 가치관이나 선행하는 목적을 인정하지 않는다.

롤즈에 의하면 도덕적·종교적 가치는 공유 불가능한 비정치적 가치인 반면, 정치적 가치는 시민이 공유할 수 있는 가치이다. 때문에 공적 영역에는 갈등과 긴장을 야기할 가능성이 있는 비정치적 가치가 개입되어서는 안 된다. 그렇다고 해서 정치적 자아로 간주되는 시민이 자신의 도덕적·종교적 가치관을 가질 수 없다거나, 그것을 실현할 수 없다는 의미는 아니다. 공적 영역이 아닌 비공적 영역에서 시민은 자신이 선택한 공유된 공공적 정의관이 허용하는 범위 내에서 각자의 도덕적·종교적 가치관을 변경 및 조정하고, 실현할 수 있기 때문이다.

이상 롤즈의 주장은 질서 정연한 공적인 삶으로서의 정치사회 시민의 이성을, 자연스럽게, 포괄적인 도덕적·종교적 입장을 공유하지 않는 이성, 즉 공적 이성으로 간주하는 방향으로 나아가게 한다.

요컨대, 롤즈는 정치적 자유주의로 표명되는 공공적인 정의관을 산출하기 위하여, 우선적으로 정치적 자유주의와 도덕적 자유주의 간의 구별을 시도하고, 나아가 그 정의관의 일부를 구성하는 인간관의 설정에서 정치적 인간관과 도덕적·종교적 인간관을 구분하며, 아울러 각각의 인간관이 추구하는 또는 시민이 어떤 가치를 공유할 수 있는가의 여부에 따라 가치를 정치적 가치와 비정치적 가치로 나눈다. 이로부터 롤즈는 정치적 자아로 간주되는 시민이 지닌 이성인 공적 이성과 배경문화의 이성에 속하는 비공적 이성을 준별하게 된다.

이상의 구분에 의거해서, 롤즈는 '좋음에 대한 옳음의 우선성'을 다시 공고하게 구축하고, 그러면서도 동시에 '옳음과 좋음의 상보성'을 모색하는 면모를 보여 준다. 이것은 롤즈가 도덕적 자유주의를 표방했던 『사회 정의론』에서 이미 시도했던 것이며, 그런 의미에서 『정치적 자유주의』는 그의 이론의 심대한 변화가 아닌, 자신의 정의론의 이해 및 해석방법의 변화, 그리고 이에 따른 부분적인 수정으로 간주될 수 있는 것이다.

그러나 이상의 정치적·도덕적 자유주의, 정치적·비정치적 가치, 공적·비공적 이성 등의 구분법에 의해 정치적 자유주의를 확립하고자 하는 롤즈의 의도와는 달리, 오히려 이러한 구분법은 정치적 자유주의의 한계를 노정시킬 뿐이라는 것이 샌들의 주장이었다.

정치적 자유주의는 공적 영역에서 도덕 및 종교적 문제를 배제한다. 달리 말해, 롤즈는 공적 영역에서 도덕적·종교적 가치—이른바 비정치적 가치—에 근거하여 주장되거나 발생되는 문제를 괄호에 넣어 버린다. 그러나 샌들은 이것이 어떻게 가능한가에 의아해한다. 왜냐하면 임신중절의 권리논쟁이나 인민주권 및 노예제도 논쟁과도 같은 도덕적·종교적 문제와 관련된 정치적 논쟁이 엄연히 존재하기 때문이다.[63] 그러므로 공적인 영역 또는 정치적 영역에서 그것과 관련된 근본적인 도덕적·종교적 견해가 배제되거나 회피되어서는 안 되고 오히려 포용해야 한다고 샌들은 주장한다. 이러한 샌들의 견해는 어떤 특정한 도덕적·종교적 가치 및 이로부터 발생하는 문제에 관련된 정치적 논쟁에 국가 및 정부의 중립성을 견지하는 자유주의 일반에 대한 비판을 함축한다. 아울러 어떤 중대한 도덕적 문제에 정치적 자유주의가 적절한 답변을 제시하지 않고, 그 문제를 계속 회피하거나 배제하려는 태도를 견지한다면, 좋음에 대한 옳음의 우선성은 유지될 수 없을 것이라고 샌들은 지적한다.

이어서 샌들은 롤즈가 '가치에 관한 합당한 다원주의'를 인정하지만, '정의에 관한 합당한 다원주의'를 인정하지 않고 있다는 점을 지적한다. 이것은 롤즈가 도덕적·종교적 가치의 불일치에 관용의 원리를 적용하면서도, 정의의 불일치에는 관용의 원리를 적용하지 않고 있다는 것을 의미한다. 그리고 특히 롤즈는 정의의 원칙에 관한 불일치를 인정하지 않고, 그 원칙의 적용상의 불일치만 인정하려고 하는데, 이 점에서 샌들은 차등의 원칙에 관한 노직의 비판을 예로 들어, 그것이 정의의 원칙의 적용상의 불일치가 아니라, 정의의 원칙에 관한 불일치임을 주장한다.

---

63) 그런데 롤즈는 특히 링컨과 더글러스 간의 논쟁에 관한 샌들의 견해가 오해임을 지적한다. 롤즈에 따르면 양자의 논쟁은 권리와 노예제도의 그름에 관한 근본적인 정치적 원칙논쟁이다. 노예제도의 거부는 평등한 기본적 자유라는 헌법상의 필수조항을 보호하려는 명백한 사례이므로 링컨의 견해는 합당한 반면, 더글러스의 견해는 합당하지 못하다. 그러므로 링컨의 견해는 어떠한 합당한 포괄적인 교의에 의해서도 지지될 수 있으며, 이로부터 그의 견해가 노예제도 폐지론자와 시민권 운동의 종교적 교의와 조화되는 것은 놀라운 일이 아니라고 롤즈는 말한다. 정치적 입장에 관한 이러한 샌들 식의 오해는 정치적 입장을 도덕적인 옳고 그름의 문제가 아니라고 생각하는 데서 기인하는 것일 뿐이며, 본질적으로 정치적 정의관은 그 자체가 도덕적인 이상이며, 일종의 규범적 가치임을 롤즈는 분명히 한다. J. Rawls, *The Law of Peoples* (Cambridge: Harvard Univ. Press, 2003), 174쪽; 주석 91) 참조.

요컨대, 샌들이 말하고자 하는 요지는 도덕과 종교에 관한 합당한
다원주의라는 사실이 존재할 뿐만 아니라, 정의에 관한 합당한 다원주
의라는 사실이 존재한다는 것이다. 그럼에도 불구하고, 롤즈가 정의에
관한 합당한 다원주의라는 사실을 인정하지 않으려고 하는 것은 그가
근대 민주주의 사회의 특성인 '합당한 다원주의라는 사실'에 근거하여
여전히 '좋음에 대한 옳음의 우선성', 또는 '옳음과 좋음 간의 비대칭
성'을 견지하려는 의도 때문인 것으로 샌들은 파악한다. 그러나 이러한
롤즈의 견해는 유지될 수 없다고 샌들은 주장한다. 왜냐하면, 도덕, 종
교 및 정의는 모두가 다 합당한 불일치를 특성으로 하는 다원주의적인
성격을 지닌 것이기 때문에, 옳음과 좋음 간의 비대칭성 또는 좋음에
대한 옳음의 우선성은 유지될 수 없고, 나아가 그 근거를 상실할 수밖에
없다는 것이다. 그러나 역으로, 샌들의 이러한 비판은 옳음에 대한 좋음
의 우선성을 강조하는 공동체주의에도 마찬가지로 적용될 수 있는 딜
레마라고 할 수 있다. 샌들의 비판이 설득력을 얻으려면, 우선적으로 공
동체주의 역시 옳음에 대한 좋음의 우선성을 포기해야만 할 것이기 때
문이다.

롤즈가 주장하는 좋음에 대한 옳음의 우선성은 공적 이성의 적용영역
에도 반영되고 있다. 롤즈는 헌법상의 필수조항과 기본적인 정의의 문제
에만 공적 이성의 사용을 인정하고, 공유가능한 정치적 가치의 견지에서
진행되지 않는 여타의 정치적 문제에서는 그 적용을 엄격히 제한한다.
이럴 경우, 정치적 문제에 관한 공적 담론의 영역에서 도덕적·종교적
가치에 근거한 담론은 제거되며, 이러한 가치에 근거한 모든 논의는 비
공적인 영역에서 사용되는 비공적인 이성의 사용의 결과로 격하될 것이
다. 이에 샌들은, 과연 민주정치가 도덕적 목적과 분리될 수 있을까라는
의문을 제기한다. 민주정치가 도덕 및 종교적 견해에 엄정한 중립적 태

도를 견지한다면, 그 결과는 폭넓은 시각의 상실 및 공적 영역에서의 도덕적 공허를 야기하고, 더 나아가 공적 담론―롤즈의 입장에서 볼 때, 이것은 비공적인 영역에 속한다―은 대중매체에 의해 조달되는 선정적인 것, 추문, 토크 쇼, 고백적인 것으로 가득 채워질 것이라고 샌들은 경고한다.

이제 롤즈가 가치를 정치적 가치와 비정치적 가치로 구분함으로써 공적 담론영역에서 도덕적·종교적 가치를 배제하였고, 그것은 결국 그런 가치에 중립적 태도를 견지하는 도덕적으로 피폐해진 국가를 결과한다는 샌들의 논지를 검토해 보기로 하자. 이러한 샌들의 비판배경에는 자유주의가 '공동선의 정치학'을 포기하고 '중립성의 정치학'을 지향한다는 공동체주의 일반의 견해가 전제되어 있다고 할 수 있다. 그러나 과연 자유주의 이론에는 공동선의 이론이 없을까?

알다시피, 자유주의 국가의 정책은 그 공동체 구성원의 이익을 촉진하는 데 목표를 두고 있다. 이것은 자유주의 정치학 역시 공동선을 제시하고 있음을 말하는 것이다. 자유주의에서 공동선의 결정은 개인적 선호가 사회적 선택기능과 결합된 정치적·경제적 과정에 의해 결정된다. 그리고 자유주의 사회에서의 공동선은 개인이 소유한 가치관과 선호의 유형에 적합하도록 조정된다는 특성을 지닌다. 여기에는 정의의 원칙에 일치해야 한다는 단서 아래서 '개인의 자기결정 존중'이라는 자유주의적 이상이 반영되어 있다. 이것이 자유주의 국가에서 선에 대한 국가의 중립성이 요청된다고 보는 다시 말해, 자유주의는 도덕적·종교적 논쟁으로부터의 단순한 회피를 위해서가 아니라, 개인의 도덕적인 자기결정 존중을 위하여 국가의 중립성을 요청하는 것이다.

그러나 공동체주의 사회에서의 공동선은 처음부터 공동체의 삶의 방식을 규정하는 실질적인 바람직한 삶의 개념으로 간주되기 때문에, 사람의 선호유형에 맞추어 조정되는 것이 아니라, 사람의 선호를 평가하는 기준으로 제시된다. 그러므로 공동선은 개인의 가치관을 추구하기 위해 필요한 자원과 자유에 대한 그들의 요구에 우선한다. 바꿔 말해, 개인적 선호는 공동선에 대한 기여도와 충족도에 의해 장려되거나 단념된다. 이로부터 당연히 공동체주의는 자유주의적 자기결정이라는 이상, 그리고 이와 결부된 국가의 중립성을 거부하게 된다.[64]

이상의 논의에 비춰볼 경우, 롤즈가 말하는 정치적 가치(선)는 일종의 '자유주의적 공동선'에 해당한다. 왜냐하면, 그 정치적 가치는 이른바 비공적 담론영역에서 논의된 도덕적·종교적 여러 가치의 갈등과 대립에도 불구하고 상호 공유된 가치를 찾으려고 하는 노력을 통해 형성되었거나, 또는 가치관의 차이로부터 기인하는 사회적 불화와 마찰을 종식시키고 질서정연한 정치사회의 구현을 위한 사회적인 합의 — 그것이 명시적이든 암묵적이든 간에 — 를 통해 공유된 가치로 이해되기 때문이다. 그럴 경우, 민주사회가 이러한 정치적 가치를 정치적 정의관의 한 중요한 요소로 도입하고, 또한 이러한 가치가 반영된 정의의 원칙에 의해 규제되는 사회로 규정될 경우, 공유가능한 정치적 가치에 근거한 논의가 이루어지는 영역인 공적 담론영역의 도덕적 피폐화 현상이나 도덕의 부재 및 상실이라는 현상은 결코 초래되지 않을 것이다. 여기서 한 가지 덧붙일 점은, 롤즈가 비공적 영역으로 간주한 것을 샌들은 공적 영역으로, 그리고 사적 영역으로 간주한 것을 비공적 영역으로 간주함으로써 제반 논의에 혼란을 가중시키고 있다는 점이다.

그리고 공공적인 정의관에 도입된 정치적 자아로서의 인간관을 면밀히 검토해 볼 경우, 정치사회의 시민은 그가 비공적 영역에서든 또는

---

64) W. Kymlicka, *Contemporary Political Philosophy* (Oxford: Clarendon Press, 1992), 206~207
쪽 참조.

개인적·사적인 영역에서든 도덕적 이상으로서의 공공적인 정치적 정의
관에 따라 행위하고, 자신이 추구하는 목적에 책임을 지고, 또한 자신만
의 가치관을 지닐 수 있는 도덕적 능력의 소유자로 간주된다는 점에서,
시민은 공적 영역, 비공적 영역 그리고 사적 영역으로 엄격히 분할된
분열적 자아가 아닌 삼자의 영역을 그 자체 내에 통합하고 있는 통일적
자아로 간주될 수 있을 것이다. 다만 이 자아는 적용의 문제에서만 각각
의 영역에 적합한 이성을 사용하는 존재일 뿐이다. 이런 의미에서 정치
적 자아로 간주되는 시민은 어느 영역이 되었든 간에 샌들이 생각하는
바와 같은 도덕적 공허 및 도덕적 부재 현상을 야기하는 주체가 아니라
는 점이 명백하다.

이상으로부터, 우리는 롤즈의 정치적 자유주의가 공적 담론영역에
도덕적 부재현상을 가져온다는 샌들의 주장과는 달리, 오히려 정치적
자유주의가 도덕적 이상으로서의 역할을 훌륭히 수행하고 있다고 할 수
있을 것이다.

제4장

매킨타이어의 윤리학

8. 정서주의 비판과 서사적 덕론

1) 도덕문화의 위기와 정서주의

매킨타이어는 현대의 서양문화, 특히 도덕적 담론과 도덕성이 심각한 위기상황에 처해 있는 것으로 진단한다. 이러한 위기상황은 서양의 도덕문화가 보여 주는 다음의 네 가지 특징을 통해 확인될 수 있다.

첫째, 개인과 정부, 그리고 사회가 수행해야 하는 것에 끊임없는 의견의 불일치가 있다는 점이다.

둘째, 찬반논의에서, 서로 상이하고 불가통약적인 개념을 사용하고 있다는 점이다. 이것은 앞의 개념의 관계나 역할 등에 명시적이거나 암묵적인 체계적 이론이 없으며, 어떤 논쟁을 종식시키는 것이 불가능하다는 것을 의미한다고 할 수 있다.

셋째, 우리가 동일한 개념을 사용할 때조차도 그 개념을 포함하고 있는 기본적인 원칙과 판단이 서로 다르며, 우리의 불일치를 해결하기 위한 합의된 방법이 없다는 점이다. 실제로 우리는 대립적인 신념이나 소망을 단순히 주장하고 있을 뿐이다.

넷째, 이러한 것을 해결하기 위한 방법이 없음에도 불구하고, 우리의 도덕판단과 원칙을 참이나 거짓, 또는 어떤 비개인적·객관적이며, 그리고 합리적인 방식으로 정당화되거나 정당화되지 않은 것으로 주장하고 있다는 점이다.[1]

그렇다면 이러한 현대 도덕문화의 위기상황, 또는 도덕의 무질서상태는 무엇으로부터 기인한 것인가? 매킨타이어에 따르면, 그것은 한 마디로 말해 분석윤리학에서의 정서주의(emotivism)로부터 기인한다.

정서주의는 모든 평가적인 판단, 그리고 보다 특히 모든 도덕판단이 선호의 표현이나, 태도 또는 감정표현에 불과할 뿐이라는 교의를 말한다.[2] 이러한 정서주의는 도덕판단을 성립시키는 데 사용된 문장의 의미이론으로 간주된다. 우리는 대표적인 정서주의자로 스티븐슨(Stevenson)을 들 수 있다. 그는 윤리적 문장의 의미를 분석함에 있어 세 가지의 기초적 모형(working models)을 제시한다.

모형 1. "이것은 잘못이다(This is wrong)."라는 문장은 "나는 이것을 부

---

1) W. K. Frankena, "MacIntyre and Modern Morality", *Ethics*, vol. 93, no. 3 (April, 1983), 580~581쪽.

2) A. MacIntyre, *After Virtue: A Study in Moral Theory*, 2nd Edition (Notre Dame: Univ. of Notre Dame Press, 1984). 11~12쪽. 이하 *AV*로 약칭하고 본문에 쪽을 부기함.

인한다, 너도 그렇게 하라”는 의미이다.

모형 2. “그는 이것을 해야 한다(He ought to do this)”라는 문장은 “나는 그가 이것을 하지 않고 내버려 두는 것을 부인한다, 너도 그렇게 하라”는 의미이다.

모형 3. “이것은 좋다(This is good)”라는 문장은 “나는 이것을 시인한다, 너도 그렇게 하라”는 의미이다.[3]

이상의 기초적 모형에서, 우리는 스티븐슨이 도덕판단의 기능을 두 가지로 구분하고 있음을 알 수 있다. 예컨대, ‘모형 3’의 경우에서 “나는 이것을 시인한다”는 서술적 진술은 화자의 태도를 나타내는 것으로서의 도덕판단의 기능이며, “너도 그렇게 하라”는 명령적 진술은 청자의 태도에 영향을 미치기 위하여 구상된 것으로서의 도덕판단의 기능에 해당된다.[4] 이러한 도덕판단의 두 가지 기능이 등치를 이룸으로써 윤리적 문장의 의미가 구성되는 것이다.

그러나 매킨타이어는 정서주의가 어떤 유형의 문장의 의미론으로서는 실패했다고 주장한다. 그는 다음의 세 가지를 그 이유로 제시한다.

첫째, 정서주의는 “도덕판단은 감정이나 태도를 표현한다”고 주장하고 있는데, 이에 우리는 그것이 “어떤 종류의 감정이나 태도인가?”라고 물을 수 있을 것이다. 이러한 물음에 정서주의는 “시인의 감정이나 태도이다”라고 답변하고, 이 답변에 우리는 다시 그것이 “어떤 종류의 시인인가?”라고 물을 수 있을 것이다. 이러한 물음에 정서주의는, 그 시인을 도덕판단에 의해 표현된 시인의 유형인 도덕적 시인이라고 답변할 것이다. 그렇게 하여 정서주의는 “도덕판단은 도덕적 시인의 감정이나 태도

---

3) C. L. Stevenson, *Ethics and Language* (New Haven: Yale Univ. Press, 1975), 21쪽.
4) Stevenson, *Ethics and Language*, 22쪽. MacIntyre; *AV*, 12쪽.

를 표현한다"는 식의 공허한 순환논증에 빠지게 되고, 도덕적 발화에 의한 표현에 전제된 감정이나 태도의 정확한 본질을 설명하는 데 실패하게 되는 것이다.

둘째, 정서주의는 '개인적 선호의 표현'과 '평가적 표현'5)을 그 의미상에서 동일한 것으로 간주하여 양자 간의 중요한 차이점을 무시하게 되었고, 그리하여 평가적인 언명 내지는 윤리적 발화의 의미를 정확히 밝혀내지 못하게 되었다. 정서주의는 처음부터 불가능한 임무를 자신의 과제로 삼았던 것이다.6)

셋째, 정서주의는 문장의 의미론이기를 의도하고 있으나, 감정이나 태도표현은 문장의 의미의 기능이 아닌, 특정한 경우에 관한 그 문장용법의 기능일 뿐이다. 예컨대, 산수문제를 풀지 못한 학생에게 선생님이 "7×7=49!"라고 소리침으로서 화가 난 자신의 감정을 드러냈다고 해보자. 그러나 이러한 문장은 그가 발화한 명제의 의미를 전혀 드러내주지 못한다. 결국 정서주의는 문장의 의미와 문장의 용법을 혼동하고

---

5) 매킨타이어는 '개인적 선호의 표현'과 '평가적 표현'을 구분하는 정당근거를 다음과 같이 제시한다. 개인적 선호의 표현근거는 "이것을 해라, 내가 그것을 원하니까"라는 형식으로 제시될 수 있다. 이런 식으로 말함으로써, 나는 내가 원하는 것을 수행하기 위한 어떤 다른 근거를 가지고 있지 않은 나의 대화자에게 그 일을 수행하기 위한 근거를 제공할 수 있게 된다. 따라서 앞의 "이것을 해라"라는 명령이 지니고 있는 근거제공력은 개인적 발화의 맥락에 의존하는 것이다. 평가적 표현근거는 "이것을 해라, 그것은 너의 의무이니까"라는 형식으로 제시될 수 있다. 이런 경우는 화자와 청자의 선호와 태도에 독립적인 비개인적인 기준이 전제되고 있으므로, 나는 나의 대화자에게 그 일을 수행하기 위한 정당근거를 제공할 수 있게 된다. 따라서 여기서의 "이것을 해라"라는 명령이 가지고 있는 근거제공력은, 특정한 도덕판단을 정당화하기 위하여 사용하는 비개인적인 기준을 전제한, 도덕적·평가적인 발화의 맥락에 의존하는 것이다. MacIntyre, *AV*, 9쪽; S. Mulhall and A. Swift, *Liberals and Communitarians* (Oxford: Basil Blackwell, 1993), 72~73쪽 참조. 이하 *LC*로 약기함.
6) 스티븐슨의 경우, 정서주의의 과제를, 첫째 윤리적 언사의 의미를 명료화하고, 둘째 윤리적 판단이 입증되거나 지지될 수 있는 일반적인 방법의 성격을 규명하는 데 두고 있다. 스티븐슨은 이 중에서 두 번째 과제를 규명하기위하여 첫 번째의 과제를 우선적으로 탐구한다. Stevenson, *Ethics and Language*, 1쪽.

있는 것이다.[7]

정서주의는 이러한 혼동으로부터 도덕적 발화의 용법이 사실상 어떤 객관적이고 비개인적인 기준에 대한 호소를 함축한다는 사실을 간과하게 되었다. 따라서 의미이론으로 잘못 해석된 정서주의를 참인 것으로 받아들이는 것은 도덕언어를 심각하게 오해시키는 것이며, 또한 그러한 정서주의를 정당한 것으로 믿는 것은 전통적이며, 상속받은 도덕언어의 용법을 포기해야 한다는 것을 의미한다(*AV*, 19~20).

매킨타이어는 현대의 서양문화를 정서주의적 문화로 규정한다. 그렇다고 해서 서양의 도덕문화가 항상 그와 같은 것은 아니었다. 도덕은 일회적으로만 존재하는 것이 아니며, 또한 한 번 존재했던 도덕은 어느 정도 틀림없이 광범위하게 소멸될 것이기 때문이다. 이러한 도덕의 소멸에는 퇴보, 즉 심각한 문화적 상실이 뒤따른다. 그래서 과거의 상실된 도덕을 재발굴하여 기술하고, 객관성과 권위에 대한 그 주장을 재평가함으로써, 현대의 도덕적 위기상황을 몰고 온 정서주의적 문화를 극복할 수 있다는 것이 매킨타이어의 생각이다. 그러나 매킨타이어는 이러한 작업에 앞서 현대 서양문화가 정서주의적 태도와 관행에 깊숙이 뿌리를 내리고 있다는 자신의 주장에 보다 명백한 논증을 제시해야 할 것이다.[8]

이를 위하여 매킨타이어는 정서주의를 낳게 한 근대 계몽주의에의 비판적 고찰을 시도한다. 그런 다음 정서주의를 극복하기 위한 대안으로서 아리스토텔레스의 덕론에 기초한 자신의 덕론인, 이른바 서사적 덕론(a theory of narrative virtues)을 제시한다.

이 글의 목적은, 매킨타이어가 그의 『덕 이후』라는 저작에서 개진하

---

7) MacIntyre, *AV*, 12~13쪽; Mulhall and Swift, *LC*, 73~74쪽.
8) MacIntyre, *AV*, 22쪽; Mulhall and Swift, *LC*, 74쪽 참조.

고 있는, 정서주의 비판과 그 극복을 위하여 제시한 대안에 이르기까지의 논의과정을 중점적으로 살펴보는 것이다. 때문에 여기에서는 롤즈와 노직의 자유주의를 비판한 매킨타이어의 견해를 다루지 않을 것이다.

2) 정서주의적 자아와 계몽주의의 기획

매킨타이어에 따르면, 도덕철학은 그 성격을 잘 나타내는 사회학을 전제한다고 한다. 왜냐하면 모든 도덕철학은 행위자와 그 행위자의 이유, 동기, 의도 그리고 행위 등의 관계에 적어도 부분적인 개념적 분석을 명시적으로나 암묵적으로 제안하며, 그럼에 있어 일반적으로 이러한 개념이 현실적인 사회세계에서 구체화되거나 적어도 구체화될 수 있다는 어떤 주장을 전제하기 때문이다. 정서주의 또한 예외는 아니다(*AV*,23).

정서주의의 사회적 내용은 조작적인 인간관계와 비조작적인 인간관계 간의 어떤 구별점을 제거시킨 결과로서 나타난다고 할 수 있다. 매킨타이어는 이 점을 분명히 하기 위하여, 칸트 윤리학과 정서주의를 비교한다.

칸트에 의하면, 인간은 필연적으로 자기자신의 존재를 다만 수단으로서가 아닌 목적 그 자체로서 이해하며, 다른 모든 이성적 존재 역시 나에게도 타당한 바로 그 동일한 이성적 근거 위에서 자신의 존재를 목적 그 자체로서 이해한다. 그러므로 인간은 그의 모든 행위에서, 자기자신에게 향한 행위이든 다른 이성적 존재에게 향한 행위이든, 항상 동시에 목적으로 간주되어야 한다고 한다. 이러한 원리로부터 의지의 법칙이 도출될 수 있는데, 그 실천적 명법은 "너는 너 자신의 인격에서나 다른 모든 사람의 인격에서 인간성을 결코 단순히 수단으로서 대우하지 말고 항상 동시에 목적으로서 대우하는 그런 방식으로 행위하라"는 것

으로 표현된다.9)

　매킨타이어에 따르면, 내가 누군가를 목적으로서 대우한다는 것은 다른 방식이 아닌 바로 그와 동일한 방식으로 행위하기 위하여 내가 정당근거로 받아들인 것을 그에게 제시한다는 것이며, 그러한 근거를 평가하는 것은 그에게 맡겨둔다는 것을 의미한다고 한다. 그러므로 그것은 그가 정당한 것으로 판단한 근거 이외의 다른 근거에 의해서는 거의 영향을 받지 않으며, 각각의 합리적 행위자는 자기자신의 재판관이라고 할 수 있는 비개인적인 타당성의 기준에 의거하고 있는 것으로 간주할 수 있는 것이다.

　그러나 이와는 대조적으로, 내가 누군가를 수단으로서 대우한다는 것은 실제로 어떤 경우에 효과적일 수 있는 영향력이나 숙고를 그것이 무엇이든지 간에 근거로 제시하여 그를 나의 목적의 도구로 만들려고 노력한다는 것을 의미한다. 그러므로 설득의 사회학과 심리학의 일반화는 나의 안내지침으로 필요한 것이지, 규범적 합리성의 표준으로 필요한 것은 아니다.

　결국 칸트는 '도덕에 의해 형성되지 않은(조작적) 인간관계'와 '도덕에 의해 형성된(비조작적) 인간관계' 간의 차이점이 '각각의 개인이 다른 사람을 자신의 목적에 대한 수단으로서 대우하는 것'과 '각각의 개인이 다른 사람을 목적으로서 대우하는 것' 간의 차이점과 정확히 일치하는 것으로 보고 있는 셈인 것이다.

　그런데 정서주의의 입장에서 바라볼 때, 인간관계를 수단과 목적으로 구분하여 보는 칸트의 견해는 착각에 불과할 뿐이다. 평가적 발화는 결국 내 자신의 감정이나 태도표현과 다른 사람의 감정과 태도변화를

---

9) I. Kant, *Grundlegung zur Metaphysik der Sitten*, Kant Werke, Band 6 (Wiesbaden: Insel Verlag, 1983), 59~61쪽.

꾀하고자 하는 목적 이외의 다른 목적이나 용도를 지닐 수 없다. 여기에는 비개인적인 기준이란 존재하지 않는다. 그러므로 우리는 비개인적인 기준에 의거할 수 없는 것이다. 따라서 도덕적 담론의 실재성은 다른 사람의 태도, 감정, 선호와 선택 등을 우리의 목적에 맞게 조정하고자 하는 우리의 의지에 달려 있다고 할 것이다(*AV*, 23~24).

그러므로 정서주의는 도덕판단의 개인적 근거와 비개인적 근거 간의 차이점을 붕괴시킴으로써, 인간을 목적으로서 대우하는, 즉 그가 정당한 것으로 받아들인 것에 독립적인 평가를 내릴 수 있는 능력을 지닌 합리적인 존재로서 대우받을 가능성을 제거시켜 버린 것이다.[10] 이러한 사실 속에는 나에게 "다른 사람은 항상 수단일 뿐이며, 결코 목적일 수 없다"는 의미가 함축되어 있다는 것이 매킨타이어의 주장이다(*AV*, 24).

이상에서 정서주의적 도덕철학이 모든 도덕적 논의를 조작적인 개인 간의 관계의 한 예로 간주하고 있음을 알 수 있었다. 우리는 이러한 사실로부터, '인간관계 내지는 사회관계를 조작적인(수단적인) 것으로 파악하는 견해'를 정서주의적 도덕철학이 전제하고 있는 일종의 사회학으로 규정할 수 있을 것이다. 그렇다면 이러한 사회학에 기초한 정서주의의 사회적 내용은 무엇일까?

정서주의의 사회적 내용은, 매킨타이어가 이른바 현대 문화의 인격(characters)이라고 한 세 가지의 인격으로 구성된다고 할 수 있다. 그런데 여기서 우리는 매킨타이어가 사용하고 있는 '인격'이라는 용어에 주목해야 할 것이다. 매킨타이어가 말하고자 하는 인격이란 문화 속에 깊숙이 스며 있는 어떤 도덕적·형이상학적인 관념을 상징적으로 나타내는 어느 정도 특정한 인간성의 유형과 그것에 일치하는 특정한 역할을

---

10) Mulhall and Swift, *LC*, 75쪽.

융합한 것을 의미한다.11) 이런 의미의 인격에 해당되는 것으로 매킨타이어는 부유한 탐미가(the Rich Aesthete), 관리자(the Manager), 치료사(the Therapist) 등의 세 가지 인격을 제시한다.

부유한 탐미가는 사회세계를 자기자신의 만족을 성취하기 위한 투기장, 즉 쾌락을 얻기 위한, 그리고 어떤 희생을 치르라도 권태를 피하기 위한 일련의 기회를 제공하는 곳으로 간주한다. 이들에게 다른 사람은 그의 만족을 성취하기 위한 수단에 불과할 뿐이다.

관리자는 최대한의 능률과 효율성으로 자신의 목표를 성취하기 위하여 자신이 지닌 인적 자원과 비인적 자원을 체계화·관리하는 것을 목적으로 한다. 그러나 관리자는 목표 자체를 조정하거나 평가해야 할 임무를 회피한다. 그러한 목표는 시장(market)에 의해서나, 주주와 자본가 등에 의해 주어진 목표이기 때문이다.

치료사는 관리자와 마찬가지로 기술이나 능률, 그리고 효율성 등에 입각하여 신경증적 증후군을 사회적으로 유용한 것으로 여겨지는 목적을 향하도록 재조작된 에너지로 변환시키는 데 관심을 둔다. 그러나 치료사는 환자가 채택한 목적의 본래적인 가치에 근거하여 자신의 환자를 평가·조언할 임무를 회피한다.12)

이상에서 언급한 현대 정서주의적 문화의 세 가지 인격은, 비록 그 역할이나 사회적 맥락이 다르기는 하지만, 인간을 다른 사람의 목적을 위한 수단으로 대우하고 있으며, 목적의 문제를 합리적·객관적인 평가를 넘어서 있는 것으로 간주하고 있다는 점에서 일치한다.

매킨타이어에 따르면, 현대적 개인은 자신의 자아를 정의함에 있어 이와 같은 인격모형을 참조한다고 한다. 그러나 이러한 인격모형을 참

---

11) 앞의 책, 75쪽.
12) 앞의 책, 75~76쪽.

조해서 구성된 자아, 즉 정서주의적 자아(emotivist self)는 그것이 채택한 어떤 도덕적 태도나 관점을 평가하기 위한 합리적 기준이 결여되어 있다(AV, 31). 왜냐하면 정서주의적 자아가 받아들인 태도나 관점은 자의적이고 개인적인 선호의 표현에 불과할 뿐이며, 그러한 태도나 관점을 채택한 사람이 정당화 될 수 있는 유일한 기준은 "그가 그렇게 하기 위하여 자유롭게 선택했다"는 사실뿐이기 때문이다. 이것은 정서주의가, 목적에 대한 자아의 관계를 자의적인 관계로 간주하고 있으며, 또한 자아가 하나의 입장이나 목적으로부터 다른 입장이나 목적으로 이행해 가는 것 역시 본질적으로 자의적인 과정으로 간주하고 있다는 것을 함축한다.13) 결국 정서주의는 자아가 목적을 임의적으로 선택·변경할 수 있다는 점에서 '목적에 대한 자아의 우선성' 내지는 '목적에 대한 자아의 독립성'을 전제하고 있는 셈이 되는 것이다.

그런데 매킨타이어에 의하면, 자아는 역사를 지니고 있다. 자아가 역사를 지니고 있다는 것은 어떤 개인이 자신의 삶이나 도덕적 입장에서 일어난 변화를 이야기로 명료하게 말할 수 있는 방법을 가지고 있다는 것을 의미한다. 다시 말해 자기이해에 대한 발전이나 개선에 관한 서사적 줄거리를 가지고 있다는 것을 말한다.14) 그러나 정서주의적 자아는, 앞에서 말한 바와 같이, 하나의 입장이나 목적으로부터 다른 입장이나 목적으로 자신의 태도를 바꾸는 것을 본질적으로 자의적인 과정으로 파악하고 있기 때문에, 합리적인 기준이 없는 정서주의적 자아는 또한 합리적인 역사를 지니고 있지 않다고 매킨타이어는 주장한다. 이상과 같이 정서주의적 자아가 사회적 구현체들과 완전히 별개로 존재한다는 점에서, 그리고 정서주의적 자아가 그 자신의 합리적 역사를 결여하고 있

---

13) 앞의 책, 76쪽.
14) 앞의 책, 76쪽 참조.

다는 점에서, 매킨타이어는 정서주의적 자아를 일종의 추상적·유령적인 인격으로 간주한다(*AV*, 33). 샌들식으로 말하면, 그것은 결국 우연적인 정체성에 불과한 '근본적으로 현실에서 유리된 주체'에 해당되는 셈이다.15) 왜냐하면 우리의 자아는 어느 정도 공유된 사회적 맥락에 뿌리를 둔 우리에 의해, 그리고 선택이 아닌 발견된 목적에 의하여 적어도 부분적으로 구성되는 것이기 때문이다.16)

매킨타이어에 의하면 현대 문화의 정서주의적 운명은 도덕에 합리적 정당화를 제시하고자 한 계몽주의의 기획이 실패로 돌아감으로써 결정된 것이라고 한다.

계몽주의 철학자는 도덕에 합리적 정당화를 함에, 그 기본적인 전제가 인간본성의 몇 가지 특징 — 예컨대, 정념이나 또는 이성의 규칙 가운데의 보편적·정언적인 품성 — 을 규명해 줄 것이며, 그리고 그와 같은 인간본성을 소유하고 있는 존재가 받아들일 것으로 기대되는 규칙이 존재하고 있기 때문에 도덕규칙은 설명될 수 있고 정당화될 수 있다는 견해를 일반적인 형식으로 취하고 있다. 이런 점에서 그는, 그가 존재하는 것으로 이해하고 있는 인간본성에 관한 전제로부터 도덕규칙의 권위에 관한 결론으로 나아가는 타당한 논증을 구성하는 계획을 공유하고 있는 것이다.

그러나 도덕규칙을 이러한 형식으로 정당화하려는 계몽주의의 기획은 실패할 수밖에 없다는 것이 매킨타이어의 입장이다. 인간본성의 개념이나 도덕규칙의 개념은 역사를 지니고 있는 것이며, 양자의 관계는 단지 그러한 역사의 견지에서만 명료화될 수 있는 것이기 때문이다(*AV*,

---

15) M. J. Sandel, *Liberalism and the Limits of Justice* (Cambridge: Cambridge Univ. Press, 1983), 21쪽.

16) W. Kymlicka, *Liberalism, Community and Culture* (Oxford: Clarendon Press, 1991), 51쪽.

52). 이런 의미에서 도덕규칙은 역사적·문화적인 맥락 안에서 구성되는 것이라고 말 수 있는 것이다.[17]

매킨타이어에 따르면 그러한 맥락 안에서 도덕규칙을 구성하고자 한 시도는 아리스토텔레스로부터 시작해서 중세까지 우위를 차지했던 어떤 종류의 목적론적 체계 내에서 찾아볼 수 있다고 한다. 그러한 목적론적 체계는 '나타난 그대로 존재하는 인간'과 '자신의 본질을 실현하려면 얼마든지 그럴 수 있는 인간' 간의 근본적인 차이점을 보여 준다. 이로부터 윤리학은 인간이 어떻게 '나타난 그대로 존재하는 인간'의 상태로부터 '자신의 본질을 실현하려면 얼마든지 그럴 수 있는 인간'의 상태로 변화되는지를 사람이 이해할 수 있게 하는 학문으로 규정될 수 있다. 이러한 관점의 윤리학은 잠재성과 행위에 대한 설명, 그리고 이성적 동물로서의 인간본질에 대한 설명과 특히 인간의 궁극목적(the human te-los)에 대한 설명을 전제한다. 그리고 여기에서, 여러 가지 덕을 명령하고 악덕을 금지하는 윤리학의 지침은 우리가 어떻게 잠재성으로부터 행위에로 나아갈 수 있고, 어떻게 우리의 참된 본성을 실현하고, 어떻게 우리의 참된 목적을 달성할 수 있는가를 가르치는 역할을 한다(*AV*, 52).

결국 목적론적 체계의 윤리학은(처음에는 윤리학의 지침들과 모순되고 조화되지 않았던) 훈련받지 못한 인간본성, (수단으로서의) 합리적인 윤리학의 지침, 그리고 (어떤 의미를 만들기 위한) 인간본성의 궁극목적이라는 개념 등으로 구성된다고 할 수 있다.[18]

그러나 계몽주의 철학자는 훈련받지 못한 인간본성이라는 개념과 인간본성의 궁극목적이라는 개념을 무시한다. 먼저 훈련받지 못한 인간본

---

17) Mulhall and Swift, *LC*, 77쪽 참조.
18) MacIntyre, *AV*, 53쪽; C. E. Larmore, *Patterns of Moral Complexity* (Cambridge: Cambridge Univ. Press, 1987), 28쪽 참조.

성이라는 개념을 포기하고서 정당화된 도덕적 명령은 그것이 훈련받지 못한 상태에 있는 인간본성에 적합하도록 의도된 것이 아니라, 오히려 그와 같은 상태에 있는 인간본성을 변경·개선·교정하도록 의도되었음을 의미한다. 이런 점에서 볼 때, 계몽주의 철학자는 인간본성을 이해함에 있어 그것이 도덕적 명령에 불복종하려는 강력한 경향성을 지니고 있는 것으로 파악하고 있다.[19]

매킨타이어의 관점에서 바라 볼 때, 인간본성을 이러한 방식으로 이해한다는 것은 바로 계몽주의의 기획이 실패했음을 보여 주는 하나의 증거가 된다. 그래서 매킨타이어는 계몽주의의 기획이 실패한 원인을 다음과 같이 지적한다. 즉, 계몽주의의 도덕 철학자는 명백히 서로 모순된 것으로 구상되었던 일련의 도덕적 명령과 인간본성의 개념을 상속했으면서도, 실제로는 인간본성에 대한 특정한 이해 안에서 그의 도덕적 신념에 관한 합리적인 기초를 찾으려고 했다. 그러나 이러한 모순점은 인간본성에 대한 그의 신념이 수정되어도 제거되지 않을 것이다(*AV*, 55).

이제 계몽주의 도덕철학이 인간본성의 궁극목적이라는 개념을 포기한 결과가 무엇인지 살펴보기로 하자.

매킨타이어에 의하면, 전통적인 의미에서 인간으로 존재한다는 것은 자신의 목적이나 의도를 지닌 인간 각자가 일련의 역할―가족의 성원, 시민, 군인, 철학자, 신의 종―을 충족시킨다는 것을 뜻한다고 한다(*AV*, 59). 인간이 어떤 역할을 맡고 있다는 것은, 그가 자신의 사회적·문화적·역사적 상황에 의해 규정되는, 그리고 그런 상황에 관련되어 있는 연고적 자아라는 사실을 함축한다. 그런데 인간본성의 궁극목적은 연고

---

19) MacIntyre, *AV*, 55쪽; Mulhall and Swift, *LC*, 78쪽 참조.

적 자아로서의 인간이 맡고 있는 역할에 의해 주어지는 것이다.[20] 때문에 인간본성의 궁극목적을 무시하는 것은, 인간을 모든 역할에 선재하는, 그리고 별도로 존재하는 개체(즉, 무연고적 자아)로 간주하는 것이며, 결국 기능적 개념으로 존재하는 인간이기를 포기하는 것과 다름이 없다(AV, 59).

요컨대, 매킨타이어는 계몽주의의 도덕철학이 훈련받지 못한 인간본성이라는 개념과 인간본성의 궁극목적이라는 개념 등을 무시함으로써 계몽주의의 기획이 좌절되었다고 단정하고 있는 것이다.

그런데 이러한 개념에 대한 계몽주의의 무시는, 결국 계몽주의가 아리스토텔레스주의를 거부하고 있다는 것을 의미하는 것이다. 그러나 아리스토텔레스주의를 대신하고자 했던 계몽주의의 시도는 실패로 돌아갔고, 그 필연적인 결과로서 개체성을 강조하고, 우리가 어떤 종류의 사람으로 존재할 것인가를 선택하고, 그리고 우리가 살아야 할 인생을 선택하기 위한 자유를 강조하는 현대 자유주의 윤리학이 출현하게 된 것이다.[21]

그렇다면 정서주의로 대표되는 현대 자유주의 윤리학을 극복하기 위한 매킨타이어의 대안은 무엇일까? 바꿔 말해, 매킨타이어가 '우리의 도덕적·사회적 태도와 헌신에 대한 명료성과 합리성'을 복원해 줄 것으로 믿고 있는 대안은 무엇인가? 매킨타이어는 아리스토텔레스적 덕론의 어떤 형식에 의존하여 그 대안을 제시하고자 한다.[22] 그럼에 있어 그는 아리스토텔레스의 덕론을 검토하고, 거기에서 발생된 난점을 해결하기

---

20) Mulhall and Swift, *LC*, 80쪽 참조.
21) J. B. Schneewind, "Virtue, Narrative, and Community: MacIntyre and Morality", *Journal of Philosophy*, vol. LXXIX, no. 10(October, 1982), 653~654쪽 참조.
22) 앞의 논문, 654쪽 참조.

위한 3단계적 덕론을 전개한다. 매킨타이어는 이 3단계적 덕론에 의해 도덕이 합리적으로 재구성될 것으로 믿는다.

3) 아리스토텔레스의 덕론

매킨타이어는 아리스토텔레스의 덕론을 검토함에 있어 우선적으로 영웅적 사회(heroic society)의 덕을 언급한다.

영웅적 사회 또는 호머적 사회(Homeric society)에서의 모든 개인은 분명하고 대단히 확고한 '역할과 신분체계(즉, 사회구조)' 내에서 주어진 역할과 신분을 갖고 있는 것으로 간주된다. 그러한 사회에서 인간은 친족 관계의 구조나 가족구조 등에서 자신이 맡고 있는 역할을 알게 됨으로써 자신이 누구인가를 알게 된다. 또한 자신이 누구인가를 알게 됨으로써 그는 자신이 지닌 의무와 다른 역할과 신분을 지닌 사람이 그에게 부과한 의무가 무엇인지를 알게 된다(AV, 122). 결국 인간의 의무는 개인의 정체 성을 규정해 주는 그의 사회적 역할로부터 나오는 셈이 된다.

그런데 의무를 수행하기 위하여 요구되는 것은 행동이다. 호머적 사회에서는 인간과 인간행동이 동일시되었다. 그러므로 어떤 인간을 평가한다는 것은 그의 행동을 평가한다는 것과 같은 의미가 된다. 따라서 인간이 어떤 상황에서 어떤 행동을 한다는 것은 그의 덕과 악덕을 평가하기 위한 근거를 그 스스로가 제시하는 것이라고 할 수 있다. 왜냐하면 "덕이란, 자신의 역할에서 유리된 사람을 격려하는, 그리고 자신의 역할이 요구하는 의무수행을 위한 행동 속에서 드러나는 탁월성"이기 때문이다. 이러한 덕의 예로서, 가문과 공동체를 유지하기 위하여 필요한 탁월성인 용기, 가문과 공동체가 인정하는 표시로서 전투나 경기 등에서 뛰어난 개인에게 돌아가는 탁월성인 영예, 그리고 여성의 탁월성인 정절 등을 들 수 있다(*AV*, 122~123).

매킨타이어에 따르면, 영웅적 사회의 사회구조에 대한 설명은 앞에서 말한 영웅적 덕의 설명 없이는 그 설명이 불가능하다고 한다. 왜냐하면 영웅적 사회에서는 도덕과 사회구조가 사실상 하나이며 동일한 것이기 때문이다. 그 어떤 것과 별도로 떨어져 존재하는 도덕이란 없는 것이다. 이런 의미에서 영웅적 사회에서 발생되는 평가적 문제는 사회적 사실의 문제일 뿐이다(*AV*,123). 즉, 도덕판단 문제는 사실판단의 문제이다.

아리스토텔레스는 자신을 호머적 전통의 일부로 이해한다. 방금 앞에서 언급했던 점은 아리스토텔레스의 윤리학적 탐구체계를 형성하는 데 기여한 바 크다. 그러나 호머적 전통과 아리스토텔레스 간에는 분명한 차이점이 존재한다.

예컨대, 아리스토텔레스의 덕의 개념과 도덕의 개념은 호머적 전통에서처럼 어떤 특별한 사회적 역할과 단단히 결합되어 있는 것이 아니라, 그것으로부터 분리되어 있다는 특징을 지닌다. 그렇다고 해서 이것이 모든 역할로부터 분리되어 있다는 것은 아니다. 덕이나 도덕의 개념과 결합될 수 있는 관련된 역할들이 있을 수 있기 때문이다. 아리스토텔레스가 말하고자 하는 관련된 역할의 예로서, '왕'이나 '아들'로서의 역할(호머적 전통에서의 사회적 역할)이 아닌 '인간'으로서의 역할을 들 수 있다.[23]

아리스토텔레스에 의하면, 모든 기술과 탐구, 그리고 마찬가지로 모든 행동과 추구는 어떤 선(good)을 목표로 삼는다고 한다.[24] 왜냐하면

---

23) Mulhall and Swift, *LC*, 81쪽 참조.
24) Aristotle, *Nicomachean Ethics*, trans. by W. D. Ross, in *Great Books of the Western World* (Encyclopaedia Britannica, Inc., 1952), 1094a.

우리는 '좋은 것'이나 '선'이라는 말로서 인간의 특성을 잘 나타내 주는 목표를 의미하기 때문이다. 매킨타이어는 이상의 아리스토텔레스 윤리학의 대전제 속에 다음의 두 가지 사항이 함축되어 있는 것으로 본다. 첫째, 무어(Moore)가 '자연주의적 오류'라고 했던 바와 같은 오류는 전혀 오류가 아니라는 점과, 둘째 선이란 무엇인가에 관한 진술은 일종의 사실적 진술이라는 점이 그것이다(*AV*, 148).

모든 다른 종의 구성원처럼 인간은 특유한 본성을 갖는다. 그리고 그 본성은 그가 어떤 목표와 목적을 갖는 본성, 즉 본성상 특유한 궁극목적을 향하여 나아가는 본성이다. 그러므로 선은 인간의 특성에 의해 규정되는 것이다.25) 그렇다면 인간에게 선은 무엇인가? 아리스토텔레스에 따르면 그것은 행복(eudaimonia)이다. 행복이란 좋은 삶이며 좋은 행동이다.26) 즉, 잘 살며 잘 행하는 상태이다.

덕의 소유는 개인의 행복을 성취할 수 있게 해 주며, 반면에 덕의 결여는 그 목적을 향한 그의 활동을 좌절시킨다. 그런데 이런 점에서 인간의 탁월성으로 간주되는 덕은, 그것이 인간에게 선인 것을 달성하려는 목적에 대한 단순한 수단으로서만 이해되어서는 안 될 것이다. 왜냐하면 인간에게 선인 것을 구성한다는 것은 최선의 상태로 살아가는 완전한 인간적 삶을 구성한다는 것이며, 덕의 발휘는 그러한 삶을 확보하기 위한 예비적인 발휘에 불과한 것이 아니라, 그러한 삶에서 필수적이고 핵심적인 요소에 해당되기 때문이다. 그러므로 우리는 덕에 관련함이 없이는 인간에게 선인 것의 성격을 적절하게 규정할 수 없는 것이다. 때문에 인간에게 선인 것을 성취하기 위한 수단 역시 덕의 발휘가

---

25) 매킨타이어는 아리스토텔레스의 윤리학에서 찾아지는 이러한 견해를 아리스토텔레스의 '형이상학적 생물학(metaphysical biology)'이라고 지칭한다. *AV*, 148쪽.

26) Aristotle, *Nicomachean Ethics*, 1098b.

없이는 아무런 의미가 없게 되는 것이다(*AV*, 148~149).

덕의 발휘의 직접적인 결과는 결국 올바른 행동으로 되는 선택이라고 할 수 있다. 그래서 아리스토텔레스는 그의 『에우데미아 윤리학』(Eudemian Ethics)에서 "덕의 발휘는 덕이 원인이 되는 합목적적인 선택이라는 목적의 올바름이다"라고 말하고 있다. 또한 덕은 특정한 방식으로 행위하는 인간의 성향일 뿐만 아니라, 특정한 방식으로 느끼는 인간의 성향이다. 이러한 덕은 체계적인 훈련에 의해 알려지는 것이다. 때문에 올바른 행위, 즉 유덕한 행위란, 칸트가 말한 바와 같은, 경향성에 반대되는 행위가 아니라, 덕의 훈련에 의해 형성된 경향성으로부터 행위하는 것이다(*AV*, 149).

매킨타이어는, "덕은 개인의 삶에서 정당한 지위를 확보하는 것이 아니라, 도시국가의 삶에서 그것의 정당한 지위를 확보하며, 개인은 실제로 정치적 동물로서만 이해될 수 있다"는 아리스토텔레스의 주장에 우리의 관심을 기울일 것을 제안한다(*AV*, 150). 이러한 아리스토텔레스의 주장은 근본적으로 덕이란 정치공동체 안에서만 실현될 수 있다는 의미를 함축한다.

매킨타이어는 이러한 견해가 덕과 법의 관계를 명료하게 밝혀 줄 수 있는 하나의 방식을 시사하고 있는 것으로 생각한다. 그 방식이란, 공동계획을 성취하기 위한 공동체를 정초함에 있어 그 시대의 공동기획이 무엇인지를 고려하고, 그 기획에 참여한 모든 사람이 공유한 선으로서 인정하는 어떤 선(즉, 공동선)을 창출하는 것이다. 그러한 공동체에 널리 알려진 덕의 목록은 시민에게 어떤 행동이 공덕과 명예를 가져다주는지 가르쳐 줄 것이다. 그리고 법적 범죄의 목록은 그에게 어떤 행동이 단순히 나쁜 것으로 간주되는 것이 아니라, 불관용으로 간주되는지를 가르쳐 줄 것이다.

이어서 매킨타이어는 덕과 법이 관련되는 두 번째의 방식을 제시한다. 즉, 법을 적용하는 방법을 알려고 하는 것은 그 자체가 정의라는 덕을 소유한 어떤 사람에게만 가능한 것이다. 정의롭다는 것은 각자에게 각자의 응분의 대가를 준다는 것이다. 여기에는 공동체에서 정의라는 덕을 발휘하게 하는 이중적인 사회적 전제조건이 깔려 있다고 할 수 있다. 첫째는, 합리적인 응분의 기준이 있다는 것이며, 둘째는 그 기준이 무엇인가 하는 사회적으로 확립된 합의가 있다는 것이다. 응분에 따르는 상벌이나, 도시국가 내에서의 공직분배, 그리고 범죄행위의 응보 등은 그 도시국가의 법에 의해 규정된다. 그러나 법은 대체로 일반적인 것이기 때문에 특수한 사례에 그것을 적용하는 방법이 불명료하고, 또한 정의가 요구하는 것이 무엇인지도 불명료할 경우가 있다. 그런 경우에 우리는 '올바른 이성에 따라(kata ton orthon logon)'27) 행위해야 한다고 아리스토텔레스는 말한다(*AV*, 150~153).

올바른 이성에 따라 행위한다는 것은 이론적 덕인 실천지(practical intelligence)에 따라 행위한다는 것을 말한다. 실천지는 목적으로 이끄는 것을 우리에게 하게 하는 것이다. 참된 실천지는 선한 것에 대한 지식을 요구하며, 실제로 그것 자체는 그 소유자에게 일종의 선을 요구한다. 그래서 아리스토텔레스는 "어떤 사람이 선하지 않는 한 실천지를 지닐 수 없다는 것은 분명하다"고 말하고 있는 것이다.28)

그런데 여기서 우리가 한 가지 주목할 것은 실천지와 도덕적 덕 간의 관계이다. 아리스토텔레스에 따르면, 덕은 올바른 이성에 따른 상태일

---

27) 로스(W. D. Ross)는 이 구절을 '올바른 규칙에 따라(in accordance with the right rule)'라고 옮기고 있는데, 매킨타이어는 이것이 오역이라고 지적한다. 그에 의하면 로스의 번역은 규칙에 의거하는 현대 도덕철학자의 일반적이고 비아리스토텔레스적인 선입관을 반영한다고 한다. MacIntyre, *AV*, 152~153쪽; Aristotle, *Nicomachean Ethics*, 1138b참조.
28) Aristotle, 앞의 책, 1145a, 1144a; MacItyre, *AV*, 155쪽.

뿐만 아니라, 올바른 이성의 현존을 함의하고 있는 상태이기도 하다. 때문에 올바른 이성, 즉 실천지가 없이는 엄밀한 의미에서 선한 사람일수 없으며, 또한 도덕적 덕이 없이는 실천지를 지닐 수 없는 것이다. 아리스토텔레스는 실천지와 도덕적 덕 간의 관계를 이와 같이 설정하고, 그것에 근거하여 도덕적 덕 간의 상호 관련성을 보여 줄 수 있다고 믿는다. 즉, 실천지는 모든 덕에 주어져 있는 것이기 때문에, 이 실천지에의해 모든 덕이 서로 밀접하게 관련되어 있다는 것이 그의 논지이다.29)

예컨대, 정의로운 사람은 정의라는 덕에 대응하는 두 가지 악덕 가운데 하나인 탐욕(pleonexia)이라는 악덕에 빠지지 않는다. 그러나 이러한탐욕을 피하려면 절제(sôphrosunê)라는 덕을 소유해야 할 것이다. 용기 있는 사람은 무모나 비겁의 악덕에 빠지지 않는다. 그러나 무모한 사람은 허풍꾼으로 여겨지며, 허풍은 자기 자신에 대해서 진실함이라는 덕에 관련된 악덕 가운데 하나이다. 이런 방식으로 도덕적 덕은 서로 관련을 맺게 되는 것이다.

덕 간의 이러한 상호 관련성은 덕이 우리에게 특정한 개인의 선을평가하는 하나의 복합적인 척도를 제공해 주는 이유를 설명해 준다. 공유된 목적을 지닌 공동체에 그러한 척도를 적용한다는 것은 그 공동체에서 이루어진 선과 덕에 관한 광범위한 합의를 전제한 인간적 선(human good)을 실현한다는 것을 의미한다. 그리고 이러한 광범위한 합의는 도시국가를 구성하는 시민 간의 유대를 가능하게 한다. 그런데 이때의 유대란 우애라는 유대이며, 우애 그 자체는 하나의 덕이다(*AV*, 155).

---

29) Aristotle, 위의 책, 1144b~1145a참조. 그러나 매킨타이어에 의하면, 아리스토텔레스가 제시한 중심적인 덕 이외의 문자 그대로의 모든 덕이 서로 밀접하게 관련되어 있는 것으로 받아들이는 것은 곤란하다고 한다.

아리스토텔레스가 말하고자 하는 우애는 선에 공유된 인식과 추구를 구체화시켜 주는 것이다. 즉, 그것은 가족 공동체이든 도시공동체이든, 어떤 형태의 공동체를 구성하는 데 필수적·근본적인 것을 공유하고 있다는 것을 말한다(AV, 155). 이런 맥락에서 아리스토텔레스는 우애는 도시국가를 결속시켜 주며, 입법가는 정의보다도 우애를 더 소중한 목표로 삼는다고 언급하고 있다.[30]

우애가 정의보다도 더 소중한 이유는 아주 명백하다. 정의란 이미 구성된 공동체 내에서 이루어지는 보상적 응분의 덕이며, 우애는 그러한 공동체를 처음으로 구성하기 위해서 요구되는 것이기 때문이다. 따라서 우애란, 도시국가의 삶을 창조하고 유지하는 공동기획에 참여한 모든 사람이 공유하고 있는 것, 즉 개인의 특정한 우애의 직접성에서 통합된 것을 공유하고 있는 것으로 간주될 수 있는 것이다(AV, 156).

매킨타이어가 이상에서 논의된 아리스토텔레스의 덕론을 현대 도덕문화에 적용하려면, 그가 해결해야 할 문제로 다음의 두 가지를 들 수 있을 것이다.

첫째, 인간의 궁극목적에 대한 아리스토텔레스의 이해는 그의 형이상학적 생물학에 의거하고 있는데, 그러한 형이상학적 전제에 의거하지 않고 인간본성에 대한 목적론적 이해를 정당화하거나 그것이 필요함을 보여 주어야 할 것이다.

둘째, 아리스토텔레스는 도덕에 관한 도시국가의 구성적 역할을 대단히 강조하고 있다. 그러나 아테네적 도시국가는 생각건대 20세기에는 소생될 수 없는 역사적·문화적으로 특수한 삶의 형태였다. 그러므로 매킨타이어는 유토피아적인 사회적·정치적 변화를 전혀 전제하지 않고

---

30) Aristotle, *Nicomachean Ethics*, 1155a.

공동체의 개념을 도덕에서 채택하는 방법을 찾아내야 할 것이다.[31]

그럼에 있어 매킨타이어는 관행, 인간 삶의 서사적 통일성, 그리고 전통이라는 세 가지의 개념을 가지고 이상의 문제를 해결하고자 한다. 이 세 가지 개념은 덕의 개념이 중심적인 위치를 보유하는 합리적인 도덕체계를 제시하고자 하는 매킨타이어의 의도가 반영되어 있는 개념들이다.[32]

4) 합리적 도덕체계를 위한 서사적 덕론

(1) 관행과 덕

덕에 대한 호머적 설명에서, 그리고 일반적으로 영웅적 사회에서, 덕의 발휘는 어떤 뚜렷이 식별되는 사회적 관행이라는 영역에서, 사회적 역할을 유지하기 위해, 그리고 탁월성을 드러내기 위해 요구되는 우수성을 보이는 것이었다. 이 때에 탁월하다는 것은 전쟁이나 게임에서, 가문을 유지함에, 의회에서 협의를 함에, 그리고 이야기를 함에 탁월하다는 것을 말한다. 아리스토텔레스의 경우에도 그가 인간활동에서의 탁월성을 말하고 있을 때, 가끔씩은 어떤 유형의 분명한 인간적 관행을 언급하곤 했었다. 아리스토텔레스가 말하는 관행의 유형에 속하는 것으로는 플루트 연주나 전쟁 그리고 기하학 등을 들 수 있다.

매킨타이어는 이상의 관행에 호머나 아리스토텔레스의 견해에 의거해서, 특정한 유형의 관행이 덕을 드러내고, 그 덕이 최우선적인 것으로 받아들여지는 장소를 제공하는 것으로서 간주한다. 그러나 관행에 관한 호머나 아리스토텔레스의 견해는, 중심적인 덕의 개념을 확인시켜주는

---

31) Mulhall and Swift, *LC*, 82쪽; MacIntyre, *AV*, 162~163쪽 참조.
32) Mulhall and Swift, *LC*, 82쪽.

데 어느 정도의 한계를 안고 있는 것으로 여겨진다.

그래서 매킨타이어는 두 가지의 단서를 덧붙여 관행이라는 개념을
규정하고자 한다. 그가 말하는 단서란, 첫째 덕은 관행에서만 유일하게
발휘되는 것이 아니라는 단서와, 둘째 관행이라는 개념을 현행의 일상
적인 용법과는 다른 특별히 규정된 방식으로 사용한다는 단서가 그것이
다(*AV*, 187).

매킨타이어에 의하면, "관행(practice)이란, 활동형식에 내재적인 선
이 활동형식에 적절한, 그리고 부분적으로 활동에 결정적인, 탁월성의
기준을 성취하려고 하는 과정에서 실현됨으로써, 그 결과 탁월성을 성
취하기 위한 인간능력, 그리고 거기에 수반된 인간의 목적관과 가치관
이 체계적으로 확장되어 사회적으로 확립된 어떤 협동적 인간활동의 정
합적·복합적인 형식"으로 정의된다(*AV*, 187). 라모어(Larmore)는 매킨
타이어의 관행개념을 다음과 같이 정리한다. 즉, 관행이란 수반된 활동
에 본래적으로 관련된 성공형식을 결정하는 공유된 탁월성의 기준을 지
니고 있는 협동적 인간활동이다.[33]

이러한 정의에 의하면, 공차기, 벽돌쌓기 등은 그 자체가 정합적·복
합적인 것이라기보다는 오히려 독립적인 인간활동의 형식에 속하므로
그것을 관행의 예로써 간주할 수 없게 된다. 그러나 이러한 것을 포함하
는 축구경기, 건축 등은 정합적·복합적인 인간활동의 형식으로 간주되
기 때문에 관행의 예에 속한다고 할 수 있다.

그러나 매킨타이어가 제시한 관행이라는 개념은 보다 많은 설명을
필요로 한다. 이를 위하여 관행이라는 개념을 정의하려고 도입한 (관행
에) 내재적인 선, 즉 (관행에 본래적으로 관련되어 있는) 성공형식이라는

---

33) Larmore, *Patterns of Moral Complexity*, 36쪽.

개념에 주목해 보기로 하자.

예컨대, 체스시합을 한다고 할 때, 이 시합을 통하여 얻을 수 있는 선에는 두 가지 종류가 있을 수 있다. 먼저, 사회적 여건이라는 우연에 의해 체스시합이나 다른 관행에 붙어 다니는 외재적·부수적인 선이 있다. 성인의 경우 그 시합의 승자에게 돌아가는 명성, 지위 그리고 돈 등이 이러한 외재적인 선에 속한다. 이러한 선의 성취를 위해서는 항시 여러 가지 대안적인 방법이 있으며, 또한 그것의 성취를 위해 반드시 어떤 특정한 종류의 관행에 참여할 필요는 없는 것이다.

그러나 이와는 반대로 반드시 체스시합이나 다른 특정한 종류의 관행에 참여해야만 얻을 수 있는 각기의 관행에 특유한 내재적인 선이 있다(*AV*, 188). 체스의 경우, 그것을 함으로써만 성취될 수 있는 고도의 특정한 분석적 기술, 전략적인 기지, 경쟁적인 집중력 등이 바로 내재적인 선의 예가 될 것이다. 기타 가정생활에서의 성공, 지적인 노력에서의 성공 등도 내재적인 선이다. 그러므로 이러한 선은 특정한 관행을 구성하는 활동에 관련해서만 그 성격이 규정된다고 할 수 있으며, 또한 그러한 활동은 특정한 덕의 발휘로 이해될 수 있는 것이다.[34]

이로부터 우리는 외재적인 선과 내재적인 선 간의 중요한 차이점 내지는 특성을 다음과 같이 말할 수 있겠다. 외재적인 선은, 그것이 성취될 경우 언제나 그 개인의 재산이나 소유가 된다는 것이며, 또한 우리가 승리자가 되거나 패배자가 되어야만 하는 경쟁대상이라는 특성을 갖는다. 그러나 내재적인 선은 탁월한 경쟁의 결과이기는 하지만, 그 성취는 그 관행에 참여한 전 공동체의 사람을 위하여 선이 된다는 특성을 지닌다(*AV*, 190). 그러므로 내재적인 선이 결여된 활동은 관행으로 간주될

---

34) Larmore, *Patterns of Moral Complexity*, 36쪽; Mulhall and Swift, *LC*, 83쪽 참조.

수 없는 것이다.

매킨타이어는 이상에서 논의된 내재적인 선의 개념과 관련하여 덕에 관한 그의 최초의 개념적 정의를 시도한다. 그에 의하면,

> 덕이란, 관행에 내재적인 선을 우리가 성취할 수 있게 하는 경향이 있는 것을 소유·발휘하게 하는 것이며, 그러한 선을 우리가 성취하는 것을 효과적으로 방해하는 것이 없게 하는 습득된 인간적 탁월성이다(*AV*, 191).

덕의 개념을 이렇게 정의한 것에서 우리는 내재적인 선과 탁월성의 기준(예컨대 정의, 용기, 정직 등의 덕)이 관행을 구성하는 데 없어서는 안 될 필요불가결한 요소임을 다시 한번 확인하게 되는 것이다.

그렇다면 우리가 관행에 참여한다는 것은 무엇을 의미하는가? 매킨타이어에 따르면 여기에는 두 가지의 의미가 있다.

첫째, 관행은 선의 성취뿐만 아니라, 탁월성의 기준과 규칙에 대한 복종을 포함하는 것이다. 때문에 우리가 관행에 참여한다는 것은 그러한 기준의 권위를 받아들인다는 것이며, 또한 그 기준에 의해 내 자신의 성취가 불충분한 것으로 평가된다고 할지라도 이를 받아들인다는 것을 의미하는 것이다.

둘째, 관행은 그것에 참여한 사람 간의 일정한 관계를 필요로 하는 것이다. 때문에 우리가 관행에 참여한다는 것은, 동시대에 활동하고 있는 사람들뿐만 아니라, 그 관행에서 우리에 앞서 활동했던 사람, 특히 관행을 현재의 위치까지 끌어올리는 성취를 보였던 사람과의 관계 속으로 들어간다는 것을 의미하는 것이다(*AV*, 190~194).

그런데 여기서 관행을 제도(institution)라는 것으로 오해할 소지가 충분히 있는 것으로 여겨진다. 그래서 매킨타이어는 관행과 제도를 명확

히 구분하고자 한다. 그에 의하면, 체스, 물리학, 의학 등은 관행에 해당
되는 것이며, 반면에 체스클럽, 연구소, 대학 그리고 병원 등은 제도에
속하는 것이다. 제도는 그 특성상 그리고 필수적으로 외재적인 선과 관
련되어 있는 것이다. 그래서 제도에는 돈과 여타의 물질적 재화를 획득
하는 것이 포함된다. 제도는 권력과 지위로 조직되는 것이며, 그리하여
제도는 보상의 대가로 돈, 권력 그리고 지위 등을 분배하게 되는 것이다
(*AV*, 194).

그러나 관행과 제도는 상호 분리되어 있는 것이 아니다. 관행이 갖고
있는 그것의 이상과 창조성은 항시 제도의 탐욕성 앞에서 취약하며, 관
행이 갖고 있는 그것의 공동선에 관한 협동적 관심은 항시 제도의 경쟁
성 앞에서 취약하다고 할 수 있다. 이것이 양자가 맺고 있는 하나의 관
련방식이다. 이러한 맥락에서 우리는 덕의 본질적인 기능을 알 수 있게
된다. 즉, 덕(예컨대, 정의, 용기 그리고 진실함)이 없이는, 관행은 제도
의 부패한 권력에 저항할 수 없을 것이다. 그래서 덕의 발휘는 그 자체
가 사회적·정치적 문제에 대단히 확고한 태도를 요구하는 경향이 있는
것으로 간주된다. 그리고 덕의 발휘는, 항시 그 자체의 특유한 제도적
형식을 지닌, 그리고 우리가 덕을 발휘하는 것을 배우거나 배우는 데
실패하는 어떤 특정한 공동체 내에서만 가능한 것이다(*AV*,194~195).

그런데 제도와 관행의 관계가 언제나 부정적인 관계에 놓여 있는 것
만은 아니다. 적어도 제도에 의해 뒷받침되지 않는 관행은 머지않은 장
래에 소멸될 가능성이 농후하기 때문이다. 제도는 관행의 사회적 담지
자로 간주될 수 있다. 그래서 제도가 부패했다는 것은 부분적으로 관행
에서 덕의 발휘가 제대로 이루어지지 못한 결과, 즉 관행의 통합성이
확보되지 못한 결과로 나타난 악덕이 그 원인이 된다고 할 것이다(*AV*,
 194~195 참조).

이런 의미에서 덕의 발휘는 내재적인 선을 산출하는 관행의 통합을 위하여 필요한 것일 뿐만 아니라, 외재적인 선을 산출하는 제도를 건전하게 유지하기 위해서도 필요한 것이라고 할 수 있다.

이상에서 논의된 매킨타이어의 관행과 덕의 설명으로부터 다음의 두 가지 사항이 문제점으로 제기된다.

첫째, 관행은 서로 상이하고 다양한 형식으로 존재할 수 있으며, 그래서 내재적인 선이나 덕 또한 매우 다양한 형태로 존재할 수 있는 것이다. 이러한 사실을 "인간 삶에 가치 있는 것은 무엇인가"라는 물음과 관련시켜 볼 때 거기에는 다원주의라는 함정이 도사리고 있다는 문제점이 드러나게 되는 것이다.

둘째, 관행이 많이 있다는 것은 어떤 개인이 동시에 여러 가지의 관행에 참여할 수 있으며, 그래서 그를 불가피하게 갈등 속으로 내모는 요구가 있을 수 있는 것이다. 예컨대, 체스의 대가가 되기 위해 연습하고자 하는 요구는 훌륭한 부모나 배우자이기를 원하는 요구와 갈등을 일으킬 것이다. 이와 같은 경쟁적인 헌신에의 요구는 덕스러운 삶을 좌절시킬 수 있다는 문제점을 안고 있는 것이다.35)

매킨타이어는 이러한 문제점들을 '인간 삶의 서사적 통일성(the narrative unity of a human life)'이라는 개념에 의거해 해결하고자 한다.

(2) 인간 삶의 서사적 통일성과 덕

우리는 사람이 어떤 행위를 하게 된 이유를 이해할 때 그가 무엇을 하고 있는가를 이해하게 된다. 인간의 신체적 운동묘사만으로는 인간행동이 수행하고 있는 것이 무엇인지 말할 수 없는 것이다. 행위자의 의도

---

35) Mulhall and Swift, *LC*, 85~86쪽.

나 이유만이 그 행동을 적절한 방식으로 이해할 수 있게 한다. 그런데 우리는 그러한 행동이 일어난 범주 내에서의 그의 단기적인 의도를 보다 장기적인 의도의 체계에 관련시킴으로써 그의 행동을 보다 명료하게 설명할 수 있을 것이다.36)

하나의 예로서, 어떤 남자가 그의 정원을 파고 있다고 할 때, 그의 행동은 월동준비를 하기 위한 그의 의도의 결과이거나, 그렇게 함으로써 자신의 아내를 기쁘게 하고자 하는 의도의 결과라고 가정해 보기로 하자. 전자의 경우, 그의 행동은 정원이 딸린 가정이라는 특정한 유형의 배경(setting)37)과 관련되어 있으며, 후자의 경우는 결혼이라는 배경과 역사에 관련되어 있는 행동이다. 즉, 그에게 정원을 파게 한 그의 단기적인 의도는 그의 결혼과 정원에 관한 그의 장기적인 의도와 관련되어 있는 것이다.38)

그래서 매킨타이어는, 행동이란 우리가 채택한 보다 장기적이거나 아주 장기적인 의도가 무엇이고, 단기적인 의도가 보다 장기적인 의도에 어떻게 관련되어 있는가를 우리가 알게 될 때만이 적절히 규정될 수 있는 것이라고 주장한다. 그러므로 어떤 행동을 이해하기 위한 행위자의 의도는 인과적으로, 그리고 일시적으로 질서가 정해질 필요가 있는 것이며, 그러한 질서는 배경을 참조해야 할 것이다. 다시 말해, 우리는 행위자의 역사에서 행위자의 의도가 맡고 있는 역할에 관한 인과적이고 일시적인 질서 속에 그 의도를 자리매김 해야 하며, 마찬가지로 행위자가 속해 있는 배경의 역사에서 행위자의 의도가 맡고 있는 역할에 관한

---

36) Schneewind, "Virtue, Narrative, and Community", 656쪽 참조.
37) 여기서 매킨타이어가 사용하고 있는 '배경'이라는 말은 비교적 포괄적인 용어이다. 그에 의하면, 제도나 관행, 또는 어느 정도 다른 사람으로 둘러싸인 환경 등이 이 배경에 해당된다고 한다. 그리고 이러한 배경은 역사가 있는 것으로 간주된다.
38) Mulhall and Swift, *LC*, 86쪽 참조.

인과적·일시적인 질서 속에 그 의도를 자리매김 해야 할 것이다. 그럴 경우, 행위자의 의도가 하나 또는 그 이상의 방향에서 어떤 인과적 효력을 지녔고, 그의 단기적인 의도가 장기적인 의도를 구성하는 데 어떻게 성공했고, 또는 실패했는지를 결정함에 있어 우리는 우리 스스로 이러한 역사의 일부가 되는 역사를 쓰게 된다. 매킨타이어는 이것을 일종의 서사적 역사(narrative history) 쓰기로 간주한다(AV, 208).

요컨대, 우리가 인간행동을 명료하게 설명하려고 한다는 것은, 인간행동을 그 행위자의 삶의 역사와 그러한 행동이 일어난 배경의 역사에서 하나의 에피소드로서 파악하고자 하는 문제이다. 그래서 행동은 여러 담론 가운데 포개져 있는 또 다른 하나의 담론으로 간주되는 것이다.[39] 이런 의미에서 어떤 종류의 서사적 역사는 인간행동의 성격규명을 위한 기초적·근본적인 장르이다(AV, 208).

그런데 우리가 우리의 서사적 역사를 써나감에 간과할 수 없는 것은 대화(conversation)일 것이다. 대화는, 그 참여자가 배우이며 공저자로서, 그리고 일치와 불일치 속에서 자신의 작품양식을 구성하고 있는 드라마적 작품이다. 대화에는 시작이 있고, 중간이 있으며, 끝이 있다. 대화에는 인정과 반전이 있으며, 상승과 하락, 본론에서 벗어난 객담과 부차적 줄거리가 있다. 이런 점에서 대화는 문학적 담론처럼, 비극적이거나 희극적인, 또는 허황된 내용을 갖는 어떤 장르에 속한다고 할 수 있다. 결국 대화는 일반적인 인간적 거래형식이며, 이런 의미에서 대화적 행동은 인간행동의 한 특수한 측면으로 간주되어서는 안 될 것이다(AV, 211).

인간 삶의 서사구조는 다음의 두 가지의 중요한 특성을 갖는다.

---

[39] 위의 책, 87쪽.

첫째, 인간의 삶은 항상 어떤 제약사항 아래 놓여 있다는 점이다. 우리는 우리가 구상하지 않은 연극에 참여하며, 우리가 설정하지 않은 우리 자신의 행동배역을 거기서 발견한다. 우리 각자는 자기 자신의 드라마에서는 주인공이지만, 다른 사람의 드라마에서는 부수적인 배역을 맡고 있을 뿐이다. 그리고 각각의 드라마는 다른 드라마를 제약한다.

둘째, 규정된 드라마적 서사의 어떤 주어진 시점에서, 우리는 다음에 무슨 일이 일어날는지 알 수 없다는 점이다. 즉, 개별적인 각각의 행위자에 의한 그 자신의 어떤 미래행동의 불가예측성이 그것이며, 이러한 불가예측성은 사회세계에 또다른 요소의 불가예측성을 가져온다(*AV*, 95, 213~215).

그러나 매킨타이어에 따르면, 이상과 같은 인간 삶의 서사구조의 제약사항과 불가예측성이라는 특성에도 불구하고, 그 서사구조에는 이것과 공존할 수 있는, 그리고 아리스토텔레스의 형이상학적 생물학에 의거하지 않는 어떤 목적론적인 특성이 있다고 한다.

우리는, 어떤 것은 이미 해결된 것으로 여겨지고 또 어떤 것은 피할 수 없는 것으로 여겨지며, 어떤 가능성은 우리에게 앞으로 나아가도록 손짓하고 또 어떤 가능성은 우리를 거부하는 것으로 여겨지는 미래, 즉 공유가 가능한 어떤 미래라는 개념의 견지에서, 개별적으로 그리고 서로의 관계 속에서 우리의 삶을 헤쳐 나간다. 우리가 현재에서 나아가거나 또는 나아가는 데 실패하는 궁극목적의 형식―다양한 목적이나 목표의 형식―으로 항상 그 자체를 나타내는 특정한 미래상과 그 미래상에 의해 형성되지 않은 현재란 없는 것이다. 그러므로 불가예측성과 목적론은 우리 삶의 일부로서 공존한다. 즉, 허구적인 서사의 인물처럼 우리는 다음에 무슨 일이 일어날는지 알 수 없으나, 그럼에도 불구하고 우리의 삶은 우리의 미래를 향한 기획 그 자체인 어떤 일정한 형식을 갖는다. 그래서 우리가 헤쳐나간 서사들은 불가예측적이고 부분적으로 목적론적인 특성을 지닌다. 만일 우리의 개별적이고 사회적인 삶들의 서사가 명료하게─서사의 유형은 불명료하게 될 가능성도 있다─계속되려면, 이야기(story)를 계속할 수 있게 하는 제약사항이 있으며, 게다가 그러한 제약사항의 범위 내에서 이야기를 계속할 수 있는 무한정한 많은 방식이 있는 경우에 그것은 항상 가능할 것이다(*AV*, 215~216).

인간 삶의 서사적 구조가 지니고 있는 이러한 목적론적 특성은, 바로 인간행동의 본성 그 자체가 목적을 지향하는 서사적 통일성을 담지하고 있다는 사실을 함축한다. 그러나 인간행동의, 또는 인간 삶의 서사적 통일성이 확보되려면 우선적으로 인격의 통일성이 요구된다는 점에 주목해야 할 것이다. 왜냐하면 인격의 통일성이 결여된 주체는 자기 삶에 관한 서사의 주체일 수 없기 때문이다.

매킨타이어에 의하면, 우리가 출생에서 사망에까지 이르는 서사의 주체라는 것은 우리의 서사적인 삶을 구성하는 행동과 경험을 설명할 수 있다는 것을 의미한다고 한다. 이런 점에서 나(I)는, 즉 서사적 자아(narrative selfhood)는 그 어느 누구가 아닌 바로 내 자신인, 그리고 그것만의 특별한 의미를 지닌, 역사의 주체인 것이다. 그러나 서사적 자아는 또한 상관적이라는 특성을 지닌다. 즉, 타인이 내 이야기의 일부가 되는 것처럼, 나는 그의 이야기의 일부가 된다. 이런 점에서 서사적 자아는 상호 전제의 관계에 있다고 말할 수 있는 것이다(*AV*, 217~218).

이제 보다 구체적으로 인간 삶의 서사적 통일성이 무엇인지 살펴보기로 하자. 매킨타이어에 의하면, "나에게 선인 것은 무엇인가?"라고 묻는 것은, 내가 내 삶의 서사적 통일성을 지키고, 그 통일성의 완성을 가져오려면 어떻게 하는 것이 최선을 다하는 것인지를 묻는 것이다. 또한 "인간에게 선인 것은 무엇인가?"라고 묻는 것은, 앞의 문제에 모든 대답이 공통적으로 지니고 있어야 하는 것이 무엇인가를 묻는 것이다(AV, 218~219). 이런 의미에서 볼 때, 인간 삶의 서사적 통일성이란 결국 '선에 관한 서사적 추구의 통일성'이다.

이로부터 매킨타이어는 '인간에게 좋은 삶'이 무엇인지에 관한 잠정적인 결론을 내리고자 한다. 그에 의하면, 인간에게 좋은 삶이란 인간에게 좋은 삶을 추구하면서 보낸 삶이다. 그리고 이러한 것을 추구하는 데 필수적인 덕은 인간에게 보다 좋은 삶이 무엇인지 우리가 이해할 수 있도록 해 준다(AV, 219). 뿐만 아니라 덕은, 다른 사람의 서사적 삶과 얽혀 있는 우리의 서사적 삶에서 우리 자신의 역할을 유지하는데 도움이 되는 것이다. 그러나 이와는 반대로, 우리 자신의 역할을 유지하는 데 방해가 되는 요소가 있다면 그것을 악덕으로 간주할 수 있을 것이다.[40] 그러므로,

덕이란 우리가 해악이나 위험과 유혹 그리고 우리가 맞부딪치게 되는 불화 등을 극복할 수 있게 함으로써, 관행을 유지하고 우리가 관행에 내재적인 선을 성취할 수 있게 할 뿐만 아니라, 관련된 종류의 선을 추구하도록 우리를 유지해 줄 수 있는, 그리고 증대된 자아인식과 증대된 선의 인식을 우리에게 제공할 수 있는 기질로서 이해되는 것이다(AV, 219).

이것이 매킨타이어가 두 번째로 제시하는 수정된 덕의 정의인 것이다. 이러한 정의에 따를 경우, 덕의 목록은 남성과 여성이 선을 함께

---

40) Schneewind, "Virtue, Narrative, and Community", 657쪽 참조.

추구할 수 있는 가정, 정치공동체 등을 유지하기 위해 필요한 덕과 선의 성격에 관한 철학적탐구를 위해 필요한 덕을 포함해야 할 것이다(*AV*, 219).

그러나 관행과 인간에게 좋은 삶에 관련하여 규정된 이상의 덕의 정의는 그 자체 내에 어떤 난점을 지니고 있는 것으로 여겨진다. 왜냐하면 이러한 정의는 전체적인 인간 삶, 즉 공동체적인 삶에 관련된 덕의 정의일 뿐이지, 공동체적인 삶에 개인의 삶이 어떻게 관련되어 있는가를 명확히 해명해 주지 못하고 있기 때문이다. 매킨타이어는 이러한 난점을 전통(tradition)이라는 개념에 의거하여 해결하고자 한다.

(3) 전통과 덕

매킨타이어에 따르면, 인간에게 좋은 삶을 산다는 것은, 비록 인간 삶에서 구체화되는 동일한 좋은 삶의 개념과 동일한 일련의 덕이 있다고 할지라도 개인이 처한 상황에 따라 다양할 수밖에 없다고 한다. 즉, 우리 모두는 특정한 사회적 정체성의 담지자로서 우리 자신의 상황에 접근해 갈 수밖에 없는 것이다.

예컨대 나는 누군가의 아들이거나 딸이며, 누군가의 사촌이다. 또한 나는 이 도시나 저 도시의 시민이며, 어떤 동업조합이나 직업의 구성원이며, 이러저러한 씨족이나 부족 그리고 국민에 속한다. 그러므로 나에게 선인 것은 이러한 역할을 맡고 있는 다른 사람에게도 선이어야 할 것이다. 아울러 나는 내 가족, 도시, 부족, 국가 등의 과거와 여러 가지 혜택, 유산, 정당한 기대치와 책무 등을 물려받는다. 이러한 것에 의해 나의 삶과 나의 도덕적 출발점이 구성된다. 바로 이것이 나의 삶 그 자체가 지니고 있는 도덕적 특수성인 것이다(*AV*, 220).

그러나 이와는 대조적으로 현대의 개인주의는 나라는 존재의 사회적 특징을 단순히 우연적인 것으로 간주한다. 그리하여 개인주의는 자아를 그것의 사회적·역사적인 역할과 신분으로부터 분리할 수 있는 것으로 이해한다. 그 결과 개인주의는 자아를 역사가 없는 자아로, 또한 자아를 스스로 존재할 것을 선택할 수 있는 것으로서의 자아로 규정하는 오류를 범하게 되었다고 매킨타이어는 주장한다.

예컨대, 개인주의의 관점에 따를 경우, 나는 생물학적으로 내 아버지의 아들이지만, 내가 어떤 책임을 떠맡을 것을 암묵적으로나 명시적으로 선택하지 않는 한 아버지가 했던 일에 책임을 나눠 갖지 않을 것이다. 그리고 나는 법적으로 어떤 나라의 시민이지만, 내가 어떤 책임을 떠맡을 것을 암묵적으로나 명시적으로 선택하지 않는 한 내 나라가 했던 일에 책임을 나눠 갖지 않을 것이다(*AV*, 220~221).

이러한 개인주의적 태도는 나의 삶의 이야기가 항상 내가 나의 정체성을 도출해 내는 공동체의 이야기 속에 그 근거를 두고 있다는 것을 망각한 태도에 다름 아닌 것이다. 그래서 개인주의는, 내가 과거를 가지고 태어났음에도 불구하고, 그 과거로부터 자기자신을 단절시킴으로써 자신의 현재의 관계를 기형으로 만들게 되는 것이다. 역사적 정체성의 소유와 사회적 정체성의 소유는 일치하는 것이다. 또한 자아의 도덕적 정체성은 가족·이웃, 도시, 부족과 같은 공동체 안에서 찾아지는 것이다. 때문에 역사적·사회적·도덕적 특수성을 무시하고 인간 그 자체에 속해 있는 보편적 준칙을 찾으려는 칸트적 시도나 일부의 분석윤리학적 시도는 환상에 불과할 뿐이라고 매킨타이어는 비판한다(*AV*, 221).

매킨타이어에 의하면, 내가 존재한다는 것은 내가 물려받은 것, 즉 나의 현재에서 어느 정도 나타나는 특정한 과거가 있다는 것을 의미한다. 내가 어떤 특정한 과거를 물려받았다는 것은 내가 전통의 담지자 가운데 한 사람이라는 것을 뜻하는 것이다(*AV*,221 참조). 전통은 일련의 관행에 의해 구성되는 것이며, 관행의 중요성과 가치를 이해하는 하나의 양식이다. 또한 전통은 그러한 관행이 세대 간에 걸쳐 형성되게 하고 후세에 전해지게 하는 매개체인 것이다.[41]

그런데 전통이 이데올로기적으로 이용되어서는 안 될 것이다. 왜냐하면 그것을 이데올로기적으로 이용한다는 것은 전통을 이해함에 그것이 헤게모니적인 것이며, 정지상태에 있는 것으로 이해하고 있는 것에 불과할 뿐이기 때문이다. 그래서 전통에 대한 이와 같은 이해방식은 오히려 그 전통을 소멸시키고 있거나 소멸시켜 버린 행위로 간주할 수 있게 되는 것이다. 반면에, 전통이 최선으로 존재할 수 있는 방식은 무엇이고, 또는 그것이 지니고 있는 선이나 가치가 무엇인지 하는 문제 등을 어떤 주어진 시점에서 계속적으로 토론해야 될 주제로 이해할 경우, 그것은 전통에 대한 건전한 이해방식으로 간주될 수 있을 것이다. 이러한 이해방식에 의해 전통은 소생될 수 있거나 소생될 것이다.[42]

예컨대, 대학이나, 농장, 또는 병원 등의 제도가 관행이라는 전통의 담지자로 간주된다면, 대학이란 무엇이고 그것은 마땅히 어떻게 존재해야 하고, 또는 농사를 잘 짓는다는 것은 무엇이며, 또는 훌륭한 의술이란 무엇인가 하는 문제에 관한 우리의 계속적인 논의에 의해 전통은 부분적으로 구성되며, 아울러 우리의 공동적인 삶 역시 이러한 논의에 의해 부분적으로 구성될 것이다.

그럴 경우, 살아 있는 전통이란 역사적으로 확장되고, 사회적으로 구체화된 논의, 즉 그 전통을 구성하는 선에 관한 논의에 다름아닌 것이다. 그러므로 선의 추구는 전통의 범주 내에서 세대 간에 걸쳐 확장되는 것이라고 할 수 있는 것이다. 따라서 자신의 선에 관한 개인적인 탐구는

---

41) Mulhall and Swift, *LC*, 90쪽.

42) MacIntyre, *AV*, 221~222쪽; Mulhall and Swift, *LC*, 90쪽 참조.

그 개인의 삶의 일부인 전통에 의해 규정된 맥락의 범주 내에서 이루어져야 할 것이다(AV, 222). 이런 점에서 개인의 삶의 역사는 인간에게 좋은 삶에 관한 역사적·사회적으로 확장된 논의라는 보다 큰 서사에 포섭된다고 말할 수 있는 것이다.[43]

여기에서 우리는 다시 한번 포섭적인 서사현상을 정리해 볼 필요가 있게 된다. 즉, 우리 시대의 관행의 역사는 현재 형식의 관용이 우리에게 전달했던 전통이라는 보다 크고 보다 오랜 역사에 의해 일반적으로 그리고 특징적으로 명료하게 포섭된다. 그리고 우리 자신 각자의 삶의 역사는 수많은 전통이라는 보다 크고 보다 오랜 역사에 의해 일반적으로 그리고 특징적으로 명료하게 포섭된다. 그러나 전통이라는 것은 쇠퇴하거나, 와해되고, 소멸될 수 있다는 점에 주목해야 할 것이다. 그렇다면 무엇이 전통을 약화시키거나 파괴하는가? 그리고 무엇이 전통을 유지하거나 강화시키는가?

매킨타이어에 의하면, 전통이 약화되거나 파괴되는 것은 그것에 관련된 덕의 발휘가 결여되었기 때문이며, 반면에 전통이 유지되거나 강화되는 것은 그것에 관련된 덕의 발휘 때문이라고 한다(AV, 223). 따라서

덕이란, 관행에 내재적인 다양한 선이 성취되려면 필연적인 그것 간의 관계를 유지함에, 그리고 개인이 그의 전체적인 삶의 선으로서 그의 선을 찾는 개인적 삶의 형식을 유지함에서뿐만 아니라, 필연적인 역사적 맥락을 지닌 관행과 개인적 삶을 제공하는 전통을 유지함에 그것의 목적을 발견하는 것이다(AV, 223).

---

43) Mulhall and Swift, *LC*, 90쪽.

그러나 덕에 관한 이상의 정의는, 우리가 유지해야 할 전통이 어떤 전통인가를 말하고 있지 않다는 결함을 지니고 있다. 현대사회는 하나의 전통만이 지배하는 사회는 아니며, 다수의 전통으로 구성되어 있는 사회이다. 이것이 현대사회 및 현대문화의 특징이다. 그런데 이 다수의 전통은 상호간에 상대적인 가치나 상대적인 설득력을 지니고 있는 것에 불과한 것으로 간주된다. 바로 여기에 우리가 유지해야 할 전통을 선정하는 데 따르는 어려움이 있는 것이다.

그러나 전통의 상대적 가치나 상대적인 설득력이라는 문제는 그것이 인식론적 위기(epistemological crisis)에 봉착했을 경우 그것의 수행력을 시험해 봄으로써 해결될 수 있다는 것이 매킨타이어의 주장이다.

어떤 전통이 인식론적 위기상태에 있다는 것은, 그 전통이 비생산적인 갈등과 구태의연한 방식에 의해 분열된 상태에 있다는 것을 의미한다. 매킨타이어에 의하면, 이러한 위기극복은 일련의 새로운 개념이나 오래 된 교의와 관념의 새로운 종합을 전개함으로써만 가능하다고 한다. 그러나 여기에는 단서가 붙는다. 즉, ① 미결된 문제를 해결해 주는 전통을 인정하고, ② 그런 문제가 어떻게 일어났고, 왜 그런 문제가 지금까지 해결되지 못했는가를 설명해 주는 전통을 인정하고, ③ 낡은 종합과 새로운 종합 간의 근본적인 연속성을 보여 주는 방식으로 앞의 ①, ②와 같이 그렇게 하는 전통을 인정한다는 세 가지 조건이 그것이다.44)

요컨대, 매킨타이어는 인식론적 위기상황을 극복함에 있어, 이상의 세 가지 조건을 충족시킬 수 있는 체계를 지닌 전통만이 우리가 유지할 가치가 있는 전통으로 간주하고 있는 셈이다.

---

44) 앞의 책, 91~92쪽.

5) 네오-아리스토텔레스주의의 한계

이제까지의 논의를 통해 볼 때, 매킨타이어는 아리스토텔레스적 관점의 상실로부터 현대의 도덕문화가 파편화되고 뿌리 없는 문화로 되었다고 믿고 있음을 알 수 있었다. 그는 현대 서양의 도덕문화가 처해 있는 이러한 상황을 '새로운 암흑시대(the new dark ages)'가 도래할 징후라고 규정한다.

그래서 그는 다가올 새로운 암흑시대와 야만주의를 헤쳐 나갈 수 있는 시민성과 지적·도덕적인 삶이 유지될 수 있는 어떤 새로운 형태의 지역공동체를 구성하는 일을 무엇보다도 시급한 우리의 도덕적 임무로 간주한다. 그러나 이 시대는 이미 야만인이 우리의 전방을 넘어, 상당 기간 우리를 지배해 온 시대라는 것이 매킨타이어의 단언이다. 그렇다면 여기에 희망은 있는가?

매킨타이어에 따르면, 희망의 근거가 전혀 없는 것은 아니다. 그는 오로지 아리스토텔레스적인 덕의 전통을 부활시킴으로써만 새로운 암흑시대라는 공포로부터 벗어날 수 있다고 생각한다(AV, 263).

그러나 매킨타이어의 이러한 견해가 너무나 극단적인 관점을 취하고 있음을 부인할 수는 없을 것이다. 이런 점에서 그는 이른바 극단적인 공동체주의자로 분류되기도 한다.

이제, 매킨타이어의 견해에서 발견되는 몇 가지의 문제점 내지는 한계를 지적하는 것으로 이 글을 마무리하기로 한다.

첫째, 매킨타이어에 의하면, 근대 윤리학의 중대한 실수는 인간 삶이 궁극목적 또는 객관적 목적을 갖는다는 아리스토텔레스의 견해를 포기한 데서부터 발생한 것으로 본다. 이로부터 좋은 삶의 이념은 합당한 사람에 의해 다양하게 해석될 수 있다는 견해인 근대적 다원주의의 교의가 형성되었으며, 그 결과 도덕 그 자체는 합리적으로 끊임없는 논쟁의 장소가 되었다는 것이다. 근대성에 대한 매킨타이어의 공격은 명백하게 이것이 나쁜 것이라고 역설한다. 그러나 매킨타이어의 이러한 비판은 '도덕과 좋은 삶 간의 관계'에 관한 아리스토텔레스적 이상과 근대적 이상 간의 진정한 차이를 잘못 설정한 데서 오는 것에 불과하다.

라모어에 의하면, 계몽주의의 주요 표적은 아리스토텔레스주의가 아닌, 기독교 윤리학의 어떤 전통이었다. 이런 점에서 계몽주의의 목적은 종교적 세계관에 독립적인 또는 자율적인 도덕개념을 만드는 것이었다. 도덕의 자율성―이것은 도덕적 행위자의 자율성을 말하는 것이 아니다―개념은 계몽주의만의 특징이 아니라 아리스토텔레스의 윤리학에서도 공유되는 개념이다. 도덕의 자율성이라는 이념은 도덕 안에서, 그리고 도덕을 통해서만 우리의 참된 인간성에 도달한다는 이념이다. 그리고 도덕이 자율적인 가치의 원천이라는 이념은 특별히 근대적인 이념이 아닌 아리스토텔레스 윤리학의 바로 그 중심에도 놓여 있다. 즉, 아리스토텔레스의 덕 역시 자율적인 가치의 근원이다. 이런 의미에서 근대의 도덕가는 도덕이 자율적인 가치의 원천이라는 고대적 의미를 회복했다고 할 수 있다. 적어도 아리스토텔레스와 근대의 도덕가―예컨대, 버틀러(Butler), 루소 그리고 칸트― 간에 분명히 중요한 차이점이 있을지라도, 도덕의 자율성에 관한 문제에 있어서는 그들 간에 어떠한 차이점도 없는 것이다.

도덕과 좋은 삶의 관계에 대한 아리스토텔레스와 근대 윤리학의 차이점은 인간적 성취에 대한 아리스토텔레스의 일원론적 견해에 있다. 그의 좋은 삶의 개념에는 철저한 위계질서가 있다. 그에 의하면, 최선의 삶은 이론적 관조이며, 두 번째의 삶은 도덕적 덕이 최선으로 발휘된 정치적 활동이다. 근대의 사상가는 어떤 단일한 삶의 형태가 인간을 위해 최선이라는 아리스토텔레스의 길을 따르는 것을 꺼려 한다. 이것이 근대의 도덕가가 일반적으로 다원주의와 관용이라는 이름으로 거부했던 믿음—특히, 정치적 활동 속에서 인간성은 실현된다는 믿음—이다. 그래서 근대적 견해는 정치적 삶이 본질적으로 종교적 삶, 경제적 삶, 또는 가족, 기타 보다 도덕적인 삶에로 이끄는 보다 더 큰 매력을 지니지 않으며, 적어도 합당한 사람은 어떤 단일한 삶의 형식이 다른 삶의 형식보다 우위에 있다는 주장에 동의하지 않을 수 있다고 주장한다. 실행가능한 좋은 삶의 개념의 다원주의, 좋은 삶의 개념의 불일치에 관한 관용은 근대의 도덕가에 의해 더욱 개방적인 것이 되었다. 이것은 매킨타이어의 비판과는 반대로, 근대 윤리학이 좋은 삶의 개념을 더욱 확장했다는 이야기가 된다.

잠정적이기는 하지만, 매킨타이어가 제시한 우리 모두가 공유할 수 있는 좋은 삶이라는 이념의 내용은 "인간에게 좋은 삶이란 인간에게 좋은 삶을 추구하면서 보낸 삶이다"라는 것이다. 이것은 명백히 가장 좋은 상태에서 사는 삶이란 서로 다른 개인과 집단에 의해 서로 다르게 그러나 합리적으로 해석될 수 있다는 것을 의미한다. 이것이야말로 다원주의적 견지에 속한다.45) 다시 말해, 도덕에 다원주의를 허용하는 근대성에 대한 비판에도 불구하고 매킨타이어 자신이 다원주의를 받아들이고 있는 것이다. 이것은 매킨타이어가 그토록 원하던 아리스토텔레스적인 관점만으로 도덕의 재건을 도모했던 그의 네오-아리스토텔레스적인 시도가 실패했음을 보여 주는 예가 될 것이다.

둘째, 어떤 공동체에 매킨타이어의 덕론을 구현하려 하거나, 구현했을 경우에 발생할 수 있는 두 가지의 부정적 가능성이 상존한다는 점을

---

45) Larmore, *Patterns of Moral Complexity*, 22~39쪽 참조.

들 수 있을 것이다. 먼저, 공동체의 구성이라는 측면에서 볼 때, 매킨타이어가 주장하는 포괄적인 공동선에 기초하는 아리스토텔레스적인 덕의 정치는 공동체의 전망에서 자유주의보다 더 파괴적일 수 있다. 왜냐하면 그것은 오늘날의 다원주의 사회에서는 어느 정도 결여되어 있는 '인간에게 좋은 삶과 공동체를 위한 선'에 대한 공유된 견해를 창출하기 위해 권위주의적이어야 하고 강제력을 사용해야 하기 때문이다.[46] 그리고 공동체 속에서 살아가야 하는 개인의 측면에서 볼 때, 사람은 자신의 정체성을 보호하고 그의 전통적인 역할 속에서 안락함을 보장받기 위하여 그 공동체에 안주해 버릴 수도 있을 것이다. 그럴 경우, 사회적으로 주어진 자신의 정체성에 하등의 의심도 하지 않는 사람으로 구성된 그 공동체는 자멸의 길로 들어설 수 있다는 부정적 가능성을 배제할 수는 없을 것이다. 이러한 측면으로부터도 새로운 암흑시대가 도래할 가능성이 얼마든지 잉태될 수 있을 것이다.

그러나 매킨타이어의 자유주의 비판은 사회주의 체제의 몰락 이후 경쟁상대가 없이 독주하던 자유주의 그 자체에 반성의 계기를 제공함으로써, 자유주의가 소홀히 하고 있는 공동체적 가치 또는 덕의 문제에 관심을 촉구하여 자유주의가 지니고 있는 약점을 스스로 보완할 수 있는 단초를 제공하고 있다는 점에서 그 의의를 찾아 볼 수 있을 것이다.

---

46) 이인숙, 「공동체주의에 대한 연구: 자유주의와 관련해서」 (고려대학교 대학원 철학과 박사학위 논문, 1994), 94쪽.

제5장

테일러의 윤리학

9. 자아의 정체성과 도덕적 선

1) 근대 도덕의식의 특징

테일러는 그의 대표작이라고 할 수 있는 『자아의 원천: 근대적 정체성의 구성』[1]에서, 근대적 정체성의 역사를 명료하게 하려는 시도를 하고 있다. 그는 근대적 정체성의 세 가지 주요한 측면에 초점을 맞춘다. 첫째, 내적 깊이를 지닌 존재로서의 우리 자신의 감각과 우리는 '자아'라는 개념과 연결된 근대적 내면성이라는 측면, 둘째 근대 초기로부터 발

---

[1] C. Taylor, *Sources of the Self: The Making of the Modern Identity* (Cambridge: Harvard Univ. Press, 1989). 이하 *SS*로 약기하고 본문에 쪽을 부기함.

전한 일상적인 삶의 긍정이라는 측면, 셋째 내적인 도덕의 원천으로서의 표현주의적 자연개념의 측면 등이 그것이다. 이를 위하여 테일러는 분석적·연대기적인 방법을 결합하여, 첫째 아우구스티누스(Augustine)에서 데카르트(Descartes)와 몽테뉴(Montaigne) 그리고 우리 자신의 시대를 추적하고, 둘째 종교개혁에서 계몽주의까지의 그 당시의 형식을 고찰하며, 셋째 18세기 말엽에 기원하여 19세기의 변화를 거쳐 20세기 문학에서 표현되고 있는 것을 기술하고 있다(SS, x).

테일러의 이러한 작업으로부터 우리는 근대 도덕의식의 가장 주요한 특징을 다음의 네 가지로 정리해 볼 수 있을 것이다.

① 근대 도덕의식의 특징적인 구성요소 가운데 하나는 우리가 고통을 피해야 할 필요가 있다는 것을 강조하는 것으로부터 도출된다. 긍정적으로 말해, 우리가 소중하게 지켜야 할 가치는 타인의 복지를 고려하는 가치이다.

② 권리 그 자체를 보편적 특성을 갖고 있는 것으로 간주하게 된 결과로서 모든 사람을 권리를 소유하고 있는 것으로 간주하게 되었다. 이것은 주로 인권이 인정되는 것을 보증할 필요에 의해 규정되는 가치인 전세계적인 정의의 이상을 받아들이도록 우리를 몰아붙인다.

③ 우리의 가장 깊은 존경을 받을 만한 도덕적·정신적 가치를 구체화하는 '일상적 삶'의 책무와 참여를 믿게 되었다.

④ 우리 자신이 우리가 살아가는 가치의 원천이고 창조자라는 것을 믿게 되었다.[2]

이러한 근대 도덕의식의 주요한 특징은 이른바 테일러가 '근대성의

---

2) Q. Skinner, "Modernity and Disenchantment: Some Historical Reflections", in *Philosophy in an Age of Pluralism*, ed. by J. Tully (Cambridge: Cambridge Univ. Press, 1994), 37~38쪽 참조.

불안감(the malaises of modernity)'3)이라고 하는 것을 부분적으로 조장하는 원천적인 사고방식으로 간주될 수 있을 것이다. 이러한 문제에 직면하여, 테일러는 자아의 의미와 도덕적 통찰력 간의 관계 또는 정체성과 선의 관계의 밑그림을 제시함으로써 근대 또는 현대가 직면하고 있는 문화적·도덕적 위기를 분석·타개할 수 있는 실마리를 모색하고자 한다. 이런 의미에서 정체성과 선의 관계의 탐구는 '오류와 통찰의 혼합으로 인식되는 근대성의 자기상(self-image)을 바로 잡는'4) 하나의 예비적인 작업이자, 분석의 틀을 제공하는 것으로 자리매김할 수 있을 것이다.

　　정체성과 선의 관계에 대한 테일러의 탐구는 주로 『자아의 원천』의 제1부에서 이루어지고 있다. 이 글에서는 이 제1부의 논의를 중심으로 하여 도덕존재론에 근거한 '자아의 정체성과 도덕적 선'의 관련성 문제를 고찰해 볼 것이다.

2) 도덕존재론과 정체성

(1) 도덕적 직관과 존재론적 설명

　　우리가 공유하고 있는 것으로 믿어지는 도덕적 직관 또는 반응은 크게 두 가지 반응으로 나누어 볼 수 있다. 첫째는 본능적인 도덕적 반응이며, 둘째는 인간존재론적인 도덕적 반응이다. 본능적인 도덕적 반응

---

3) 테일러가 말하는 근대성의 불안감에는 세 가지가 있다. 첫째는 개인주의로부터 나타나는 의미의 상실, 즉 도덕적 지평의 소멸의 두려움, 둘째 세계의 탈주술화로부터 나타나는 만연하는 도구적 이성에 직면한 목적의 실추의 두려움, 셋째 개인주의와 도구적 이성이 정치적 삶에 가져올 무서운 결과로서의 자유상실의 두려움 등이 그것이다. C. Taylor, *The Ethics of Authenticity* (Cambridge: Harvard Univ. Press, 1991), 2~10쪽 참조.

4) C. Larmore, "Book Reviews: Charles Taylor, Sources of the Self", *Ethics*, vol. 102, no. 1 (October, 1991), 158쪽 참조.

은, 예컨대 인간의 존엄성이 침해될 경우, 마치 달콤한 것에 대한 사랑, 메스꺼운 것에 대한 혐오, 추락에 대한 공포 등에 비견할 수 있는 반응으로서 어떤 논증이나 추론이 불필요한 도덕적 반응으로 간주된다. 반면에, 인간 존재론적인 도덕적 반응은, 예컨대 인간이 신의 자녀, 또는 합리적인 목적의 선택자라는 이유에서 인간적 존엄성을 소유한다5)는 주장처럼 인간 존재의 본성과 지위에 대한 주장을 포함하는 도덕적 반응이라고 할 수 있다.

본능적인 도덕적 반응과 인간존재론적인 도덕적 반응의 양자는 어떤 속성을 지닌 대상에 대한 반응이라는 점에서 동일하다고 할 수 있다. 그러나 전자의 경우는 달콤한 맛에 대한 우리의 반응 및 메스꺼움에 대한 우리의 반응에서 볼 수 있듯이, 어떤 대상이 지닌 속성과 반응 간의 관계가 맹목적인 사실적 반응에 불과한 것으로 드러난다. 그러나 후자는 인간적 존엄성을 소유하는 이유―위에서 예시한 이유―에 근거한 우리의 반응에서 알 수 있듯이, 어떤 주어진 대상의 특수한 속성에 반응하며, 그 속성은 우리가 반응할 만한 것으로서의 대상을 명시해 주는,6) 이른바 존재론적 설명에 근거한 도덕적 반응이라는 점에서 앞의 본능적인 도덕적 반응, 즉 사실적 반응과는 차별화되는 독립적인 기준을 지닌 도덕적 반응이다. 이런 이유로, 테일러는 인간존재론적인 도덕적 반응만을 진정한 의미의 도덕적 직관으로 간주한다.

그러나 도덕적 직관에 대한 이러한 테일러의 주장은 이른바 매키(Mackie)가 말한 도덕적 가치의 '오류설(error theory)'7)이라는 부담을 지

---

5) S. Mulhall, and A. Swift, *Liberals and Communitarians* (Oxford: Basil Blackwell, 1993), 102쪽. 이하 *LC*로 약기함.

6) Mulhall and Swift, *LC*, 103쪽; Taylor, *SS*, 6쪽.

7) 매키가 말한 오류설이란, 객관적 가치를 부정하는 도덕적 회의주의의 입장을 한 마디로 규정한 것에 해당한다. 이에 따르면, 도덕적 판단을 함에 대부분의 사람이 암묵적으로,

니게 될 가능성이 있다. 이러한 부담으로부터 벗어나기 위하여 테일러
는 강한 평가(strong evaluation)라는 개념을 도입한다. 그에 의하면, 강한
평가는 욕구된 것만으로는 불충분한, 즉 실제로 어떤 욕구 또는 욕구된
바의 성취가 나쁜 것, 천한 것, 저열한 것, 하찮은 것, 피상적인 것, 가치
없는 것 등으로 판정될 수 있는 '선'의 사용 또는 어떤 다른 평가적 용어
를 포함하는 평가를 의미한다. 반면에 어떤 것이 욕구된 것만으로도 충
분히 선인 것으로 판정될 수 있다는 태도가 있을 수 있는데, 그는 이것
을 약한 평가(weak evaluation)라고 한다.8)

강한 평가와 약한 평가에 관한 테일러의 구분법에 따를 경우, 강한
평가는 약한 평가마저도 그 평가의 대상으로 삼고 있음을 알 수 있다.
결국 그가 말하는 강한 평가는 우리 자신의 욕구, 경향성 그리고 선택에
의해 타당한 것으로 되는 것이 아니라, 이러한 것에 독립적이며, 또한
이러한 것이 판정될 수 있는 규범을 제공하는 옳음·그름, 좋음·나쁨,
높음·낮음 등의 구별을 포함(SS, 4)하는 가치평가의 기준이라고 할 수
있다.

그렇다면 강한 평가라는 개념을 수반하는 도덕적 반응은 대상에 의
해 우리에게 형성된 주장을 암묵적으로 인정하며, 여러 가지 존재론적
설명은 그러한 주장을 명확하게 표현하려는 시도로 간주될 수 있을 것
이다.9) 즉, 도덕적 반응에 대한 존재론적 설명은 우리의 도덕적 본능에
대해 명확한 표현(articulations)10)이라는 지위를 지니며, 아울러 우리의

여러 가지 것 가운데, 객관적으로 규정되는 어떤 것에 대해 지시하고 있다고 주장할지라도,
이러한 주장은 모두가 잘못된 것이라는 이론을 말한다. J. L. Mackie, *Ethics: Inventing Right
and Wrong*(Harmondsworth: Penguin Books, 1985), 35쪽.

8) C. Taylor, *Human Agency and Language: Philosophical Papers* I(Cambridge: Cambridge
Univ. Press, 1985), 18쪽.

9) Mulhall and Swift, *LC*, 103쪽.

반응에 내재하는 주장을 명확하게 표현한다(SS, 8). 테일러의 이러한 주장은 도덕적 반응과 존재론적 설명이 내적으로 관련되어 있다는 것을 보여 준다고 하겠다. 즉, 반응할 만한 대상의 속성을 특징지으려고 설명에 사용하는 용어는 어떤 반응이 무슨 반응인지를 규정하고 있으며, 그래서 그것이 어떤 반응인지를 우리에게 정확히 말하고 있다는 점에서 그렇다. 이런 의미에서 설명에 사용하는 용어는 반응의 특성 또는 정체성을 규정하는 것이라고 할 수 있을 것이다.11)

존재론적 주장이 식별될 수 있고, 합리적으로 논증될 수 있으며, 면밀히 검토할 수 있는 세계에 대한 우리의 접근 양식으로서의 도덕적 반응은 존재론적 설명에 의해서만 명확히 표현될 수 있다는 사실을 위에서 언급한 바 있다. 그러나 존재론적 설명이 도덕적 반응을 명확히 표현하려면 적어도 도덕적 사고의 세 가지 축─테일러는 이 세 가지의 축과 유사한 어떤 것이 모든 문화 속에 존재한다고 가정한다─이 요구된다. 테일러가 제시하는 도덕적 사고의 세 가지 축은, 첫째 타인에 대한 우리의 존중심과 책무, 둘째 무엇이 완전한 삶(a full life)을 만드는가에 대한 우리의 이해, 셋째 존엄성과 관련된 생각의 범위 등이다(SS, 15).

이상에서 제시한 세 가지의 도덕적 사고의 축들은 상호 연관성을 가지고 우리의 도덕적 반응(직관)을 명확히 표현하는 것으로 간주된다.

우선적으로, 타인 존중이라는 점에서 도덕성은 규정될 수 있으며, 그럴 경우 도덕의 범주 안에는 타인에 대한 우리의 책무가 포함될 것이다. 이러한 정의를 받아들인다면, 우리는 어떤 종류의 삶이 가치 있는 삶이

---

10) '명확한 표현'이라는 개념은, 우리의 도덕적 세계의 양상이 우리에게 확인·해명되며 접근하기 용이하면서도 영향력을 발휘하는 과정에 관한 테일러의 기술적 용어이다. M. L. Morgan, "Religion, History and Moral Discourse", in *Philosophy in an Age of Pluralism*, 52쪽.
11) Mulhall and Swift, *LC*, 103쪽 참조.

며, 어떤 종류의 삶이 나의 특수한 재능에 내재된 기대를 충족시키고,
또는 나의 기부금으로 인하여 누군가에게 과해진 요구가 이행되었는지,
또는 무엇이 풍요롭고, 의미 있는 삶을 구성하는가라는 문제와 관련된,
나는 내 인생을 어떻게 살아가려고 하는가 하는 문제가 있다는 것을 인
정해야 할 것이다. 이러한 문제는 결국 강한 평가의 문제에 다름아니다.
왜냐하면 이러한 문제를 묻는 사람은, 우리가 우리의 직접적인 소망과
욕구에 따를 경우, 우리가 잘못된 방향으로의 선회를 택할 수 있고, 이로
인하여 충만한 삶으로 우리를 이끌어 가는 데 실패하리라는 것을 알고
있기 때문이다. 그러므로 우리가 우리의 도덕적 세계를 이해하려면, 우
리는 어떤 이상과 그림이 타인에 대한 우리의 존중심의 기초가 되며,
또한 완전한 삶이라는 우리의 생각을 지지해 주는가를 살펴보아야 할
것이다.

그리고 마지막으로 도덕적 사고의 축 가운데 하나인 존엄성은 우리
주변사람에 대한 존중을 명령하는 것으로서의 우리 자신의 의식적인 느
낌을 의미한다. 그런데 여기서의 존중은 권리의 존중을 말하는 것이 아
니라, 단지 누군가를 좋게 대하거나, 좋게 생각한다는 식으로, 일상적인
언어를 통한 개인적 태도(attitudinal)로서의 존중을 의미한다(*SS*,
14~15).

이상의 도덕적 사고의 세 가지 축 간의 연관관계를 통해 볼 때, 이
모두는 인간존재의 본성 또는 지위에 대한 어떤 입장을 전제하고 있음
을 알 수 있다. 이로부터 우리는 도덕적 직관을 명확히 표현함에 존재론
적 설명이 필수적인 위치를 점유하고 있음을 재확인할 수 있게 된다.
또한 존재론적 설명방법은 도덕적 사고의 세 가지 축을 중심으로 발전
된 도덕적 틀 구조(frameworks)가 반드시 강한 평가라는 개념을 수반해
야 한다는 테일러의 주장을 명백히 보여 준다고 하겠다.12) 이런 맥락에

서 테일러는 도덕적 사고의 세 가지 축을 '강한 평가의 세 가지 축'(*SS*, 42)이라고 한다.

(2) 도덕적 틀 구조와 정체성

도덕적 틀 구조는 세 가지 차원의 도덕적 축 가운데의 어느 것에서나 우리의 도덕적 판단, 직관, 반응을 위한 외재적이거나 내재적인 배경을 제공하는 것으로 간주된다. 그러므로 도덕적 또는 평가적 틀 구조는 도덕적 축의 세 가지 차원이 어떻게 관련되어 있느냐에 따라서 각각의 틀 구조는 질적으로 구별된다고 할 수 있다. 때문에 우리는 도덕적 직관을 명확하게 표현하는 작업을 필요로 했던 것과 마찬가지로 도덕적 틀 구조를 명확하게 표현할 필요에 직면하게 된다.

도덕적 틀 구조를 명확히 표현한다는 것은 무엇이 우리의 도덕적 응답의 의미를 만드는가 하는 해명을 뜻한다. 즉, 우리가 어떤 삶의 형식이 진실로 훌륭하다고 판단할 경우, 또는 어떤 업적이나 지위 안에 우리의 존엄성을 위치시킬 경우, 또는 어떤 방법으로 우리의 도덕적 책무를 규정할 경우에 우리가 전제한 것을 해명하고자 할 때(*SS*, 26), 우리는 이미 도덕적 틀 구조를 명확하게 표현하는 작업에 들어선 것이라고 할 수 있다.

그러나 도덕적 틀 구조를 명확하게 표현함에 그 틀 구조를 구체화하는 강한 질적 차별화(qualitative discriminations)가 없이는 인간 행위의 의미를 만들 수 없다[13]는 것이 테일러의 입장이다. 그래서 그는 자신이 틀 구조라고 했던 것은 일단의 중대한 질적 구별을 내포하며, 그와 같은 틀 구조 안에서 생각하고, 느끼고, 판단하는 것은 어떤 행동, 또는 삶의 양식, 또는 느낌의 양식이 보다 즉시 우리에게 이용 가능한 다른 것 보

---

12) 앞의 책, 104쪽 참조.
13) 앞의 책, 105쪽.

다 비교가 안 될 정도로 높다는 의미로 기능한다고 말한다. 테일러의 이러한 주장 속에는 우리의 일상적인 목적과 선처럼 동등한 등급으로 평가될 수 없는 가치 있고, 바람직한 목적과 선이 있으며, 이러한 목적과 선은 그것이 지닌 비교불가능성이라는 특수한 지위로 인하여 우리에게 경외와 존중, 또는 찬양을 명령한다는 의미가 함축되어 있다.

때문에 비교불가능성이라는 지위를 가진 목적과 선은 우리 자신의 욕구, 경향성, 또는 선택에 독립적이며, 이러한 목적과 선은 우리 자신의 욕구와 선택이 판단되는 표준을 대변한다. 바로 이러한 점에서 우리의 욕구, 경향성, 또는 선택 등에 독립적인 강한 평가와 일상적인 목적이나 선과 질적으로 구별되는 어떤 목적과 선이 지닌 비교불가능성은 도덕적 틀 구조 안에서 상호 결합하는 장을 마련하게 되는 것이다(SS, 19~20).

요컨대, 우리의 도덕적 행위의 현상론적인 파악은 우리가 '질적 구별'을 함으로써, 그리고 하나의 선 또는 선들에 우리 자신을 정향시킴으로써 강한 평가의 구조를 드러낸다. 틀 구조를 명확하게 표현한다는 것은 그런 행위의 의미를 구성하는 도덕적 선을 확인한다는 것이다. 즉, 우리는 우리의 도덕적 직관과 행위에 최상의 의미를 구성하는 배경적 그림을 그리려고 시도한다. 이 그림에서 상술된 선과 도덕의 원천은 우리가 도덕적 행위자로서의 우리에게 존재하는 것으로, 그리고 능력을 부여하는 것으로 받아들인 것이다.14)

그러므로 도덕적 틀 구조, 즉 도덕적 지평(moral horizon)을 통해 우리가 우리의 삶을 살며, 그리고 우리의 삶의 의미를 만들어 내려면, 그 안에는 당연히 강한 평가와 결합되는 강한 질적 차별화가 포함되어야 할 것이다. 이러한 주장은 그와 같이 강력하게 제한된 지평의 범위 내에

---

14) Morgan, "Religion, History and Moral Discourse", 52쪽.

서 사는 것이 인간행위를 구성하는 것이며, 이러한 한계 밖으로 걸음을 옮기는 것은 우리가 완전한, 즉 손상되지 않은 인간적인 개인적 특질로서 인정하는 것 밖으로 걸음을 옮기는 것과 같다는 주장에 다름아닌 것이다. 이러한 사실은 정체성 문제의 탐구를 통해 밝혀질 수 있다.

내가 누구인가를 알려면 내가 어디에 있는가를 알면 된다. 나의 정체성은 선한 것, 가치 있는 것, 해야만 하는 것, 내가 승인하거나 반대하는 것을 사정에 따라 결정할 수 있는 구조나 지평을 제공하는 참여와 귀속의식에 의해 규정된다. 예컨대, 우리의 정체성은 도덕적, 정신적인 참여에 의해 불교도 또는 기독교도, 환경보호주의자 등으로 규정될 수 있고, 귀속의식에 의해 한국인, 중국인 등으로 규정될 수 있다.

그렇다고 해서 우리가 이러한 정신적 견해나 배경에 강력한 애착심을 가져야 하는 것은 아니다. 앞에서 말한 바와 같이, 오히려 우리는 참여나 귀속의식을 통하여 무엇이 선이고, 무엇이 할 만한 가치가 있으며, 무엇이 칭찬할 만한 것인가 하는 문제나 가치문제에 관련하여 우리가 어디에 있는가를 결정할 수 있는 구조를 제공받게 되는 것이다. 이런 의미에서 테일러는 참여와 귀속의식에 의해 규정되는 개인의 정체성을 '내가 하나의 위치를 택할 수 있는 지평'으로 간주한다. 그럴 경우, 우리가 참여나 귀속의식을 상실하게 되면, 그 결과는 흔히 "내가 누구인지 모르겠다"는 표현으로 대표되는, 즉 내가 서 있는 곳의 근본적인 불확실성으로 간주될 수 있는, 심각한 비정향성의 형식인, 정체성의 위기를 초래하게 된다(*SS*, 27).

정체성의 위기에 처한 사람에게서 나타나는 징후 가운데 하나는, 그에게 어떤 삶의 가능성은 좋거나 의미 있으며, 또는 나머지의 삶의 가능성은 나쁘거나, 사소한 것으로 평가해 줄 수 있는 구조나 지평이 결여되어 있다는 점이다. 설사 모든 가능성이 그에게 있다고할지라도 그것들의 의미는 불확정적이며, 불안정하고, 불명료할 수밖에 없다. 테일러에 따르면, 이것은 매우 고통스럽고, 무서운 경험이다. 이러한 문제해결을 위해, 테일러는 정체성과 어떤 종류의 정향성(orientation) 간의 근본적인 결합을 모색한다. 그에 의하면, 당신이 누구인가를 안다는 것은 도덕적 공간(moral space) 속에 당신이 정향되어 있다는 것과 같다. 여기서의 도덕적 공간은 선과 악이란 무엇이고, 무엇을 하는 것이 가치 있거나 가치가 없으며, 무엇이 나에게 의미와 중요성을 가지며, 무엇이 나에게 사소하거나 부차적인 것인가라는 문제가 제기되는 공간을 지칭한다. 테일러는 이러한 공간적 정향성이 인간정신 속에 깊숙하게 내재되어 있다고 믿는다(SS, 27~28).

그래서 우리가 정향성을 말한다는 것은 우리가 우리 방식을 발견하는 공간-유사체를 전제한다는 것이다. 도덕적 공간에서 정향성을 발견하거나 상실하는 것에 의해 우리의 범주를 이해한다는 것은 우리의 틀 구조가 존재론적인 기초로서 규정하도록 추구하는 공간을 채택하는 것이다. 이러한 공간은 강한 평가 또는 질적 구별에 의해 그 위치가 자리매김되는 공간으로 출현한다. 도덕적 공간 속에 정향된 우리의 정체성은 테일러에 의하면, 우리에게 무엇이 중요하고, 무엇이 중요하지 않는지를 규정하도록 허용하는 것이다. 그래서 정체성이 강한 평가에 의하여 결정된 차별화를 포함한다면, 정체성은 중요한 것과 중요하지 않은 것의 차별화를 가능하게 한다. 그러므로 정체성은 강한 평가없이는 전혀 존재할 수 없는 것이다(SS, 29~30).

위에서와 같은 방식으로 정체성을 이해할 경우, 모든 틀 구조로부터 자유로운 행위자의 초상은 우리를 섬뜩하게 하는 정체성의 위기에 처해 있는 사람으로 비춰진다. 하나의 결핍으로써 이러한 틀 구조의 부재를 괴로워하지 않는 사람은 무서운 분열의 그림을 가지고 있는 것이다. 그러므로 틀 구조가 없는 사람은 우리 대화의 공간 바깥에 있는 것이며, 우리의 안식처가 있는 공간에서 아무런 위치도 가질 수 없게 된다. 테일러는 이러한 현상을 병리적인 것으로 간주한다(SS, 31).

3) 언어공동체적 자아와 서사적 삶

(1) 자아와 언어공동체

자아로서의 인간존재라는 말은 역사적으로 조건이 결정되는 개념이다. 이런 의미에서 자아가 정체성을 갖기 위해 필요로 하는 깊이와 복잡성을 지닌 존재라는 것을 의미한다면, 사람을 자아라고 부르는 그 용어는 의미가 있게 된다(SS, 32). 여기에서 테일러는 심리학과 사회학에서 나타나는 자아개념의 용법과 자신의 견해를 구별하고자 한다.

예컨대, 우리가 전략적으로 우리 자신의 욕구, 능력 등을 포함하는, 어떤 요인의 관점에서 우리의 행위를 이끌 수 있다는 의미로 자아라는 개념을 사용한다면, 이것은 자아(self)라기보다는 오히려 프로이트적 의미의 에고(ego)에 가까운 것이다. 에고는 선에 관한 문제의 공간에 그 자체를 정향시킬 필요가 없다. 최대한의 자유를 노리는 프로이트적 에고는 이드(id)의 충동에도 아랑곳없을 뿐만 아니라 슈퍼에고(superego)의 전제적인 요구에 최대한의 책략적 여유를 지닐 경우 최대로 통제를 행사할 수 있다. 이상적으로 자유로운 에고는 이득의 명석한 계산자일 것이기 때문이다. 그러나 자아에는 선에 대한 정향성이 필요하다. 특히 정체성을 위한 우리의 필요에 연결된 자아개념은, 선에 대한 어떤 정향성이 없이는 우리가 할 수 있는 것이 없으며, 우리 각자는 본질적으로 이것 위에 서 있는 존재라는 인간행위의 중요한 특성을 식별하게 해주기 때문이다(SS, 33).

자아에 관한 이러한 테일러의 주장 속에는 최대한의 자유 또는 완전한 자유(complete freedom)를 추구하는 자유주의적 자아관에 대한 공동체주의적 비판을 함축하고 있다. 즉,

> 완전한 자유는 실행해야 할 아무런 가치도 없는 공허일 것이다. 외적인 장해와 충격을 모두 물리치고 자유에 도달한 자아는 이것이 아무리 많이 '합리성' 또는 '창조성'과 같은 표면상의 긍정적인 용어로 은폐시킬지라도 특징이 없는, 따라서 규정된 목적이 없는 자아인 것이다. 이러한 용어가 인간행위 또는 삶의 양식을 위한 기준으로 된다는 것은 너무나 막연한 일인 것이다. 그것은 우리를 위해 목표를 설정하는, 그래서 합리성에 모습을 부여하고 창조성에 영감을 제공하는, 상황의 바깥에서 일어나는 우리의 행위에 어떤 내용도 명시할 수 없다.15)

그러므로 선과 같은 공동체적 가치가 우리를 위해 목표를 설정하는 권위 있는 지평(authoritative horizons)으로서 대우받아야만16), 선 또는 공동체적 가치에 자아의 정향성이 확보되고, 이러한 정향성에 바탕할 경우 자유주의적 자아관이 안고 있는 문제점이 해소되리라는 것이 테일러의 생각이다.

그런데 그에 의하면 자아로서, 즉 나의 정체성으로서 내가 존재하는 것은 본질적으로 사물이 나에게 의미를 갖는 방식에 따라 규정되며, 사물이 나에게 의미를 지니거나, 나의 정체성의 문제가 해결되려면, 해석의 언어(a language of interpretation)를 통해야만 한다고 한다. 이러한 언어는 세계를 경험하고, 자신의 감정을 해석하고, 다른 사람, 과거, 미

---

15) C. Taylor, *Hegel and Modern Society* (Cambridge: Cambridge Univ. Press, 1980), 157쪽
16) W. Kymlicka, *Contemporary Political Philosophy* (Oxford: Clarendon Press, 1992), 210쪽.

래, 절대자 등과 자신의 관계를 이해하는 서로 관련된 일단의 방식에 다름아니다. 때문에 언어는 단순한 의사소통의 매체인 것만은 아니다. 예컨대, 우리의 경험은 우리가 그것을 해석하는 방식에 의해 존재하는 것이며, 해석하는 방식에 의해 부분적으로 형성된다고 한다. 그리고 이 해석하는 방식은 우리의 문화 속에서 우리가 사용할 수 있는 용어와 많은 관계가 있다. 더 나아가 테일러는 사회의 제도와 관행을 사회의 근본적인 이념이 표현되는 일종의 언어로 간주한다.[17]

이러한 그의 견해는, 정도상의 차이는 있지만, 공동체의 의미구성에서 언어가 차지하는 비중에 관한 샌들의 견해와의 유사성을 보여 준다. 즉, 샌들에 의하면, 구성적 의미에서, 공동체는 단지 자선의 정신, 또는 공동체주의적 가치의 유포, 또는 어떤 '공유된 궁극적인 목적' 뿐만 아니라, 참여자의 불투명도가 감소되는 범위 내에서의 담론의 공통어휘와 내재적인 관행 및 이해의 배경에 의해 특징지워진다고 한다.[18]

테일러에 의하면, 인간을 탐구한다는 것은 어떤 일정한 언어 속에 실존하는 또는 그것에 의해 부분적으로 구성된 존재를 탐구하는 것이다. 언어는 언어공동체 내에서만 존재하고 유지된다. 이것은 자아라는 것이 다른 자아 가운데서만 자아일 수 있다는 의미를 함축한다. 자아는 그것을 둘러싼 다른 자아에 관계없이 기술될 수 있는 것이 아니기 때문이다. 내가 누구인가라는 문제는 화자의 상호교환에서 그것의 원래적인 의미를 발견하게 된다. 그러므로 내가 말하는 곳을 정의함으로써, 즉 가계도, 사회적 공간, 사회적 지위와 기능의 지형, 내가 사랑하는 사람과 나의 친밀한 관계, 그리고 또한 나의 가장 중요한 규정적 관계가 살아남는

---

17) Taylor, *Hegel and Modern Society*, 87쪽, 89쪽.
18) M. Sandel, *Liberalism and the Limits of Justice* (Cambridge: Cambridge Univ. Press, 1983), 172~173쪽.

도덕적·정신적 정향성의 공간에서 내가 누구인가를 정의한다(SS, 35). 이런 점에서 자아의 정의는 언어의 전수를 전제로 한다고 할 수 있다.

우리는 우리를 기른 분에 의해 진행되는 대화에 들어감으로써 도덕적·정신적인 식별의 언어를 배운다. 내가 배운 말의 첫 번째 의미는 나와 나의 대화 상대자 모두를 위해 지니는 의미이다. 그래서 나는 어떤 공통 공간에서, 나와 다른 사람의 경험을 통해 무엇이 화난 것이고, 사랑이고, 모두의 꿈인가를 배울 수 있다. 그러나 나중에, 적어도 내가 내 가족이나 배경과의 첨예한 불화 속에 있다면, 나 자신과 인간 삶의 최초의 이해방식을 혁신하거나 발전시킬 수 있다. 그러나 이러한 혁신은 다만 우리의 공통언어에 기초하여 일어날 수 있을 뿐이다(SS, 35~36). 즉, 혁신의 의미는 비록 뚜렷한 차이를 보일지라도, 다른 사람의 시각과 입장에 관련하여 자리매김될 때 비로소 이해될 수 있는 것이다.[19] 그러므로 우리가 의미하는 것을 우리가 안다는 바로 그 확신은, 다른 사람의 언어와 관련하여 우리 자신의 원래언어를 파악하고 있다는 것에 의존한다. 테일러는 이러한 의존관계를 '대화의 선험적 조건'이라고 지칭한다(SS, 38, 39).

이것이 우리가 자신만의 힘으로는 자아일 수 없다는 의미이다. 나는 단지 어떤 대화자에 관련해서만 자아이다. 즉, 첫째는 나의 획득적인 자아-정의에 필수적이었던 대화 상대자에 관련하여 자아이며, 둘째 이제는 자아-이해의 언어에 대한 나의 계속적인 파악에 중요한 대화 상대자에 관련하여 자아이다. 물론, 이러한 분류는 중첩될 수 있다. 자아는 '대화의 망(webs of interlocution)' 안에서만 존재한다(SS, 36).

누군가로부터 누군가에게로 내가 말하고 있는 곳의 정의를 통해, 내

---

19) Mulhall and Swift, *LC*, 111쪽.

가 누구인가라는 문제에 답변을 제공하는 것은, 우리의 정체성 개념에 의미를 부여하는 원초적 상황(대화의 망)이다. 그러므로 어떤 사람의 정체성의 충분한 정의는 보통 도덕적·정신적 문제에 관한 그의 입장뿐만 아니라, 한정된 공동체에 대한 어떤 관련성을 포함한다. 정체성 정의의 이러한 두 가지 차원은 정체성에 대한 모든 문제가 발생하는 원초적 상황을 반영한다.

그러나 테일러에 의하면, 한정된 공동체와의 어떤 관련성을 포함하는 두 번째 차원의 정의는 근대 문화에서 배제되는 경향이 있다고 한다. 그에 의하면, 근대 문화는 인간을, 적어도 잠재적으로, 그 자신의 입장을 자신의 내면에서 찾거나, 그에게 최초부터 형성된 대화의 망으로부터 독립을 선언하거나, 또는 적어도 대화의 망을 무력화하는 것으로 그리는 개인주의의 개념을 발전시켜 왔다. 마치 대화의 차원이 개체성의 발생을 위해서만 의미가 있는 것처럼 말이다. 이로부터 서양 문명의 가장 중요한 정신적 전통은 정체성의 두 번째 차원으로부터, 즉 특정한 역사적 공동체로부터, 주어진 탄생과 역사의 망으로부터의 분리를 조장·요구했다는 것이 테일러의 지적이다(SS, 36).

이러한 견해에는 권리 및 자율성의 개념을 그 중심원리로 하는 원자론(atomism)에 대한 강한 비판이 함축되어 있다.

자신만의 감정, 행위, 표현방식을 자율적인 행위자가 갖고 있다고 할 때, 이것은 하나의 정체성이며, 자신을 이해하는 하나의 방식에 해당된다. 그러나 이러한 정체성이나 자신을 이해하는 방식은 선천적인 것이 아니라, 습득해야만 하는 것이다. 이것은 적어도 공동관행의 일부에, 공동의 삶에서 서로를 인정하고 대우하는 방식에, 또는 서로 숙고하거나 말을 걸고, 또는 경제적 교환에 참가하는 방식에, 또는 개체성과 자율성의 가치에 어떤 공적인 인정의 양식에 내재해 있어야만 정체성이나 자신을 이해하는 방식은 습득되는 것이다. 다시 말해 자유로운 개별적 또는 자율적인 도덕적 행위자는 어떤 일정한 유형의 문화 속에서만 자신의 정체성을 성취·유지할 수 있는 것이다. 즉, 자유로운 개인은 그를 존재하게 했고, 그를 기른 전체 사회와 문명의 덕택으로 그 자신일 수 있고, 우리 가족은 이러한 문명 속에 자리잡고 있기 때문에 이러한 능력과 꿈을 우리에게 형성시켜 줄 수 있는 것이다. 이런 맥락의 바깥에 있는 가족은 결코 이러한 지평을 지향할 수 없는 완전히 다른 동물인 것이다.[20]

테일러의 이러한 입장은, 실질적인 반사회적 개인주의에 대한 반대가 아닌 철학적인 반사회적 개인주의에 대한 반대를 표명하고 있는 것으로 여겨진다. 여기에서 그가 말하고자 하는 요점은, 자아의 정체성 문제는 가족관계, 어떤 문화, 전통, 국가의 구성원이라는 자격에 관련되어 있으며, 이것이 우연은 아니라는 사실이다. 오히려 특정한 나라 또는 특정한 지역의 사람으로서 우리 자신의 정체성을 파악하는 것은 우리가 말하고 있는 곳으로부터, 그리고 우리가 말하고 있는 사람의 정체성을 파악하는 필수적인 부분인 것이다. 즉, 그것은 우리의 자아-해석에 필수적인 것이다.[21]

(2) 삶의 의미와 서사

테일러에 의하면, 우리의 가치감(sense of the good)과 자아감(sense of self)은 서로 밀접하게 뒤섞여 있으며, 게다가 그것은 우리가 다른 행

---

20) C. Taylor, "Atomism", in *Communitarianism and Individualism*, eds. by S. Avineri and A. de-Shalit (Oxford: Oxford Univ. Press, 1992), 44~45쪽.
21) Mulhall and Swift, *LC*, 112쪽.

위자와 언어를 공유하는 행위자라는 방식으로 연결된다(SS, 41). 가치감과 자아감의 이와 같은 관련성은 전체로서의 우리의 삶의 의미에 관련될 뿐만 아니라, 동시에 삶의 방향성에도 관련되어 있다.

우리 삶의 의미와 방향성은 특히 우리가 추구하는 선에 의해 규정된다. 그런데 선에 관한 우리의 정향성은 질적으로 고도의 형상을 규정하는 어떤 틀 구조뿐만 아니라, 이에 관련하여 우리가 서 있는 곳의 의미를 요구한다. 그리고 우리가 이러한 질적 구분에 의해 규정된 공간에 우리 자신을 위치시켜야만 한다는 사실은 질적 구분에 관련하여 우리가 서 있는 곳이 우리에게 중요함을 의미할 수밖에 없다. 그러므로 우리는 선에 관하여 올바르게 위치해 있어야 한다(SS, 42~44).

우리는 다음 두 가지 예를 통하여, 우리가 지향하는 선의 위치에 따라 삶의 의미와 삶의 방향성이 서로 다르게 정해질 수 있다는 사실을 확인할 수 있다.

첫째, 이성의 지배를 과학적 정밀조사를 통해 도달한, 일종의 감정의 합리적 통제로 간주하는 감정과는 무관한(disengaged) 객관화를 믿는 사람, 즉 감정과는 무관한 행위자는 객관화에 찬성하여 단호한 태도를 취한다. 그는 탈주술화된 우주에서 인간조건의 엄격한 현실을 숨기는 자못 유쾌해하고 우쭐대는 세계관의 달콤한 말에 저항했고, 종교 및 미신과 절교했다. 그는 과학적 태도를 택했다. 그가 실제로 성취했을 이성의 지배가 아무리 적을지라도, 그의 삶의 방향은 정해진다. 그리고 이것이 그에게는 깊은 만족과 자부심의 원천이 된다.

둘째, 아내와 어린아이를 부양하고 보살피는 관심에서, 풍요로운 가족사랑의 기쁨에서 삶의 의미를 바라보는 가장은 그의 궁극적인 가장의 의무가 거기에 있음을 느낀다. 가족적 삶을 비난하는 사람에 대항해서 또는 그것을 소심한 차선책으로서 바라보는 사람에 대항해서, 그는 인

간 삶에 충만함과 의미를 부여하는 관계의 망을 시간을 들여 구축하는
데 정성을 다해 전념한다. 그의 방향은 이런 식으로 정해진다(SS,
45~46).

　이상의 예를 통해 볼 때 우리의 정신적 정향성을 규정하는 선은 우리
삶의 가치를 평가하는 선으로 판명된다. 따라서 우리는 선에 대한 정향
성 없이는 할 수 있는 것이 없으며, 이러한 선에 관계가 있는 우리의
위치에 무관심할 수 없고, 이러한 위치는 항상 변하고 생성됨에 틀림없
는 어떤 것이기 때문에 우리 삶의 방향성이라는 문제는 우리에게 틀림
없이 제기될 것이다. 우리 삶의 최소한의 의미를 만들기 위하여, 그리고
정체성을 갖기 위하여, 우리는 어떤 질적 차별화의 의미를, 그리고 비교
가 안 될 정도로 고차적인 의미를 뜻하는, 선에 대한 정향성을 필요로
한다. 이러한 가치감은 표명되는 이야기로서의 나의 삶에 대한 나의 이
해로 짜여진다. 그러므로 우리는 서사(narrative) 속에서 우리의 삶을 파
악해야 한다. 이야기로서 우리 삶의 의미를 구성한다는 것은, 마치 선에
대한 정향성처럼, 선택적인 특별한 것은 아니다. 우리 삶은, 정합적인
서사만이 답할 수 있는, 문제의 공간 속에 존재하기 때문이다(SS, 42,
47).

　이러한 테일러의 견해는, 요컨대 인간 삶의 통일성은 서사적인 추구
의 통일성이며, 궁극목적(telos)으로서 우리가 다른 선을 질서정연하게
할 수 있는 선의 개념을 추구함에 있어 우리는 선에 관한 추구인 일종의
삶을 처음으로 정의한다22)는 매킨타이어의 견해와의 유사성을 찾아볼
수 있다.

　그래서 테일러는 자신의 견해를 다음과 같이 정리한다. 즉,

---

22) A. MacIntyre, *After Virtue: A Study in Moral Theory*, 2nd Edition (Notre Dame: Univ.
　of Notre Dame Press, 1984), 219쪽.

우리는 우리 자신을 선에 정향하지 않을 수 없으며, 그래서 선과 관련하여 우리의 위치를 결정하고, 그러므로 우리의 삶의 방향성을 결정하기 때문에, 우리는 불가피하게 서사적 형식으로, '추구'(quest)로서, 우리의 삶을 이해해야만 한다. 그러나 우리는 또다른 점으로부터 출발할 수도 있다. 즉, 우리는 선에 관련하여 우리의 위치를 결정해야 하기 때문에, 우리는 선에 대한 정향성 없이는 존재할 수 없다. 그러므로 이야기 안에서 우리의 삶을 보아야만 한다(*SS*, 51~52).

테일러의 이러한 주장은 선에 대한 정향성과 삶의 서사적 통일성, 또는 '추구'의 구조라는 개념은 상호 함축적이며 내적으로 관련되어 있다[23]는 점을 적시하고 있는 것이다.

4) 지상선과 실천적 추론, 그리고 좋음의 우선성

(1) 최고선과 지상선

테일러는 이야기 속에서 우리의 정체성을 정의하고 우리 삶의 의미를 구성하는 데 질적 차별화의 중요성을 강조한다. 그에게 이러한 질적 차별화는 우리의 도덕적·윤리적 신념을 위한 근거를 제공하는 것으로 간주된다. 질적 차별화라는 개념을 통하여, 테일러는 많은 선 간의 서열화가 반드시 필요하다는 자신의 입장을 견지한다.

우리 대부분은 다수의 선과 더불어 살 뿐만 아니라, 우리가 그러한 선에 등급을 매겨야만 한다는 것을 발견하기도 한다. 그리고 어떤 경우에, 이 서열화는 그러한 선 가운데 어떤 하나의 선을 나머지의 선보다

---

23) Mulhall and Swift, *LC*, 113쪽.

최상의 중요성을 갖는 것으로 만든다. 그럴 경우, 이러한 압도적인 중요성을 갖는 선-예컨대 자기표현, 정의, 신에 대한 경배, 가정생활의 가치 및 기타의 선 가운데 어떤 하나의 선-은 우리의 삶에서 다른 것과는 비교할 수 없는 지위를 지니게 된다(SS, 62).

선의 질적인 차별화를 통해, 우리는 유일한 최고선(the one highest good)이 무엇인지를 인지할 수 있다. 테일러에 의하면, 이러한 유일한 최고선은 우리의 정체성과 관련하여 어떤 특별한 지위를 갖는 것으로 간주된다. 즉, 최고선에 대한 정향성은 나의 정체성을 정의하는데 가장 근접하게 되는 것이며, 최고선에 대한 나의 방향성은 나에게 독특한 중요성을 지닌다. 때문에 최고선에 대한 정향성은 나의 정체성에 필수적이다. 그러므로 나의 삶이 최고선으로부터 외면당하거나, 그것에 결코 접근할 수 없다면, 그것은 파괴적이고, 참을 수 없는 것이 되기 때문에, 인간으로서의 나의 존재라는 바로 그 뿌리를 쳐내어 나의 무가치함이라는 절망 속으로 나를 던져 넣는다. 반면에, 내가 이러한 최고선에로 향하고 있다는 확신은 나에게 인간 또는 자아로서의 존재의 일체감, 또는 충만감을 준다.

이러한 최고선은, 앞에서 언급한 바와 같이, 다른 선보다 더 비교할 수 없을 만큼 중요할 뿐만 아니라, 다른 선과의 사이에 질적인 불연속성을 그 특징으로 하고 있으며, 나아가 이 최고선이 어떤 것에 관해 고찰·판단·결정하는 관점을 제공하는 선으로서의 역할을 할 경우, 테일러는 이 최고선을 지상선(hypergood)[24)]이라고 지칭한다(SS, 63).

---

24) 지상선 또는 건축술적인 지상선(an architectonic hypergood)은 보다 덜 궁극적인 선들에 대한 우리의 추구를 구체화하고 강제하는 궁극적 가치의 원천으로 간주된다. D. M. Weinstock, "The Political Theory of Strong Evaluation", in *Philosophy in an Age of Pluralism*, 173쪽 참조.

그런데 테일러는 지상선—지상선은 내가 속한 어떤 집단에서는 유일한 것일 수 있지만, 내가 속하지 않은 다른 집단 역시 자신만의 유일한 지상선을 지향할 수 있다는 점에서, 여러 가지의 지상선이 존재할 수 있다—을 갈등의 원천으로 간주한다. 왜냐하면 지상선은 그것들이 보다 낮은 서열을 할당하는 선에 궁극적인 불관용을 전제하기 때문이다.[25] 그러나 보다 흥미로운 사실은 마치 근대과학에 의한 전근대에 대한 비판적 교체가 일어났던 것과 유사하게, 보다 초기의 역사적 교체를 통해 갈등이 야기된다는 점이다. 이러한 갈등은 어떤 지상선에 경도된 사람에 의해, 지상선이 고도의 도덕의식으로 향하는 하나의 단계로서 이해되고 있다(SS, 64)는 점을 함축한다.

예컨대, 사회적 계급관에 대한 부정으로서 근대 초기에 역사적으로 발생한 '평등한 존중의 원칙'은 오늘날 많은 사람에 의해 지상선으로 간주된다. 그러나 그 사람들은 그것이 항상 지배적이지는 않았으며, 그것이 점차적으로 보다 초기에, 그리고 보다 더 제약적인 윤리학을 대체한 갈등과 발전의 과정을 통해 일어났으며, 그것은 오늘날에도 다른 윤리학이 도전하게 됨으로써, 즉 삶의 가부장적 형식에 도전하는 새로운 윤리학적 경향에 대항해서, 성별 간의 관계에 그것을 새롭게 적용해야 한다는 문제에 직면하고 있음을 알고 있다.[26] 여기에서 지상선의 새로운 적용문제는, 결국 어떤 지상선이 그것의 지배력을 확보하기 위해서는 그 자체의 가치를 끊임없이 재평가받을 필요가 있음을 암시한다고 하겠다.

요컨대, 지상선은 다른 선에 도전하여 그 자리에 대신 들어서는 선을 우리에게 제시하며, 이러한 지상선에 의해 정의된 전망은 그 결과로서

---

25) Mulhall and Swift, *LC*, 115쪽.

26) Mulhall and Swift, *LC*, 115쪽; Taylor, *SS*, 65쪽.

우리의 변화, 즉 성장, 정화, 또는 고도의 의식이라는 변화를 수반한다 (*SS*, 69~70)고 할 수 있다.

그러나 사전의 지배적인 선으로부터 다음의 지배적인 선으로의 변천, 즉 지상선의 변천이 일어났다고 할 경우에, 과연 그러한 지상선의 교체가 어떻게 정당화될 수 있고, 그것이 또한 어떻게 합리적인 변천이라고 확신할 수 있는가? 테일러는 실천적 추론(practical reasoning)에 의해 이러한 문제를 해소하고자 한다.

(2) 실질적인 실천적 추론과 절차적인 실천적 추론

실천적 추론은 어떤 입장이 절대적으로 옳다는 것을 확정하는 것을 목표로 하는 것이 아니라, 오히려 어떤 입장이 또다른 어떤 입장보다 우월하다는 것을 확정하는 것을 목표로 한다. 실천적 추론은 우리가 상호 비교되는 주장인 A로부터 B로의 운동이 인식론적으로 어떤 획득물을 구성한다는 것을 보여 줄 수 있을 경우에 이러한 상호 비교되는 주장 가운데 하나를 훌륭히 정초된 것으로 제시한다. 이것은 예컨대 우리가 A에서의 모순 또는 A가 의존하고 있는 혼동을 확인하여 해결함으로써, 또는 A가 걸러 내버린 어떤 요인의 중요성을 인정함으로써 A로부터 B를 얻을 수 있다는 것을 우리가 보여 줄 때 하는 어떤 것이다. 이러한 논증은 A로부터 B로의 변천의 본질을 결정한다. 합리적 증거의 중추는 이러한 변천이 오류-감소적 변천이라는 것을 보여 주는 데 있다. 그 논증은 A로부터 B, 또는 B로부터 A로의 변천을 가능하게 하는 경쟁적 해석에 의하여 결정된다.

테일러에 의하면, 이러한 논증형식은 전기적 서사(biographical narra-tive) 속에 그 원천을 갖는다. 우리는 우리가 오류-감소로서, 그러므로 인식론적 획득물로서 이해한 변천을 해냈기 때문에 어떤 견해가 우월하다는 것을 확신한다. 나는 내가 전에는 완전히 무감각했던, 분노와 사랑의 관계를 혼동했었다는 것을 알며, 또는 시간에 의해 부여된 사랑에는 깊이가 있다는 것을 안다. 그러나 이것은 우리가 논증하지 않거나 논증할 수 없다는 것을 의미하지는 않는다. 우리가 도덕적으로 성장했다는 우리의 신념은 또 다른 신념에 의해 도전 받을 수 있다. 그것은 결국 환영일 수 있다. 그래서 우리는 논증하며, 여기서 논증한다는 것은 내가 해냈던 것의 해석 간의 경합이 벌어지고 있다는 것이다(SS, 72).

여기에서 테일러가 말하고자 하는 요지는 하나의 지상선으로부터 다른 지상선으로의 변천의 결과로서의 도덕적 성장(그것이 개인적 차원이든 문화적 차원이든)의 주장은 논란의 여지가 없는 것도 아니며, 또는 모든 사람에게 확신을 가지도록 보장해 주는 것도 아니라는 점이다. 달리 말해, 그 요지는 그 자체가 어떤 도덕적 틀 구조 또는 다른 도덕적 틀 구조를 전제하지 않는 어떤 주어진 지상선의 도덕적 우월성을 결정하기 위한 기준이 없으며, 그 기준이 있을 수 없다는 것이다.27) 그래서 테일러는 다음과 같이 말한다.

> 만일 지상선이 교체를 통하여 발생한다면, 지상선이 담지하고 있는 신념은 지상선에 이르는 변천에 대한 우리의 독해, 또는 도덕적 성장에 대한 어떤 일정한 이해로부터 온다고 한다. 니체가 도덕에 관한 그의 철저한 공격을 개시하려고 했을 때, 그는 노예도덕의 발생에 이르는 변천의 설명을 제공함으로써 공격을 했다. 계보학(Genealogy)은 이런 종류의 탐구를 위한 이름이다. 니체의 계보학은 파괴적이다. 계보학은 실천적 추론의 논리학의 핵심으로 가기 때문이다. 그러므로 지상선은 그 발생에 대한 어떤 일정한 독해를

---

27) Mulhall and Swift, *LC*, 116쪽.

통해서만 옹호될 수 있는 것이다(SS, 72~73).

반면에, 인식론적 전통에 뿌리를 둔, 조악한 모형의 실천적 추론은 변천논증의 불신으로 항상 우리의 주의를 끈다. 그러한 조악한 모형은 우리가 논쟁중의 견지들 바깥에도 정초할 수 있는, 그럼에도 불구하고 의심할 여지가 없는 몇 가지 고려사항 등의 문제를 결정할 기준을 찾기를 바란다. 그러나 그런 고려사항은 있을 수 없다. 나의 견지는 내가 지닌 도덕적 직관에 의해, 즉 내가 도덕적으로 움직여지는 것에 의해 정의된다. 그러나 만일 내가 기준으로부터 추상한다면, 나는 어떠한 도덕적 논증도 이해할 수 없게 된다. 당신은 나의 도덕적 경험에 대한 나의 독해, 그리고 특히 나의 삶의 이야기에 대한 독해, 즉 내가 겪고 지냈던 또는 겪고 지내기를 거부했던 변천에 대한 독해를 변화시킴으로써 나를 납득시킬 수 있을 뿐인 것이다. 인식론적 전통에 근거한 이상의 조악한 모형은 지상선에 대한 의심을 야기한다. 예컨대, 플라톤의 선의 이데아, 유신론자의 신, 낭만주의적 경향의 위대한 원천으로서의 자연 등과 같은 인간 삶을 초월하는 존재나 실재는 오늘날의 자연과학적 설명에서 아무런 역할도 하지 못한다는 견해 등이 그것이다. 그러나 이러한 사실이 '최선의 설명원칙(the best account principle)'에 일치한다면, 아무런 문제가 되지 않는다는 것이 테일러의 주장이다(SS, 73).

그에 의하면, 우리가 선택한 용어는 설명적인 사용과 평생의 사용 등 양자의 전 범위에 걸쳐 의미를 구성해야만 한다. 우리가 보다 통찰력이 있는 대용어로 그 용어를 대체할 수 없는 한, 후자에게 없어서는 안 되는 용어는 우리에 대한 최선의 의미를 구성하는 이야기의 일부가 된다. 통찰력을 위한 이러한 탐구결과는 어떤 주어진 시간에 우리가 제시할 수 있는 최선의 설명을 산출하며, 과학이나 자연에 관한 보다 일반적인 종류의 인식론적, 형이상학적 고려사항은 이것을 무시하고서는 정당화될 수 없다. 위에서 말한 의미에서 최선의 설명은 최후의 수단이다(SS, 58).

요컨대, '최선의 설명원칙'은 우리 삶의 의미를 구성하는 것을 확정하는 데 요구되는 원칙으로 이해된다. 그럴 경우, 우리에게 선험적으로 다가오는 신(God) 또는 선(Good)을 인간의 도덕적 세계에 대한 우리의 최선의 설명에 필수적인 것으로 간주하는 것을 막을 수 있는 것은 아무 것도 없다(SS, 73). 즉, 지상선은 최선의 설명으로부터 실제로 제거할 수 없는 것으로 판명된다.

그런데 우리는 여기서 선을 구성적 선(constitutive good)과 생활선(life goods)으로 구분하고 있는 테일러의 견해에 주목해 보기로 하자. 그에 의하면, 구성적 선은 우리의 행위와 동기의 선함을 구성하는 것이며, 어떤 것에 대한 사랑이 우리에게 선하게 행위하고 선하게 존재하도록 하는 능력을 부여하는 그 무엇이며, 도덕적 원천으로서의 실재이다. 이것은 플라톤적 의미에서는 존재의 질서이며, 그 질서의 원리이고, 선(the Good)이다. 이에 비하여 행위, 감정, 또는 삶의 양식 간의 질적인 차별화가 규정하는 선, 즉 좋은 삶의 양상 또는 구성요소인 선을 생활선이라고 한다. 예컨대, 자유, 이타주의, 보편적 정의 등은 생활선에 속한다. 그런데 테일러가 이러한 종류의 생활선을 지상선이라고 말하기는 하지만, 그것은 어디까지나 자유주의적인 근대문화에 특유한 지상선일 뿐이라는 점에 유의할 필요가 있을 것이다. 그렇다면 테일러의 입장에서 볼 때, 진정한 의미의 지상선은 자유주의에는 결여되어 있거나 있다손 치더라도 그 의미가 전혀 다른 실재로서의 구성적 선만이 바로 이 지상선에 해당된다고 할 수 있을 것이다(SS, 88, 92~94).

테일러는 실천적 추론에 관한 자신의 입장을 실질적인(substantive)

실천적 추론으로 간주한다. 반면에 근대 도덕철학 또는 현대 철학자, 예컨대 롤즈, 헤어(Hare), 하버마스, 윌리엄스(Bernard Williams) 등의 칸트주의자나 공리주의자는 절차적인(procedural) 실천적 추론을 공유하고 있다고 주장한다.

실천적 추론에서, 실질적 관점과 절차적 관점은 합리성의 판단 기준이 무엇인가에 의해 구분된다고 할 수 있다. 실질적 관점 또는 실질적 이성의 개념은 우리가 실질적인 용어로 행위자 또는 그의 사고, 그리고 감정의 합리성을 판단하는 것을 말하며, 합리성을 위한 기준은 우리가 그것을 올바르게 얻었느냐에 달려 있다고 할 수 있다. 반면에, 절차적 관점 또는 절차적 이성의 개념에서 행위자 또는 그의 사고의 합리성은 실질적 관점에서 처럼 그 결과가 실질적으로 올바른가에 달려 있는 것이 아니라, 그가 어떻게 생각하느냐에 의해 판단된다(SS, 85~86).

테일러에 의하면, 고대인은 실천이성을 실질적인 것으로 이해하였다고 한다. 그러므로 합리적이라는 것은 올바른 통찰력을 갖는 것이었고, 또는 아리스토텔레스의 사려(phronesis)[28]라는 개념의 경우에서처럼, 정확한 도덕적 차별화의 힘을 갖는 것이었다. 그러나 선의 의미 또는 통찰력을 퇴장시키고, 그것을 도덕적 사고와 관련이 없는 것으로 간주함으로써, 실천적 추론의 개념은 특정한 결과에 의해 결정되는 실질적 입장이 아닌, 그 결과에 도달하는 방식에 의해 결정되는 절차적인 입장으로

---

28) 테일러는 아리스토텔레스의 사려라는 개념에 다음과 같이 말하고 있다. 즉, "아리스토텔레스는 우리의 도덕적 이해가 결코 충분히 명확할 수 없었으리라고 생각했다. 그것은 아무리 길더라도, 일단의 규칙으로 진술될 수 없었다. 끝없이 다양한 행위의 상황은 만일 우리가 규칙에로 환원되지 않는, 각각의 새로운 맥락 안에서의 덕의 요구에 대해서, 어떤 종류의 통찰력이 있는 이해를 가졌다면 우리가 다만 잘 살 수 있었으리라는 것만을 의미했다. 이것이 아리스토텔레스가 '사려'라고 불렀던 것이다." C. Taylor, "Justice after Virtue", in *After MacIntyre: Critical Perspectives on the Work of Alasdair MacIntyre*, eds. by J. Horton and S. Mendus (Notre Dame: Univ. of Notre Dame Press, 1994), 28쪽.

대체되었다(SS, 86).

칸트주의자나 공리주의자를 포함하는 근대 도덕철학의 이러한 절차주의적 경향은, 행위의 원칙을 결정하는 것에 초점을 맞추는 도덕적 사고관을 제안했으나, 어떤 방식으로 행위해야만 한다는 그의 신념을 둘러싸고 있는 배경적 이해―강한 선(the strong good)에 대한 이해를 포함하는―를 잡아내는 방법이 없는 까닭에 우리 삶에서 질적 차별화의 위치 자각을 거의 억압하는 결과를 초래했다는 것이 테일러의 지적이다(SS, 87). 달리 말해, 이것은 근대 도덕철학의 절차주의적 경향이 '좋음(선)에 대한 옳음(도덕원칙)의 우선성'을 전면에 내세워 도덕의 원천으로서의 선(좋음)을 질식시키고 매몰시킴으로써 야기된 결과인 것이다. 때문에 테일러는 이상과 같은 '질적 차별화의 배제'라는 결과를 불식시키기 위하여, 아울러 '매몰된 선'(SS, 520)의 회복을 위하여 좋음이 옳음에 우선해야 하는 까닭에 주목한다.

(3) 옳음에 대한 좋음의 우선성

테일러에 의하면, 우리 시대에서 칸트로부터 도출된 도덕이론의 공통된 표어, 즉 '좋음에 대한 옳음의 우선성 원칙'은 질적 구분의 배제를 정당화하는 데 도움이 된다. 이러한 옳음의 우선성의 원칙은, 공리주의에 대한 칸트주의적 역습[29], 즉 도덕은 단순히 결과에 의해 이해될 수

---

29) 롤즈에 따르면, 목적론은 좋음을 옳음과는 독립적인 것으로 규정하고, 옳음은 그 좋음을 극대화하는 것으로 규정하며, 의무론은 목적론과는 대조적으로 옳음과 독립적으로 좋음을 규정하지도 않고, 옳음을 좋음의 극대화로서 해석하지도 않는다. 이러한 양자의 차이점을 보다 극명하게 표현하면 목적론은 '옳음에 대한 좋음의 우선성'을, 의무론은 '좋음에 대한 옳음의 우선성'을 강조한다고 할 수 있다. 롤즈는 목적론의 한 전형으로서 공리주의를, 의무론의 한 전형으로서는 칸트의 윤리학을 제시한다. 이러한 구도 속에서, 롤즈는 공리주의에 칸트주의적 역습을 감행한다.
　　그런데 공리주의를 이해하는 관점에서 롤즈와 테일러는 심각한 견해 차이를 보인다.

있는 것이 아니며, 도덕적 책무는 의무론적으로 생각되어야 한다는 주
장으로부터 기인한다(SS, 88).

여기에서 테일러는 롤즈를 그 전형으로 제시한다. 롤즈는 그의 정의
론을 전개함에 있어 위에서 언급한 바의 '좋음에 대한 옳음의 우선성'이
라는 입장을 고수한다. 롤즈의 경우에, 옳음의 우선성이 지켜져야 하는
이유는 크게 세 가지로 나누어서 말할 수 있다. 첫째, 분배의 문제는
옳음의 개념에 속하는 것으로 이해되며, 따라서 이러한 이론에는 좋음
에 대한 독립적인 정의가 있을 수 없다.30) 둘째, 좋음이란 어떤 사람의
가장 합리적인 인생 계획이 무엇인가에 의해 결정된다. 그러나 옳음의
원칙은 각기의 상이한 가치관들(선관)에 근거한 개인의 대립적인 요구
들 간의 최종적인 서열을 정해주고, 그 개인의 성취들을 평가하며, 아울
러서 그것들의 가치를 총합하는 어떤 방도를 제시해 준다.31) 그러므로
옳음의 개념에 관한 개인의 입장은 동일해야 하지만, 가치관의 개인의
입장은 다양해야 한다. 셋째, 인간의 욕구와 포부는 정의의 원칙에 의해
제한되어야 한다. 즉, 정의의 원칙이 요구하는 바에 자신의 가치관을 순
응시켜야 한다.32)

이러한 관점에서 롤즈는 정의의 원칙에 이르기 위해 요구되는 기본

롤즈는 앞의 좋음과 옳음 간의 잘못된 관계설정에 초점을 맞추고 공리주의를 비판한다.
그러나 테일러는 칸트주의자나 공리주의자 양측이 절차적인 실천적 추론을 공유하고 있으며,
그 결과로서 양자가 '좋음에 대한 옳음의 우선성'을 주장하는 것으로 간주한다. 테일러의
이러한 입장은 이른바 공리주의의 표어인 '최대다수의 최대행복'을 촉진하는 것을 일종의
도덕적 책무로 간주하는 그의 태도에서도 잘 드러난다. J. Rawls, *A Theory of Justice*
(Cambridge: The Belknap Press of Harvard Univ. Press, 1971), 24쪽, 30쪽; Taylor,
Hegel and Modern Society, 84~85쪽 참조.

30) Rawls, *A Theory of Justice*, 25쪽.

31) 앞의 책, 92~93쪽, 327쪽, 447쪽.

32) 앞의 책, 31쪽.

적인 선의 전제를 확보하기 위하여, 우선적으로 선의 기초론(the thin theory of the good)[33]을 자신의 정의론에 도입한다. 그런 다음 자유롭게 정의의 원칙을 이용하여 선의 완전론(the full theory of the good)을 전개할 수 있다고 주장한다.[34]

그러나 롤즈의 이러한 주장에 테일러는 우리의 정의론을 전개하는 데 선의 완전론을 필요로 하지 않는 것은 우리를 매우 잘못 인도하고 있는 것으로 간주한다. 선의 완전론이 필요한 이유는 우리가 실제로 그것을 상세히 설명하고자 하는 것이 아니라, 무엇이 충분히 요건을 갖춘 정의의 원칙인가를 결정하기 위하여 여기에서 우리가 지녀야 하는 가치감을 도출하기 위해서 필요한 것이다. 그러므로 선의 기초론으로 시작하는 정의론은 불명확하게 표현된 그 가장 기본적인 통찰만을 유지하는 이론으로 판명된다는 것이 테일러의 주장이다.

롤즈에 대한 이러한 비판적 관점으로부터, 테일러는 '옳음에 대한 좋음의 우선성'에 관한 자신의 논점을 다음과 같이 정리한다. 즉,

'좋음'이 결과주의적 이론의 기본적인 목표를 의미하는 경우에, 옳음이 이러한 목적을 위하여 단순히 좋음의 도구적인 의미로 결정되는 경우에, 우리는 실로 옳음이 좋음에 기본적인 것일 수 있다고 주장해야 한다. 그러나 우리가 이러한 논의의 의미에서 '좋음'을 사용하는 경우에, 질적 구분에 의해 고차적인 것으로서 판가름되는 것이 무엇을 의미하는 경우이든, 우리는 그 반대로 어떤 의미에서 좋음이 항상 옳음에 기본적인 것이라고 할

---

33) 롤즈의 선의 기초론에 도입되는 선으로는, 합리적인 인간이면 누구나 그가 원하는 것이 무엇이든지 간에 원하리라고 생각되는 사회적 기본선(primary social goods)에 해당하는, 권리와 자유, 기회와 권한, 소득과 부, 자존감 등의 사회적 기반을 들 수 있다. 앞의 책, 62쪽, 92쪽.
34) 앞의 책, 396쪽.

수 있다. 그것이 우리의 보다 앞선 논의의 의미에서 보다 기본적인 근거를 제공한다는 점에서가 아니라, 좋음이 그 명확한 표현으로 옳음을 정의하는 규칙의 요점을 제시하는 것이라는 점에서 그렇다(SS, 89).

이상과 같이, '옳음에 대한 좋음의 우선성'을 표명한 테일러는 '좋음에 대한 옳음의 우선성'을 주장하는 이론이 지니고 있는 문제점을 세 가지로 지적한다. 그 이론은, 첫째 행위의 결정요소에 좁게 초점을 맞추고 실천이성을 배타적으로 절차적인 것으로 정의함으로써 이러한 결정요소에 우리의 이해를 제한하여, 완전히 실질적이 아닌, 그러한 이론이 이끌어 낸 확고한 경계 안에서의, 추론형식과 도덕을 동일시함으로써 도덕의 우선성을 불가해하게 만든다. 둘째, 그러한 이론은 행복 또는 정언명법 같은 단독적인 고려사항이나 기본적인 근거 안에서 도덕영역을 통합하려는 경향성을 도덕적 사고에 도입한다. 셋째, 도덕이 배타적으로 책무와 관련된다는 생각은 우리의 도덕적 사고와 감수성의 결과를 계속 제한해 왔고 왜곡시켜 왔다(SS, 89).

이러한 모든 문제는 우리의 도덕적 삶과 도덕적 사고에서 질적 구분이 확고한 지위를 지닌다는 명백한 사실을 상세히 논함으로써 해결가능하다. 그러므로 우리는 근대 도덕의식의 억압층에 대항하여, 그 명백한 사실을 재발견하기 위한 힘든 싸움을 수행해야 할 것이라고 테일러는 주장한다(SS, 90).

5) 구성적 선과 인간 삶의 유신론적 조망

이상에서 도덕존재론에 근거한 자아의 정체성과 도덕적 선의 관련성에 관한 테일러의 기본적인 입장과 논증을 살펴보았다. 여기에서 그의 기본적인 견해를 간략히 요약·정리한 후, 그의 철학적 논증의 배경이 되는 유신론적 견지를 간략히 언급·비판하는 것으로 이 글을 마무리하기로 한다.

테일러에 의하면, 우리의 정체성을 이해·해석하려면, 강한 평가―질적 차별화를 포함하는 가치평가의 기준―를 수반하는, 그리고 도덕적 직관(반응)을 위한 외재적·내재적인 배경을 제공하는 도덕적 틀 구조(지평)가 요구된다. 이러한 도덕적 지평은 존재론적 기초로서의 도덕적 공간을 우리에게 마련해 준다. 그리고 우리는 마땅히 이러한 도덕적 공간 속에서 우리의 정향성을 발견해야 한다.

우리가 발견해야 하는 우리의 정향성이란 다름아닌 선에 대한 정향성이다. 선에 대한 정향성은 우리 삶의 의미와 삶의 방향성을 설정해준다. 이 중에서 삶의 의미는 서사적 표현으로 구성된다. 이것은 우리의 자아가 역사성을 지닌 언어공동체적 자아라는 기본전제에서 우리가 벗어날 수 없다는 것을 의미한다.

그런데 우리가 어떤 선을 지향하는가에 따라 삶의 의미와 삶의 방향성은 다르게 정해진다. 이것은 우리가 지향하는 선이 바로 우리 삶의 가치를 평가하는 선이라는 사실을 보여 준다. 그러므로 이러한 선은 질적으로 차별화될 필요가 있다. 선 간의 서열화를 통해 우리는 우리의 최고선을 가려내야 한다. 이 최고선에 대한 정향성이야말로 나의 정체성을 정의하는 데 없어서는 안 되는 필수적인 것이기 때문이다.

이러한 최고선이 하위 선을 구체적으로 실현하고, 그렇게 하도록 강제하는 궁극적 가치의 원천으로서의 역할을 할 경우, 이 최고선은 지상선이 된다. 지상선은 하위의 선에 대한 강제성과 궁극적인 불관용성을 그 특성으로 한다. 이런 점에서 지상선은 갈등의 원천으로 간주된다. 그러나 이 때의 갈등은 지상선 간의 역사적 교체의 과정에서 일어나는 갈등이다. 이로부터 지상선의 교체에 대한 합리적 정당화가 요구된다.

그것은 실천적 추론을 통하여, 예컨대 발생론적인 또는 계보학적인 탐구에 의하여 어떤 지상선의 발생과 변천과정을 설명하고, 어떤 지상선이 또다른 어떤 지상선보다 우월하다는 것을 확정할 경우, 지상선의 교체는 합리적으로 정당화된다. 이러한 실천적 추론은 절차적 추론이 아닌 실질적 추론에 속한다.

그러나 근대의 도덕철학은 실천적 추론에서, 특정한 결과에 의해 결정되는 실질적 입장이 아닌, 그 결과에 도달하는 방식에 의해 결정되는 절차적 입장을 택했다. 그 결과 도덕의 원천으로서의 선은 매몰되고, 행위의 원칙을 결정하는 것에 도덕철학의 초점이 맞춰지게 되었다. 즉, '좋음(선)에 대한 옳음(도덕원칙)의 우선성'이 도덕철학의 전반을 지배하는 원칙으로 자리잡게 된 것이다. 이 원칙은 우리의 삶에서 질적 차별화를 배제시켰다. 이것은 '좋음에 대한 옳음의 우선성 원칙'이 가장 근원적인 정체성의 위기를 불러오는 원천 가운데 하나임을 암시한다.

반면에, 좋음은 그것의 명확한 표현으로 옳음을 정의하는 규칙의 요점을 제시한다. 이런 의미에서, 좋음은 옳음에 우선한다. '옳음에 대한 좋음의 우선성'은, 테일러에게 선(좋음)의 회복을 위한 선언적 의미를 갖는다. 그리고 선과 정체성의 관련성에서 바라볼 때, 그가 주장하는 '선의 회복'은 다름아닌 '정체성의 회복'을 의미하는 것이라고 할 수 있다.

요컨대, 테일러는 현대 서양문화에서 무시된 수많은 가치를 회복하고 그것에 의하여 '반쯤 쪼그라든 정신의 허파에 다시 공기를 불어 넣어 (*SS*, 520)' 근대 도덕의식이 가져온 위기상황을 해결하려 한다. 그러나 문제는 그가 인간 삶의 의미나 방향성을 설정하기 위해 필수적인 것으로 간주한 선에 대한 정향성 및 자아의 의미를 탐색하는 그의 철학적 논증배경에 유신론적 관점이 전제되어 있다는 점이다.

테일러는, 구성적 선이 인간적 영역을 넘어선 보편자 그 자체의 본성 안에 또는 신의 명령 안에 근거해야만, 그것이 우리를 결속시킬 수 있는 것으로 본다. 그리고 도덕적 삶의 측면에서 바라볼 때, 어떤 유신론적 견지의 잠재력은 어떤 전적으로 세속화된 도덕적 삶의 통찰력과는 비교할 수 없을 만큼 훨씬 더 크다. 그러므로 인간 삶의 의미는 비유신론적이고, 비우주적인, 순전히 주관적인 인간적 방식이 아닌 유신론적 견지에서 설명되고 정당화될 필요가 있다는 것이다. 즉, 인간에 대한 가장 완전한 긍정은 신 안에서의 믿음을 필요로 한다. 이런 직관적 관점으로부터 테일러는 인간이 도움을 받지 않고 달성할 수 있는 것보다 더 완전하게 인간에 대한 신성한 긍정을 중심적 약속으로 포함하는 유대-기독교적 유신론을 받아들인다.[35] 테일러의 이러한 유신론적 관점에 대하여 우리는 다음과 같은 비판을 제기해 볼 수 있을 것이다.

첫째, 천년 이상에 걸쳐 서유럽에 이러한 견지가 강요한 결과는 부분적으로 그것의 신조가 갖는 특성으로부터 뒤따라 나왔던 여러 차례의 종교전쟁, 박해 등의 종교적 불관용이었다. 물론, 테일러는 유대-기독교의 신봉자가 역사적으로 저지른 이러한 사건기록을 소름끼치고, 무서운 것으로 인정한다(SS, 521). 그렇다고 해서 유대-기독교적 선(good)마저도 부당한 것으로 간주하는 것은 아주 중대한 잘못을 범하는 것이라고 주장한다(SS, 519). 그러나 이런 주장에는 추론상의 오류가 있다고 할 수 있다. 그래서 스키너 같은 경우에는, 만일 우리가 기독교의 이름으로 저질러진 공포가 신조로서의 그것의 특성이나 열망과 연결되지 않았다

---

35) Taylor, *SS*, 342쪽, 518쪽, 521쪽; Skinner, "Modernity and Disenchantment", 46쪽. 한편 모건(Morgan) 같은 이는, 테일러가 말하는 신은 절대적 명령자로서의 신이 아닌, 하나의 도덕의 원천으로서의 신이라고 주장한다. 그러나 필자의 생각에는 테일러의 신 관념에는 절대적 명령자 및 도덕의 원천으로서의 신이라는 두 가지 의미가 모두 포함되어 있는 것으로 여겨진다. Morgan, "Religion, History and Moral Discourse", 56쪽 참조.

는 것을 자신할 수 있다면 기독교 신앙을 두려워해야 할 아무런 이유가 없겠지만, 그런 재보증을 제공하는 것은 어려운 일이라고 일축한다.[36]

둘째, 테일러는 우리가 완전한 인간 삶의 의미를 올바로 이해하려면 우리가 신 안에서 믿는 것이 필요하다는 직관에 의존한다. 그러나 완전한 의미에서의 인간 삶은 신이 부재할 경우에는 올바로 이해될 수 없다고 하는 이런 가정에 어떤 근거가 있다고 하기는 어려울 것이다. 유신론자는 유신론이 여전히 합리적으로 재차 시인될 수 있다는 것을 우리에게 납득시킬 필요가 있을 것이다.[37]

---

36) Skinner, "Modernity and Disenchantment", 46~47쪽.
37) 앞의 책, 47쪽.

결론: 자유주의적 공동체를 향하여

자유주의 윤리학과 공동체주의 윤리학에 관한 이상의 논의를 통해볼 때 양자에서 가장 두드러지게 나타나는 차이점을 다음과 같이 정리해 볼 수 있을 것이다.

자유주의는 대체로 형이상학적·인식론적인 이상에 의존하지 않고 보편적·추상적인 원칙 ― 예컨대, 노직의 '소유권리의 원칙', 롤즈의 '정의의 원칙' 그리고 하버마스의 '보편화 원칙' ― 을 옹호하려는 경향을 지니고 있으며, 공동체주의는 이러한 보편적·추상적인 원칙에 반대하여 대체로 실제적인 관행, 전통 또는 특정한 공동체 ― 예컨대, 샌들의 '지방분권적 정치공동체', 매킨타이어의 '역사공동체', 테일러의 '언어공동체' ― 의 판단에 호소하려는 경향을 보이고 있다는 점일 것이다.

이러한 각각의 경향은 대체로 '보편주의 대 특수주의', '원칙론 대 상황론', '반완전설론 대 완전설론', '이상론 대 현실론', '이성중심 대 역사 중심'이라는 대립적 구도를 보여 준다고 할 것이다. 이로부터 자유주의는 옳음 및 정의를 우선시하는 방향으로, 공동체주의는 좋음 및 덕을 우선시하는 방향으로 각각의 입장을 설정하게 된다.

물론, 양자 간의 서로 다른 방향성의 근저에는 인간과 사회에 대한 상반된 이해가 상존하고 있음은 두 말할 나위가 없을 것이다. 자유주의는 스스로가 자신을 규정하는 존재로서의 개인의 자율성을 기반으로 하여 개인의 권리와 자유를 중시하며, 공동체주의는 공동체적 맥락 속에서 규정되는 존재로서의 개인의 역할을 기초로 하여 공동선 또는 공동체적 가치를 강조하는 면모를 보여 준다.

이렇게 보면, 적어도 양자는 서로 극단적으로 대립하는 듯한 인상을 주었을 것이다. 예컨대, 자유주의 윤리학의 극단은 개인의 권리와 자유를 침해한다는 이유로 국가에 의한 분배문제를 도외시하는 노직의 소유권적 정의론을 통해 찾아볼 수 있으며, 공동체주의 윤리학의 극단은 관행, 서사적 역사, 전통 등과의 관련성 속에서 구성된 매킨타이어의 서사적 덕론을 들 수 있을 것이다.

그럼에도 불구하고, 우리가 사회를 형성하면서 살아가는 한, 양자의 입장이 상호보완적으로 공존하지 않으면 안 된다는 현실적인 요청을 보게 된다. 즉, 개인의 자율성에 바탕하여 개인의 권리와 자유만을 지나치게 강조할 경우 서로 협력하며 조화를 이루는 안정적인 사회를 구축하기 어려울 것이며, 공동체 속에서의 특정한 역할에 의해 개인이 규정될 경우 개인의 권리와 자유, 더 나아가 개인 간의 평등한 관계를 확보하는 데 어려움이 뒤따를 수도 있을 것이기 때문이다.

여기에서 자유주의와 공동체주의 양자에게 최선인 것으로 판명될 수 있는 수렴형식의 문제가 제기된다. 즉, 어떤 입장에 서서 다른 하나의 입장을 수렴하느냐의 문제인 것이다. 이것에는 여러 가지 고려사항이 있겠지만, 현대사회의 여러 특징 가운데 하나인 '가치다원주의'에 주목해 보기로 하자.

가치다원주의에 대한 기초적인 인식은 이미 근대 초기의 서양 윤리학에서 이루어지고 있다. 즉, 좋은 삶의 본성에 대한 합리적인 합의는 일어날 성 싶지 않으며, 우리가 삶의 의미를 말하면 말할수록 우리는 더욱더 일치하지 않게 될 것이라는 통찰이 그것이다. 이것이 근대 초기에 아리스토텔레스적 윤리학의 명성을 상실하게 만든 주요한 이유 가운데 하나이다. 이로부터 근대 윤리학은 인간적 선에 대한 논쟁적인 견해에 가능한 한 독립적인, 그리하여 모두에게 타당한 핵심적인 도덕을 규정하는 데 주력하게 된다.38)

이러한 근대 초기의 윤리학적 문제의식은 현대 자유주의 윤리학에 의해 지속적으로 계승·발전되고 있다. 이것은 현대의 공동체주의 윤리학 역시 보다 심화되고 있는 가치다원주의의 문제를 해결하지 못하는 한 근대 초기에 아리스토텔레스적 윤리학이 처했던 운명과 동일한 운명을 맞이할 수밖에 없으리라는 예측을 가능하게 한다. 그러나 자유주의 역시 공동체의 가치나 공동체적 덕목을 완전히 거부하거나 배제하지는 않았을지라도 상대적으로 그것을 소홀히 했거나 강조하지 않았다는 비판을 면할 수는 없을 것이다.

이상에서 언급한 내용을 감안해 볼 때, 옳음을 우선시하거나 규칙을 중심으로 하는 윤리학의 입장에서 좋음을 우선시하거나 덕을 중심으로 하는 윤리학의 입장을 상보적으로 수렴하는 것이 양자를 위해 보다 타당한 결실을 가져오는 결합방식이라고 할 수 있을 것이다.

이런 점에서, 자유주의와 공동체주의의 상보성 요구는 자연스럽게 기본적인 자유주의적 가치에 대한 헌신을 포함하는 공동체 모형의 구성을 요구한다. 단적으로 말해 이것은 우리가 개인권을 침해함이 없이 국가공동체나 지역공동체 그리고 민주주의를 활성화시킬 수 있는 자유주의적 공동체(liberal community)를 모색해야 한다는 요구인 것이다.

이러한 문제 및 이에 관련된 여러 가지 중요한 문제에 직면하여 자유주의적 입장에서 공동체주의적 견해를 어느 정도 수렴하고자 한 것이 롤즈의 정치적 자유주의일 것이다. 롤즈의 이러한 노력은, '좋음(선)에

---

38) C., Larmore, *The Morals of Modernity* (Cambridge: Cambridge Univ. Press, 1996), 54쪽.

대한 옳음(도덕법칙)의 우선성'이라는 의무론적 기본구조를 그대로 유
지하면서도, '옳음과 좋음의 상보성'이라는 주장을 통해 공동체주의적
가치를 일정 부분 수용한 것으로 이해할 수 있는 일종의 자유주의적 공
동체로서의 '사회연합체들의 사회통합체', 자유주의적 공동체의 덕목으
로서의 '(예절과 관용, 분별성과 공정감 등의) 정치적 덕목' 그리고 이상
의 사회통합체와 정치적 덕목 및 합리성, 기본적 가치, 질서정연한 정치
적 사회 등으로 구성되는 자유주의적 공동선으로서의 '정치적 가치(선)'
에서 분명하게 드러난다고 할 수 있을 것이다.

또한 정치공동체의 공공적인 삶의 차원에 국한된 공동체적 삶을 지
향하는 자유주의적 공동체가 성립가능하며, 나아가 우리의 개별적인 삶
에 관한 정치공동체의 윤리적 우위성을 주장하는 드워킨(Dworkin)의 견
해에서도 자유주의적 입장에서 공동체주의적 견해를 일정 부분 수렴하
는 모습을 찾아볼 수 있다.39)

---

39) 드워킨에 의하면, 정치공동체의 공공적인 삶은 입법, 판결, 시행 그리고 정부의 여타의
　　행정적 기능과 같은 공식적인 정치적 행위를 포함한다. 그런데 시민의 개별적인 삶의 성공과
　　실패는 이러한 정치적 행위를 포함하는 정치공동체의 공공적인 삶의 성공과 실패에 윤리적으
　　로 의존한다. 그럴 경우 시민은 그의 정치공동체와 일체감을 갖게 된다. 그러나 여기에는
　　두 가지의 윤리적 이상 간의 조화가 선행되어야 한다. 즉, 우리가 특별한 관계를 맺는 사람(즉,
　　우리 자신, 우리 가족, 친구, 동료)에게 특별한 책임이 있는 사적인 삶과 정의로운 시민은
　　그가 모든 시민을 평등한 사람으로 대우한다고 생각하는 정책을 위하여 투표하고 일하는
　　정치적인 삶 간의 조화가 그것이다.
　　이러한 두 가지의 윤리적 이상은 정치가 실제로 정의가 요구하는 방식으로 자원을 분배하는
　　데 성공할 경우에만 적절히 조화를 이룰 수 있다. 정의로운 사회는 어느 것도 포기할 수
　　없는 두 가지의 이상을 존중하는 삶을 위한 필수조건이기 때문이다. 이러한 조건이 충족될
　　경우, 우리의 사적인 삶의 성공이나 실패는 우리의 정치적으로 안정된 성공에 의존하게
　　된다고 할 수 있다.
　　그래서 공동체적 삶이 형식적인 정치적 의사결정에 한정되고, 공동체의 성공이 그것의
　　입법적·행정적·사법적 의사결정의 성공이나 실패에만 의존한다면, 우리는 좋은 삶에 관한
　　자유주의적 관용과 중립성을 포기하거나 양보함이 없이 공동체적 삶의 윤리적 우위성을
　　허용할 수 있다. R. Dworkin, "Liberal Community", in *Communitarianism and Individualism*,
　　eds. by S. Avineri and A. de-Shalit (Oxford: Oxford Univ. Press, 1992), 217~223쪽.

　이제 마지막으로 서양의 자유주의와 공동체주의 간의 논쟁에 대한 국내 철학계의 평가 및 반응을 살펴보는 것으로 이 글을 마무리하고자 한다.

　황경식은 자유주의와 공동체주의 간의 논쟁이 지니고 있는 궁극적인 함의를 '인간의 모습을 한 사회구성체에 대한 논의'로 이해한다. 그럴 경우, 양자 간의 논쟁은 공동체의 가치를 인정하는 자와 인정하지 않는 자 간의 갈등이 아니라 공동체의 가치를 보장하는 최선의 전략, 즉 그것에 관련된 위험에 대한 상이한 평가에 뿌리를 둔 전략에 대한 이견으로 볼 것을 제안한다. 왜냐하면, 자유주의도 분명 어떤 공동책임과 공유된 가치관이 바람직한 사회에서도 필수적인 요소임을 인정하고 있으며, 공동체주의 역시 통합된 사회질서관 속에 진정한 개인성의 여지를 남겨두려고 하기 때문이다.40)

　자유주의 대 공동체주의 논쟁의 성격을 이와 같이 파악할 경우, 양자는 상호 수렴적인 보완관계를 내포하는 '공동체주의적 자유주의'와 '자유주의적 공동체주의' 간의 논쟁이라는 전개양상으로 이해할 수도 있을 것이다.41) 이것은 양자가 극단적인 자유주의나 극단적인 공동체주의가

---

40) 황경식, 「왜 자유주의와 공동체주의인가?」, 『철학연구』 제45집 (철학연구회, 1999 여름), 1쪽, 9쪽, 11쪽. 이진우 역시 공동체주의가 개인을 부정하지 않는다고 주장한다. 그에 의하면, "공동체주의는 개인과 공동체를 대립적인 것으로 파악하는 '집단주의'가 아니다. 공동체주의는 자유롭고 평등한 권리보다는 공동선에 더 큰 비중을 두는 까닭에 흔히 자유주의 입장과 대립되는 것으로 이해된다. 그러나 공동체주의는 결코 개인의 권리와 자유를 경시하지 않는다. 공동체주의는 단지 극단적인 개인화가 오히려 자유의 가능성을 파괴할 수 있다는 점을 경계한다. 그러므로 공동체주의는 자유의 연대라는 관점에서 개인과 사회의 관계를 재정립할 뿐이지 개인을 부정하지 않는다." 이진우, 「자유의 한계 그리고 공동체주의」, 『철학연구』 제45집 (철학연구회, 1999 여름), 48쪽.

41) 필자는 '공동체주의적 자유주의'를 자유주의의 틀 안에서 공동체주의적 가치를 끌어안는 입장으로, '자유주의적 공동체주의'를 공동체주의의 입장에서 자유주의적 가치를 수용하는 견해로 이해하고자 한다. 물론 양자는 결과상으로 동가적(同價的)일 수도 있다고 여겨지나, 이론상으로는 여전히 '옳음과 좋음', '정의와 덕' 등의 우선성 문제, 인간관의 설정문제

아닌 한 서로의 간극을 어느 정도는 좁힐 수 있다는 것을 의미하기도 한다. 다시 말해 '공동체주의적 자유주의'는 자유주의에 대한 공동체주의적 정당화 논변을, 그리고 '자유주의적 공동체주의'는 공동체주의에 대한 자유주의적 정당화 논변을 전개할 수 있는 근거를 각각 확보함으로써 상호 근접할 수 있음을 시사하는 것이다.

예컨대, 황경식은 자유주의에 대한 공동체주의적 정당화 논변의 일례를 다음과 같이 제시한다. 즉, 자유주의가 가장 중시하는 결사, 표현, 종교의 자유에 대한 제 권리는 역사적으로 볼 때 국민국가에서 공동체를 파괴하거나 지배하려는 다양한 시도에 대해 공동체를 지키려는 강력한 보루로서 역할을 해 온 것이 아닌가? 그러한 권리는 현존하는 공동체를 외부로부터의 간섭에서 보호함으로써, 또한 개인이 마음에 맞는 타인과 새로운 공동체를 창출할 자유를 줌으로써 공동체라는 본질적인 인간적 가치를 향유하는 데 기여해 왔다.42)

또한 이진우는 공동체주의에 대한 오해를 불식시켜야 한다는 논지를 전개하면서, 공동체주의에 대한 자유주의적 정당화 논변으로 이해함직한 견해를 다음과 같이 제시한다. 즉, 공동체주의가 자유주의를 희생시키면서까지 공동체의 연대를 복원하고자 한다는 것은 한 마디로 어불성설이다. 평등한 자유와 권리는 여전히 가치다원주의의 조건에서 공동체의 정의를 판단할 수 있는 일반적 원리이며 규범적 척도이다. 그렇기 때문에 공동체주의의 관심은 공동체와 자유주의의 기초적 가치를 결합시킬 수 있는 제도에 집중된다. 이런 관점에서 보면 공동체주의가 지향하는 덕성과 가치는 자유주의적 기본가치를 대체하기보다는 보완한

등 여러 중요한 논쟁적 문제가 남아 있다고 본다. 따라서 필자는 '공동체주의적 자유주의'와 '자유주의적 공동체주의'를 상호 호환가능한 개념으로 사용하지 않는다.

42) 황경식, 「왜 자유주의와 공동체주의인가?」, 11쪽.

다.[43]

요컨대, 황경식은 '공동체주의적 자유주의' 입장에서, 이진우는 '자유주의적 공동체주의' 입장에서 자유주의와 공동체주의 간의 상호 보완 가능성을 타진하고 있는 셈이다.

그러나 박정순의 경우, 공동체주의는 모두가 자유주의의 맥락 안에서 발현된 견해이기 때문에 공동체주의자의 본색은 어쩔 수 없는 근대주의자이거나 자유주의자이며, 또한 주요한 공동체주의자인 매킨타이어, 샌들, 테일러, 왈처 등이 '공동체주의 강령'에 서명하지 않았다거나, 이들 대부분이 스스로를 공동체주의자임을 부인한다는 점 등과 여러 가지의 이론적인 논증을 통하여 자유주의 대 공동체주의 논쟁은 자유주의적으로 종식될 수밖에 없다는 견해를 피력하기도 한다.[44]

자유주의와 공동체주의 논쟁에서 마지막으로 언급되어야 할 것은 과연 이러한 논쟁을 수용함에 있어 그것이 한국사회에 얼마나 적실한가라는 문제일 것이다. 이승환은 한국사회가 공동체주의자의 비판이 유효할 만큼 원자적이고 고립적인 개인으로 이루어져 있는가, 한국사회에서는 절차적이고 의무론적인 도덕이 목적론적인 도덕에 비해 절대적으로 우선시되고 있는가, 한국사회는 '소속되지 않은 자아'로 인하여 공동체적 가치가 와해될 정도로 '과잉 자유주의'의 위협에 직면해 있는가라는 자문으로부터 한국사회의 모습은 이와 다르며, 오히려 '유사 자유주의'와 '유사 공동체주의'의 폐해로 인하여 건강한 사회질서가 위협을 받고 있다고 본다. 때문에 한국에서의 자유주의와 공동체주의 간의 논쟁은 한국의 현실과 관련하여 적실하지 않다고 주장한다.[45]

---

43) 이진우, 「자유의 한계 그리고 공동체주의」, 48쪽.
44) 박정순, 「자유주의의 건재」, 『철학연구』 제45집 (철학연구회, 1999 여름), 17~40쪽 참조.
45) 이승환, 「한국에서 자유주의-공동체주의 논의는 적실한가?」, 『철학연구』 제45집 (철학연구

그러나 한국에서의 자유주의 대 공동체주의 논쟁을 우리 여건에 맞는 자유주의적 공동체의 구성—또는 여타의 다른 형태의 공동체 구성—에 도움이 되는 기초적인 논의로 이해한다면, 오히려 그것은 시의적절한 미래지향적 논의로 이해할 수도 있다고 본다.

예컨대, 우리나라가 1990년대 후반에 외환위기를 맞이하게 됨으로써 국제통화기금(IMF)이 개입한 이래 신자유주의적 사고나 발상은 국내의 거의 모든 부문에 침투하여 막강한 영향력을 행사하고 있다. 우리나라가 국제통화기금의 권고에 따라 사회구조를 신자유주의적으로 개편하는 방식을 취한 반면에, 우리와 마찬가지로 경제적 위기에 직면했던 말레이시아의 경우는 국제통화기금의 개입을 단호히 거절하고 국제 투기자본의 이동을 강력히 규제하는 법률을 제정함으로써 금융위기를 극복한 바 있다. 특히, 말레이시아의 전 총리였던 마하티르 모하마드(Mahathir Bin Mohamad)는 이른바 높은 저축률, 직장에 대한 충성심, 평생직장제도 등의 아시아적 가치와 아울러 여타의 아시아 고유의 가치관과 전통으로 서유럽적 가치 및 신자유주의에 맞선 바 있다. 그리고 그것은 적절한 대응이었던 것으로 평가되는 것 같다.

마하티리즘(Mahathirism)에 대한 최근의 말레이시아 내의 비판적인 평가에 의하면, 그것은 권위주의, 정실주의, 족벌주의, 왜곡된 소득분배 정책이라는 부정적인 한계를 지니고 있다. 그러나 마하티리즘의 긍정적인 측면으로서 그것에는 근면성, 가족중심의 사고, 강한 공동체의식 등이 그 밑바탕에 깔려 있다는 점일 것이다. 마하티리즘의 부정적인 측면은 반드시 제거되어야 할 것이지만, 일종의 공동체주의적 가치관은 긍정적으로 작용했음을 인정해야 할 것이다.

회, 1999 여름), 62~63쪽.

　마하티리즘이 시사하는 것 가운데 하나는 신자유주의만이 절대적으로 옳지 않다는 점일 것이다. 이로부터 필자는 신자유주의의 이름 하에 진행되는 왜곡된 세계화를 막고, 마하티리즘이 지니고 있는 것과도 유사한 부정적인 결과를 미연에 방지할 수 있는 방안을 의무론적 자유주의와 아시아적인 공동체주의적 가치가 결합된 사회모형이나 정책에서 찾아볼 수도 있다는 희망을 품어 본다. 바로 이것이 서양의 자유주의와 공동체주의 간의 논쟁에 관한 한국적 논의가 갖는 적실(的實)한 의의이자 의미 가운데 하나가 아닐까 한다.

[참 고 문 헌]

김우영, 「노직의 정의론 연구: 권리자격론을 중심으로」, 고려대학교 대학원 철학과, 박사학위 논문, 1991.

김형철, 『한국사회의 도덕개혁』, 서울: 철학과현실사, 1996.

노명식, 『자유주의의 원리와 역사: 그 비판적 연구 』, 서울: 민음사, 1991.

데이비드 고티에, 『합의 도덕론』, 김형철 옮김, 서울: 철학과현실사, 1993.

로버트 노직, 『아나키에서 유토피아로』, 남경희 역, 서울: 문학과지성사, 1983.

마이클 왈처, 『정의와 다원적 평등: 정의의 영역들』, 정원섭 외 옮김, 서울: 철학과현실사, 1999.

민경국, 「신자유주의란 무엇인가?」, 『철학과현실』, 서울: 철학문화연구소, 1999 여름.

______, 「신자유주의: 모든 부문에서의 탈규제와 민영화가 핵심」, 『지성인으로 거듭나기 현대사상 키워드 60』, 신동아, 2004년 신년호 특별부록.

박정순, 「자유주의 정의론의 철학적 오딧세이」, 『현대의 윤리적 상황과 철학적 대응』, 제5회 한국철학자연합대회 대회보(원광대학교, 1992.10.23~24).

______, 「자유주의 대 공동체주의 논쟁의 방법론적 쟁점」, 『철학연구』 제33집, 철학연구회, 1993.

______, 「고티에의 『합의 도덕론』과 그 정치철학적 위상」, 『사회철학대계 2』, 서울: 민음사, 1993.

______, 「정치적 자유주의의 철학적 기초」, 『철학연구』 제42집, 철학연구회, 1998.

______, 「자유주의의 건재」, 『철학연구』 제45집, 철학연구회, 1999 여름.

______, 「마이클 왈쩌의 공동체주의」, 『철학과현실』, 서울: 철학문화연구소, 1999 여름.

______, 「세계시장과 인간 삶의 조건」, 『21세기를 향한 철학의 화두: 인간·사회·자연에 관한 새로운 성찰』, 제13회 한국철학자연합대회 2000 대회

보1(서울대학교, 2000. 11. 24~25).

스티븐 뮬홀·애덤 스위프트, 『자유주의와 공동체주의』, 김해성·조영달 옮김, 서울: 한울 아카데미, 2001.

신광철, 「H. Sidgwick의 직관론적 공리주의에 관한 연구」, 전북대학교 대학원 박사학위논문, 1983.

알래스데어 매킨타이어, 『덕의 상실』, 이진우 옮김, 서울: 문예출판사, 1997.

염수균, 「드워킨의 자원의 평등론」, 『범한철학』 제35집, 범한철학회, 2004 겨울.

윌리엄 사하키안, 『윤리학의 이론과 역사』, 송휘칠·황경식 공역, 서울: 박영사, 1986.

이승환, 「한국에서 자유주의-공동체주의 논의는 적실한가?」, 『철학연구』 제45집, 철학연구회, 1999 여름.

이인숙, 「M.샌들의 공동체주의 연구: J.롤즈의 정의론 비판을 중심으로」, 『철학연구』 제17집, 고려대학교 철학회, 1993.

______, 「공동체주의에 대한 연구: 자유주의와 관련해서」, 고려대학교 대학원 철학과, 박사학위 논문, 1994.

이진우, 「자유의 한계 그리고 공동체주의」, 『철학연구』 제45집, 철학연구회, 1999 여름.

장춘익, 「법과 실천적 합리성」, 『철학』, 한국철학회, 1997 여름.

정호근, 「하버마스의 담론이론」, 『철학과 현실』, 서울: 철학과 현실사, 1994 겨울.

존 롤즈, 『사회정의론』, 황경식 옮김, 서울: 서광사, 1985.

______, 『정치적 자유주의』, 장동진 역, 서울: 동명사, 1998.

______, 『만민법』, 장동진 외 옮김, 서울: 이끌리오, 2000.

찰스 다이크, 『經濟哲學』, 오광우 옮김, 서울: 종로서적, 1986.

찰스 테일러, 『헤겔철학과 현대의 위기』, 박찬국 옮김, 서울: 서광사, 1990.

______, 『불안한 현대 사회』, 송영배 옮김, 서울: 이학사, 2001.

하버마스, 『새로운 불투명성』, 이진우·박미애 옮김, 서울: 문예출판사, 1996.

______, 『담론윤리의 해명』, 이진우 옮김, 서울: 문예출판사, 1997.

황경식, 『사회정의의 철학적 기초』, 서울: 문학과 지성사, 1986.

______, 「소유와 자유-소유권의 자유주의적 정당화」, 『철학연구』 제27집, 철학연구회, 1990 가을.

______, 「自由主義와 共同體主義」, 『사회철학대계 2』, 서울: 민음사, 1993.

______, 「왜 자유주의와 공동체주의인가?」, 『철학연구』 제45집, 철학연구회, 1999

여름.

Ackerman, B. A., *Social Justice in the Liberal State*, New Haven: Yale Univ. Press, 1980.

Anscombe, G. E. M., *Collected Philosophical Papers*, vol. 3, Minneapolis: Univ. of Minnesota Press, 1981.

Aristotle, *Nicomachean Ethics*, trans. by Ross, W.D., in *Great Books of the Western World*, Encyclopaedia Britannica, Inc., 1952.

Austine, J. L., *How To Do Things with Words*, Cambridge: Harvard Univ. Press, 1962.

Barber, B., *Strong Democracy: Participatory Politics for a New Age*, Berkeley: Univ. of California Press, 1984.

Baynes, K., *The Normative Grounds of Social Criticism: Kant, Rawls, Habermas*, N. Y.: State Univ. of New York Press, 1992.

Beauchamp, T. L., "Distributive Justice and the Difference Principle", in *John Rawls' Theory of Social Justice*, eds. by Gene Blocker, H. and Smith, E. H., Ohio: Ohio Univ. Press, 1980.

Beck, L. W., *A Commentary on Kant's Critique of Practical Reason*, Chicago: The Univ. of Chicago Press, 1984.

Bowie, N. E. and Simon, R. L., *The Individual and the Political Order*, New Jersey: Prentice Hall, Inc., 1977.

Brink, D. O., "Rawlsian Constructivism in Moral Theory", *Canadian Journal of Philosophy*, vol. 17, no. 1, March 1987.

______, *Moral Realism and the Foundations of Ethics*, Cambridge: Cambridge Univ. Press, 1989.

Buchanan, A. E., *Marx and Justice: The Radical Critique of Liberalism*, N. J.: Rowman and Allanheld Publishers, 1982.

______, "Assessing the Communitarian Critique of Liberalism", *Ethics*, vol. 99, no. 4, July 1989.

Chambers, S., *Reasonable Democracy: Jürgen Habermas and the Politics of Discourse*, N. Y.: Cornell Univ. Press, 1996.

Daniels, N., "Preface", in *Reading Rawls*, ed. by Daniels, N., Standford: Standford Univ. Press, 1989.

Davis, L., "Comments on Nozick's Entitlement Theory", *The Journal of Philosophy*, vol. LXXIII, no. 21, 1976.

Dworkin, R., *Taking Rights Seriously*, Cambridge: Harvard Univ. Press, 1977.

______, "Liberal Community", in *Communitarianism and Individualism*, eds. by S. Avineri and A. de-Shalit, Oxford: Oxford Univ. Press, 1992.

Exdell, J., "Distributive Justice: Nozick on Property Rights", *Ethics*, vol. 87, 1977.

Frankena, W. K., "MacIntyre and Modern Morality", *Ethics*, vol. 93, no. 3, April, 1983.

Galston, William A., *Justice and the Human Good*, Chicago: The Univ. of Chicago Press, 1980.

Gauthier, D., *Morals by Agreement*, Oxford: Clarendon Press, 1986.

Gene Blocker, H. and Smith, E. H., "Editors' Introduction", in *John Rawls' Theory of Social Justice*, eds. by Gene Blocker, H. and Smith, E. H., Ohio: Ohio Univ. Press, 1980.

Gewirth, A., *Reason and Morality*, Chicago: Univ. of Chicago Press, 1978.

Goldman, A. H., "Responses to Rawls from the Political Right", in *John Rawls' Theory of Social Justice*, eds. by Gene Blocker, H. and Smith, E. H., Ohio: Ohio Univ. Press,1980.

Goldman, Alan H., "The Entitlement Theory of Distributive Justice", *The Journal of Philosophy*, vol. LXXIII, no. 21. 1976.

Gutmann, A., "Communitarian Critics of Liberalism", *Philosophy and Public Affairs*, vol. 14, no. 3, Summer, 1985.

Habermas, J., *Legitimationsprobleme Im Spätkapitalismus*, Frankfurt: Suhrkamp, 1973.

______, *Communication and the Evolution of Society*, trans. by Thomas McCarthy, Boston: Beacon Press, 1979.

______, *Theorie Des Kommunikativen Handelns*, Band 1, Frankfurt: Suhrkamp, 1985.

______, "Remarks on the Concept of Communicative Action", in *Social Action*, ed. by G. Seebass And R. Tuomela, N.Y.: Reidel, 1985.

______, *Vorstudien Und Ergänzungen Zur Theorie Des Kommunikativen Handelns*, Frankfurt: Suhrkamp, 1986.

______, *Nachmetaphysiches Denken*, Frankfurt: Suhrkamp, 1988.

______, "Justice and Solidarity", *The Philosophical Forum* 21, 1989.

________, *Moral Consciousness and Communicative Action*, trans. C. Lenhardt And S. Nicholsen, Cambridge: MIT Press, 1990.

________, *Faktizität Und Geltung*, Frankfurt: Suhrkamp, 1992.

________, "Reconciliation through the Public Use of Reason: Remarks on John Rawls's Political Liberalism", *The Journal of Philosophy*, vol. XCII, no. 3, March, 1995.

Hall, T., "Beyond the Procedural Republic: The Communitarian Liberalism of Michael Sandel", in *Liberalism at the Crossroads*, eds., Wolfe, C. and Hittinger, J., Lanham: Rowman and Littlefield Publishers, Inc., 1994.

Hart, H. L. A., "Rawls on Liberty and its Priority", in *Reading Rawls*, ed. by Daniels, N., N.Y.: Basic Books, Inc.,1975.

Holmes, R. L., "Nozick on Anarchism", in *Reading Nozick*, ed. by Paul, J., New Jersey: Roman and Littlefield, 1981.

Jordan, B., *The State: Authority and Autonomy*, Oxford: Basil Blackwell, 1985.

Kant, I., *Lectures on Ethics*, trans. by Infield, L., Whitstable: Methuen and Co., Ltd, 1979.

________, "On the Common Saying", in *Kant's Political Writings*, ed., Reiss, H., trans., Nisbet, H. B., Cambridge: Cambridge Univ. Press, 1980.

________, *Kritik der reinen Vernunft*, Kant Werke, Band 3,4, Wiesbaden: Insel Verlag, 1983.

________, *Grundlegung zur Metaphysik der Sitten*, Kant Werke, Band 6, Wiesbaden: Insel Verlag, 1983.

________, *Kritik der Praktischen Vernunft*, Kant Werke, Band 6, Wiesbaden: Insel Verlag, 1983.

________, *Die Metaphysik der Sitten*, Kant Werke, Band 7, Wiesbaden: Insel Verlag, 1983.

________, *Critique of Practical Reason*, trans., Beck, L. W., Upper Saddle River: Prentice Hall, Inc., 1993.

________, *Foundations of the Metaphysics*, trans., Beck, L. W., Upper Saddle River: Prentice Hall, Inc., 1995.

Krouse, R. and McPherson,M., "Capitalism, 'Property-Owning Democracy', and the Welfare State", in *Democracy and the Welfare State*, ed. by Gutman,

A., N. J.: Princeton Univ. Press,1988.

Kukathas, C. and Pettit, P. *Rawls: A Theory of Justice and its Critics*, Stanford: Stanford Univ. Press, 1990.

Kymlicka, W., *Liberalism, Community and Culture*, Oxford: Clarendon Press, 1991.

______, *Contemporary Political Philosophy*, Oxford: Clarendon Press, 1992.

Larmore, C., *Patterns of Moral Complexity*, Cambridge: Cambridge Univ. Press, 1987.

______, "Book Reviews: Charles Taylor, Sources of the Self", *Ethics*, vol. 102, no.1, October 1991.

______, *The Morals of Modernity*, Cambridge: Cambridge Univ. Press, 1996.

Locke, J., *The Second Treatise of Government*, ed. by Gough J. W., Oxford: Basil Blackwell, 1976.

Lukes, S. *Essays in Social Theory*, N. Y.: Columbia Univ. Press, 1977.

MacIntyre, A., *After Virtue: A Study in Moral Theory*, 2nd Edition, Notre Dame: Univ. of Notre Dame Press, 1984.

______, *Whose Justice? Which Rationality?*, Notre Dame: Univ. of Notre Dame Press, 1988.

Mackie, J. L., *Ethics: Inventing Right and Wrong*, Harmondsworth: Penguin Books, 1985.

Mack, E., "Nozick on Unproductivity: The Unintended Consequences", in *Reading Nozick*, ed. by Paul, J., New Jersey: Roman and Littlefield, 1981.

Mill, J. S., *Principles of Political Economy*, ed. by Robson, J. M., Toronto: Univ. of Toronto Press, 1977.

______, *Utilitarianism*, ed. by Oskar Piest, N. Y.: The Bobbs-Merrill Co., Inc., 1957.

Miller, D. *Social Justice*, Oxford: Clarendon Press, 1979.

Moore, G. E., *Principia Ethica*, Cambridge: Cambridge Univ. Press, 1980.

______, *Ethics*, Oxford: Oxford Univ. Press, 1977.

Morgan, M. L., "Religion, History and Moral Discourse", in *Philosophy in an Age of Pluralism*, ed. by J. Tully, Cambridge: Cambridge Univ. Press, 1994.

Mulhall, S. and Swift, A., *Liberals and Communitarians*, Oxford: Basil Blackwell, 1993.

Nagel, T., *Equality and Partiality*, N.Y.: Oxford Univ. Press, Inc, 1991.

Norton D. L., "Individualism and Productive Justice", *Ethics*, vol. 87, 1977.

Nozick, R., *Anarchy, State, And Utopia*, N.Y.: Basic Books, 1974.

______, *The Examined Life: Philosophical Meditations*, N. Y.: Simon and Schuster, 1989.

Padover, S. K., *The Living U.S. Constitution*, N.Y.: A Meridian Book, 1995.

Paton, H. J., *Kant's Metaphysic of Experience*, vol. 1, London: George Allen and Unwin Ltd., 1970.

______, *The Categorical Imperative*, Philadelphia: Univ. of Pennsylvania Press, 1971.

Paul, J., "The Withering of Nozick's Minimal State", in *Reading Nozick*, ed. by Paul, J., New Jersey: Roman and Littlefield, 1981.

Rawls, J., "Distributive Justice", in *Philosopy, Politics and Society*, 3rd series, eds. by Laslett, P. and Runciman, W. G., Oxford: Basil Blackwell, 1967.

______, "Justice as Reciprocity", in *Utilitarianism: John Stuart Mill, with Critical Essays*, ed. by Gorovitz, S., Indianapolis: Bobbs-Merrill Co., 1971.

______, *A Theory of Justice*, Cambridge: The Belknap Press of Harvard Univ. Press, 1971.

______, "Justice as Fairness", in *Philosophy, Politics and Society*, 2nd series, eds. by Laslett, P. and Runciman, W. G., Oxford: Basil Blackwell, 1972.

______, "Some Reasons for the Maximin Criterion", *The American Economic Review*, vol. LXIV, no. 2, May, 1974.

______, "Reply to Alexander and Musgrave", *Quarterly Journal of Economics*, vol. 88, 1974.

______, "Fairness to Goodness", *The Philosophical Review*, Vol. 84, 1975.

______, "The Sense of Justice", in *Moral Concepts*, ed. by Feinberg, J., Oxford: Oxford Univ. Press, 1978.

______, "The Basic Structure as Subject", in *Values and Morals*, eds. by Goldman A. and Kim, J., Dordrecht-Holland: D. Reidel Publishing Co., 1978.

______, "A Well-Ordered Society", in *Philosophy, Politics and Society*, 5th Series, eds. by Laslett, P. and Fishkin, J., New Haven: Yale Univ. Press, 1979.

______, "Kantian Constructivism in Moral Theory", *The Journal of Philosophy*, vol. LXXVII, no. 9, September 1980.

______, "Social Unity and Primary Goods", in *Utilitarianism and Beyond*, eds. by Sen, A. and Williams, B., Cambridge: Cambridge Univ. Press, 1982.

______, "The Basic Liberties and their Priority", *The Tanner Lectures on Human Values*, vol. 3, ed. by Mcmurrin, S., Salt Lake: Univ. of Utah Press, 1982.

______, "Justice as Fairness: Political not Metaphysical", *Philosophy and Public Affairs*, vol. 14, 1985.

______, "The Idea of an Overlapping Consensus", *Oxford Journal of Legal Studies*, vol. 7, no. 1, 1987.

______, "Themes in Kant's Moral Philosophy", in *Kant's Transcendental Deductions* ed. by Förster, E., California: Stanford Univ. Press, 1989.

______, "The Domain of the Political and Overlapping Consensus", *New York University Law Review*, vol. 64, no. 2, May 1989.

______, *Justice as Fairness: A Guided Tour*, Cambridge: Harvard Univ., 1989.

______, *Political Liberalism*, N.Y.: Columbia Univ. Press, 1993/1996.

______, "Reply to Habermas", *The Journal of Philosophy*, vol. XCII, no. 3, March, 1995.

______, *The Law of Peoples*, Cambridge: Harvard Univ. Press, 1999.

Reeve, A., *Property: Issues in Political Theory*, London: Macmillan Education Ltd, 1986.

Ryan, Cheyney C., "Yours, Mind, and Ours: Property Rights and Individual Liberty", *Ethics*, vol. 87, 1977.

Sahakian, W. S., *Ethics*, N.Y.: Barnes and Noble Books, 1974.

Sampson, G., "Liberalism and Nozick's Minimal State", *Mind*, vol. LXXXVII, no. 345, 1978.

Sandel, M., *Liberalism and the Limits of Justice*, Cambridge: Cambridge Univ. Press, 1983.

______, "The Procedural Republic and the Unencumbered Self", in *Communitarianism and Individualism*, eds., Avineri, S. and de-Shalit, A., Oxford: Oxford Univ. Press, 1992.

______, "Morality and the Liberal Ideal", in *Liberalism III*, ed. Arneson, R. J., Cambridge: the University Press, 1992.

______, "Political Liberalism", *Harvard Law Review*, vol. 107, 1994.

________, *Democracy's Discontent: America in Search of a Public Philosophy*, Cambridge: The Belknap Press of Harvard Univ. Press, 1996.

Scheffler, S., "Natural Rights, Equality, and the Minimal State", in *Reading Nozick*, ed. by Paul, J., New Jersey: Roman and Littlefield, 1981.

Schneewind, J. B., "Virtue, Narrative, and Community: MacIntyre and Morality", *Journal of Philosophy*, vol. LXXIX, no. 10, October, 1982.

Sidgwick, H., *The Methods of Ethics*, Indianapolis: Hackett Publishing Co., 1981.

Skinner, Q., "Modernity and Disenchantment: Some Historical Reflections", in *Philosophy in an Age of Pluralism*, ed. by J. Tully, Cambridge: Cambridge Univ. Press, 1994.

Smith, A., *The Wealth of Nations*, N.Y.: Random House, 1937.

________, *The Wealth of Nations.*, ed. by Skinner, Andrew, Harmondsworth: Penguin Books, 1976.

Steiner, Hillel., "Justice and Entitlement", *Ethics*, vol. 87. 1977.

Stevenson, C. L., *Ethics and Language*, New Haven: Yale Univ. Press, 1975.

Sullivan, R. J., *Immanuel Kant's Moral Theory*, Cambridge: Cambridge Univ. Press, 1989.

Taylor, C., *Hegel and Modern Society*, Cambridge: Cambridge Univ. Press, 1980.

________, *Human Agency and Language: Philosophical Papers* I, Cambridge: Cambridge Univ. Press, 1985.

________, *Sources of the Self: The Making of the Modern Identity*, Cambridge: Harvard Univ. Press, 1989.

________, *The Ethics of Authenticity*, Cambridge: Harvard Univ. Press, 1991.

________, "Atomism", in *Communitarianism and Individualism*, eds. by S. Avineri and A. de-Shalit, Oxford: Oxford Univ. Press, 1992.

________, "Justice after Virtue", in *After MacIntyre: Critical Perspectives on the Work of Alasdair MacIntyre*, eds. by J. Horton and S. Mendus, Notre Dame: Univ. of Notre Dame Press, 1994.

Thiroux, J. P., *Ethics: theory and Practice*, California: Glencoe Publishing Co., 1980.

Unger, R. M., *Knowledge and Politics*, N. Y.: The Free Press, 1975.

Walzer, M., *Spheres of Justice: A Defense of Pluralism and Equality*, N. Y.: Basic Books, 1983.

Weber, M., Theory of Social and Economic Organization, N. Y.: Free Press, 1947.

Weinstock, D. M., "The Political Theory of Strong Evaluation", in *Philosophy in an Age of Pluralism*, ed. by J. Tully, Cambridge: Cambridge Univ. Press, 1994.

Williams, H., *Kant's Political Philosophy*, Oxford: Basil Blackwell, 1983.

Wolff, R. P., *Understanding Rawls*, N. J.: Princeton Univ. Press, 1977.

______, "Robert Nozick's Derivation of the Minimal State", in *Reading Nozick*, ed. by Paul, J., New Jersey: Roman and Littlefield, 1981.

Wood, A. W., "Kant's Compatibilism", in *Self and Nature in Kant's Philosophy*, ed. by Wood, A. W., N. Y.: Cornell Univ. Press, 1984.

[찾 아 보 기]

(ㄱ)

가치 …………………………… 201
감추어진 손에 의한 설명 ………… 66
강한 평가 …………………… 374
개연적 선 ………………… 135
거워스 ……………………… 15
경계교차의 인식적 원리 ……… 80
경험적 실천이성 ……………… 128
계몽주의의 기획 …………… 339
고티에 ……………………… 15
공공철학 …………………… 298
공동선 ……………………… 326
공동체주의적 자아관 …………… 290
공동체주의적 자유주의 ………… 409
공리주의 …………………… 285
공적 이성 ………………… 198
공적 이성의 이상 …………… 305
공적 정체성 ………………… 290
관행 ……………………… 351
교란될 가능성이 있는 사회세계 121
교의적 자율성 ……………… 188
구성적 공동체관 …………… 284
구성적 선 ………………… 395

구성적 자율성 ……………… 188
국가의 중립성 ……………… 296
국제통화기금 ……………… 412
권리(옳음)의 정치학 …………… 298
규범 ……………………… 201
극소국가 …………………… 62
근대성의 불안감 …………… 372
근대성의 자기상 …………… 372
근대적 정체성 ……………… 370

(ㄴ)

네이글 ……………………… 254
노예제도 …………………… 310
노직 ……………………… 15, 316
논증의 실천 ………………… 223

(ㄷ)

대화의 선험적 조건 …………… 384
더글러스 …………………… 307
데카르트 …………………… 371
도구적 공동체관 …………… 284
도덕법칙 …………………… 117

도덕비실재론 ······················· 163
도덕실재론 ·························· 163
도덕적 경계 ·························· 49
도덕적 구성주의 ············ 115, 180
도덕적 선 ··························· 135
도덕적 의사결정이론 ················ 52
도덕적 자유주의 ···················· 300
도덕적 자율성 ······················ 215
도덕적 정초설 ······················ 162
도덕적 정합설 ······················ 162
도덕적 지평 ························· 378
도덕적 직관 ························· 372
도덕적 측면제약사항 ················ 49
도덕적 틀 구조 ····················· 377
도덕존재론 ·························· 372
드워킨 ······························ 408

(ㄹ)

라모어 ···················· 298, 351, 367
라이프니츠 ·························· 147
로렌스 데이비스 ····················· 89
로스 ·························· 147, 347
로크 ································ 39
로크적 단서 ························· 102
로크적 전통 ·························· 45
롤즈 ··························· 15, 396
루소 ································ 367
링컨 ································ 307

(ㅁ)

마르크스 ······················ 15, 261
마하티르 모하마드 ·················· 412
마하티리즘 ·························· 412
막스 베버 ···························· 59
매키 ································ 373
매킨타이어 ······················ 16, 331
맥퍼슨 ······························ 263
명확한 표현 ························· 374
모건 ································ 403
목적에 대한 자아의 우선성 ······ 282
몽테뉴 ······························ 371
무어 ························· 147, 345
무연고적 자아 ······················ 282
무정부론 ···························· 37
무지의 베일 ························· 193
미니맥스전략 ························· 71
미드 ································ 263
민주주의적 평등체제 ··············· 252
밀 ·································· 268

(ㅂ)

바버 ································ 16
박애의 원칙 ························· 254
박정순 ······························ 411
반성적 평형상태 ···················· 228
발화수반행위 ························· 210
방법론적 개인주의 ·················· 296

버틀러 ·································· 367
베인즈 ·································· 240
보상원리 ······························· 77
보상의 원칙 ························· 253
보위 ·································· 249
보이지 않는 손에 의한 설명 ······ 66
보편 화용론 ························· 208
보편화 원칙 ························· 208
볼프 ·································· 147
분배적 정의 ··························· 85
뷰참 ·································· 252
뷰캐넌 ································· 260
브링크 ································· 161
비역사적 정의의 원리 ············· 92
비용효과 분석적 접근 ············· 51
비정치적 가치 ····················· 307
비정형적 정의의 원리 ············· 93

(ㅅ)

사고의 자유 ························· 174
사유재산제적 민주주의 ··········· 265
사적인 정체성 ····················· 291
사회적 기본가치 ··················· 194
삶의 의미 ···························· 46
상호보호협회 ······················· 55
상호이익의 원칙 ··················· 253
새로운 암흑시대 ··················· 366
샌들 ····························· 16, 383
생활선 ································· 395

서사적 덕론 ························· 333
서사적 역사쓰기 ··················· 357
서사적 자아 ························· 359
선(좋음)의 정치학 ················· 298
선의 기초론 ························· 399
선의 완전론 ························· 399
선의지 ································· 135
선험적 자유 ························· 174
선험적 주체 ························· 280
설리번 ································· 136
소유 ·································· 101
소유권 ································· 101
소유권리 ······················ 86, 107
순수실천이성 ······················ 128
스미스 ································· 154
스키너 ································· 403
스티븐슨 ····························· 330
스펜서 ································· 149
시정원칙 ······························ 88
시즈위크 ························ 5, 147
신자유주의 ··························· 19
실용적 선 ··························· 135
실천적 자유 ························· 175
실천적 추론 ························· 392

(ㅇ)

아리스토텔레스 ····················· 15
아리스토텔레스의 덕론 ··········· 343
아우구스티누스 ····················· 371

안스콤 ·································· 7
애덤 스미스 ······················ 19, 66
애커먼 ······························ 15
야경국가 ···························· 61
약한 평가 ·························· 374
양도원칙 ···························· 88
언어공동체적 자아 ················ 401
역사적 정의의 원리 ················ 92
연고적 자아 ······················ 341
오류설 ···························· 373
옳음과 좋음의 상보성 ············ 323
옳음에 대한 좋음의 우선성 ······ 399
완전한 자율성 ················ 199, 200
완전설 ···························· 147
왈처 ······························ 16
울프 ······························ 260
웅어 ······························ 16
원자론 ···························· 385
원초적 입장 ······················ 190
원칙의존적 욕구 ·················· 126
윌리엄스 ·························· 396
유신론적 관점 ···················· 403
윤리적 우위성 ···················· 408
윤리적 자율성 ···················· 200
윤리적 주관주의 ············ 153, 154
의무론적 자아관 ·················· 291
의무론적 자유주의 ················ 277
의사소통적 구성주의 ·············· 231
의사소통적 행위론 ················ 208
의지의 자유 ······················ 174

이상적 담화상황 ············ 190, 207
이상적 자아 ······················ 296
이성의 통일 ······················ 128
이승환 ···························· 411
이진우 ···························· 410
인민주권 ·························· 310
인식론적 위기 ···················· 365
인위적 합리성 ···················· 200
일반화할 수 있는 이익 ··········· 217
임신중절 ·························· 307

(ㅈ)

자연권 ···························· 42
자연법 ···························· 41
자연상태이론 ······················ 36
자연적 자유체제 ·················· 252
자연주의적 오류 ·················· 345
자유의 가치 ······················ 257
자유의 우선성 ···················· 244
자유주의적 공동체 ················ 407
자유주의적 공동체주의 ··········· 409
자유주의적 사회주의 ·············· 265
자유주의적 자아관 ················ 298
자유주의적 평등체제 ·············· 252
자유지상주의 ······················ 285
자율성 ···························· 155
자율성의 원칙 ···················· 155
잠재적 설명 ······················ 37
전기적 서사 ······················ 392

전통 ···································· 362
절차적 공화국 ·························· 292
절차적 권리 ···························· 74
절차적 해석 ···························· 121
정서주의 ······························· 330
정서주의적 자아 ······················· 338
정언명법 ······························· 117
정언명법적 절차 ··············· 116, 118
정의로운 사회 ························· 276
정치적 가치(선) ······················· 304
정치적 구성주의 ··············· 180, 231
정치적 선 ······························ 186
정치적 인간관 ························· 302
정치적 입장 ·························· 222
정치적 자유주의 ··············· 219, 300
정치적 자율성 ························· 200
정치적 정의관 ························· 219
정향성 ································· 380
정형적 정의의 원리 ··················· 93
조르단 ·································· 83
존재론적 개인주의 ···················· 296
좋음에 대한 옳음의 우선성 ······ 277
중립성의 정치학 ······················ 326
지배적 보호협회 ······················· 57
지상선 ································· 390
직관적 완전설 ························· 153
진정한 인간적 욕구 ················· 125
질적 차별화 ························· 377

(ㅊ)

최고선 ································· 390
최소 극대화 규칙 ··················· 236
최소 극대화 기준 ··················· 236
최소국가 ······························· 54
추구 ···································· 389
추상적 자아 ·························· 298
취득원칙 ······························· 88

(ㅋ)

칸트 ··································· 334
칸트적 구성주의 ············· 115, 165
칸트적 원리 ··················· 50, 105
클라우스 ······························· 263
클라크 ································· 147
킴리카 ································· 250

(ㅌ)

타당성 요구 ·························· 211
타율성 ································· 155
테일러 ·································· 16
통일적 자아 ·························· 328

(ㅍ)

포괄적인 자유주의 ··················· 301
포퍼 ···································· 39

프라이스 ······················ 147
프루동 ························· 36
프리드먼 ······················ 19

(ㅎ)

하버마스 ······················ 396
하이에크 ···················· 19, 39
합당한 다원주의라는 사실 ······· 302
합당한 불일치 ·················· 315
합리적 자율성 ·················· 199
합리적 직관주의 ················ 147
해석의 언어 ···················· 382

허치슨 ························· 154
헤겔 ···················· 15, 223, 298
헤르더 ························· 298
헤어 ·························· 396
헴펠 ··························· 37
현대 문화의 인격 ··············· 336
현실적 자아 ···················· 298
협동적 또는 감정적 공동체관 ··· 284
황경식 ························· 409
황금률 ························· 205
회피의 방법 ···················· 306
흄 ···························· 154

자유주의와 공동체주의 윤리학

2005년 10월 15일 초판 1쇄 발행
2011년　7월 15일 초판 2쇄 발행
2023년　9월　9일 초판 3쇄 발행

지 은 이 | 홍성우
펴 낸 이 | 이찬규
펴 낸 곳 | 선학사
등록번호 | 제10-1519호
주　　소 | 13209 경기도 성남시 중원구 사기막골로 45번길 14
　　　　　 우림라이온스밸리2차 A동 1007호
전　　화 | 02) 704-7840
팩　　스 | 02) 704-7848
이 메 일 | ibookorea@naver.com
홈페이지 | www.북코리아.kr
ISBN　89-8072-188-9 (93190)

값 17,000원